国际商法

International Business Law

王宾容 ●主编
邵帅 王霁霞 ●副主编
周小靖 商雪华 张兆学 ●参编

高等院校经济金融类核心课程教材

机械工业出版社
CHINA MACHINE PRESS

本书在结构上包括绪论、商事组织法、代理法、合同法、国际货物买卖法、产品责任法、票据法、信托法、国际商事仲裁共9章。每章的内容，除了有传统教材包括的原理叙述外，还增加了思考题与案例讨论的内容。本书吸收了近几年最新的国际商法领域的研究成果，具有新颖性；在国际商法原理的基础上吸收了大量案例，具有实践性。本书希望学生在了解和掌握外国法与有关国际公约的基础上，能够更客观理性地评价中国的法律情况，加强对中国法治的信心，培养学生的制度与文化自信。

本书充分体现了习近平法治思想，可以作为经济、贸易类专业学生学习国际商法规则的参考，也可以作为对国际商法感兴趣的读者的入门教材。

图书在版编目（CIP）数据

国际商法 / 王宾容主编. —北京：机械工业出版社，2023.7
高等院校经济金融类核心课程教材
ISBN 978-7-111-73369-0

Ⅰ.①国⋯　Ⅱ.①王⋯　Ⅲ.①国际商法－高等学校－教材　Ⅳ.① D996.1

中国国家版本馆 CIP 数据核字（2023）第 109571 号

机械工业出版社（北京市百万庄大街22号　邮政编码100037）
策划编辑：王洪波　　　　　　责任编辑：王洪波
责任校对：李　杉　　张　薇　责任印制：邸　敏
三河市宏达印刷有限公司印刷
2023年8月第1版第1次印刷
185mm×260mm・15.5印张・379千字
标准书号：ISBN 978-7-111-73369-0
定价：49.00元

电话服务　　　　　　网络服务
客服电话：010-88361066　机　工　官　网：www.cmpbook.com
　　　　　010-88379833　机　工　官　博：weibo.com/cmp1952
　　　　　010-68326294　金　书　网：www.golden-book.com
封底无防伪标均为盗版　机工教育服务网：www.cmpedu.com

主编和副主编简介

王宾容，博士，北京科技大学教授，执业律师，历任中华全国律师协会国际业务委员会委员、北京市律师协会WTO与反倾销法律专业委员会委员、天津会计学会理事等职。作为教师，有30多年的从教经验，主要讲授企业经营法律实务、经济法、商法、国际商法等课程。主持或参与完成诸多国家自然科学基金项目、社会科学基金等各层级的科研项目，著有《商法教程》《新编经济法教程》等，在国际国内各类学术会议、学术期刊发表论文几十篇。作为律师，有20余年的执业经历。主要业务领域为国际贸易与国际投资、国际贸易救济、投融资、企业并购、公司、合同、劳动争议等的诉讼与非诉讼法律事务。

王霁霞，博士，北京科技大学教授、博士生导师，文法学院副院长，北京市青年教学名师，兼任中国行政法学研究会理事、国家体育总局反兴奋剂中心处罚委员会委员、行政区划与法治建设专业委员会秘书长。主讲"法理学""宪法学"等课程。曾获第八届北京市青年教师基本功比赛文史类A组一等奖、校级师德先进个人、先进工作者，入选北京市青年英才计划。主持国家自然科学基金项目、国家体育总局等国务院部委及研究中心委托立法项目20多项，在《法学杂志》《法学论坛》《中国高教研究》等CSSCI期刊上发表论文20多篇，著有《行政法实施效果研究》《反兴奋剂法律问题专论》，参编国家级规划教材《国家赔偿法》等教材两部。

邵帅，北京科技大学天津学院讲师，硕士。多年面向经管专业学生，从事"国际商法""商法""经济法"等法学类专业课程的教学工作，曾多次荣获学校教学类竞赛奖项。近年来，着力于"课程思政"及"思政育人"与专业课程相结合的相关研究，并承担省部级科研课题多项，出版管理类教材1部。

推荐序

习近平总书记指出:"要抓好教材体系建设,形成适应中国特色社会主义发展要求、立足国际学术前沿、门类齐全的哲学社会科学教材体系。"经过两年多的编写,王宾容教授主编的《国际商法》教材终于出版了。这是遵循国际贸易专业人才培养规律、法学教材建设规律、国际商事人才成长规律而编写的一部具有思想性、实践性、理论性的优秀教材。具体来说,该书具有如下特点。

首先,该书以习近平法治思想为指导,坚持正确的政治方向,根植于中国特色社会主义法治实践沃土,教育引导学生树立正确的法治观念。该书将习近平法治思想贯穿始终,阐释习近平法治思想的精神实质、理论特色、实践要求。该书着眼于全面依法治国的理论和实践要求,全面关照国际交往的现实,深度解析国际商事法律关系;该书穿梭于实事与规范之间,彰显中国法律文化软实力,引导学生正确认识中国特色和国际比较;教育学生树立人类命运共同体意识,增强学生对中国特色社会主义的道路自信、理论自信、制度自信、文化自信。

其次,该书以创新马克思主义指导的教材体系、话语体系为方向,讲好国际商事法律规范和法学方法论,教育引导学生掌握国际贸易规则体系。该书在结构上包括绪论、商事组织法、代理法、合同法、国际货物买卖法、产品责任法、票据法、信托法、国际商事仲裁共计9章。在内容上,除了传统教材涉及的国际商法原理外,还把我国最高人民法院的指导性案例列入其中,增加了思考题与案例讨论,以案释法、以案明理,融通各种资源,为实现教材体系与教学体系之间的转换做好教材上的准备。

最后,该书以培养德智体美劳全面发展的中国特色社会主义事业建设者和接班人为目标,把思政元素融入法律教材,不断提高国际贸易专业人才培养质量。该书是北京科技大学经济管理学院开展课程思政建设的重要尝试。该书增加了英美法系国家法院近年来的具有判例约束力的案例,增进学生对外国法和有关国际公约的理解,教育引导学生热爱国际经贸专业,拓展"三全育人"格局,不忘本来、吸收外来、面向未来,增强学科自信、增进学术自强,实现为党育人、为国育才的目标。

习近平总书记指出："这是一个需要理论而且一定能够产生理论的时代，这是一个需要思想而且一定能够产生思想的时代。"相信该书能为国际经贸专业人才培养，构建具有中国特色、中国风格、中国气派的哲学社会科学体系贡献自己的力量。

北京科技大学马克思主义学院党委书记　张颖
2023 年 1 月 26 日

前言

又是一年立春，又是一个万物复苏的季节，经过编写组全体成员的共同努力，《国际商法》终于完稿付梓了。

编写这本书的初衷，是为北京科技大学国际贸易专业的学生编写一本适合该专业的国际商法教材。因为目前市面上已出的国际商法教材基本面向法学专业，大多从理论和历史沿革等角度对国际商法进行诠释，这类教材对未系统接受相应法律教育的国际贸易专业的学生来说理解难度较大。在多年的教学实践中，编者一直未能有一本适用于经济、贸易类非法学专业学生的国际商法教材。基于此，本书的编者在多年教学实践的基础上编写了这本适用于经济、贸易类专业学生的国际商法教材。

本书在结构上包括绪论、商事组织法、代理法、合同法、国际货物买卖法、产品责任法、票据法、信托法、国际商事仲裁共9章。在每章的内容中，除了有传统教材包括的原理叙述外，还增加了思考题与案例讨论的内容。整体来说，本书具有三个鲜明的特点：第一，本书吸收了近几年最新的国际商法领域的研究成果，具有新颖性。第二，本书在国际商法原理的基础上吸收了大量案例。案例教学是课堂教学的重要方法，本书把英美法系近年来具有判例约束力的案例、我国最高人民法院的指导性案例和其他经典案例纳入教材体例，使得严谨的法律理论体系有了鲜活的实际案例，对于学生理解法律理念和法律规定有重要意义。第三，本书充分体现了课程思政元素，全面推进课程思政建设，是落实立德树人根本任务的战略举措。本书希望学生在了解和掌握外国法与有关国际公约的基础上，能够更客观理性地评价中国的法律情况，加强对中国法治的信心，培养学生的制度自信与文化自信。

本书充分体现了习近平法治思想，可以作为经济、贸易类专业学生学习国际商法规则的参考，也可以作为对国际商法感兴趣的读者的入门教材。本书贯穿始终的课程思政元素对充分领会习近平法治思想的"十一个坚持"的内涵，也有重大的帮助。

参与本书编写的，有多年从事国际商法教学的老师，有从事律师工作的律师。北京科技大学的王宾容和王霁霞两位老师对如何构建教材体系、章节内容等做了总体筹划，王霁霞对如何体现课程思政内容做了具体的安排，北京科技大学天津学院的邵帅老师具体组织实施落实了上述规划。王宾容编写了第1章、第2章、第3章、第5章、第8章的部分内容；王霁霞编写了各章的知识拓展和第4章、第9章的部分内容；邵帅编写了第1章、第5章的部分内容和第6章；北京科技大学天津学院的周小靖编写了第7章和第9章的部分内容；北京科技大学的商雪华编写了第4章和第8章的部分内容；隆安律师事务所的张兆学律师编写了第2章和第3章的部分内容。余淼也对教材的最后出版贡献了力量。

感谢在国际商法领域中辛勤耕耘的同行，书中大量借鉴了同行的研究成果。感谢律师行业的微信公众号，让我们能把最鲜活的案例纳入本书。感谢邂逅在西子湖畔的机械工业出版社的编辑，你的建议如醍醐灌顶，让本书有了全新的视角和高度。感谢拨冗为本书写下推荐序的北京科技大学马克思主义学院党委书记张颖教授。感谢北京科技大学教务处的全程支持。感谢北京科技大学教材建设经费资助。

由于国际商法领域的法律变化发展迅速，加之编者水平有限，书中难免存在遗漏和不妥之处，敬请读者谅解和指正，不胜感激。

王宾容
2023年2月4日

目录

主编和副主编简介

推荐序

前言

第 1 章 绪论 ... 1

本章导读 ... 1

1.1 国际商法概述 ... 1

    1.1.1 国际商法的概念 ... 1

    1.1.2 国际商法的历史发展 ... 2

    1.1.3 国际商法的渊源 ... 3

1.2 世界上两大主要法系 ... 5

    1.2.1 大陆法系 ... 5

    1.2.2 英美法系 ... 6

    1.2.3 两大法系的发展趋势 ... 9

1.3 中国涉外商事法律制度 ... 10

    1.3.1 中国涉外商事法律制度的形成和发展 ... 10

    1.3.2 中国涉外商事法律制度的基本原则 ... 12

    1.3.3 中国涉外商法的渊源 ... 13

本章小结 ... 13

案例讨论 ... 14

知识拓展 ... 15

    习近平总书记在第四届中国国际进口博览会开幕式上发表主旨演讲 ... 15

    判例法 ... 16

    中华民族法律实践的结晶：中华法系 ... 17

关键术语 ··· 18
思考题 ··· 18

第 2 章 商事组织法 ·· 19

本章导读 ··· 19
2.1 商事组织法概述 ··· 19
    2.1.1 商事组织的概念 ·· 19
    2.1.2 商事组织的种类 ·· 20
    2.1.3 国际商事组织法的概念 ··· 20
    2.1.4 商事组织法的渊源 ·· 20
2.2 独资企业法和合伙企业法法律制度 ··· 22
    2.2.1 独资企业法 ·· 22
    2.2.2 合伙企业法 ·· 23
2.3 公司法律制度 ·· 31
    2.3.1 公司和公司法的概念 ·· 31
    2.3.2 公司的分类 ·· 33
    2.3.3 公司的设立 ·· 35
    2.3.4 公司资金 ··· 37
    2.3.5 公司治理机构 ·· 39
    2.3.6 公司的并购、解散和清算 ··· 45
2.4 外商投资法律制度 ·· 49
    2.4.1 外商投资企业的概念 ·· 50
    2.4.2 外商投资企业的发展历程 ··· 50
    2.4.3 外商投资的法律规制 ·· 52
本章小结 ··· 56
案例讨论 ··· 56
知识拓展 ··· 57
    《最高人民法院关于适用〈中华人民共和国外商投资法〉若干问题的解释》的
      出台背景与意义 ·· 57
经典案例 ··· 58
    新加坡中华环保科技集团有限公司与大拇指环保科技集团（福建）有限公司
      股东出资纠纷案 ·· 58
关键术语 ··· 59
思考题 ··· 59

第3章 代理法

本章导读 ... 60
3.1 代理法概述 ... 60
3.1.1 代理的概念 ... 60
3.1.2 代理的产生 ... 61
3.1.3 无权代理 ... 63
3.1.4 代理关系的终止 ... 64
3.2 代理法律关系 ... 66
3.2.1 本人与代理人的关系 ... 66
3.2.2 本人及代理人与第三人的关系 ... 67
3.3 我国的代理法律制度 ... 68
3.3.1 我国代理法律制度的演变 ... 68
3.3.2 《中华人民共和国民法典》有关代理的规定 ... 69
本章小结 ... 70
案例讨论 ... 70
知识拓展 ... 71
《中华人民共和国民法典》中的商事代理制度 ... 71
经典案例 ... 72
某物流有限公司诉某航空公司、第三人董某货运代理合同纠纷案 ... 72
关键术语 ... 73
思考题 ... 73

第4章 合同法

本章导读 ... 74
4.1 合同法概述 ... 74
4.1.1 合同法在国际商法中的作用 ... 74
4.1.2 合同法的发展 ... 74
4.1.3 合同法的渊源 ... 75
4.2 合同的概念 ... 76
4.2.1 英美法系 ... 76
4.2.2 大陆法系 ... 76
4.2.3 《国际商事合同通则》 ... 77
4.2.4 我国《民法典》 ... 77
4.3 合同的订立 ... 77

		4.3.1 要约 ·· 77
		4.3.2 承诺 ·· 80
	4.4	合同的效力 ·· 82
		4.4.1 合同效力的概念 ·· 82
		4.4.2 缔约能力 ·· 82
		4.4.3 合同形式 ·· 84
		4.4.4 意思表示 ·· 85
	4.5	合同的履行 ·· 88
		4.5.1 合同的解释 ··· 88
		4.5.2 合同履行中的抗辩权 ··· 90
		4.5.3 履约义务的免除 ·· 92
	4.6	违约及其救济措施 ··· 94
		4.6.1 解除履约义务 ··· 94
		4.6.2 预期违约 ·· 96
		4.6.3 实际履行和损害赔偿 ··· 98
		4.6.4 违约金 ·· 100

本章小结 ·· 101
案例讨论 ·· 101
知识拓展 ·· 102
　《中华人民共和国民法典》合同编的中国特色和时代特征 ················ 102
经典案例 ·· 103
　瑞士嘉吉国际公司诉福建金石制油有限公司等确认合同无效纠纷案 ··· 103
　英国最高法院案例（〔2021〕UKSC 40）：关于"经济胁迫"的认定 ··· 107
关键术语 ·· 112
思考题 ··· 112

第5章　国际货物买卖法 ··· 113

本章导读 ·· 113

5.1	国际货物买卖法概述 ··· 113
	5.1.1 国际货物买卖法相关概念 ··· 113
	5.1.2 国际货物买卖法的渊源 ·· 114
5.2	国际货物买卖合同的成立 ·· 117
	5.2.1 要约概述 ·· 118
	5.2.2 承诺概述 ·· 119
	5.2.3 国际货物买卖合同的内容与形式 ································ 120

5.3 卖方和买方的义务 122
5.3.1 卖方的基本义务 122
5.3.2 买方的基本义务 125
5.4 违反买卖合同的救济措施 126
5.4.1 买卖双方可以采取的救济措施 126
5.4.2 买方可以采取的救济措施 127
5.4.3 卖方可以采取的救济措施 129
5.5 货物所有权与风险的转移 130
5.5.1 货物所有权的转移 130
5.5.2 货物风险的转移 132
本章小结 136
案例讨论 136
知识拓展 137
《国际贸易术语解释通则》 137
跨境电子商务的各国立法 138
《联合国国际货物销售合同公约》在中国国际经济贸易仲裁委员会仲裁中的适用原则 ... 139
经典案例 141
中化国际（新加坡）有限公司诉蒂森克虏伯冶金产品有限责任公司国际货物买卖合同纠纷案 141
关键术语 143
思考题 143

第 6 章 产品责任法 144
本章导读 144
6.1 产品责任法概述 144
6.1.1 产品与产品责任概述 144
6.1.2 产品责任法的概念和特征 146
6.2 各国的产品责任法 146
6.2.1 美国的产品责任法 146
6.2.2 欧洲主要国家的产品责任法 151
6.2.3 日本的产品责任法 155
6.2.4 我国的产品质量法 157
6.3 关于产品责任的国际公约 159
6.3.1 斯特拉斯堡公约 159
6.3.2 欧洲产品责任指令 161

  6.3.3 海牙公约 ······ 163
 本章小结 ······ 164
 案例讨论 ······ 164
 知识拓展 ······ 165
  提升产品质量的法律保障：《中华人民共和国消费者权益保护法》 ······ 165
  《中华人民共和国民法典》中的产品责任惩罚性赔偿 ······ 165
 经典案例 ······ 166
  广东本草药业集团有限公司诉贝斯迪大药厂产品责任纠纷案 ······ 166
 关键术语 ······ 169
 思考题 ······ 169

第7章 票据法 ······ 170

 本章导读 ······ 170
 7.1 **票据法概述** ······ 170
  7.1.1 票据的概念和特征 ······ 170
  7.1.2 票据的功能 ······ 171
  7.1.3 票据的种类 ······ 172
  7.1.4 票据法的概念与特征 ······ 174
 7.2 **票据法律关系** ······ 175
  7.2.1 票据关系与非票据关系 ······ 175
  7.2.2 票据行为 ······ 175
  7.2.3 票据权利 ······ 176
  7.2.4 票据的瑕疵与票据的抗辩 ······ 177
  7.2.5 票据时效与票据丧失 ······ 180
 7.3 **票据的国际统一立法与法律冲突** ······ 182
  7.3.1 国际票据法的统一运动 ······ 182
  7.3.2 涉外票据的法律适用冲突 ······ 183
 本章小结 ······ 185
 案例讨论 ······ 185
 知识拓展 ······ 186
  提高诚信意识，规范票据行为，拒开空头支票 ······ 186
 经典案例 ······ 186
  韩国大邱银行诉威海纺织集团进出口有限责任公司等票据付款请求权纠纷案 ······ 186
 关键术语 ······ 189
 思考题 ······ 189

第 8 章　信托法 … 190

本章导读 … 190

8.1　信托法概述 … 190
8.1.1　信托的概念 … 190
8.1.2　信托的法律特征 … 191
8.1.3　信托的分类 … 193

8.2　信托的设立、变更和终止 … 196
8.2.1　信托的设立 … 196
8.2.2　信托的变更 … 198
8.2.3　信托的终止 … 199

8.3　信托当事人 … 200
8.3.1　委托人的权利和义务 … 200
8.3.2　受托人的权利和义务 … 201
8.3.3　受益人的权利和义务 … 202

8.4　我国的信托法律制度 … 203
8.4.1　我国的信托法律规制 … 203
8.4.2　我国的信托机构 … 204

本章小结 … 204

案例讨论 … 205
　张兰离岸家族信托击穿案 … 205

知识拓展 … 205
　"一法三规",为我国信托行业发展保驾护航 … 205

经典案例 … 206
　杜内公司诉蒙德案 … 206

关键术语 … 208

思考题 … 208

第 9 章　国际商事仲裁 … 209

本章导读 … 209

9.1　国际商事仲裁概述 … 209
9.1.1　仲裁的概念与特点 … 209
9.1.2　仲裁与诉讼 … 209
9.1.3　国际商事仲裁的概念与特征 … 211
9.1.4　世界常设仲裁机构简介 … 211

- 9.2 国际商事仲裁协议 ·· 214
  - 9.2.1 仲裁协议的概念 ·· 214
  - 9.2.2 涉外仲裁协议的法律效力 ·· 214
  - 9.2.3 涉外仲裁协议的内容 ·· 215
- 9.3 国际商事仲裁程序 ·· 217
  - 9.3.1 我国的国际商事仲裁程序 ·· 217
  - 9.3.2 外国全国性仲裁机构的仲裁程序 ·· 219
  - 9.3.3 联合国国际贸易法委员会仲裁规则的仲裁程序 ····························· 220
  - 9.3.4 国际商会仲裁院的仲裁程序 ·· 220
- 9.4 国际商事仲裁的承认和执行 ·· 221
  - 9.4.1 仲裁裁决承认和执行的概念 ·· 221
  - 9.4.2 国际仲裁裁决在裁决做出国的强制执行 ······································ 222
  - 9.4.3 国际商事仲裁裁决在外国的强制执行 ·· 222
  - 9.4.4 我国涉外仲裁裁决的强制执行 ·· 223
- 本章小结 ··· 223
- 案例讨论 ··· 224
- 知识拓展 ··· 224
  - 广州仲裁委员会推出首个跨境电商商事争议在线解决平台 ················ 224
- 经典案例 ··· 225
  - 上海金纬机械制造有限公司与瑞士瑞泰克公司仲裁裁决执行复议案 ··· 225
- 关键术语 ··· 227
- 思考题 ··· 227

参考文献 ·· 228

第 1 章
绪 论

本章导读

本章主要介绍国际商法的概念和调整对象、国际商法的产生和历史发展、国际商法的法律渊源；世界两大主要法系的起源与分布、特点、渊源以及两大法系的发展趋势；中国涉外商事法律制度的形成和发展、基本原则以及中国涉外商法的具体渊源。

20 世纪 90 年代以来，随着国际经济贸易的日益频繁和贸易范围的不断扩大，国际商事交易领域出现了国际经济一体化、区域经济集团化、经济发展知识化、国际商务电子化等特点，作为调整国际商事关系的重要规则的国际商法也面临着许多变化。以国际条约、国际惯例和国内法为主要渊源的国际商法成为维护当今国际经济贸易和商事交易的主要规则。

1.1 国际商法概述

1.1.1 国际商法的概念

国际商法（International Business Law，International Commercial Law），即国际商事法的简称，是指调整国际商事关系的法律规范的总称。国际商法调整的国际商事法律关系既包括国际商事主体关系，又包括国际商事行为和交易关系，因而又被认为是调整国际商事组织和国际商事交易的法律规范的总和。

理解国际商法的概念，关键在于认识国际商法的调整对象及国际商法的"国际性"。

1. 国际商法的调整对象

法律的调整对象是划分不同法律部门的主要依据，因此明确国际商法的调整对象可以将其与其他的法律部门区分开来。国际商法的调整对象是国际商事法律关系，或称为涉外商事法律关系、跨国商事法律关系、含有涉外因素的商事法律关系。

所谓商事法律关系，是指商事主体基于商事行为而产生的权利义务关系。商事法律关系的主体包括自然人、独资企业、合伙企业和公司等，其内容为商事权利和商事义务，均具有营利的性质，即表现为经营性商事权利和经营性商事义务。法律关系由法律关系主体、法律关系内容和法律关系客体三要素构成。国际商事法律关系具体包括以下三个要素。

（1）国际商事法律关系的主体，即从事国际商事活动的主体，是指依照各国法律具有商法上的权利和地位，参与国际商事交易活动，并以自己的名义从事商事行为、承担法律后果的各国商人和各类商事组织。此处需要明确的是，国际商法的主体仅限于商人和商事组织，不包括国家、国际组织，而国际经济法则将国家、国际组织包括在内，这正是两者的一大区别。

（2）国际商事法律关系的内容，即国际商事主体在从事国际商事行为的过程中形成的权利、义务。传统国际商法调整的权利、义务涉及各国公司法、合同法、买卖法、海商法、保险法、票据法等，随着社会经济的发展，其范围也扩展到技术贸易、服务贸易等国际商事服务的新领域。

（3）国际商事法律关系的客体，即因国际交易而产生的商事权利和商事义务共同指向的对象，它可以是具有商品属性的具体的有形物，也可以是服务行为等抽象的无形物。

2. 国际商法的"国际性"

国际商法的"国际性"（International），并非单纯的"国家与国家之间"的含义，而应将之理解为"跨越国界"（Transnational）之意。因此，在国际商法调整的国际商事法律关系主体、内容和客体三要素中，至少有一个方面需具有"跨越国界"的性质。具体而言，包括以下几种情形。

（1）主体具有涉外性，即同一商事法律关系中的当事人具有不同国籍，或商事组织的组织机构营业地分别处于不同国家。

（2）内容具有涉外性，即同一商事法律关系中发生商事活动所导致的权利义务的产生、变更、终止的法律事实发生在当事人一方或几方所在国以外的国家或地区。

（3）客体具有涉外性，即同一商事法律关系中的客体位于当事人一方或几方所在国以外的国家或地区。

1.1.2 国际商法的历史发展

商事法律的产生和发展是商品经济产生和发展到一定阶段的产物。随着商人之间商事交往的不断发展，各地逐渐形成了一系列规范商事交易的商事惯例和商事习惯。陆商和海商的发展使商事交易不断跨越地域范围，走向国际化，在此背景下，保护国际商事交易的法律规范随即出现。从历史的发展来看，国际商法的历史沿革经历了以下三个阶段。

1. 商人习惯法阶段

调整国际商事交易关系的法律，最早可以追溯到中世纪出现的商人习惯法，也称为商人法。公元11世纪至15世纪，在欧洲地中海沿岸的威尼斯、热那亚等城邦国家的商事活动中，商人之间依靠自己设置的特殊法庭，采用各种商事习惯解决商事纠纷。这种具有跨国性和统一性特点的商人自治规约即商人习惯法。

2. 商法本国化阶段

公元17世纪以来，欧洲各国中央集权日益强大，随着国家主权的形成，原有的商人习惯法被纳入各国国内的法律制度中，丧失了原有的国际性。

最早的商事立法可以追溯到法国路易十四时期颁布的两个商事单行立法，即1673年《商事敕令》和 1681 年《海商敕令》。在此基础上，拿破仑颁布的 1807 年《法国商法典》成为近代资本主义历史上的第一部商法典，荷兰、希腊、比利时、土耳其、西班牙、葡萄牙甚至拉丁美洲的一些国家都受到《法国商法典》的重要影响。

德国曾于 1848 年制定了《票据条例》，于 1861 年制定了《普通商法法典》，并于 1897 年制定了《德国商法典》。这部法典也对奥地利、斯堪的纳维亚半岛各国以及日本产生了深远的影响。

商事立法在英国和美国的发展则与欧洲大陆不同。18 世纪中叶，英国曼斯菲尔德法官把商人习惯法纳入普通法。美国自 1896 年起，由全国州法律统一委员会议公布了一系列的统一法规，如《统一流通票据法》《统一仓库收据法》《统一股票转让法》《统一提单法》等。19 世纪下半叶，英美等国家还制定了一系列商事单行法，例如英国 1882 年的《票据法》、1890 年的《合伙法》、1893 年的《货物买卖法》，美国 1906 年的《统一买卖法》等。

3. 现代国际商法

现代国际商法发展的特点主要体现在重新恢复商事立法的国际性与统一性。随着统一的商事习惯法被各国立法取代，各国民商法也趋于差异化，这导致保障国际商事交易的法律规范在适用上产生了冲突。第二次世界大战后，世界经济的发展带来了各国经济交往的密切化、国际化。国际经济的发展，提出了建立一套统一的国际商法以提供国际经济贸易法律保障的要求。因而，20 世纪初开始，一些政府间国际组织和非政府国际组织发起了国际商事统一法运动，努力扫除国际贸易领域的法律冲突和障碍，推动现代国际商法的统一化。1966 年 12 月 17 日，联合国大会设立了联合国国际贸易法委员会，以便促进国际贸易相关法律的协调和统一发展，并制定了《国际货物销售时效期间公约》(1974 年)、《联合国国际贸易法委员会仲裁规则》(1976 年)、《联合国海上货物运输公约》(1978 年)、《联合国国际货物销售合同公约》(1980 年)、《联合国国际汇票和国际本票公约》(1988 年)、《联合国全程或部分海上国际货物运输合同公约》(2008 年)等。国际商会 (ICC) 制定了《国际贸易术语解释通则》(INCOTERMS)、《跟单信用证统一惯例》(UCP)。此外，国际统一私法协会也制定了《国际商事合同通则》(1994 年版和 2004 年版)。这些国际惯例、公约、条约的制定和应用，代表着现代国际商法发展的统一化趋势。

1.1.3 国际商法的渊源

法的渊源是指法的存在和表现形式。国际商法的渊源主要包括国际商事条约、国际商事惯例以及国内商事立法。

1. 国际商事条约

（1）国际商事条约的概念。

国际条约，简称为条约，是指两个或两个以上的国际法主体依据国际法确立其相互权利和义务而缔结的国际书面协议。根据 1969 年《维也纳条约法公约》(Vienna Convention on the Law of Treaties) 第 2 条第 1 款（甲）规定："称'条约'者，谓国家间所缔结而以国际法为准之国际书面协定，不论其载于一项单独文书或两项以上之单独文书内，亦不论其特点名称为何。"国际商事条约（International Commercial Treaties and Conventions）是指国际商事主体缔结的有关国际商业和贸易的条约或公约。

（2）国际商事条约的分类。

条约按照缔约方的数目，可以分为双边条约和多边条约。双边条约是指仅有两个缔约方的条约，这类条约较为常见。商事领域的双边条约有通商航海条约、贸易协定、贸易议定书、相互保护和促进投资协定、避免双重征税协定等。多边条约是指两个以上的缔约方缔结的条约，这类条约常在国际会议上制定并通过，以国际公约的形式存在。商事领域的多边条约有《联合国国际货物销售合同公约》《联合国海上货物运输公约》《日内瓦统一汇票本票法公约》等。

条约按照其内容，可以分为实体法内容的条约和程序法内容的条约。实体法内容的条约对商事交易主体的权利义务做出了具体规定，如《联合国国际货物销售合同公约》《联合国海上货物运输公约》等。程序法内容的条约规定了如何解决法律冲突规范，因而也被称为关于冲突法规则的国际条约，如《国际货物买卖合同法律适用公约》等。

（3）国际商事条约的效力。

条约对缔约方具有约束力，根据"约定必须遵守"的古老国际法原则，国家必须遵守条约。条约只规定缔约国之间的权利义务关系，因此条约只对缔约国具有约束力，对非缔约国并无约束力。但是，由于许多商事方面的多边条约或公约的规定往往反映了商品经济的一般规律，通常这些条约或公约被认为是属于商业活动应予以遵守的规范，所以也会得到非缔约国的遵守，尤其是那些参加国家较多、时间较长的公约。

2. 国际商事惯例

（1）国际商事惯例的概念。

《国际法院规约》（Statute of the International Court of Justice）第38条规定，法院适用法律时对"国际惯例"的解释是：作为通例之证明而经接受为法律者。国际商事惯例（International Commercial Custom，International Usage），是指在国际商事交往中，经过长期、反复实践而形成的，并被广为接受和遵守的习惯性行为规范。

国际商事惯例的形成，要经历一个较为漫长的过程，它需要各国商人重复的类似行为，同时也需要各国同行对此种行为效力的逐步确认。因此，国际商事惯例的发展是一个由习惯逐渐上升到稳定性惯例的循序渐进的过程。

（2）国际商事惯例的分类。

按照创制和表达方式，国际商事惯例可以分为成文的和不成文的。随着国际商事惯例的发展，目前其创制和表达方式几乎都以成文的形式存在。成文的国际商事惯例通常由国际组织或团体对相关规则进行拟订或综述，也可以由国际组织制定有关规则。一般而言，成文的国际商事惯例具备三个条件：第一，有明确的商事内容；第二，已经成为国际商事活动中被反复使用的习惯；第三，是各国普遍承认具有约束力的通例。对国际商事活动影响较大的成文商事惯例有1932年《华沙－牛津规则》（Warsaw-Oxford Rules 1932）、1941年《美国对外贸易定义修正本》（Revised American Foreign Trade Definitions 1941）、2007年《跟单信用证统一惯例》（UCP600）、《2020年国际贸易术语解释通则》（International Rules for the Interpretation of Trade Terms，INCOTERMS 2020）。

（3）国际商事惯例的效力。

在法律意义上，惯例与习惯存在本质区别：惯例一旦被当事人采用，即对该当事人具有法律约束力；习惯只是一种习惯的行为。因此，国际惯例不具有类似国际公约的普遍约束力，但在某些具体当事人之间又有类似国际公约的约束力。一旦当事人选择适用某一具体的国际商事惯例，该惯例即对当事人具有相当于法律的约束力，法院或仲裁机构可以据此裁决或强制执行。

目前，世界上有些国家已经将国际商事惯例纳入国内法，也有些国家的国内法规定国际商事惯例的适用无须当事人明确表示同意。国际商事惯例与国际商事条约在效力上的区别正在逐渐淡化，采用国际惯例也成为一种普遍趋势。

3. 国内商事立法

尽管各国商事立法存在着差异性，但是国内商事立法（National Commercial Law）仍是国际商法的重要渊源之一。国际商法的国内法渊源是指一国为调整国际商事关系所进行的国内立法。由于调整国际商事活动的国际商事条约、国际商事惯例等国际立法难以协调且调整的范围有限，所以个人或企业在从事超越国境的商事活动时，也可能选择由某一国家的国内法进行调整，此时该国际商事关系的内容、当事人的权利义务等就由被选择的国内法进行调整。国内商事立法的范围涵盖了实体法、程序法以及冲突法。

1.2 世界上两大主要法系

法系（Legal System）是按照法律的特点和历史传统对各国法律进行比较研究和分类的过程中形成的概念。根据法的结构、形式、历史传统等外部特征以及法律实践的特点、法律意识和法在社会生活中的地位等因素对法进行的基本划分，具有共性或共同传统的法律即划入同一法系。一般认为，世界上主要有五大法系：大陆法系、英美法系、伊斯兰法系、印度法系和中华法系。其中，大陆法系和英美法系是影响较为广泛的两大法系，除此之外的其他三大法系基本上已经成为法制史上的概念。故本节重点介绍大陆法系和英美法系。

1.2.1 大陆法系

1. 大陆法系的起源及分布

大陆法系（Continental Family），又称民法法系（Civil Law Family）、法典法系（Code Family）、罗马法系（Roman Family）、成文法系（Written Law Family），在西方法学著作中多称民法法系，中国法学著作中惯称大陆法系。它是指包括欧洲大陆大部分国家从19世纪初以罗马法为基础建立起来的，以1804年《法国民法典》和1900年《德国民法典》为代表的法律制度以及其他国家和地区仿效这种制度而建立的法律制度。它是西方国家中与英美法系并列的渊源久远和影响较大的法系。大陆法系源于古罗马法，经过11~16世纪的罗马法复兴和18世纪资产阶级革命，最后于19世纪发展成为一个世界性的法系。

大陆法系首先产生于欧洲大陆，后扩大到拉丁族和日耳曼族各国，其分布的国家和地区数量是世界上最多的。在欧洲大陆，大陆法系可分为两个分支系：法国分支系和德国分支系。法国分支系包括拉丁语系各国，即法国、比利时、西班牙、葡萄牙、意大利等国；德国分支系包括日耳曼语系各国，即德国、奥地利、瑞士、荷兰等国。北欧各国（挪威、瑞典、丹麦、芬兰和冰岛）的法律，通称为斯堪的纳维亚法律，基本上也属于大陆法系。

从15世纪开始，随着欧洲国家向外殖民扩张，大陆法系也扩及北美洲和南美洲以及非洲、亚洲等地。在北美洲和南美洲，阿根廷、乌拉圭、墨西哥及秘鲁等国的法律属于大陆法系。在非洲，如埃及、刚果（布）、刚果（金）、卢旺达、布隆迪、索马里等国的法律，受以前的殖民地历史的影响，属于大陆法系，而阿尔及利亚、摩洛哥、突尼斯等国的法律，也受到了大陆法系的强烈影响。在亚洲，日本、泰国、韩国、土耳其的法律，以及我国台湾地区、澳门地区的有关规定，亦属于大陆法系。另外，美国的路易斯安那州及加拿大的魁北克省的法律，也受历史影响，属于大陆法系范围。

2. 大陆法系的特点

（1）在法律形式上强调成文法的作用。

大陆法系在法律形式上强调成文法的作用，注重法律的系统化、条理化、逻辑化和法典化。成文法又称为制定法（Statute），是指由国家立法机关依照立法程序制定并颁布执行的法律。

（2）在法的分类上划分为公法和私法两大部分。

大陆法系各国把法律划分为公法（Public Law）和私法（Private Law）两大部分。这种分类方法由罗马法学家提出。公法是指与国家和社会的整体利益密切相关的法律，如宪法、行政法、刑法、诉讼法、国际公法等。私法是指与个体利益密切相关的法律，如民法和商法等。

（3）在法的编纂上都主张法典化。

大陆法系各国都主张编纂法典。大陆法系各国一般都建立了除宪法外以民法典、商法典、刑法典、民事诉讼法典和刑事诉讼法典五部法典为主干，辅之以若干单行法规的完整成文法体系。大陆法系普遍以法典编纂作为法律统一和法制建设完成的标志。

大陆法系国家在编制体例上存在民商合一和民商分立两种情况。民商合一，即把商法并入民法典中，作为民法典的一个组成部分。采取民商合一的国家有：意大利、荷兰、瑞士等。采取民商分立的国家有：法国、德国、比利时、日本、西班牙、葡萄牙等。

3. 大陆法系的渊源

（1）法律。法律是大陆法系的主要渊源，包括宪法、法典、法律和条例等。宪法处于法律的最高地位，具有最高的权威性。法典是指把同一类内容的法规和原则收集起来，加以系统化，汇编为一个单一的法律文件。大陆法系国家都制定了一系列法典，法典是大陆法系的主要渊源，在整个法律制度中起着重要的作用。法律是指立法机关制定的法律。条例是指行政机关制定的成文法。

（2）习惯。大陆法系国家一般都认为习惯是法的渊源之一。至今习惯仍发挥一定的作用。

（3）判例。大陆法系国家原则上不承认判例具有与法律同等的效力，一般只对审理的个案有效，对日后法院审理同类案件并无约束力。

（4）学理。大陆法系国家一般认为学理不是法的渊源。但在大陆法系发展过程中，学理起到了重要作用，对法律体系的形成有重大影响。例如：学理为立法者提供法学理论、词汇和概念；学理可以解释法律，分析和评论判例；学理还可以影响法律的实施。

1.2.2 英美法系

1. 英美法系的起源及分布

英美法系（Anglo-American Law System），又称普通法系（Common Law System）、英吉利法系、海洋法系或判例法系（Case Law System），是世界第二大法系。英美法系是指英国从 11 世纪起主要以源于日耳曼习惯的普通法为基础逐渐形成的一种独特的法律制度，以及仿效英国的其他国家和地区的法律制度的总称。需要说明的是，普通法系以英国普通法为基础，但并不仅指普通法，还包括衡平法和制定法。尽管衡平法和制定法对普通法系的形成也有影响，但其影响不及普通法。

美国法律作为一个整体来说，虽属于普通法系，但是有很多不同于英国法的特征。如同大陆法系以法国法和德国法为代表划分为两个支系，普通法系也形成了以英国法和美国法为代表的两个支系。

绝大多数以英语为官方语言的国家和地区属于英美法系。这些国家和地区包括英国（苏格兰除外）、美国（路易斯安那州除外）、爱尔兰，以及曾作为英国殖民地、附属国的许多国家和地区，其中包括加拿大（魁北克省除外）、澳大利亚、新西兰、印度、巴基斯坦、孟加拉国、缅甸、马来西亚、新加坡、中国的香港地区，以及非洲的苏丹和拉丁美洲的一些英语国家。

南非、斯里兰卡和菲律宾等国原属大陆法系，后来随着英美势力的渗入，引进了普通法的因素，形成两大法系混合的局面。

2. 英美法系的特点

（1）以判例法作为主要渊源。

判例法，是指基于法院的判决而形成的具有法律效力的判定，这种判定对以后的判决具有法律规范效力，能够作为法院判案的法律依据。判例法是英美法系国家的主要法律渊源，它是相对于大陆法系国家的制定法或成文法而言的。判例法不是源自专门的立法机构，而是源自法官对案件的审理结果，它不是立法者创造的，而是司法者创造的，因此判例法又称为法官法或普通法。判例法产生于法官的判决，是法官从判决中所揭示的原则，是法官创造的法。除了判例法之外，英美法系国家还有一定数量的制定法和法典，如《美国统一商法典》等。但和大陆法系相比，英美法系的制定法和法典还是很少的，而且这些制定法对法律制度的影响远没有判例法大。判例法和制定法是一种相互作用、相互制约的关系。制定法可以改变判例法，而在适用制定法的过程中，通过法官的解释，判例法又可以修正制定法，但如果这种解释过分偏离了立法者的意图，又会被立法者以制定法的形式予以改变。

（2）遵循"先例约束力原则"处理案件。

先例约束力原则（Rule of Precedent）是指在处理具体案件时，不是引证某些法律，而是参照以前类似案例的判决，即按照公平与正义的原则所做判决而形成的判例。根据判例法，法院在判决中所包括的判决理由必须得到遵循，即对做出判例的法院本身和对下级法院日后处理同类案件均具有约束力。

19 世纪上半叶，英国确立了先例约束力原则，它主要内容包括：第一，上议院的判决是具有约束力的先例，对全国各级审判机关都有约束力，一切审判机关都必须遵循，但上议院可不受其先例的约束；第二，上诉法院的判决可构成对下级法院有约束力的先例，而且对上诉法院本身也有约束力；第三，高级法院的每一个庭的判决对一切低级法院有约束力，对高等法院的其他各庭以及王室法院也有很大的说服力。由此可见，只有上议院、上诉法院和高级法院的判决才能构成先例，才具有约束力。

先例约束力原则在美国也同样适用，并在司法实践中形成了其独特之处，其主要内容为：第一，在州法方面，州的下级法院须受其上级法院判决的约束，特别是州最高法院判决的约束；第二，在联邦法方面，相关案件须受联邦法院判决的约束，特别是美国最高法院判决的约束；第三，联邦法院在审理涉及联邦法的案件时，须受其上级联邦法院判决的约束，而在审理涉及州法的案件时，则须受相应的州法院判决的约束，但以不违反联邦法为原则；第四，联邦和州的最高法院不受它们以前确立的先例的约束。

（3）在法的分类上划分为普通法和衡平法。

英美法系没有公法与私法之分，其基本分类是普通法和衡平法。普通法是指在11世纪诺曼人征服英国后通过法院判决而逐步形成的适用于全英格兰的一种法律。衡平法是指在14世纪开始的，大法官法院的大法官以公平、正义原则和规则对普通法进行修正、补充而出现和发展起来的一种法律。

1066年之前，英格兰作为英伦三岛上非常古老的王国，奉行的是当地的传统法律，史称益格鲁-撒克逊法。1066年诺曼公爵威廉征服英国后，他和继任者为巩固统治，扩大王权，向地方上的贵族妥协。他在伦敦从最初的国王的御前会议中分离出专职的案件审理人员和机构，这就是历史上最早的王室法庭，又有财政法院、王座法院等称谓。一方面，英王为了扩大王权，开始派出人员到国家各地审理案件。另一方面，根据威廉在征服过程中和英格兰各地的贵族达成的协议，要尊重当地的习惯，按照地方的习惯法来受理、判决案件。这就使得在各地审理的案件最终汇总到英王所在地伦敦的皇家威斯敏斯特教堂。人们互相交流、参照各地习惯形成的判案意见，在归纳、整合、统一过程中，他们发现，虽然各地的规定各有不同，但是对某一类权利争议还是可以归纳出相同的规定的，所以他们就从案例中整理出通用的规则，之后以英王的名义把通用规则普遍适用于各地以后案件的审理中。这就是最早的从地方司法习惯、个案审理中归纳出来的通行于全国的普遍适用的法律，所以叫作普通法。普通法在其形成过程中，根本原因是王权的扩大，以及王权和地方贵族权力之间的妥协，这两种力量的合力构成了普通法这一特殊的法律制度。

在普通法的形成过程中，为了强化王权的作用，还形成了令状制度，即所有人想在地方上通过地方贵族的法庭来审理自己的纠纷，往往需要国王的许可。获得令状是提起诉讼的前提，但这种特定的权利争议的案件所形成的审理程序，会因为令状本身而有所限制。13世纪，在普通法法庭上由于种种原因得不到保护的当事人越来越多地向国王申诉，请求国王为他们主持正义。后来，国王将审理这些案件的任务交给"大法官法庭"（Chancery）的首脑"大法官"（Chancellor）。大法官则以国王赋予的最高司法权威为依据，根据公平、正义等衡平原则对案件进行独立审理。至13世纪中叶，大法官法庭作为衡平审判机构的趋势日见端倪。到了15世纪后半期，英国最终形成了与普通法法庭平行的衡平法法庭。在实践中，如果事件当事人觉得在普通法法庭中得不到正义，就转而寻求衡平法法庭的支持。直到19世纪末，衡平法终于与普通法并立。衡平法作为普通法的重要补充，集中关注于普通法调整不力的财产纠纷领域，特别是信托、合同、保险等几个方面。1675年的"考特利诉格兰威尔"案确立了"衡平法规则优先，但仅限于普通法未予救济的案件"的冲突原则。1875年生效的英国《司法法》将普通法法庭与衡平法法庭合并，结束了两套法律规则并行的局面，但衡平法原则与精神在现代英国法中仍起到鼓励法官创立新规则与救济手段的重要作用。美国法在继承英国法传统时完全吸收了衡平法精神与规则，从而形成了英美法系中法官造法和自由心证主义的两大特色，使得英美法保持着活力并不断发展。

虽然普通法和衡平法都是以判例为表现形式，其产生都依托于王权，但两者之间仍有区别。第一，调整对象不同。普通法调整的对象是全方位的，几乎涉及法律的各个领域。衡平法调整的对象是有限的，只涉及普通法不能调整的私法领域。第二，渊源不同。普通法的渊源以习惯法为主，衡平法则以罗马法为主。第三，程序不同。普通法的程序复杂、僵化，衡平法的程序简单、灵活。第四，救济方法不同。普通法的救济方法只有损害赔偿，衡平法的救济方法则很多。

（4）诉讼程序上一般采用对抗式。

在英国，当事人要想通过诉讼获得救济，必须依据一定的诉讼根据向法院起诉，而依据不同的诉讼根据提起的诉讼，其诉讼程序也不同，又不得相互通用。这样，当事人在实体法上的权利，只能通过一定的诉讼程序才能实现。故英美法系国家注重诉讼法，在诉讼程序上一般采用对抗制，即在民事诉讼中由双方律师（在刑事诉讼中由公诉人和辩护人）充当主要角色，法官居中进行裁决，证据必须在当事人在场时提出，当事人可以同对方证人对质。

3. 英美法法系的渊源

（1）判例法。判例法（Case Law）是英美法系的主要渊源之一。正如前文所说，在英国，判例法需遵守"先例约束力原则"。

（2）成文法。在英美法系中，成文法（Statute）包括两种：一种是由立法机关制定的法律，另一种是由行政机关按照法律制定的条例。但是，受英美法系传统的影响，判例法仍然是基础。成文法也只能通过判例才起作用，它只是对判例法所做的补充或修正。

（3）习惯。在盎格鲁-撒克逊时代，习惯（Custom）是当时法的主要渊源。根据现在仍有效的1265年法律规定，只有在1189年时已存在的地方习惯才有约束力。在现代的英国普通法中，习惯的作用极小。

1.2.3 两大法系的发展趋势

尽管两大法系存在重大的区别，但两大法系正日益相互融合。这主要表现在以下几个方面。

1. 大陆法系中判例的作用日益增强

大陆法系国家都强调成文法的作用，这些国家原则上不承认判例与成文法具有同等的效力。进入20世纪以后，各国无视判例作用的态度已有所改变。例如：法国采取了赋予法官对法律做"扩展解释"的权力的改革措施；德国则已明确宣布联邦宪法法院的判决对下级法院具有强制性约束力。但大陆法系国家中判例的地位和作用至今还不能与英美法系国家相提并论。

2. 英美法系成文法的数量迅速增多

19世纪末到20世纪初，英美法系国家的法律结构发生了深刻的变化，主要是成文法的比重和作用不断上升，成文法也成为英美法系的重要渊源。英美法系的成文法包括两种情况：一是议会制定的法律；二是行政机关按照法律制定的条例。

英国从19世纪末开始大规模制定成文法，例如，1882年的《票据法》、1893年的《货物买卖法》、1906年的《海上保险法》等。此外，英国从1870年开始进行《法律修订汇编》的编纂工作。

美国从19世纪下半叶开始进行立法的整理编纂工作。1926年颁布了美国法律汇编，亦称为《美国法典》(United States Code)，并定期修订增补，它是美国联邦法律的系统汇编。同时，美国通过统一州法全国委员会和美国法学会等团体拟定示范法并向各州推荐，以使各州法律趋于统一，如20世纪50年代拟定的《美国统一商法典》《美国示范公司法》等。近几十年来，美国成立了各种各样的委员会，如州际贸易委员会（The Interstate Commerce Commission）、联邦贸易委员会（The Federation of International Trade Associations）、证券交易委员会（The Securities and Exchange Commission）、全国劳动关系局（The National Labor Relations Board）等。这些联邦的行政机构都有权制定规章、条例，并有权处理有关的争端，且可以不受先例的约束。这些行政机构所制定的规章、条例在当代美国社会经济领域内起着十分重要的作用。

3. 两大法系取长补短、逐渐融合

目前，英美法系国家的成文法日益增多，判例法有所减少，有些判例所反映的法律原则通过立法变成成文法。大陆法系虽然没有"遵守先例"的原则，但是在旧法条文已经不适用的情况下，特别是在法典没有明文规定的情况下，判例往往成为法官判案的参考和依据。但不能认为它们已会合为单一的西方法系。原因主要有两点：一是虽然英美法系国家的成文法日益增多，但以判例法为主要法律渊源的特点并未改变；二是大陆法系国家的"判例法"并非英美法系国家意义上的判例法。

1.3 中国涉外商事法律制度

1.3.1 中国涉外商事法律制度的形成和发展

1. 涉外商事法律制度的概念

涉外商事法律制度是指一国用以调整涉外商事交易中所发生的各种商事关系的法律规范的总称。

2. 中国涉外商事法律制度的形成

我国商事法律制度相关的国内立法和加入、缔结的国际公约、条约、协定共同构成了我国的涉外商事法律制度体系。

在我国，商法是由各种商事法律规范所构成的一个体系，因此商法是一系列法律规范的总称。我国涉外商事法律制度的形成首先从中华人民共和国成立后国内相关立法着手，随着改革开放和国际贸易的日趋频繁，我国在长期的经贸交往中加入了一些国际公约、条约、协定等。

（1）国内商事立法。

1949年中华人民共和国成立后，社会主义法制逐步建立起来。1954年，第一届全国人民代表大会第一次会议通过了中华人民共和国第一部宪法。党的十一届三中全会以后，发扬社会主义民主，健全社会主义法制成为党和国家的重要任务之一。

我国商事立法具有明显的民商合一的特点。与商事法律制度相关的民事立法包括：1986年第六届全国人民代表大会第四次会议通过，1987年1月1日起施行的《中华人民共和国民法通则》；2017年3月15日第十二届全国人民代表大会第五次会议通过，2017年10月1日施行的《中华人民共和国民法总则》；2020年5月28日，十三届全国人大三次会议表决通过，2021年1月1日起施行的《中华人民共和国民法典》。随着《中华人民共和国民法典》的施行，

《中华人民共和国民法通则》和《中华人民共和国民法总则》随之废止。

关于商事主体方面的立法主要有：《中华人民共和国公司法》《中华人民共和国合伙企业法》《中华人民共和国个人独资企业法》《中华人民共和国外商投资法》《中华人民共和国企业破产法》等。

关于商事行为的立法包括：《中华人民共和国证券法》《中华人民共和国信托法》《中华人民共和国票据法》《中华人民共和国海商法》等。

（2）我国参加和缔结的国际商事公约、条约、协定。

①世界贸易组织协定。

我国于 2001 年 12 月 11 日加入世界贸易组织，签署了《中国加入世界贸易组织议定书》和《中国加入工作组报告书》。世界贸易组织的一系列协定、协议，成为我国涉外商事法律的重要组成部分。

②国际货物买卖公约。

此处的国际货物买卖公约主要是指《联合国国际货物销售合同公约》。该公约于 1980 年通过，我国是签字国之一，并于 1986 年正式向联合国递交了批准书。自 1988 年 1 月 1 日起，该公约对我国生效，即我国商事主体与其他缔约国成员的商事主体达成货物买卖合同时如未另做法律选择，则合同有关事项将自动适用公约的相应规定，发生纠纷也应依据该公约处理。

③国际运输公约。

关于海上运输，主要有《统一提单若干法律规定的国际公约》（又称"海牙规则"）、《修改统一提单若干法律规定的国际公约议定书》（又称"维斯比规则"）、《联合国海上货物运输公约》（又称"汉堡规则"）、《联合国全程或部分海上国际货物运输合同公约》（又称"鹿特丹规则"）四个国际公约。我国虽然均未参加上述公约，但我国的《海商法》有关提单的部分基本上采用了"海牙–维斯比规则"的规定，并吸收了"汉堡规则"中的合理部分。

关于航空运输和铁路运输，我国参加的公约主要有以《华沙公约》为基础的，包括 8 个文件在内的"华沙体系"（又称 1999 年《蒙特利尔公约》），以及《国际铁路货物联运协定》《关于统一过境运价规程的协约》《联合国国际货物多式联运公约》《1965 年国际便利海上运输公约》。

④国际海事公约。

主要包括：《国际海事组织公约》《国际海上搜寻救助公约》《统一船舶碰撞若干法律规定的国际公约》《国际集装箱安全公约》《国际船舶和港口设施保安规则》等。此外，我国还参加了《国际船舶载重线公约》《国际船舶吨位丈量公约》《国际油污损害民事责任公约》《设立国际油污损害赔偿基金公约》《国际海上避碰规则公约》《国际防止船舶造成污染公约》《国际干预公海油污事故公约》等诸多海事公约。

⑤国际海关合作公约。

主要包括：《关于简化和协调海关业务制度的国际公约》《商品名称及编码协调制度的国际公约》《1972 年集装箱关务公约》《全球贸易安全和便利标准框架》。此外，我国还参加了《海关税则分类目录公约》《建立海关合作理事会的公约》《货物暂准进口公约》等。

⑥解决国际经济贸易争端的条约、协定。

主要包括：《承认及执行外国仲裁裁决公约》（简称《纽约公约》）、《关于解决国家和他国国民之间投资争端公约》《关于从国外调取民事或商事证据的公约》等。

⑦保护工业产权公约。

主要包括：《建立世界知识产权组织公约》《保护工业产权巴黎公约》《商标国际注册马德里协定》《关于集成电路知识产权保护条约》《与贸易有关的知识产权协定》《商标国际注册马德里协定有关议定书》等。

⑧其他。

我国参加和缔结的与贸易有关的其他公约、协定还包括：《国际保付代理公约》《濒危野生动植物种国际贸易公约》《控制危险废料越境转移及其处置巴塞尔公约》《关于在国际贸易中对某些危险化学品和农药采用事先知情同意程序的鹿特丹公约》《国际货币基金协定》《建立商品共同基金协定》《亚太贸易协定》（原称《曼谷协定》)、《中国—东盟自由贸易区货物贸易协议》等。

3. 中国涉外商事法律制度的发展

在经济全球化背景下，中国涉外商事法律制度的建设面临着新的局面。为促进我国商事主体在新形势下从事涉外商事活动，并受到法律保护，中国涉外商事法律制度的发展也面临着重大的历史任务，主要体现在以下两点。

（1）中国涉外商事法律制度在法制建设上应具有国际视野。涉外法律制度的发展应当充分认识国际法与国内法的关联性，善于进行战略思考。随着经济全球化的不断深入，我国经济日益与国际经济相融合，国内、国际两个市场逐步联结，国际法与国内法的界限发生淡化而联系逐渐加强，经济全球化对商事活动产生的巨大影响必须引起我们的充分重视。目前，国内市场国际化、国际市场国内化现象日益突出，两个市场的竞争也呈现出加剧趋势。这就要求中国法律尤其是涉外商事法律制度的发展也必须适应经济全球化、国际化的发展趋势，法制建设上也要有全球意识和国际化观念。

（2）中国涉外商事法律制度建设应为我国对外贸易的高效、可持续发展提供法律支撑。改革开放以来，中国的对外贸易已连续多年高度向前发展，中国现在已成为世界贸易大国。与此同时，我国的对外贸易也在环境污染、地区发展不平衡等方面呈现出缺陷。因此，我国涉外商事法律制度建设的一项重要任务就是为我国对外贸易的高效、可持续发展提供法律支撑。

在经济全球化背景下正确把握法律的趋同化及国别化的关系，将遵守国际惯例和国际法原则与中国的发展相结合。经济全球化要求各国法律趋同化，但由于参与经济全球化的国家都处于不同的历史发展阶段，其政治、经济和文化存在差异，各国所面临的历史任务和维护的核心利益也有所不同。法律虽属上层建筑范畴，但归根到底是由各国经济、社会的发展水平及其需要决定的。因此，在经济全球化背景下，承认各国法律的国别化也是实施经济全球化的关键所在。如何处理好法律趋同化与法制建设国别化之间的关系，是经济全球化背景下各国涉外商事法律制度建设的一大挑战。

1.3.2 中国涉外商事法律制度的基本原则

我国涉外商事法律制度有着自己的基本原则，这些基本原则构成我国涉外商事立法、司法应当遵守的基本准则，同时也是我国自然人、法人及其他经济实体参与涉外商事交易所应当遵守的基本准则。

1. 尊重国家主权，维护国家利益

尊重国家主权和维护国家利益是我国一切对外交往活动必须遵循的基本原则。尊重国家主权要求国与国在经济交往中要相互尊重对方的经济自主，不得以任何手段控制操纵他国的经济命脉，同时也要遵守双方国家的法律的管辖。维护国家利益要求当事人在进行涉外商事交易时应维护本国的经济利益，而不能以损害国家和民族的利益来满足自己的私利。

2. 坚持平等互利，尊重各方意愿

坚持平等互利要求国与国之间应在法律地位平等的基础上进行经济合作。对于自然人、法人及其他经济实体来说，坚持平等互利要求其在从事涉外商事交易中体现彼此权利义务的对等，要在充分尊重彼此意愿和切实保障各方合法利益的基础上开展商事交易活动。

3. 信守国际条约，尊重国际惯例

凡我国缔结或参加的国际条约同我国法律有不同规定的，以国际条约的规定为准，但我国已声明保留的除外。国际惯例是国际商事交往实践中衍生出来的、被普遍接受的规范。尊重国际惯例要求进一步完善我国的涉外商事立法，使之尽可能地与国际惯例接轨。在处理我国涉外商事立法没有明确规定的问题时，应按国际惯例来处理，以减少执法中的摩擦和冲突。

1.3.3 中国涉外商法的渊源

1. 国际渊源

我国涉外商法的国际渊源，包括我国缔结或参加的国际商事条约，以及国际商事惯例。关于国际商事条约，除我国参加的国际商事公约外，还包括我国与世界许多国家和地区签订的贸易协定、投资保护协定、避免双重征税协定等国际商事协定，这些多边或双边的国际商事条约、协定是我国涉外商法的重要渊源。

关于国际商事惯例，只要我国当事人在对外商事交往关系中选择适用某惯例规则，则该惯例规则即对该当事人具有相当于法律的约束力。在司法实践中，我国对国际商事活动中的国际惯例历来给予高度重视，并严格予以遵守。

2. 国内渊源

因受经济发展水平等多种因素的制约，我国与世界上大多数国家一样，目前还无法做到对涉外商事活动和国内商事活动完全同等对待。在这种背景下，我国制定的有关涉外商事方面的法律、法规就成为我国涉外商法的国内渊源，其内容主要涉及对外贸易、货物运输、海商法律、知识产权保护、产品责任、金融服务、利用外资、涉外税收、涉外商事诉讼与仲裁等方面。

本章小结

国际商法，是指调整国际商事关系的法律规范的总称。其调整对象是国际商事法律关系，或称为涉外商事法律关系、跨国商事法律关系、含有涉外因素的商事法律关系。随着商品经济的发展以及国家间经济贸易往来的日益增多，国际商法经历了商人习惯法、国际商法本国化和现代国际商法的迅速发展三个阶段。国际商法的渊源主要包括国际商事条约、国际商事惯例以及各国国内的商事立法。

世界法系的发展及其特征对具有跨国性质的国际商法的形成和发展有着重要的影响，而世界法系中影响最为广泛的为大陆法系和英美法系。它们在起源与分布、特点、渊源上存在较大差异。尽管两大法系存在巨大的区别，但两大法系也正在日益融合。

在我国，涉外商事法律制度的形成从中华人民共和国成立后的国内相关立法开始，在改革开放和国际贸易日趋频繁的背景下，也加入了一些国际公约、条约、协定等。因此，我国的国内商事立法和加入、缔结的国际公约、条约、协定共同构成了我国的涉外商事法律制度体系。

案例讨论

2003年9月3日，沧州某有限公司（以下简称"沧州公司"）与法国某公司（以下简称"法国公司"）在河北省沧州市签订了一份设备进口合同。合同的主要条款包括：沧州公司向法国公司购买成套双向同步拉伸4 200mm聚酰亚胺保鲜膜生产线，合同总价款为710万欧元。双方约定的争议解决方式为仲裁，仲裁地点选择在北京，适用巴黎国际商会仲裁院仲裁规则，但没有选择仲裁机构。

在合同履行过程中，法国公司出现如下违约情况：合同约定2003年11月开车投产，但直至2005年3月设备才运到沧州公司，迟延交货。设备在开车试运中发现转拉伸线速度只能到每分钟90米，与合同规定相差40%，所交货物不符合合同约定。

根据合同的约定，在"生产线通过机械验收后支付总货款的10%"，但法国公司在生产线因其技术问题不能通过机械验收的情况下，要求沧州公司支付生产线通过机械验收后应付的10%货款。遭到沧州公司拒绝后，2005年4月23日，在生产线尚未完成机械验收的情况下，法国公司撤走了负责调试验收的技术人员。

2005年5月13日，沧州公司以法国公司违约导致合同目的无法实现为理由，向法国公司发出了解除合同的通知。法国公司对此没有提出异议。随后中国出入境检验检疫部门根据合同及其附件的规定，对法国公司提供的生产线进行了现场检验，出具了"中华人民共和国出入境检验检疫索赔证书"，确认了该生产线的现状和生产线设备与合同约定的不符之处。

2005年9月29日，法国公司向巴黎国际商会仲裁院申请仲裁，仲裁院受理了法国公司的申请。沧州公司向国际商会仲裁院提出管辖权异议，指出合同中的仲裁条款仅约定适用国际商会仲裁院的仲裁规则，并没有约定由国际商会仲裁院作为仲裁机构进行仲裁，国际商会仲裁院无权受理本案，同时明确表示拒绝参加国际商会仲裁院进行的仲裁程序。

2005年12月8日，沧州公司将法国公司诉至河北省高级人民法院，请求确认合同中的仲裁条款无效，由法国公司支付违约金人民币1 123.319 3万元，赔偿因其违约给沧州公司造成的各项损失共计人民币2 628.372 3万元。河北省高级人民法院按照最高人民法院规定的程序，提请最高人民法院认定合同仲裁条款的效力。最高人民法院于2006年4月26日以书面形式答复，认定仲裁条款无效。河北省高级人民法院于2006年5月29日正式受理立案。2006年11月15日，法国公司向河北省高级人民法院提出管辖权异议；2006年12月13日，河北省高级人民法院裁定驳回异议。法国公司不服裁定，于2007年1月9日向最高人民法院提起上诉。最高人民法院在2007年9月13日驳回其上诉，维持原裁定，认定河北省高级人民法院有管辖权。

2007年6月,国际商会仲裁院裁决沧州公司应支付给法国公司194.4521万欧元,并赔偿利息损失、律师费和仲裁费等费用50余万欧元。

在2007年9月最高人民法院就管辖权终审裁定后,法国公司被迫应诉并提起反诉,将仲裁申请中的主张全部列为反诉的请求。2009年12月,河北省高级人民法院做出(2006)冀民三初字第2号民事判决,法国公司赔偿沧州公司损失人民币844.3704万元,解除合同前沧州公司尚欠的194.4521万欧元只需支付52.4521万欧元。2010年4月20日,法国公司不服河北省高级人民法院一审判决,向最高人民法院提起上诉。2012年1月10日,最高人民法院以(2010)民四终字第35号民事判决书确认了法国公司违约的事实,判决法国公司支付违约金104.6118万欧元(沧州公司此前已扣下违约金52.6521万欧元),按合同约定尚未支付的142万欧元尾款,沧州公司再付40%,计56.8万欧元,各项相抵后,沧州公司需向法国公司支付4.6403万欧元。此结果较国际商会仲裁院的仲裁结果相差了240余万欧元。

问题:
1. 本案是否属于国际商法调整范围?
2. 分析本案中存在的国际商事关系。
3. 本案中涉及哪些国际商法的渊源?
4. 本案合同中没有约定适用的实体法,案件应当如何选择适用法律?
5. 结合本案谈谈你对中国法律制度的初步看法。

知识拓展

习近平总书记在第四届中国国际进口博览会开幕式上发表主旨演讲

中国国际进口博览会(China International Import Expo,CIIE),简称"进口博览会""进博会"等,由中华人民共和国商务部和上海市人民政府主办,中国国际进口博览局、国家会展中心(上海)承办,为世界上第一个以进口为主题的国家级展会。举办中国国际进口博览会是中国着眼推进新一轮高水平对外开放做出的一项重大决策,是中国主动向世界开放市场的重大举措。进博会联通中国和世界,成为国际采购、投资促进、人文交流、开放合作的四大平台,进一步促进了国际商事活动与经济贸易的发展,也对进一步完善国际商事法律体系提出了更高的要求。

2021年11月4日,第四届中国国际进口博览会暨虹桥国际经济论坛开幕式在上海举行。中国国家主席习近平发表了题为《让开放的春风温暖世界》的主旨演讲。

习近平总书记指出,中国历来言必信、行必果。第三届进博会上宣布的扩大开放举措已经基本落实。中国克服新冠疫情影响,推动对外贸易创新发展,是2020年全球唯一实现货物贸易正增长的主要经济体,为保障全球产业链供应链稳定、推动世界经济复苏做出了重要贡献。当前,经济全球化遭遇逆流。逆水行舟,不进则退。我们要把握经济全球化发展大势,支持世界各国扩大开放,反对单边主义、保护主义,推动人类走向更加美好的未来。

习近平总书记强调,开放是当代中国的鲜明标识。2021年是中国加入世界贸易组织20周年。20年来,中国全面履行入世承诺,不断扩大开放,激活了中国发展的澎湃春潮,也激活了世界经济的一池春水。这20年,是中国深化改革、全面开放的20年,是中国把握机遇、迎接挑战的20年，是中国主动担责、造福世界的20年。这20年来中国的发展进步，是中国人民在中国共产党坚强领导下埋头苦干、顽强奋斗取得的，也是中国主动加强国际合作、践行互利共赢的结果。他愿对所有参与和见证这一历史进程、支持中国开放发展的海内外各界人士表示衷心的感谢！

习近平总书记强调，"见出以知入，观往以知来"。一个国家、一个民族要振兴，就必须在历史前进的逻辑中前进、在时代发展的潮流中发展。中国扩大高水平开放的决心不会变，同世界分享发展机遇的决心不会变，推动经济全球化朝着更加开放、包容、普惠、平衡、共赢方向发展的决心不会变。

第一，中国将坚定不移维护真正的多边主义。以世界贸易组织为核心的多边贸易体制，是国际贸易的基石。中国支持世界贸易组织改革朝着正确方向发展，支持多边贸易体制包容性发展，支持发展中成员合法权益。中国将以积极开放态度参与数字经济、贸易和环境、产业补贴、国有企业等议题谈判，维护多边贸易体制国际规则制定的主渠道地位，维护全球产业链、供应链稳定。

第二，中国将坚定不移同世界共享市场机遇。中国将更加注重扩大进口，促进贸易平衡发展，增设进口贸易促进创新示范区，优化跨境电商零售进口商品清单，推进边民互市贸易进口商品落地加工，增加自周边国家进口。中国将推进内外贸一体化，加快建设国际消费中心城市，发展"丝路电商"，构建现代物流体系，提升跨境物流能力。

第三，中国将坚定不移推动高水平开放。中国将进一步缩减外资准入负面清单，有序扩大电信、医疗等服务业领域开放，修订扩大《鼓励外商投资产业目录》，出台自由贸易试验区跨境服务贸易负面清单。中国将深度参与绿色低碳、数字经济等国际合作，积极推进加入《全面与进步跨太平洋伙伴关系协定》《数字经济伙伴关系协定》。

第四，中国将坚定不移维护世界共同利益。中国将积极参与联合国、世界贸易组织、二十国集团、亚太经合组织、上海合作组织等机制合作，推动加强贸易和投资、数字经济、绿色低碳等领域议题探讨，支持疫苗等关键医疗物资在全球范围内公平分配和贸易畅通，推动高质量共建"一带一路"。中国将积极参与应对气候变化、维护全球粮食安全和能源安全，在南南合作框架内继续向其他发展中国家提供更多援助。

习近平总书记最后强调，"孤举者难起，众行者易趋"。新冠疫情阴霾未散，世界经济复苏前路坎坷，各国人民更需要同舟共济、共克时艰。中国愿同各国一道，共建开放型世界经济，让开放的春风温暖世界！

判例法

判例法制度最早产生于中世纪的英国。判例法是英美法系国家的主要法律渊源，它是相对于大陆法系国家的成文法或制定法而言的。判例法的来源不是专门的立法机构，而是法官对案件的审理结果，它不是立法者创造的，而是司法者创造的，因此，判例法又称为法官法或普通法。

判例法的基本思想是承认法律本身是不可能完备的，立法者只可能注重于一部法律的原则性条款，法官在遇到具体案情时，应根据具体情况和法律条款的实质，做出具体的解释和判定。其基本原则是"遵循先例"，即法院审理案件时，必须将先前法院的判例作为审理和裁决的法律依据；对于本院和上级法院已经生效的判决所处理过的问题，如果再遇到与其相同或相似的案件，在没有新情况和提不出更充分的理由时，就不得做出与过去的判决相反或不一致的判决，直到将来某一天最高法院在另外一个同类案件中做出不同的判决为止。

美国是最典型的实行判例法的国家。美国法院对判例的态度非常灵活，即如果先例适合于眼下的案例，则遵循；如果先例不适合眼下的案例，那么法院可以拒绝适用先例，或者另行确立一个新的法律原则而推翻原来的判例。美国判例法的约束力可以概括为：在同一法律系统，下级服从上级，如果涉及另一系统的问题，则要互相尊重。

中华民族法律实践的结晶：中华法系

世界五大法系是法学家根据世界各国法律基本特征划分的，包括：欧洲大陆法系、英美法系、伊斯兰法系、印度法系、中华法系。

中华法系是中华民族数千年法律实践的结晶，自原始社会末期至近代，源远流长，独树一帜。以中国传统思想为理论基础，糅合了法家、道家、阴阳家学说的精华。总体精神和宏观样式上呈现出多元的特征，尤其表现在支配法律实践活动价值基础上的双元格局、法律规范内部的多层结构和法律规范与非法律规范互依互补的实施渠道。这些特征是由中国古代社会农耕生产、宗法家族、集权政体三合一的社会存在所决定的。中华法系的特点如下。

第一，礼法合一，以儒为主。随着中国哲学思想的形成、发展，中国的法律实践逐步摆脱了宗教神学的束缚。随着儒家思想对中国人的精神世界影响的加大，维护纲常礼教成了中华法系封建法典的核心内容。

第二，具有浓厚的纲常伦理色彩。这主要表现为将儒家的德礼思想、规则、原则引入法律的"儒家思想法律化"和法律逐渐具有儒家人伦道德特性的"法律儒家化"的双向改变。

第三，以国家法为主体的同时，确认"民间法"的效力。中国地域辽阔，民族众多，风土各异，中央机构的掌控力有限，成文法的调节功能也有限，中华法系在依靠国家成文法调整复杂社会关系的同时，以"族规家法"为代表的"民间法"成为中华法系的重要法律依据的补充。

第四，中央机构具有最终立法权、审判权。在封建主义中央集权之下，皇帝作为最高的立法者、审判者，以发诏、令、敕、谕的权威法律形式进行立法、废法和审判。

第五，法律对特定人群的豁免与议罪制度，封建时代主要体现为官僚、贵族享有法定特权，良、贱同罪异罚。中国古代法律从维护等级制度出发，赋予贵族、官僚各种特权。

第六，诸法合体，以刑为主。中国传统法制强调法的功能主要是治民，从战国李悝的《法经》起，到最后一部封建法典《大清律例》，都以刑法为主，兼有民事、行政和诉讼等方面的内容。这种诸法合体的混合编纂形式，贯穿整个封建时代，直到20世纪初清末修律才得以改变。

第七，司法与行政合一。中央设有专门的司法机关，它的活动是为皇帝所服务，是皇权的派生物。在地方，由行政长官兼理司法事务，司法与行政二者合一。

中华法系不但对古代中国法律制度具有极大影响，对古代日本、朝鲜和越南等中华文明圈的国家的法制文明也产生了重要影响，对中国特色社会主义法治建设也具有深远影响。中华法系的特征和思想精髓是中华民族法律实践的结晶，也是中华民族法律哲思的结晶。在建设中国特色社会主义法治国家的进程中，既不能忽视西方法律制度和法律思维的影响，也不能生硬地照搬，研究中华法系对法制建设"本土化"和充分体现"中国特色"仍具有重要意义。

关键术语

国际商法　国际商事法律关系　国际商事条约　国际商事惯例　大陆法系
英美法系　先例约束力原则　成文法　　　判例法　　　　中国涉外商事法律制度

思考题

1. 简述国际商法的适用范围。
2. 国际商法的渊源有哪些？
3. 简述大陆法系的概念和特征。
4. 简述英美法系的概念和特征。
5. 试述大陆法系与英美法系的主要区别。
6. 试述中国涉外商事法律制度的现状和发展。

第 2 章
商事组织法

本章导读

商事组织或企业是国际商事活动的主要参加者。尽管各国法律对其界定不一，但是普遍认为商事组织是指依法设立、以自己的名义从事营利性活动，并具有一定规模的组织。本章介绍商事组织中的三种最基本的形式，即独资企业、合伙企业和公司，并剖析我国的外商投资企业法律制度的发展过程和现状。

2.1 商事组织法概述

2.1.1 商事组织的概念

商事组织，也称"商事企业"，是指依法成立的以自己的名义对内进行经营管理，对外从事营利性活动的经济组织。与其他社会组织相比，商事企业具有以下特点。

1. 商事企业具有营利性

营利性是商事企业最重要的特征，追求利润最大化是一切商事企业的终极目标。这里的营利性不仅仅是企业本身将营利作为其追求的目标，而更重要的是企业的投资人（如个人独资企业的投资人、合伙企业的合伙人、公司的股东）要通过企业的经营获得收益，并将企业所获得的收益分配给投资人。这一特点也是商事企业与非营利性组织的重要区别之所在。因此，实际上企业不过是投资人的营利工具而已。

2. 商事企业具有社会性

企业是经济社会的一个细胞，是经济社会中最重要的经营主体。商事企业虽然以营利为目的，是企业投资人赚钱的工具，但是商事企业是社会的一个组成部分，不可能脱离社会其他成员而独立存在。商事企业在追求自身利益最大化的同时，也要考虑社会其他成员的利益，如劳动者、消费者、潜在的利益相关者等，不能通过损害社会其他成员的利益来使自身利益获得最大化。"诚信经营，不害他人"是商事企业最起码的道德准则。近年来，国际社会倡导的"企业的社会责任"就是基于企业的社会性对企业提出的法律要求。

3. 商事企业具有法定性

尽管各国国情不同,但是就企业的组织形式而言,各国无不以立法的形式予以规范。企业的形式、设立企业需具备的条件、企业设立的程序等,各国都结合本国的具体国情从法律上对此做出相关规定。换句话说,人们不能自由地创设法律规定之外的企业组织形式,也不能不遵循法律规定的创立程序随意设立企业,如不经过工商部门的核准登记就开展营业就属于非法经营。

2.1.2 商事组织的种类

国际商事组织也就是国际商事企业,是指从事跨国经营的商事企业。随着经济全球化的发展,特别是各国逐渐放松对企业国际化经营的管制,国内商事企业与国际商事企业划分的意义已然不大,多数国家都允许本国的企业既可以从事国内经营也可以从事国际商事活动。我国自加入世界贸易组织后,为履行义务,也放松了对企业从事涉外经营的管制。例如,原来企业要想从事涉外经营须经外贸主管部门的批准并获得外贸经营权方可,如今,企业进行涉外经营只需向外贸主管部门备案即可。

就国际商事企业的组织形式而言,西方国家主要有三种形式:独资企业、合伙企业和公司。不同的企业形式在资金筹措、管理方式、经营风险、税收征缴、经营范围、设立程序等诸多方面存在差异。因此,投资人具体采用何种企业组织形式要结合多种因素做出恰当的抉择。

2.1.3 国际商事组织法的概念

顾名思义,国际商事组织法是指调整国际商事组织形式的法律规范的总称。与买卖、运输、保险等具体的国际商事行为法不同的是,国际商事组织法还没有统一的法律规范,也就是说目前国际上还没有国际性的条约或者惯例专门对国际商事组织予以规范。联合国虽然制定了《跨国公司行动守则》,但是时至今日也尚未生效。此外,《跨国公司行动守则》就其基本内容而言也很难说它是一部典型的国际商事组织法。因为跨国公司本身也不是企业的一种组织形式,从整体上来说称其为企业的一种特殊的经营方式更为准确。因此,国际商事组织法主要体现为国内法,或者说国内法是国际商事组织法的主要渊源。在大陆法系国家,有关商事企业组织形式的法律规范主要体现为制定法,如各国的商法典主要是单行法。英美法系国家的企业法的渊源主要是判例法和单行法。

由于各国的经济发展水平不同,政治体制存在差异,各国对外开放的程度是不一样的。在开放程度较低的国家,是否允许企业从事外贸经营、允许什么样的企业从事外贸经营往往都有法律上的限制,一般都是通过发放外贸经营许可证的方式授予企业外贸经营权。没有外贸经营权的企业当然不被允许从事国际商事活动。这一点对将来有志于从事国际贸易工作的学生而言十分重要。一旦与没有外贸经营资格的企业签订合同,很可能因对方资格瑕疵而导致合同无法得到履行,这方面的法律风险是值得重视的。

2.1.4 商事组织法的渊源

1. 商事组织法的渊源释义

法的渊源,即法的根源、本源,可以做两种理解:一是从法的本质上去理解,法源于由一定物质生活条件决定的统治阶级意志；另一种则是从法的形式上去理解，即法的创制及表现形式。法的渊源作为法律术语，通常是从后一种意义上理解，即法的渊源就是法的创制及各种表现形式。

商事组织法的渊源，是指商事组织法的创制及各种表现形式。理解和掌握商事组织法的渊源，对于正确区分规范性法律文件和非规范性法律文件，正确确定规范性法律文件的效力以及正确适用商事组织法律、行政法规等都具有十分重要的意义。

2. 我国商事组织法的渊源

我国商事组织法的渊源，根据规范性法律文件的制定机关和效力的不同，可以分为以下几类。

（1）宪法。

宪法是国家的根本大法。我国《宪法》由全国人民代表大会制定，具有最高法律效力。《宪法》规定了国家政治、经济、文化、社会各方面的根本制度和公民最基本的权利义务，是我国其他一切法律的立法依据。《宪法》作为商事组织法的渊源，主要是指《宪法》中涉及调整企业关系的原则规定：①《宪法》关于企业经济性质的规定。依照我国《宪法》规定，我国实行以生产资料公有制为基础的，多种经济成分并存的社会主义经济制度。与此相适应，我国企业按经济性质的不同，分为国有企业、集体企业、私营企业和外商投资企业。②《宪法》关于企业经营管理的规定。如"国有企业在法律规定的范围内有权自主经营""集体经济组织在遵守有关法律的前提下，有独立进行经济活动的自主权""国家保护私营经济的合法权利和利益，对私营经济实行引导、监督和管理"，以及外商投资企业的"合法的权利和利益，受中华人民共和国法律的保护"等。

（2）法律。

法律是指国家立法机关依照法定程序，制定和颁布的规范性文件，是我国的法的重要渊源。我国法律包括基本法律和除基本法律以外的法律。基本法律是指全国人民代表大会依照法定程序制定的规范性文件；除基本法以外的法律，是指全国人民代表大会常务委员会依照法定程序制定的规范性文件。基本法律不得与宪法相抵触；除基本法律以外的法律不得与宪法、基本法律相抵触。

法律是我国商事组织法最重要的渊源，包括全国人民代表大会制定的法律和全国人民代表大会常委会制定的法律。前者包括我国《民法典》中关于企业法人和合伙的规定、《全民所有制工业企业法》等；后者包括我国《合伙企业法》《个人独资企业法》《商业银行法》和《保险法》《证券法》中关于保险公司、证券公司的规定以及《企业破产法》等。

（3）行政法规。

行政法规是指国家最高行政机关制定和颁布的规范性文件。我国的最高行政机关是国务院。依照我国《宪法》规定，国务院有权根据宪法和法律，规定行政措施、制定行政法规、发布决定和命令。行政法规不得与宪法、法律相抵触。此外，国务院各部委有权根据国务院的行政法规、决定、命令，在本部门权限内发布命令、指示和规章。部门规章不得与国务院行政法规、决定、命令相抵触。

行政法规、部门规章是我国商事组织法最广泛的渊源，如《全民所有制工业企业转换经营机制条例》《城镇集体所有制企业条例》《乡村集体所有制企业条例》《中华人民共和国市场主体登记管理条例》等。

（4）地方性法规、规章。

地方性法规是指地方国家权力机关和地方国家行政机关，依照宪法、法律和行政法规制定的，旨在本行政区域内有效的规范性文件。依照我国《宪法》和《地方各级人民代表大会和地方各级人民政府组织法》的有关规定，省、自治区、直辖市的人民代表大会及其常务委员会、省级人民政府所在地的市和经国务院批准的较大的市的人大及其常委会，均有权制定地方性法规。省、自治区、直辖市的人民政府、省级人民政府所在地的市和经国务院批准的较大市的人民政府，均有权制定地方性规章。地方性法规、规章在本行政区域内生效，不得与宪法、法律、行政法规相抵触。地方性法规、规章也是我国商事组织法的渊源，如《北京市农村股份合作企业暂行条例》《广东省民营科技企业管理条例》等。

除此之外，我国加入的有关国际公约或签订国际协定和有关国际惯例，最高人民法院的司法解释也是我国商事组织法的渊源。

2.2 独资企业法和合伙企业法法律制度

2.2.1 独资企业法

1. 独资企业的含义与特征

独资企业是企业中十分常见的组织形式，在各国企业中的数量也比较可观。但是由于它集资能力有限、风险较大，一般只适用于规模较小的企业。

独资企业是指由一个自然人出资设立的，企业的全部财产归出资人一人所有，并由出资人就企业的债务承担无限责任的企业组织形式。有些国家并不区分个人经营者和个人独资企业，在我国则分为个体工商户和个人独资企业，个体工商户不具有组织形式。

独资企业与合伙企业、公司相比较，具有以下特征。

（1）投资主体的单一性。个人独资企业的投资人只能是一个人，且一般情况下只能是自然人。

（2）企业财产的私有性。个人独资企业的财产来源于投资人，归属于投资人个人所有，企业盈利所得也属于投资人。

（3）主体资格的非法人性。个人独资企业具有相对独立的主体资格，主要体现为个人独资企业有属于自己的名称，以独资企业的名义开展经营活动、起诉或者应诉。但是毕竟其财产为投资人个人所有，责任由投资人以其个人财产承担，因此，个人独资企业不具有法人资格。

（4）投资人承担责任的无限性。个人独资企业如果经营管理不善产生亏损，应当先将企业的财产用于清偿债务，不足部分由投资人以其个人财产承担无限责任。

2. 独资企业的设立

（1）独资企业设立的条件。

各国对独资企业的设立一般都规定了一定的条件，符合条件才予以注册成立。

①人的条件。一般只允许一个自然人投资设立独资企业，且该自然人应当具有完全民事行为能力。同时，法律禁止从事营利性活动的人一般不能成为独资企业的投资人。例如，按

照我国有关法律的规定，警察、法官、国家公务员等不得投资设立独资企业，其他国家也有类似的规定。其主要目的在于防止"官商一体"，维护公平竞争的经济秩序。

②物的条件。设立独资企业需要由投资人申报出资额，这既是企业经营的物质基础，也是其承担责任的经济保障。

③名称、住所。独资企业应当有自己的名称和住所，以便对外开展经营活动。

（2）独资企业设立的程序。与公司设立相比较，独资企业的设立较为简单，主要包括申请设立、审核批准两个步骤。

3. 独资企业的经营管理

独资企业的经营管理既可以由投资人亲自经营，也可以由投资人聘请职业经理人代理经营。如果投资人聘任职业经理人经营管理企业，应当签订书面的聘任合同，在合同中约定双方的权利与义务。值得注意的是，如果投资人在聘任合同中对其所聘任的职业经理人的权限有所限制，该权限限制不得对抗善意第三人，这主要是保护善意第三人的信赖利益。例如，甲聘任乙担任经理，聘任合同中明确约定对外签订 1 万元以上的买卖合同须经甲的同意。假如乙未经甲同意与善意的丙签订了一份价款 2 万元的合同，该合同就是有效的，换言之，甲不能以未经自己同意而主张合同无效。这里的"善意"就是不知情的意思，也就是说，丙不知道甲和乙之间的有关权限限制的约定。

独资企业所聘任的职业经理人应当恪守诚信、勤勉、敬业、忠诚义务，不得为谋取一己之私而损害企业及投资人的利益，如利用职务上的便利索取或者收受贿赂，挪用企业的资金归个人使用或者借贷给他人，未经投资人同意从事与本企业相竞争的业务，未经投资人同意同本企业订立合同或者进行交易，泄露本企业的商业秘密等，否则应当承担相应的民事赔偿责任甚至刑事责任。

4. 独资企业的解散与清算

独资企业的解散就是独资企业基于某种原因而消灭。一般来讲，在投资人死亡或者宣告死亡且无人继承，或者继承人放弃继承以及投资人决定解散的情形，均可导致独资企业消灭。企业解散之前应当进行清算，即清理涉及独资企业的债权债务。清算既可以由投资人自行清算，也可以由债权人申请法院指定有关机构予以清算。由于独资企业不能独立承担民商事责任，其经营中所欠债务最终由独资企业的投资人以个人财产承担。

清算完毕之后，投资人应当向主管机关提出注销申请，经主管机关注销登记，独资企业才正式消灭。

2.2.2 合伙企业法

1. 合伙企业的含义与特征

（1）合伙企业的含义。

合伙企业是指由两个以上的合伙人通过签订合伙协议，依法设立的共同出资、共同经营、共享收益、共担风险并由合伙人承担无限连带责任的企业组织形式。合伙是一种古老的法律制度，早在古希腊、古罗马时期合伙就已经相当流行，而且公司制度的产生、发展也与合伙有着千丝万缕的联系。时至今日，合伙仍然是一种重要的企业组织形式，与公司比肩而立，足见其生命力之强劲。在一些实行民商分立的大陆法系国家,合伙被区分为民事合伙与商事合伙,二者的区别主要在于:①适用的法律不同,前者主要适用民法典,后者主要适用商法典。②民事合伙一般情况下具有临时性,且也不尽然以营利为目的,一般不以企业的形式存在,因此无须进行营业登记;商事合伙则具有营业的持续性,而且通常是以营利为目的,属于企业组织形式的一种,故而须依法进行营业登记。这里所讲的合伙是商事合伙,也就是合伙企业。

(2) 合伙企业的特征。

①合伙企业必须由两个以上的人(合伙人)组成。合伙人既可以是自然人也可以是法人或者其他组织,但是必须具有权利能力和行为能力。此点正是其与个人独资企业的不同之处。

②合伙企业的成立必须以合伙契约(合伙协议)为基础。合伙契约是由全体合伙人签订的规定合伙人权利与义务的协议,对全体合伙人具有法律约束力,主要规范合伙人的关系,是联系全体合伙人的纽带。此点与既规范公司内部关系又规范公司外部关系的公司章程有显著的不同。

③合伙企业是一种"人的联合",所谓人的联合是指在一般情况下,合伙人之间通常是基于人身信任关系而联合在一起,共同出资、共同经营、共享收益、共担风险,其中一个合伙人的死亡、退出、破产或者诚信缺失,都可能导致合伙解散,直接影响合伙企业的生存。这一点与具有法人资格的公司不同,公司的投资人即股东的退出、死亡并不影响公司的生存。因此,在许多国家,合伙企业往往是家族企业、朋友企业。

④合伙人对合伙企业债务须承担无限连带责任:如果合伙企业经营管理不善欠下债务,先由合伙企业的财产偿还,合伙企业财产不足以清偿的,就应当由合伙人以自己个人的财产清偿,直至清偿完毕满足债权人的要求方能结束,这就是所谓的无限责任。同时,每一个合伙人都有义务清偿合伙企业的全部债务,并不仅仅以自己在合伙企业的份额为限。比如,甲、乙、丙三人分别按照30%、30%和40%的份额出资设立合伙企业,现在合伙企业有债务20万元,合伙企业的财产只有10万元。如果债权人要求清偿全部债务,先用合伙的财产10万元清偿,余下的10万元,如果债权人要求甲偿还,那么甲就有义务全部清偿,而不能主张仅清偿3万元。也就是说合伙人中的任何一人都有可能替其他合伙人承担理应由其他合伙人承担的份额,这就是所谓的连带责任。

⑤合伙企业一般不具有法人资格。合伙企业的财产归全体合伙人共有,合伙人须对合伙企业的债务承担无限连带责任,每一个合伙人都可以代表合伙企业对外从事经营活动,合伙人的死亡、退出直接影响合伙企业的生存,因此,合伙企业不像公司那样具有独立的法人资格。但是,合伙企业有自己的名称或商号,可以以自己的名称或者商号对外签订合同,开展经营活动,起诉和应诉。值得注意的是,在一些国家诸如法国、荷兰等国,立法上承认合伙企业具有法人资格,只不过合伙人仍旧承担无限连带责任。但是,包括我国在内的多数国家立法上仍旧恪守传统做法,不承认合伙企业具有法人资格。

2. 各国有关合伙企业的法律制度

西方资本主义国家存在两大法系,即大陆法系和英美法系。两大法系有关合伙的规定有很大不同。在实行民商分立的大陆法系国家,合伙制度一般规定在商法典中。例如,《法国商法典》原来第三编第四章规定了"商事合伙",后来在1966年制定了《商事企业法第66-537

号》，在第一编第一、二章规定了商事合伙制度，取代了商法典的内容；德国区分商事合伙与民事合伙，商事合伙规定在《德国商法典》中，民事合伙则规定在《德国民法典》中。我国有关合伙的内容主要规定在《民法典》和1996年制定、2006年修订的《合伙企业法》中，《民法典》规定的主要是民事合伙，《合伙企业法》规定的则属于商事合伙。英美法系法的渊源主要是判例法，自19世纪末以来，制定法逐渐占有一席之地。因此，有关合伙的法律制度主要体现为判例规则和制定法。例如，英国在1890年制定了《合伙法》，在1907年制定了《有限合伙法》，这两部法律至今仍然有效，同时原有的判例规则也是合伙法的重要组成部分。美国的情况与英国相似，判例法仍是合伙法的主要渊源。与英国稍有不同的是，美国属于联邦制国家，根据美国宪法的规定，有关合伙法律制度的立法权属于各州。为了消除州与州之间的法律冲突，美国统一州法委员会在1914年起草了《统一合伙法》。目前这部法律已经被美国绝大多数州采用。

3. 合伙协议

（1）合伙协议的概念。

合伙协议也被称为"合伙契约"或"合伙合同"，是指两个以上的合伙人为设立合伙企业而达成的约定共同出资、共同经营、共担风险以及彼此权利义务关系的协议。合伙协议的法律意义在于：①合伙协议是合伙企业设立的基础。多数国家规定设立合伙企业必须有合伙协议，无论是书面的还是口头的。②合伙协议是合伙人资格的确定依据。合伙人证明自己具有合伙人身份最重要的依据就是合伙协议。③合伙协议属于合同的一种，根据合同相对性的规则，合伙协议对全体合伙人具有法律约束力，体现的是合伙人之间的权利义务关系。如果合伙人之间发生争议首先要依据合伙协议的规定。例如，A、B、C三人，各自按照50%、25%、25%的比例出资设立合伙企业，合伙协议约定平均分配盈利。后来，合伙企业赚钱了，A感觉自己吃亏了，要求按照出资比例分配盈利，这样做可以吗？答案是不可以，除非三人一致同意修改合伙协议。

（2）合伙协议的主要内容。

对于合伙协议应当包括哪些内容，有的国家立法上有具体规定，有的国家则没有，完全由合伙人根据具体情况自行约定。但是，合伙协议一般情况下应当包含以下几项内容。

①合伙企业的名称。合伙企业的名称是合伙企业与其他企业相区分的主要标志，合伙企业对外开展经营一般使用的就是自己的名称而不是合伙人的名字（名称）。同时，合伙企业对自己的名称享有企业名称权，其他企业或者个人未经合伙企业允许不得擅自使用。在西方国家，很多合伙企业的名称多以合伙人的姓氏命名，在合伙人的姓氏之后加上"商行"或者"企业"字样。

②合伙人的姓名或者名称。姓名是针对自然人而言的，名称则是对企业而言的。由此可以看出合伙人既可以是自然人也可以是企业。该项内容对于确定合伙人的身份至关重要。

③合伙企业的经营范围。有些国家对合伙企业的经营范围有所限制，如我国合伙企业不能从事银行、保险、证券等金融业务。而有些国家则没有限制，即使有所限制也只是人数方面的，如英国法律规定合伙企业经营银行业务，合伙人不得超过10人。

④合伙企业的经营期限。有些国家立法上限制合伙企业的经营期限，如法国规定合伙的经营期限不得超过99年，而有些国家则没有期限限制。事实上，合伙人如果全部是自然人，

规定经营期限也没有必要。毕竟人生有涯,合伙人死亡很可能导致合伙企业消亡。

⑤合伙人的出资。合伙人的出资包括出资的方式、出资的数额以及出资的期限等,合伙人既可以用实物、知识产权、专有技术出资,也可以用劳务、商誉出资。与公司股东出资方式相比较,合伙人出资的方式更加灵活、多样。

⑥合伙事务的执行方式。合伙企业既可以约定共同经营也可以约定由合伙人中的一人或者几人代表合伙企业对合伙事务进行经营管理。

⑦入伙与退伙以及合伙人认为应当载入的其他事项。

(3)合伙协议的形式。

对于合伙协议的形式,不同国家立法对其要求不同。有的国家要求合伙协议应当采用书面形式,如我国《合伙企业法》第四条规定:"合伙协议依法由全体合伙人协商一致、以书面形式订立。"而有的国家没有限制,既可以采用书面形式,也可以采用口头形式或者其他形式,如默示的形式。但是,如果采用口头形式订立合伙协议会产生如何确定合伙人身份的问题,或者说如何确定合伙关系的问题。英美法系国家一般采用如下规则来处理:①合伙人是否分享利润和分担损失。②合伙的财产是否由合伙人共同享有。③合伙人在经营管理中是否享有同样的权利。

4. 合伙企业的设立

(1)合伙企业的设立条件。

对于设立合伙企业应当具备的条件,有些国家并没有做出具体的规定,而有的国家在立法上明确予以规定。总的来说,设立合伙企业至少应当具备如下条件。

①人的因素:合伙人应当是两个以上,既可以是自然人,也可以是法人或者其他组织。合伙人是自然人的应当具有完全行为能力。外国人也可以和本国人合伙,但是在特定条件下则不被允许。比如,英国法律规定,如果因战争爆发使其所属国成为英国的敌国,则该合伙关系宣告解除。

②物的因素:设立合伙企业必须具备一定的财产,这既是合伙企业开展经营的物质条件,也是合伙企业承担责任的法律保障。但是,与公司相比较而言,法律对设立合伙企业没有最低财产数额的要求,这是因为合伙企业的财产与合伙人个人的财产尚未完全剥离,即使合伙企业身无分文,合伙企业的债务最终也要由合伙人以其个人的财产予以清偿。

③合伙企业名称:合伙企业要有自己的名称,这既是为了与其他企业相区别,也是为了方便合伙企业的经营与诉讼。

④合伙协议:合伙协议是确定合伙人之间权利义务关系的法律文件,合伙企业许多重要的事项都要通过合伙协议来体现,发生争议后也往往依据协议进行处理。

⑤合伙企业的经营场所和经营条件。

(2)合伙企业的设立登记。

对于设立合伙企业是否需要到有关的国家机关办理登记手续,各国立法略有不同。大陆法系国家一般要求合伙人向主管机关提出申请,由主管机关办理登记手续,颁发经营执照方能设立合伙企业。而英美法系国家对此并没有严格要求,只是对一些特殊的合伙如律师事务所、会计师事务所要求到相关的部门申请执照。比如按照美国《统一合伙法》的规定,只要有合伙协议且目的合法,无须向政府办理登记手续。我国《合伙企业法》第九条规定:"申请设立合伙企业,应当向企业登记机关提交登记申请书、合伙协议书、合伙人身份证明等文件。"第十一条规定:"合伙企业的营业执照签发日期,为合伙企业成立日期。"根据我国法律的规定,合伙企业的登记机关是市场监督管理部门。

5. 合伙企业的内部关系

合伙企业的内部关系指的是合伙人之间的关系。由于合伙企业是合伙人通过订立合伙协议而设立的,所以合伙人之间的关系往往是通过合伙协议来体现的。合伙协议所反映的其实就是合伙人之间的权利义务关系。

(1)合伙人的权利。

①利润分配权。合伙人设立合伙企业的目的十分明确,就是通过经营合伙企业事务获得盈利并将盈利按照合伙协议的约定分配给全体合伙人。至于如何分配利润,各国的规定稍有差异。各国在按照合伙协议的约定进行分配上没有差异,但是如果合伙协议没有约定或者约定不明确的该如何处理?英、美、德三个国家主张平均分配,法国则规定按照出资比例分配。前者关注的是实质的公平,后者考虑的是形式的公平。而我国合伙法采取的是一种混合的做法。我国《合伙企业法》第三十三条规定:"合伙企业的利润分配、亏损分担,按照合伙协议的约定办理;合伙协议未约定或者约定不明确的,由合伙人协商决定;协商不成的,由合伙人按照实缴出资比例分配、分担;无法确定出资比例的,由合伙人平均分配、分担。"

②合伙事务执行权。除非合伙协议另有约定,否则每一个合伙人都有权参与合伙企业事务的经营与管理,都有权对外代表合伙企业开展经营活动,这就是合伙人相互代理规则。

③监督权与知情权。每一个合伙人都有权了解合伙企业的经营状况,查阅合伙企业的账簿,负责合伙事务的合伙人不得拒绝。同时,合伙事务的执行人有义务向其他合伙人报告企业的经营情况,尤其是涉及合伙企业经营的重大事项。对于一些疑问事项,合伙人有权提出质询。但是,有些国家考虑到合伙企业的顺利经营,对合伙人查阅账簿的权利加以限制。如法国法律规定,不参与日常管理的合伙人一年内查阅合伙账目的次数一般不得超过两次。

(2)合伙人的义务。

①缴纳出资的义务。合伙企业的财产来自合伙人的出资,合伙人应当按照协议规定的数额、期限完成出资。否则,因此给其他合伙人造成损失的应当承担违约责任。

②勤勉敬业的义务。执行合伙企业事务的合伙人应当按照诚实信用的原则,合理谨慎地处理合伙事务。如果因失职给合伙企业和其他合伙人造成损失的应当承担赔偿责任。

③忠诚的义务。合伙人不得自营或者同他人合作经营与本合伙企业相竞争的业务,此义务称为"竞业禁止义务";合伙人不得利用合伙企业的财产为自己谋取利益;除合伙协议另有约定或者经全体合伙人一致同意外,合伙人不得同本合伙企业进行交易,此义务也称为"禁止自我交易"。如果合伙人违反了上述义务给合伙企业造成损害的应当承担赔偿责任。同时,因违反上述义务获得收益的应当将所获收益归还给合伙企业。

6. 合伙企业的外部关系

如果说合伙企业的内部关系是合伙人之间的权利义务关系,那么,合伙企业的外部关系则是合伙企业与第三人之间的关系。合伙企业与第三人的关系主要体现在以下几个方面。

(1)相互代理原则。

所谓相互代理原则指的是在合伙企业中,每个合伙人在企业所从事的业务范围内,都有权作为合伙企业或者其他合伙人的代理人。也就是说每一个合伙人都可以代表合伙企业或者其他合伙人对外与第三人订立合同，即使该合伙人依据合伙协议并不享有代表权。例如，甲、乙、丙三人出资设立一家合伙企业，根据合伙协议，甲是合伙企业的负责人，对外代表合伙企业订立合同，开展经营管理。而乙、丙不参与合伙事务的执行。现在乙以合伙企业的名义与丁签订了一份雇用合同，该合同是否有效呢？答案是有效的。这就是合伙人的相互代理原则的体现。这是因为合伙协议是一种内部的约定，只对合伙人有约束力，对第三人则没有影响。否则，甲以乙不是合伙企业事务执行人、无权代表合伙企业与第三人签订合同而主张该雇用合同无效，这对于第三人来说是很不公平的。但是，值得注意的是，相互代理原则只能针对善意的第三人有效。这里的善意是指第三人不知情，如果第三人知情，就不能适用相互代理原则。就上例来说，假如丁在与乙订立雇用合同时，知道乙并不享有合伙事务执行权，也就是说对外不能代表合伙企业签订合同，那么该雇用合同就是无效的。

（2）合伙协议中对某一个合伙人权利的限制不得对抗善意第三人。

合伙企业事务的执行既可以由全体合伙人共同负责，也可以由某一个或者某些合伙人负责，甚至也可以聘请合伙人以外的第三人负责，这完全由合伙人视企业的规模、经营状况以及个人的才智不同在合伙协议中约定。在实践中，为了防止执行合伙事务的合伙人权利滥用损害合伙利益，合伙人往往会对执行合伙事务的权利予以限制。比如超过一定数额的合同要由全体合伙人共同决定。但是，此种限制只对该合伙人有效，对善意的第三人不具有约束力。例如，合伙协议约定合伙事务执行人只能订立1万美元的合同，现在该执行人与第三人订立了一份价款为2万美元的合同，该合同是否有效？答案是第三人如果是善意的，合同有效；若第三人明明知道执行人没有该项权力而签订合同，合同就无效。这种规定保护了善意第三人的利益，维护了交易安全，同时也是合同效力的体现。

（3）雇主替代责任原则。

如果由合伙人或者合伙企业雇用的人代表合伙企业从事合伙经营范围内的行为给第三人造成损害的，应当由合伙企业承担责任。

（4）第三人加入合伙的问题。

合伙是一种人的组合，是合伙人之间人身信任关系的体现。两个彼此陌生的人组成合伙是不可能的。基于合伙人之间的信任关系，第三人加入合伙必须取得全体合伙人的同意。因此，许多国家法律规定，除非合伙协议另有约定，未经全体合伙人一致同意，第三人不能加入合伙。另外，第三人加入合伙后，对于其加入之前的债务是否承担责任，各国做法并不一致。有些国家规定新入伙的合伙人对其入伙之前的债务与其他合伙人一样承担无限连带责任，而有一些国家的规定刚好相反。我国的《合伙企业法》采取了一种折中的办法，即原则上新入伙的合伙人对入伙之前的债务承担责任，但是，合伙协议另有约定的除外。值得注意的是，此种约定仍然不能对抗善意第三人。比如，A、B、C三人组成合伙，D征得三人同意之后加入合伙，合伙协议约定D对其入伙之前的债务不承担责任。现在债权人甲要求合伙企业清偿D入伙之前的债务，如果合伙企业财产不足以全部清偿，甲可否向新入伙的D主张债权呢？答案是可以的。D只能在清偿完毕之后按照合伙协议的约定再向其他三人追偿。

7. 合伙企业的解散

合伙企业的解散是指基于一定的理由使合伙关系消灭，合伙企业不复存在。一般来讲，合伙解散分为自愿解散和法定解散。前者是合伙人协商一致使合伙关系消灭；后者是指基于法律上的原因使合伙关系消灭。对于自愿解散各国在理解上没有异议，而对于法定解散各国立法的规定不尽相同。综合来讲，主要包括以下几点。

（1）合伙人死亡、破产、丧失偿债能力，合伙难以维系的。
（2）合伙协议规定了经营期限，期限届满合伙人不愿继续经营的。
（3）合伙企业从事违法行为被有关机构撤销的。
（4）因爆发战争，合伙人所属国家成为敌国的。
（5）合伙人丧失行为能力无法代表合伙企业经营，其他合伙人向法院提出解散申请的。
（6）合伙企业经营管理不善，资不抵债，合伙人申请破产的。合伙企业解散应当进行清算，即清理债权债务。如果合伙企业清算完毕，尚余有剩余财产的，由合伙人依照合伙协议进行分配。合伙企业财产不足以清偿的，由全体合伙人承担无限连带责任。

8. 合伙制度的利弊分析

趋利避害是人的本性。究竟是否采用合伙的形式从事商品经济活动，人们应当在了解合伙制度的基础上综合各种因素做出恰当的选择。合伙制度早在古希腊、古罗马时期就已经存在。时至今日，合伙仍然是人们从事商事活动所采用的重要的企业组织形式。通过分析合伙制度的利弊，特别是与个人独资企业和公司企业相比较，不难发现合伙企业制度的旺盛生命力。

（1）合伙企业的优势。

①集资方面的优势。"众人拾柴火焰高"，与个人企业相比较，显然合伙能够汇集大量的资金。

②集智方面的优势。"三个臭皮匠，赛过诸葛亮"，合伙人可以集思广益，避免或者减少因个人能力的欠缺而导致企业经营陷入困境。

③纳税方面的优势。合伙企业不是法人，不需要缴纳企业所得税，合伙人只缴纳个人所得税即可，不像公司与公司的股东存在双重纳税问题。

④管制方面的优势。各国通常对合伙企业不加以严格管制，不要求合伙企业的账目向社会公开。

⑤设立方面的优势。相比较公司而言，合伙企业设立手续简单，在有些国家甚至不需要登记即可设立。

（2）合伙企业的弊端。

①合伙企业不具有法人资格，合伙人对合伙企业的债务需要承担无限连带责任，与公司相比，其风险大、责任重。一旦经营失败就有可能使合伙人负债累累，甚至血本无归，倾家荡产。

②合伙企业具有人合性，合伙人的数量一般不会很多，因此，与公司相比较难以筹集大量的资金。

③合伙人的死亡、破产都有可能导致合伙企业难以维系，不像公司那样可以"长生不老"。

④每一个合伙人都可以参与合伙事务的经营，都有权代表合伙企业，有时难免"公说公有理，婆说婆有理"，使企业经营管理权分散，不利于企业的发展。

9. 有限合伙

前述的合伙企业制度一般被称为"普通合伙"，与之相对的就是有限合伙，它是一种特殊的合伙。

（1）有限合伙的概念。

有限合伙是指合伙人有两个以上，其中至少有一人对合伙企业的债务承担无限连带责任，同时也允许至少有一个合伙人仅以自己的出资为限对合伙企业的债务承担责任的合伙组织形式。承担无限连带责任的合伙人是普通合伙人，承担有限责任的合伙人被称为有限合伙人。可见，有限合伙是一种普通合伙人与有限合伙人的组合。有限合伙制度起源于欧洲中世纪地中海地区兴起的一种叫"康孟达"的契约形式。在当时的航海条件下，从事海上贸易的商人所冒的风险是极大的。一旦遭遇风险就可能血本无归，债台高筑。为了消除普通商人的顾虑，从事海上贸易的商人就与普通商人签订契约并规定：由普通商人提供资金，由从事海上贸易的商人负责驾驶船舶到海外贩卖货物；如果遭遇风险，普通商人仅以其提供的资金为限承担责任，其他责任由从事海上贸易的商人承担。这种契约被称为"康孟达"。它是现代有限合伙企业的雏形。法国在1807年制定《法国商法典》的时候首次规定了有限合伙制度。由于它在某种程度上可以降低普通合伙的投资风险，有利于促进人们投资兴业的积极性，后来为许多国家所效仿。例如：英国在1907年制定了单行的《有限合伙法》；美国于1916年由"统一州法委员会"制定了《统一有限合伙法》，目前已为多数州所采用；2006年我国在修订《合伙企业法》时也引入了这一制度。

（2）有限合伙的特点。

有限合伙是由普通合伙人与有限合伙人组合在一起的。与普通合伙人相比较，有限合伙人在权利、义务方面有许多特殊的地方，主要表现在以下几个方面。

①有限合伙人对合伙企业的债务承担有限责任，即仅以自己出资于合伙企业的财产为限承担责任，这一点与有限公司的股东是一样的。因此，相对而言，风险小，责任轻。

②有限合伙人不参与企业的经营管理，对外也不能代表合伙企业进行商事活动。企业的经营均由普通合伙人负责。有限合伙人虽然不负责经营管理合伙企业，但是享有知情权，可以查阅合伙企业的账目。

③有限合伙人的死亡、破产不影响合伙企业的存续，与普通合伙人也不必存在人身信任关系，其人合性的色彩比较淡薄。

④有限合伙人出资的转让相对自由，未经普通合伙人一致同意，也可以将自己在合伙企业的份额转让给其他人，除非合伙协议另有约定。

⑤有限合伙人无权解散合伙企业。

⑥有限合伙的设立程序相对比较复杂，多数国家都要求有限合伙需要到有关部门办理注册登记手续。

此外，目前在国际上还兴起一种更特殊的合伙——有限责任合伙。在我国《合伙企业法》中，它被称为"特殊的普通合伙企业"。有限责任合伙起源于美国，在这类合伙企业中，合伙人在执业活动中因故意或者重大过失造成合伙企业债务的，应当承担无限责任或者无限连带责任，其他合伙人则仅以其在合伙企业中的财产份额为限承担责任。有限责任合伙是指普通合伙企业的一个合伙人或者数个合伙人在执业活动中，以其在合伙企业中的财产份额为限承担责任。也就是说，有限责任合伙本质上仍属于普通合伙，只是在特定情形下，没有过错的合伙人对合伙企业的债务承担有限责任而已。这种合伙一般只适用于以专门的技能和知识为客户提供服务的合伙企业，如律师事务所、会计师事务所等。

2.3 公司法律制度

2.3.1 公司和公司法的概念

1. 公司的概念

人们常说，现代企业制度就是公司制度。这句话包含着两种含义：一是指公司不同于个人企业、合伙企业等传统的企业组织形式；二是指在当今世界的经济社会中公司是最主要的、最活跃的企业组织形式。从 1600 年英国建立起第一家公司——东印度公司算起，公司制度不过四百余年的历史，但是它对各国以及世界经济的发展所发挥的作用是极其重大的。以美国为例，据 1995 年的统计：个人独资企业的营业额为 7 370 亿美元，合伙企业的营业额为 462 亿美元，而公司的营业额高达 99 656 亿美元，是前两者总和的 12.7 倍。为此，美国著名法学家、哥伦比亚大学前校长巴特勒先生对公司制度给了高度评价："有限责任公司是现代社会最伟大的独一无二的发现。就连蒸汽机和电都无法与之媲美，而且假若没有有限责任公司，蒸汽机和电的重要性更会相应地萎缩。"对于公司的概念，各国立法均有规定，只是定义的方法不同而已。一般认为，公司是指依法成立的以营利为目的的法人组织。与个人独资企业、合伙企业等传统企业相比较，公司具有如下特征。

（1）公司具有法人性。所谓法人指的是依法设立的具有民事权利能力和民事行为能力，能够独立享有民事权利、承担民事义务的社会组织。各国立法都承认公司具有法人资格。这主要包括以下几个方面的内容：①公司拥有独立的人格。公司与自然人一样都是民、商事法律主体。这一点与个人独资企业和合伙企业截然不同，多数国家均不承认后两者具有法人资格。公司有自己的名称，对外以自己的名义开展经营活动，可以用自己的名义起诉、应诉。公司的人格独立于公司的股东的人格是法人与非法人组织最主要的区别。②公司具有独立的财产。公司的财产最初来源于股东的投资，股东一旦将财产出资于公司就丧失了财产权，公司则单独地获得了财产权。股东从公司那里获得的是对公司的股权。换句话说，公司与公司股东个人的财产是分离的。公司拥有属于自己的独立的财产是公司开展经营的物质基础，也是公司独立承担法律责任的保障。③公司独立承担责任。公司拥有属于自己所有的财产，这是承担责任的物质基础。公司经营管理不善，对外负债也只能以公司的财产承担责任，与公司股东无关。股东仅以出资于公司的财产为限承担责任，这就是股东有限责任的本来含义。

（2）公司具有营利性。公司作为企业的一种类型，营利性是其天然的属性。通过开展持续性的经营活动，以最小的投入获得最大的产出，实现利润最大化是公司不懈的追求。更为重要的是，公司的营利性还意味着公司的终极目标是将所获盈利分配给股东。也就是说，公司只不过是股东投资的工具而已。这也是公司作为社团法人与财团法人的区别所在。值得注意的是：虽然西方国家有一些非营利性的组织也以公司的面目出现，但是它们不属于本书所指称的公司。

（3）公司具有法定性。出于维护经济秩序和保护交易安全的需要，各国立法都不同程度地对公司的设立条件、设立程序、类型以及经营的限制等做出明文规定，这些规定多属于强制性规范，若有违反就构成违法行为。

2. 公司法的概念

公司法是规定各种公司设立、组织、运营和解散以及公司对内对外关系的法律规范的总称。公司法既是组织法也是行为法。

目前，世界上的公司立法模式主要有两种：一是单行法模式；二是混合模式。所谓单行法模式指的是国家为某一类公司专门制定单行的法律。绝大多数国家都采用这种立法模式。混合模式是指公司法的内容一部分规定在民法典或者商法典中，一部分规定在单行法中。

（1）西方主要国家的公司法。

①英国公司法。世界上第一家股份公司诞生于英国，即1600年在英国设立的东印度公司。但是那毕竟是特权的产物。真正从立法上规范公司制度并且对世界的公司立法具有影响的是英国于1844年颁布的《合股公司法》，它第一次允许私人以注册的方式设立公司。1855年英国颁布实施了《有限公司法》，首次确立了股东的有限责任原则，解除了投资人的后顾之忧，降低了投资风险，极大地促进了资本主义经济的飞速发展。1856年英国重新修订了《合股公司法》，奠定了现代公司法的基础。此后，英国对公司法又进行了频繁的修正，直到1948年英国将上述公司法整合为《1948年公司法》，后来又经过数次修订，一直沿用至今。该法目前已成为英国最重要的公司法。此外，由于英国属于典型的判例法国家，因此有关公司的判例也是公司法比较重要的法律渊源。值得一提的是，英国曾经是欧盟成员国，英国公司法还有一个重要的法律渊源是欧盟统一公司立法。1972年欧共体国家通过的《欧洲共同体法案》，构成了对英国公司法重要的补充和修正。

②美国公司法。美国是联邦制国家，根据联邦宪法关于联邦与各州分权的规定，有关公司的立法权属于各州议会的权限，国会没有公司法的立法权。因此，在美国就有50部有关公司的法律。这种分散的立法体制的后果就是法制极不统一，严重阻碍了州与州之间的商事贸易活动。因此，为了消除各州之间的立法分歧，美国的民间组织美国律师协会在1950年起草了《标准商事公司法》，供各州参考适用。目前，大多数州的公司法都采纳了《标准商事公司法》的主要规则。这对于美国公司法的统一具有深远的意义。美国的公司法的立法体系基本上分为三大部分：商事公司法、非营利性公司法和有限责任公司法。此外，美国与英国一样同属于判例法国家，判例法仍然是公司法的重要渊源。

③法国公司法。法国早在1673年就制定了有关商事法的《商事条例》，该条例关于公司的规定是世界上最早规范公司的成文法。特别是其中关于无限公司的规定对西方国家公司立法有很大的影响。法国资产阶级革命胜利之后，拿破仑在1807年主持颁布了《法国商法典》，在该法典的第1编第3章就有关于公司的规定。后来，随着资本主义商品经济的快速发展，法国对涉及公司法的内容多次修改，1867年正式颁布了《公司法》，以单行法的形式对公司制度做出了专门系统的规定。法国的公司种类齐全，内容繁多，既有商事公司又有民事公司。商事公司还有合股公司、两合公司、有限责任公司、股份有限公司和股份两合公司的划分。1966年制定颁布的《商事公司法》统一了原有的公司法，适用于各种类型的公司。

（2）我国的公司法。

中华人民共和国成立以后直到改革开放之前，受制于当时的计划经济体制，公司法立法基本上属于荒芜状态。为适应建立社会主义市场经济体制的要求，1993年12月29日第八届全国人民代表大会常务委员会第五次会议通过了《中华人民共和国公司法》，该法对公司组织和行为做出了比较系统的规定。该法又分别于1999年、2004年、2005年、2013年以及2018年进行了五次修订。特别是2005年的修订，可以说是重新制定了一部体现公司的发展、具有现代意义的公司法。

2.3.2 公司的分类

公司的分类是指按照一定的标准将公司划分为不同的类别，以便从微观层面进一步认识公司。公司的类别有很多，这里只介绍几种重要的分类方法。

1. 有限公司、股份有限公司、无限公司、两合公司和股份两合公司

这是按照公司股东承担责任的方式不同所进行的划分，主要是大陆法系国家的基本做法。

有限公司也称有限责任公司，是指股东仅以自己认缴的出资额为限对公司的债务承担责任，公司以自己的全部资产对外承担责任的公司。

股份有限公司也称股份有限责任公司，即公司的全部资本划分为等额的股份，股东仅以认购的股份为限对公司承担责任，公司以自己的全部资产对外承担责任的公司。

无限公司是指由两个以上的股东组成的，股东不仅以自己对公司的出资为限对公司承担责任，而且在公司资不抵债时还要以个人的全部财产对公司的债务承担无限连带责任的公司。无限公司与合伙极为相近，因此有的国家干脆以合伙取而代之。无限公司在大陆法系国家和英国较为常见。

两合公司是指公司的股东由两部分组成，一部分股东承担有限责任，一部分股东承担无限责任的公司。

股份两合公司是指由有限责任股东和无限责任股东组成的股份有限公司。这种公司在大陆法系国家较为常见。

在上述各种公司中，由于无限公司、两合公司及股份两合公司股东的责任重、风险大，目前已经日趋消亡，有些国家近几年进行公司改革，这些类别的公司已经被取消。因此，在世界各国中，最典型的公司就是有限公司和股份有限公司。后面将做详细介绍。

2. 母公司和子公司

这是根据公司之间投资所形成的控制关系不同所进行的分类。

母公司是指通过向其他公司投资并对其所投资的公司形成了股权控制的公司。反之，子公司是指接受其他公司投资并在股权上受该公司控制的公司。

此种分类的意义在于：①母公司与子公司都是法人，在人格、财产、组织机构、法律责任等方面都是各自独立的。②子公司的经营往往受母公司的控制。母公司毕竟是子公司的大股东，子公司的经营计划、投资方案等不可能不受母公司的影响。③母公司与子公司之间的交易称为关联交易，在特殊情况下基于对第三人利益的维护，关联交易行为会受到法律的限制。

母公司相对于子公司来讲就是控股公司。控股公司又可以被分为"纯粹控股公司"和"非纯粹控股公司"。纯粹控股公司是指专心于股权控制，不做其他经营的公司。非纯粹控股公司是指在对其他公司实行股权控制的同时还经营其他项目的公司。

如果子公司的全部股权被母公司控制，此时的子公司就是全资子公司。由于此时子公司的股东只有一人，在承认一人公司的国家就是一人公司。此外，母公司与子公司还可相互投资，有时会发生位置的颠倒，即母公司变成子公司，子公司反而成为母公司。

3. 总公司与分公司

此种分类的标准是公司之间依附关系的不同。

分公司是总公司的附属机构，在人、财、物等方面依附于总公司。与子公司相比较，分公司不具有法人资格，其经营管理、人事安排、财产划拨完全取决于总公司，其法律责任也由总公司承担。只是在诉讼上，各国一般赋予分公司当事人的资格，即分公司可以以分公司的名义起诉、应诉。

4. 人合公司、资合公司与人合兼资合公司

此种分类的标准是公司的信用基础不同。

人合公司指的是公司的信用取决于股东个人的信用而非公司资本的公司。当第三人与公司交易时往往考虑的是对股东个人的信任程度，因为公司的债务最终要由股东以个人的财产承担。此外，人合公司中股东之间也是基于信任关系而投资设立公司的。人合公司最典型的就是无限公司。

资合公司是指以公司的资本作为信用基础的公司，而股东的信用则不加考虑。股份有限公司是最典型的资合公司。它是纯粹的资本的联合，股东之间是否存在信任关系无关紧要。

人合兼资合公司指的是公司的信用既取决于股东个人之间的信任关系又兼顾公司的资本多少。它既是人的联合又是资本的联合。股份两合公司、有限公司就具有这种属性。

5. 公营公司和民营公司

此种分类的依据是公司资本的构成是否含有国家的因素。

公营公司就是由国家（通常通过政府来代表国家）独资经营或者国家资本占50%以上的公司。反之，纯粹由私人投资或者私人与国家共同投资的私人占50%以上股份的公司就是民营公司，也称私营公司。

此种划分的意义在于，国家的一些涉及国计民生的具有战略意义的领域往往由公营公司垄断经营，民营公司一般是不允许涉足的。另外，公营公司的股东是国家，在出口方面可能会存在补贴、垄断等问题，在进口管制方面各国会有针对性地采取一些措施。为协调这方面的问题，世界贸易组织制定了专门的《国营贸易协定》。

6. 本国公司、外国公司和跨国公司

这是根据公司国籍的不同所划分的。目前，就公司国籍的标准而言，各国的规定不尽一致，大体上有"准据法说""设立登记地说""住所地说""设立人国籍说""公司控制人国籍说"，以及"综合说"。多数国家采纳的是"综合说"，即以公司的住所地和登记地相结合确定公司的国籍。

本国公司是指依据本国法律登记注册并在本国有住所地的公司。

外国公司是指依据外国法律登记注册、住所地在外国的公司。

跨国公司是指以一国为基地，通过在其他国家设立子公司、分公司从事一体化经营的公司。它实际上是一种跨越国界进行经营的公司集团，是世界经济一体化的产物，与公司的国籍没有太大的关系。

这种划分的意义主要体现在行政管理方面。

7. 封闭式公司和开放式公司

这是英美法系国家公司法主要的分类方法。其依据是公司的股份是否可以自由转让。

封闭式公司股东的股份（股权）须征得其他股东的同意或者依照公司章程的规定方能转让。开放式公司股东的股份无须征得其他股东的同意即可自由转让。封闭式公司与大陆法系

国家的有限公司十分相似，而开放式公司则与股份有限公司中的上市公司基本相同。

2.3.3 公司的设立

公司的设立是指公司的发起人为使公司得以成立而从事的一系列法律行为，如签订发起人协议、订立公司章程、募集缴纳公司资本、办理登记事宜等。与其他企业相比较，公司的设立要复杂得多。各国立法都对公司设立的条件、程序等予以严格规范。

1. 公司设立的原则

公司设立的原则是指国家在立法上对公司设立所采取的基本态度。实际上，它所反映的是国家对公司设立的干预程度。从历史上看，各国公司设立的原则大体经历了自由设立主义、特许设立主义、核准设立主义、准则设立主义等几个阶段。

（1）自由设立主义。自由设立主义又被称为放任主义。它是指公司的设立完全取决于设立人的自由，法律不加以任何干涉。公司的设立没有任何的法定条件和程序，公司一经成立便具有法律上的人格，无须注册登记。自由设立公司极易导致公司泛滥，诱发投机行为，不利于交易安全。目前这一原则已经成为历史。

（2）特许设立主义。特许设立主义是指公司必须经国王或立法机关通过专门的法律予以特别许可才能设立。特许设立主义最早产生于17世纪的英国、荷兰等国家，英国的东印度公司、BBC公司就是这一设立原则的产物。特许设立主义体现了封建特权思想，极易导致垄断行为的产生，也与资产阶级倡导的公平、自由竞争的理念背道而驰。所以特许主义也已经被世界各国的公司立法所抛弃。

（3）核准设立主义。核准设立主义是指公司的设立除必须具备法律规定的条件和法定程序之外，还必须经政府行政主管机关的审查和批准方能设立。核准设立主义与准则设立主义相比较，公司登记机关须进行实质审查，是否核准取决于登记机关的态度。核准设立主义最早创设于1673年法国制定的《陆上商事条例》，后为欧洲许多国家所采纳。核准设立主义虽较特许设立主义进步，设立手续相对简化，但是该原则过于严格，行政机关对公司设立进行实质性审查，其实施逐渐构成了公司发展的障碍，在现代各国除有限地予以保留外，现已逐渐被准则设立主义所取代。

（4）准则设立主义。准则设立主义是指由法律对公司设立的条件做出规定，凡是符合法定条件的，公司即可成立，而不必经过政府行政主管机关批准。1862年英国公司立法率先采取了这一原则，准则设立主义简化了公司设立程序，使公司的设立较为宽松，但也容易造成公司滥设的不良后果。因此，许多国家采取严格准则设立主义，即在法律上严格规定设立公司的条件，并加重设立人的责任，同时强化司法机关和行政机关对公司的监督。因此，严格准则设立主义无非就是对准则设立主义的改良而已。现代大多数国家公司立法采用严格准则设立主义。

2. 公司设立的方式

公司设立的方式主要有两种，即发起设立和募集设立。值得注意的是，公司设立的方式只在大陆法系国家有意义。英美法系国家一般只要履行登记手续即可成立公司，公司成立之后才可以向社会公开发行股票，在此之前无须募集股份。因此，在英美法系国家发起设立与募集设立的说法是不存在的。

（1）发起设立。发起设立是指发起人认购公司发行的全部股份而设立公司的一种方式。与募集设立相比，通过发起设立方式设立的公司其股份只能向公司的发起人发行，对社会影响小，具有封闭性的特点。通常具有人合属性的公司如无限公司、有限公司等采取发起设立的方式。

（2）募集设立。募集设立是指由公司的发起人认购公司所发行的一部分股份，其余的股份向社会公开发行，从而使公司得以成立的方式。募集就是向社会公众集资的意思。依据募集对象的不同，又分为社会募集和定向募集两种方式。社会募集的对象没有限制，而定向募集一般只针对特定的机构投资者或者公司的职工。募集设立的公司对社会影响较大，因此各国的公司立法都规定了比较严格的条件。为防止发起人"借鸡生蛋"，依赖他人资本设立公司，法律通常要求发起人必须认购最低比例的股份。

3. 公司设立的条件

各国对公司设立的条件的规定大同小异。一般来讲，设立公司应当具备以下几个方面的条件。

（1）人的条件。人的条件是指对公司的发起人或者股东提出的要求。发起人，顾名思义就是提议及设立公司的人，是公司的原始股东。各国通常对公司的股东人数的上限与下限做出规定。对于有限责任公司而言，发起人人数的下限一般不少于两人。但是，德国、法国、美国等国家已经承认了一人公司的存在，因此发起人的下限也就意味着突破两人的束缚了，股东也可以是一人。股份有限公司的发起人人数要求较为严格，有的国家规定至少为5人或者7人，而且要求半数以上的发起人在本国有固定的居所（住所）。对于有限责任公司的上限各国立法要求也不同。例如，韩国、日本、法国等国家规定不超过50人，而有的国家（如卢森堡）规定股东不得超过40人。我国修订之后的《公司法》规定：有限责任公司的股东为50人以下；股份有限公司的发起人为2人以上，且半数以上的发起人在中国境内有住所。发起人还应当具有完全民事行为能力，有的国家对股东身份也有所限制，如具有国家公务员、法官身份的人是不能成为公司股东的。

（2）物的条件。公司能够以自己的名义开展经营活动、对外承担法律责任离不开物的条件。物的条件实际上就是公司的资本条件，即要求股东设立公司必须向公司投入一定数额的资本。大陆法系国家一般都强制性要求股东向公司投资达到法定的最低限额。英美法系的一些国家对开放式公司也有最低限额的要求。而美国、加拿大等国则对公司的设立没有法定资本限额的要求。

（3）组织、经营条件。设立公司时应当制定公司章程，处理公司的内外部关系；建立符合《公司法》所要求的公司机关，代表公司开展经营活动；应当有经营场所和经营设备等条件。

（4）程序条件。设立公司应当符合法律所规定的设立程序。一般来讲，公司的设立程序包括以下几项：①发起人签订发起人协议；②制定公司的章程；③股东出资；④验资；⑤股份公司召开创立大会；⑥办理公司设立登记。公司只有办理完注册登记手续方能成立，才具有法人资格，才能以公司的名义开展经营。

4. 公司章程

公司章程是指由股东或者公司的发起人共同制定的调整公司的内部与外部关系，对公司、股东以及高管人员具有法律约束力的自治规则性法律文件。公司章程是公司设立及存续时必备的法律文件。如果将公司比喻成国家，那么公司章程就是国家的根本大法——宪法。它不但对公司本身具有法律约束力，而且对公司的股东、董事、监事以及公司的高级管理人员等也具有法律约束力。

（1）公司章程的特征。

①章程的法定性。多数国家的公司立法都要求公司章程的制定必须采取书面形式；章程的内容必须符合法律的规定，齐备法定的记载事项；章程是公司必备的法律文件，相当于公司的宪章；章程的制定、修改必须遵循法定的程序，并办理相应的登记。

②章程的公开性。章程的公开性要求公司章程不仅向公司的股东公开，还要求向社会公开，以便于人们了解公司的概况，谨慎交易、保障安全。

③章程的自治性。公司的章程作为公司必备的法律文件，是由股东或者发起人共同制定的，对公司、股东、高管人员具有相当于法律的效力，性质上属于自治规则。这是因为事关公司的一切事务，法律无法做出安排，只能依赖公司股东制定。因此，公司章程就成为股东为公司事项进行安排的自治性法律文件。

（2）公司章程的内容。

公司章程的内容一般可分为绝对必要记载事项、相对必要记载事项和任意记载事项。

①绝对必要记载事项是指根据法律规定必须记载于公司章程中的条款。如果缺少绝对必要记载事项，公司章程就无效，公司也就不能依法成立。一般来说，公司的名称、住所、注册资本、组织机构等事项属于绝对必要记载事项。

②相对必要记载事项是指法律规定的由公司发起人自主决定是否将之载入公司章程的事项，如果不予记载，公司章程仍然有效，但是不发生该事项规定的效力，而由法律予以补充。例如，按照德国公司法的规定，公司章程相对必要记载事项一般包括有关现物出资的事项、设立费用的计算、发起人的报酬等。

③任意记载事项是指在不违反法律的强制性规定、公共秩序和善良风俗的前提下，由公司发起人根据实际情况自行决定是否记载的事项。这些事项一旦被记载入公司的章程，便产生与其他事项同样的法律效力。公司法不可能为股东安排好所有的内容，很多涉及股东利益的事项还是大多通过任意记载事项来完成的。因此，它也为实践公司自治提供了广阔的空间。

2.3.4　公司资金

1. 公司资金的来源

对于公司来说，资金犹如人的血液，具有特殊的重大意义。人无血则亡，公司资金枯竭则垮。公司资金出现问题，通常属于公司的重大事件，必须予以披露。

在西方国家的公司法上，"capital"这个词有较广泛的内容和意义。从经营的观点来说，capital 是指资金。所谓资金，是指以货币形式表现出来的公司企业资产的价值，而资产则成为公司资金的存在形式。

在西方国家，设立公司和经营公司业务的必要资金，主要或者至少在开始阶段是从投资者那儿获得的，也就是公司通过投资者认购公司股份或购买公司债券来获得的。按西方国家公司法规定，公司企业资金的来源主要有两个方面：一个是股本，这属于公司的自有资本；

另一个是债，也可称为债款。这两者的结合，构成了公司资金的主要来源。

从公司资金的来源上看，"资本"一词往往成为公司股本的专用名词。但从严格的法律观点看，股本应该用 stock capital 来表示，但人们习惯上把公司股本称为公司的资本。

所谓股本，是指公司的股东（企业主）对该公司的永久性的出资，并由此构成了公司的股本。股本额等于其资产总额减去其负债总额和各种盈余后的余额。在公司法中，公司股东在公司中所投入的自有资金通常被称为"股本"。从这个意义上说，自有资金又叫作股本。股本中不包括债款。

2. 公司资本

公司资本又称为公司的发行资本，是公司的股东出资于公司财产数额的总称。公司资本其实就是公司的股东出资于公司并借助于公司的经营获取盈利的本钱。公司资本是生存的基础，公司没有资本就像人没有血液一样。同时，公司信用也往往依赖于公司资本，公司的资本越雄厚，公司的信用就越强大。

（1）公司资本的基本原则。

从实质上讲，公司不过是股东营利的工具而已。特别是公司股东的有限责任原则，在消弭股东投资风险的同时，更容易诱发人的自私自利，使得股东出于自己的一己私利，利用公司进行欺诈和投机行为。因此，为保护交易安全，各国公司法在总结历史经验教训的基础上，确立了有关公司资本的三项基本原则，即资本确定原则、资本维持原则和资本不变原则。

①资本确定原则。

资本确定原则是指股东在设立公司时，必须在章程中对公司的资本总额做出明确规定，同时由股东全部认足或者缴足，否则公司不能成立。

②资本维持原则。

资本维持原则也称资本充实原则，是指公司在经营过程中，应当保持与章程所规定的公司资本总额相当的财产。各国公司法为实践这一原则，往往要求公司必须做以下几点：盈利先补亏，即公司必须先将税后利润用于弥补公司的亏损，未经补亏不得分红；股东不得抽回出资，即股东一旦出资于公司就不能抽回出资，否则就视为侵犯公司的财产权，应当依法承担返还财产或者赔偿损失的责任；债务不得抵消，即公司的债务人不得以其对于股东个人的债权，主张与其所欠公司的债务相抵消。

③资本不变原则。

资本不变原则是指公司的资本非经法定程序不得随意改变。公司成立后，在经营过程中，各种原因都可能导致公司资本的增加或减少。因此，公司资本不变，并非绝对不能改变，而是指不得随意改变，其目的主要是防止资本减少而损害债权人的利益，以维护交易的安全。

（2）公司资本制度。

根据西方国家法律规定，公司资本制度主要有以下三种。

①法定资本制。

法定资本制为多数大陆法系国家所采用。它是指公司章程中所载明的公司资本额，在公司设立时必须全部由股东认购完毕，否则公司不得成立。如果公司增加或者减少资本必须由股东会修改公司章程。法定资本制有利于保证公司资本的充实性，有利于交易安全，防止公司的滥设行为。但是，法定资本制对于资本充足的要求过于严厉，不利于公司的尽快成立，也容易导致资本的闲置与浪费。

②授权资本制。

授权资本制是指在设立公司时将公司资本记载于公司章程，但只发行部分资本，具体发行的比例和最低发行数额法律也不做限制，其余的资本留待董事会结合公司的具体情况随时发行或者募集的一种资本制度。该制度源于英美法系国家，目前也为一些大陆法系国家所借鉴。授权资本制使公司在集资方面具有一定的灵活性，有利于公司迅速成立。但是该制度极易导致投机行为，使滥设公司的现象滋生，不利于维护交易安全。

③折中资本制。

折中资本制是指在法定资本制和授权资本制的基础上，以其中一种公司资本制为基础，兼采另一种资本制的优点，创建出的一种新的公司资本制。它是指公司设立时，股东不必将全部资本认足，但是法律对首次发行资本数额和比例有最低限额的要求，以分一次或者几次再发行，但其发行数额不得超过资本总额的一定比例。例如，《韩国商法典》第289条规定，设立公司时所发行的股份总数，不得低于公司拟发行的股份总数的1/4。折中资本制既有利于公司迅速成立，又可以避免公司资本的闲置或浪费，还能有效地控制欺诈行为。

3. 公司债

公司债是指公司通过发行债券或签订贷款合同的方式与特定人或非特定人之间所成立的一种金钱债务关系。公司债是公司必不可少的资金来源之一。公司债制度之所以存在，主要原因是：①公司可以在不增加股权的情况下，大量增加公司资金，以维持或发展公司的营业规模。②就投资者而言，购买公司债具有安全感，风险相对小，是一种较好的投资手段。③公司通过发行公司债来筹措资金，可以提高公司股本的创值能力。

公司的债券有以下几个基本特征。

第一，有固定利率，公司定期（一般为一年，也有每半年或每季度）发放利息一次。利息，也称债。债息率是指债息与债券本金的比率。这种比率是固定的，因此债息也是固定的。

第二，公司必须到期向债券持有人归还本金。所谓本金，在这里只是指债券的票面金额。公司债券持有人有权要求公司在一定期限内归还本金。应归还本金的日子叫作债券的到期日。

第三，债券可以以其票面值出售，也可以溢价出售，即以高出其票面值的价格出售，但更多的是以减价方式出售。

第四，在债券到期之前，公司视情况可以提前回收其债券，从这个意义上说，债券相当于一个长期的应付票据。

2.3.5 公司治理机构

一般而言，公司的股东是公司的投资者，亦是公司利润的享有者，它是公司法定的真正的所有权人；董事则是公司股东选择的代表股东行使职权的管理者；经理人员则是由董事会聘任的对公司进行日常管理的专业人员。公司的股东大会、董事会或监事会，则是股东及董事行使其职责的形式和手段。股份有限公司的重要特点是"所有权与管理权相分离"。股东大会的权限和作用日益缩小，董事会、经理等在公司的经营管理中日益发挥着中心的作用。造成股份有限公司中所有权与管理权分离的直接原因主要是：随着股份有限公司规模的日益扩大以及小额股票的大量发行，股东人数不断增加。由于股东过于分散，他们很难联合起来发挥作用。现代化的公司随着科技的进步，其管理的技术性、专业性极强，也十分复杂，绝大多数股东由于知识、能力和时间等方面的局限，无法承担公司的管理任务。大多数股东只追求自身的投资利润，并不热心于公司的管理。

从经济上说，把公司的业务管理交由有经验的专家组成的董事会负责，不让股东大会过多地干涉企业的经营管理，对提高公司的管理水平，促进公司管理的科学化，为公司股东赚取更多的利润是有好处的。但同时也出现了许多新的问题，即所谓的由原来的"股东大会中心主义"向"董事会（管理者）中心主义"转变的现象。

1. 股东

（1）股东的概念。

股东是指拥有公司股份（票）者，股份（票）是公司股东的凭证。对于股东的定义，特别要注意以下几点。

第一，拥有股份（票）从而成为股东者，可以是个人，也可以是法人，或者其他企业或社会团体。在西方国家，股东除包括公司、各类基金、银行等营利机构外，还包括学校或其他社会团体等非营利机构，股东的范围十分广泛。

第二，作为股东，其获得股份（票）的方式是各不相同的。除了在公司发行股票时，股东在一级市场上以发行价取得股票外，大量的是在股票交易的二级市场上购得股票。此外，还有以继承方式获得股份（票）而成为股东的。

第三，法律对股东的资格几乎没有什么限制。

（2）股东的基本权利。

股东的基本权利来源于其所持有的股份（票），即股东具有其股份（票）所示的下述权利。

①利润分享权。

利润分享权包括股息分配权、股份（票）转让权及公司剩余资产分配权。

②表决权。

股东就选举董事、填补董事空额，修改公司章程或章程，公司的合并、清算以及出售公司的重大资产等重大问题具有表决权。

③表述权。

股东有权在股东大会上表述其要表述的意见和主张，当然股东在哪类问题上有权表述其意见，在公司章程尤其是章程细则中都有所约定。

④知情权。

西方国家的公司法和证券法一般都规定，股东就下述问题具有知情权：股东大会将要讨论的议题；上市公司披露的财务报表和其他重要信息；查阅公司账簿、股东会议记录以及公司股东名册。对于查阅公司账簿以及股东会议记录一般没有什么限制，但是如果股东要查阅公司股东名册，这对于公司管理层来说属于一个很敏感的问题。

股东的上述权利都是股东享有的民主权利的具体体现，它们都源于公司法、证券法的规定以及股东在公司章程及章程细则中的约定。

（3）股东大会的权限。

关于股东大会的权限，各国公司法的规定不完全相同。从理论上说，大多数国家仍然认为，股东大会是股份有限公司的最高权力机构，但实际上，现代各国的公司法对股东大会的权限都在不同程度上加以限制，股东大会的地位和作用日益下降。许多国家的公司法都以不同的方式把公司的经营管理权交给董事会或执行会处理，而对股东大会干预公司经营管理的权限加以限制。如德国公司法规定，股份有限公司的董事会在业务管理方面享有"专属权限"。这种权限原则上是不受限制的，股东大会对有关业务执行问题所做出的决议，不能限制董事会的权限。

按照英美国家公司法的规定，股东大会有权进行投票的主要事项有：选任和解任董事；决定红利的分派；变更公司章程及公司章程细则；增加或减少公司的资本；决定公司的合并或解散。

应当指出的是，根据某些国家公司法的规定，选任董事与解任董事的权力已不属于股东大会，而是属于监察会。如德国公司法规定，股份有限公司设有监察会与董事会两重机构，监察会的成员由股东大会选任与解任，而董事会的成员则由监察会选任与解任，股东大会不能直接干预。又如，按照 1966 年法国《商事公司法》的规定，股份有限公司可以采取董事会制，也可以采取监察会与执行会制，究竟采取哪一种管理制度，可在公司注册时做出决定，也可在日后由股东大会决定。如采取董事会制，则由股东大会选任与解任董事会的成员；如采取监察会与执行会制，则股东大会只能任命和解任监察会的成员，不能参与执行会成员的任命，执行会的成员由监察会任命，但执行会成员的解任权属于股东大会，股东大会有权根据监察会的建议解任执行会的成员。

（4）股东大会的表决方式。

如上所述，股东对公司实施一定程度的控制，传统的做法是在股东大会上进行表决。因此，股东以什么方式来进行表决，就构成了股东对公司行使间接控制权的关键。股东表决的基础就是按资分配。其前提是所有普通股的股票一律平等，即每股一票，一视同仁。这里要特别指出，不是每个股东一票，人人平等，而是每股一票，一律平等。每个在册的普通股的股东都享有此种不可剥夺的权利。但是随着公司规模的迅速扩大，公司业务的不断发展以及公司行政管理机构的日益复杂化，原有的单纯的一股一票的做法已不适应其发展需要了。因此，一些公司管理者和律师在此基础上又设计出能更加灵活地保护股东控制权尤其是保护中小股东权利的表决方式。

2. 董事会

如上所述，公司的最高权力机关是股东大会。股东是公司资产的拥有者，在大型股份有限公司中，股东人数都在万人以上，甚至几十万人。让这么庞大的股东队伍来领导公司业务显然是不可想象的，他们需要有能力、有责任心的人代表其利益对公司进行管理。因此，董事会的产生，就成为现代经济发展的一个必然产物。如前所述，公司法最基本的特点是赋予公司以法人资格。董事会则是该法人组织的领导和管理机构，公司法对之有较全面而详细的规定。随着经济的发展，董事会的作用将日益增强，而股东大会的职能相对减弱。

目前，西方国家的公司法一般明文规定，董事会是公司最重要的决策和领导机构，是公司对外进行业务活动的全权代表。也就是说，公司的所有内外事务和业务都在董事会的领导下进行。

各国公司法都独辟一章，专门对董事和董事会的基本问题做出规定，这些规定通常包括但不限于以下内容：董事的资格，董事的产生（选举）及数量，董事的任期、解任，董事的报酬，董事的行为标准，董事的责任，董事会的职权，董事会会议、董事会的会议通知，董事分组和董事会的专门委员会等。

在美国，公司法则强调董事会需要有一定数量的独立董事，另外，上市公司的董事会应成立若干个由独立董事负责的专门委员会。

（1）董事会的产生和结构。

董事是指由股东在股东大会上选举产生的、代表他们对公司的业务活动进行决策和领导的专门人才。根据公司初始章程的有关规定，所有董事组成的一个集体就是董事会。占据董事职位的人可以是自然人，也可以是法人。西方国家公司法规定，法人可以充当公司董事，但必须指定一名有行为能力的自然人作为代理人。

（2）董事的人数。

各国公司法对董事的人数有不同的规定，就是同一国家的不同类型的公司，也不尽一致。立法者对这个问题做出规定的出发点是基于如何使董事会更有效地领导公司业务。董事会人数太少，容易独裁，危害股东利益；董事会人数太多，机构臃肿，形成决议比较困难，办事效率较低。因此，各国的公司法都对这个问题做出了弹性较大的规定，一般只规定最高和最低人数，具体人数由各公司章程或内部细则自行决定。

在美国，大多数州的公司法规定，董事会人数至少为3人，但也有些州规定，董事会可以只由1人或2人组成。特拉华州以及《美国标准公司法》在此问题上采取了更为灵活的态度。《特拉华州公司法》第141条B款规定，公司董事会可由1人或多人组成。《美国标准公司法》第8.03节也明确规定："董事会必须由1人或多人组成，名额由公司章程或者内部细则指明或确定。"

根据德国相关法律规定，董事会可以仅有1名董事，也可有多名董事。如果公司资本超过300万欧元，法律原则上规定董事会采用集体领导制。对于某些特别的公司，董事会必须至少有2名董事。

西方国家公司法在规定董事会人数限额上，尤其在公司章程和内部细则规定具体人数上，还有一个普遍的惯例，即往往规定董事的数目为奇数，其目的是减少董事会内出现僵局的情况。

（3）公司董事的任期、分组和解任。

西方国家公司法对于董事的任期几乎没有限制性的规定。任期的长短一般都由公司内部细则予以规定。根据各国的实践，董事任期一般为3年左右。

在某些西方国家，尤其在美国，在决定董事任期问题上，公司法往往有董事分组的规定。所谓董事分组，就是指从公司初始董事会开始，把整个董事会成员分成若干人数相等的组。如某公司董事会共有董事15人，就把董事分成3个组，每组5人。如果把3个组分别叫作甲、乙、丙组，则规定，甲组成员的任期为1年，乙组成员的任期为2年，丙组成员的任期为3年。因此，在下次股东年会上，甲组的5名人员因任期已满而被免职，同时选举产生新的5名董事组成甲组；在第二个年会上，乙组成员因期满而被免职，又选出5名新董事组成乙组；在第三个年会上，旧丙组被新丙组所取代。如此每年改选5名董事。这样做，对公司的营业活动是有很大好处的：第一，尽管每年董事成员有变化，但董事会总人数保持不变，不影响整个董事会的分工和能力；第二，每年变化1/3，就保持了董事会成员的相对稳定性和公司政策的连续性，使公司在不断吸收新成员、排除旧成员的过程中始终保持整个董事会应有的行政效率。对于公司董事的分组，美国各州公司法都有具体规定。

（4）董事会的权力。

公司股东大会和董事会有权行使公司所拥有的最高领导权力。这二者之间的权力如何分配呢？美国和欧洲许多国家的公司法都明确规定把决策权从其他权力中分离出来，授予董事会。《美国标准公司法》集中地反映了这一点，它授予董事会十分广泛的权力。该法规定："公司的所有权力都应由董事会行使或由董事会授权行使，公司的经营和事务应由董事会管理或在其指示下管理，除非公司章程或股东协议另有限制。"

董事会在行使其职权时必须是以一个集体来行使的，而且通常是通过董事会会议进行表决来具体实行的。至于单个的董事，如果其不兼任公司高级职员，则不能单独进行活动。

欧洲许多国家也有类似的规定，如德国公司法明确规定，董事会独立负责公司的经营和管理。也就是说，领导公司的责任是专属于董事会的。

英国公司法对董事会权限的规定与美国和西欧其他国家的规定有很大不同。英国公司法对董事会的权限没有明确的规定，因为它没有把公司的管理权从其他权力中分离出来而授予董事会。在美国，公司股东大会和董事会之间的权力分配，一般是由公司内部细则决定的。因此，这种权力的区别在各个时期以及各个公司是不完全相同的。董事会的权力可大可小，但大多数公司的内部细则总的趋势是朝着加强董事会权限的方向发展的。

但是，无论是美国还是英国的公司法，董事会的权限都要受三个方面的限制：第一，董事会作为公司的代理人，不得从事整个公司业务活动范围以外的活动，否则无效。第二，董事会在权限之内行使职权，不得超出公司授予它的具体权限范围。如果公司要授予董事会具体权限，必须获得股东大会的批准或认可，否则，此类活动所造成的损失概由董事会集体负责。第三，如果股东大会的决议和董事会的决议有冲突，一般以前者为准，股东大会可以否决董事会的决议直至解散董事会。

（5）独立董事。

独立董事是英美法系国家尤其是美国判例法的一个创造。它产生的主要背景是这些国家实行单一的董事会制度，公司的实际经营管理权基本上掌握在董事会和管理层之手，股东的管理作用日趋形式主义，从而产生了如何监督董事会以及高级管理人员的问题。尤其是从20世纪60年代起，许多美国的大公司普遍对外国官员行贿的丑闻不断被曝光，加上性质恶劣的一些公司董事的不当行为不断被揭露出来，从而使公司的监督问题更成为公众关注的焦点。

独立董事是指与公司的交易活动没有实质性的、直接的或间接的利害关系的，从公司外部选聘的董事。独立董事具有以下特点。

第一，独立董事是上市公司董事会中保护广大股东利益的外部人员。

第二，独立董事必须独立于公司的管理层。什么叫独立，这是一个事实问题，法律上无法统一标准。

第三，独立董事应当具有丰富的商业经验。在美国大多数公司的独立董事都是现任的或已退职（包括退休）了的其他公司高层管理人员。他们经验丰富，与公司的经营决策没有直接的利害冲突，处理问题比较客观，确实对内部董事能起到一定的监督和平衡作用。

（6）董事会会议。

如上所述，董事会拥有对公司业务的领导权和决策权，但这些权力的行使是由董事会这个集体来实现的。董事只能够在董事会会议上通过决议的方式来具体地实现自己的权力。因此，董事会会议就成为董事会对公司实施领导权和决策权的关键所在。

①董事会会议的分类。

董事会会议和股东大会一样也分成普通会议，或称为例会、特殊会议。所谓例会，就是定期召开的会议，可一年召开一次、半年召开一次或一个季度召开一次。召开例会的时间在公司内部细则中予以规定。所谓特殊会议，就是在董事认为必要时召开的会议，这是不定期的。在美国各州公司法中，往往规定有召开特殊会议的程序。

②董事会会议的通知。

公司法一般规定，召开董事会会议前，必须给全体董事发出会议通知。至于何时发出通知，各国公司法的规定不同，有的要求会前半个月，有的要求会前一个星期。英国公司法的规定最为灵活，它要求"应在足够的时间内送达董事手中，以便他们能准时出席会议"。"足够的时间"究竟有多长，要依具体情况而定。

③董事会会议的法定人数。

顾名思义，法定人数是指由法律规定的参加董事会会议的最低董事人数。其法律上的意义在于：参加董事会会议的董事人数只有符合法定人数，会议才合法；只要是由出席会议的董事法定人数中的多数通过的决议，就应视为整个董事会的决议，采取的行动应作为整个董事会的集体行动，因而对公司具有拘束力。相反，不满法定人数的董事会会议通过的决议无效，对公司无约束力。

法定人数，通常是指占董事总人数的多数，因此，法定人数又称为法定多数。但不少西方国家的公司法规定，法定人数可以低于简单多数，但不得少于公司董事总数的 1/3。

董事在董事会会议上的表决，与股东在股东大会上的表决是不同的。在股东大会上，每股一票，而且股东可以委托别人投票。但在董事会会议上，董事是一人一票，一般不得委托别人投票，但可以弃权，也可以不出席会议。

董事会在通过决议时，只需出席会议的董事法定人数的简单多数同意就有效。在投票时，万一出现僵局，董事长往往有权行使裁决权，即进行决定性的投票。

在这里还要提到的一点是，公司内部细则一般规定，禁止与决议有利害关系（不管是直接的还是间接的利害关系）的董事参加对该决议的表决，但该董事有权获得会议通知，有权参加该会议并就将要做出决议的问题发言，但无表决权。

董事会会议可以在会议室进行，也可以采取电话会议或电视会议的形式。

④董事会会议的记录。

必须对董事会会议的进程和实质性内容做出记录。会议记录一旦被会议主席签署，就作为会议已经召开、记录在案的决议已被通过的证明。会议记录应予以公开，随时接受董事的审查和检阅。

3. 公司高级职员

公司高级职员的权力源于董事会。各国成文法很少涉及对公司高级职员（包括经理人员）权力的规定。公司高级职员权力的行使能否对公司有约束力是一个重要的敏感问题。解决该问题的依据通常属于代理法的范畴。公司高级职员是公司的代理人，公司作为独立的法人，只能通过其代理人进行业务活动。代理人的行为要对本人产生约束力，必须要有本人的授权或基于其他法律原则的考虑，方能要求本人对代理人的行为承担责任。

按照西方国家公司法的规定，公司高级职员的职权分成以下三种形式：明示权限、默示权限和不可否认的权限。在这三种形式下，公司高级职员的代理行为可以对公司（本人）产生约束力。

（1）明示权限。

公司高级职员的明示权限是指根据公司法、公司章程、公司的内部细则或董事会的决议明确授予的法定权限。以美国为例，美国各州的公司法都有类似的规定。《美国标准公司法》与特拉华、纽约等州的公司法几乎用同样的语言做了如下规定："所有公司的职员和代理人，在他们和公司之间，都应拥有按内部细则规定或按董事会决议规定（不得违背内部细则）的权限，并在管理公司时执行之。"在美国，几乎所有公司的内部细则都列举了各类职员应具有的各种明示权力。

（2）默示权限。

公司高级职员的默示权限，又称可推定的权限或固有的权限，是指由公司同意给予其职员行使其职务所必需的权限。这种权限不是书面明确规定的，而是从明示权限中推定而产生出来的一种不言而喻的权限。因此，这种职权不是法律文件明确规定的，只有通过公司章程、内部细则或董事会决议的规定才能被剥夺。例如，如果根据内部细则规定，总经理有权任命具体部门的经理，他就应该被认为具有与该经理订立任期为数年的经理服务性合同的暗示和不言而喻的权限；如果一个职员有明示的权限去出售一家公司的资产，则他应被默示地认为其有权为此目的而雇用一个经纪人。但要注意的是，反之并不亦然，即如果一个职员有明示权限去雇用一个经纪人，这并不暗示他有权去出售公司的一项资产；同样，具有出租公司资产的权力并不意味着具有出售这项资产的权力，否则就属于越权行为。

（3）不可否认的权限。

从事一项业务活动的不可否认的权限，是指公司董事会通过书面或口头的方式，或者通过任何其他行为向第三人明确做出一种表示，这种表示合理地被认为是公司已经同意明确授予某特定人员（职员）代表公司从事某项业务活动的一种权限。不可否认的权限又称为表见代理权。表见代理往往与默示代理并存。在任命某人为经理时，该任命就是一种对经理的默示授权；同时，对第三人来说，他可以合理地预见到，该被任命者有权行使经理的权力，即表见代理亦同时产生。在公司法意义上说，就是由公司向第三人宣布"职员"或"代理人"可以代表公司开展业务活动。该第三人应完全相信上述"职员"和"代理人"已具备开展业务活动所必需的权限。此种权限具有临时性是十分明显的，而且，公司不得再对已向第三人宣布的上述权限"反悔"（食言）。如果公司董事会曾明确向经理人员表示，该经理已无权从事某一业务，但该经理仍然继续代表公司从事该业务，在此种情况下，如第三人处在不知情的情形下，公司仍要对经理的代理行为负责，即公司与第三人的交易应受到保护，而该经理应对其越权行为向公司（本人）承担责任。这就叫不可否认的权限。因此，不可否认的权限包括下述三项内容：公司正式授权其职员从事某项业务；明确向第三人表明上述授权；公司不得否认已做出的授权。这三项内容是紧密相关、缺一不可的。

2.3.6 公司的并购、解散和清算

1.公司的并购

公司并购是合并与收购的合称，是公司法的一个重要组成部分。

(1) 合并。

公司合并可分为新设合并、吸收合并。

①新设合并。

新设合并是指两个或两个以上的公司合并成一个新公司的商业交易。新设合并又被称为联合。

新设合并具有以下特征：在新设合并中，参与合并的公司全部消失，因而被称为消失公司，新设公司获得消失公司的全部财产并承担它们的全部债务及其他责任。在新设合并中，每个消失公司的股票（份）都转化成新设公司的股票（份）、债务或其他证券，或全部或部分地转换成现金或其他财产。新设合并的条件是参与合并的公司的董事会必须制订合并计划（该计划需经股东批准），并由新设公司报政府工商管理部门存档。在新设合并中，合并章程将成为新设公司的设立章程。如果公司的股东有权对合并提出反对，则新设公司有责任向持异议的股东支付相应对价以购买其所持股份。

②吸收合并。

吸收合并又叫作兼并，是指一个或几个公司并入另一个存续公司的商业交易。因此，吸收合并也可称为存续合并。

吸收合并具有以下特点：在吸收合并中，存续公司获得消失公司的全部业务和资产，同时承担各个消失公司的全部债务和责任。在吸收合并中，消失公司的股份得转换成存续公司或其他公司的股份、债务或其他有价证券，或者全部或部分地转换成现金或其他财产。吸收合并的条件是实施合并公司的董事会制订有效的合并计划，根据原先的规定经股东的批准并由存续公司将合并章程呈递有关政府工商部门。如果规定公司合并必须经过股东大会批准，但少数股东不同意合并，则公司有责任向持异议的股东支付相应对价以购买其所持股份。

法定式合并主要包括新设合并与吸收合并，它区别于收购资产或收购股份的收购行为，但收购行为实际上又属于吸收合并的一部分。需要说明的是，在传统的合并交易中，消失公司的股东通常获得存续公司的股票，但现今的法定式合并中的对价可以是现金或股票之外的其他财产。

(2) 收购。

①收购的概念。

收购是指公司出资主动购买另一公司的股权或资产，从而掌握该公司的生产经营控制权。收购主要是由收购公司发出收购要约，购买某个目标公司的部分或全部股票（份），以便控制该公司；或者采取订立协议的方式购买被收购公司的股份或资产，达到收购的目的。在要约中，通常习惯于把被收购公司（Acquired Corporation）称为目标公司。

收购目标公司的对价，可以是现金、收购公司或其他公司的有价证券，但通常是现金。在现金收购中，目标公司的收购价格往往要高出其市场价格的 25%～50%。

②收购的类型。

依据收购采用的形式，收购可以分为协议收购和要约收购。

协议收购是指收购人通过私下订立合同的方式购买目标公司的股份，通常是通过与目标公司个别股东或者大股东协商达成股份转让协议，并按照协议约定的收购条件、收购价格、收购期限及其他规定事宜收购目标公司的行为。

要约收购是指通过公开的方式向目标公司的全体股东发出要约，以高出市价的价格，在较短的时间内，用现金或者证券作为对价收购或交换其手中持有的目标公司的股票，从而达到控制或兼并目标公司的目的。

所谓直接收购股票要约，是指由收购方直接向目标公司股东发出的收购其股票（份）的要约。该要约可以通过在报纸上刊登广告，也可以按照被收购公司的股东名册分别向他们邮寄。

收购要约具有如下特点：收购者应承担收购目标公司最低和（或）最高限额的股票（份）；收购要约的目的是掌握目标公司的控制权，这就往往引起目标公司的股东，尤其是董事会的反对，从而造成社会波及面很大的收购战；要约的有效时间都是有限制的，一般在1个月内（美国为21天）。

2. 公司的解散

（1）公司解散的概念。

公司的解散（Dissolution），在公司法上是指公司法人资格的消失。随着公司的解散，公司就丧失了开展业务活动的能力，故公司解散时应终止一切业务经营活动。但公司法人资格的消失不能被理解为公司已解散，而只有在公司终止了业务活动，结束了对内对外的法律关系，清算了其全部资产后才能视为真正的解散。换言之，公司只有经过了清算这一法律程序，才能视为解散。

公司的解散涉及多方面的问题，比如清理债权债务、变卖公司资产、支付各类费用、纳清税款、满足债权人的要求以及分配剩余资产等。因此，公司的解散也是较为复杂的过程，而且是与清算密不可分的。

（2）公司解散的原因。

公司解散的原因，在公司法上大致有如下几种。

①公司存续期满。

许多西方国家公司法都明确规定了公司存在的最高期限，或者要求公司章程具体确定该公司的存续时间，如果存续期满，公司应予解散（到期申请延长者除外）。如《法国公司法》规定，一个公司最长的存续时间为99年，但是《法国民法典》第1844条又规定，公司的延长由全体股东一致同意做出决定，章程有规定的，则以修改章程所需的多数做出决定。总之，在西方国家公司法中，因公司存续期满而被解散是常见的和正常的。

②公司据以设立的宗旨业已完成，或根本无法实现其宗旨。

这是构成公司解散的一个重要原因。例如，开凿运河的公司待运河通航后予以解散。

③公司合并。

由于公司与其他公司合并，尤其是新设合并，合并双方的法人资格都归于消失，公司应予以解散。

④公司宣告破产。

因公司破产而必须解散公司，是西方国家公司法的普遍规定。但因破产而解散公司的程序应受破产法管辖。

在这里还要特别指出，公司无偿付能力同样会导致公司解散。所谓无偿付能力，是指公司对到期债务没有足够的现金来偿还，即公司的流动资产少于流动债务所致。但法国、德国、意大利等国家公司法规定，公司无力偿付自身债务而导致公司解散，也须受该国破产法管辖。

⑤经法院命令解散。

对于这一条的解释,《日本公司法》第 824 条第 1 款的规定具有一定的典型性。其规定,法院在下列情形下,为维护公共利益,认为这种公司不允许存在时,因法务大臣或股东、债权人及其他利害关系人的请求,可以命令解散公司:以进行违法活动为目的而设立公司;公司无正当理由,在其成立后一年之内不开始其事业,或连续一年以上停止营业;执行业务的董事、执行官或股东,虽经法务大臣发出了书面警告,但仍继续或反复进行有超越或滥用法令或章程所规定的公司权限的行为,或者触犯法令的行为。

另外,为了保护中小股东的利益,公司法也允许股东请求法院解散公司。比如,《日本公司法》第 833 条第 1 款规定,当股份公司在执行公司业务上遇到显著的困难局面,该公司发生不能恢复的损害或有发生损害之虞时,或股份公司的财产管理或处分明显失当危及公司的存续时,拥有全体股东表决权的 1/10 以上表决权的股东或有已发行股份的 1/10 以上股份的股东可以诉讼请求解散该股份公司。我国《公司法》也有类似规定。

(3)公司解散的形式。

西方国家公司法把由各种原因引起的解散公司的形式集中为公司自愿解散和法院强制解散两种。

①公司自愿解散。

公司自愿解散,在公司法上一般分为创办人自愿解散、股东同意的自愿解散以及公司提出的解散三类。

第一,创办人自愿解散。当公司已经设立尚未正式开始营业并尚未公开向社会上发行任何股票的时候,其创办人可随时以自愿方式解散公司。其解散程序是由创办人向政府机构提交载有公司名称、公司设立证书的颁发日期、公司尚未公开发行任何股票和公司尚未开始营业的事实、公司的债务已全部清偿、多数创办人同意解散公司等内容的解散申请书,有关政府部门(在美国为州务卿)批准后,一经颁布该公司的解散证书,公司即刻停止存在。

第二,股东同意的自愿解散。公司的股东自愿解散公司,必须由股东大会通过决议,并向政府部门申请批准。但股东大会以多少百分比通过决议,各国的法律规定是不同的。《德国股份法》规定,在股份有限公司的股东大会上,必须有 3/4 多数股权股东的同意才能通过解散公司的决议。在法国的有限责任公司中,只要代表总股本 3/4 多数股权同意即可;在股份有限公司中,则仅需要总的表决股的 2/3 多数同意就能通过自愿解散公司的决议。

第三,公司提出的解散。公司提出的解散,主要是因为章程上规定的解散条件已经具备或者是公司的营业目标已经实现或根本无法达到而提出来的。这种解散的程序是:首先,由董事会通过一项决议,提议解散公司。其次,将解散决议提交股东大会予以表决,经在该问题上有表决权的多数股份持有者的赞成后,解散决议应被视为已获股东大会批准。再次,股东大会通过解散决议后,一般由公司总经理或副总经理代表公司签署两份解散公司的意向声明书,声明书中应载明公司名称、公司各位董事和各位高级职员的姓名和地址、由董事会提出而由股东大会通过的解散决议的副本、公司发行在外的股票数额、赞成和反对公司解散决议的股份的各自票数。最后,将解散公司的意向书提交有关政府机构请求批准。经政府机构批准后,公司除进行必要的结束工作之外,应终止其经营业务,但公司的法人资格应继续有效直至政府正式颁发解散证书时止。

②法院强制解散。

法院强制解散在某些情况下主要是指在公司违反公司法或其他的法律规定时,由法院发布命令强行解散公司的一种法律行为。关于强制解散公司的条件，西方国家公司法一般都规定如遇下述情况，公司得被迫解散：公司无力偿付债务；公司破产；股份有限公司的股东少于7人长达1年。如瑞典公司法规定，股东人数少于3人的公司必须解散；公司的违法营业危及公共利益的也必须解散。《美国标准公司法》的规定在这方面具有一定的代表性。其规定，在司法部长提起的程序中，如经证明该公司是通过欺诈获得公司章程的，或者公司继续超出或滥用法律授予该公司的权限，法院可以解散公司。

3. 公司的清算

（1）公司清算的概念。

所谓公司的清算，是指公司在解散过程中了结公司债务，并在股东间分配公司剩余资产，最终结束公司的所有法律关系的一种法律行为。

清算的一般做法是：首先确定清算人，由其负责清理公司债权债务；其次根据债权人的先后次序偿还债务；最后再在优先股和普通股之间根据发行时各类别股票所规定的条件，分配剩余资产。

（2）清算人。

清算人是指公司解散过程中从事清理公司债权、债务和公司财产事宜者。

西方国家公司法对任命清算人的规定虽然不尽相同，但归纳起来主要有下述三类做法：①由公司的董事担任清算人。②根据公司章程的具体规定，由股东大会选任清算人。如《日本公司法》第478条第1款规定，董事、章程规定者、由股东大会决议选任者为清算股份公司的清算人。③由法院指派清算人。在司法解散的情况下，根据股东或债权人的要求，法院有权指定清算人。如《美国标准公司法》规定，法院在为解散公司而提起的司法程序中可以指定一位或多位清算人以结业和清算。

清算人就职以后，其职责主要有：

第一，立即调查公司资产的现状，制作财产目录和资产负债表，提交股东大会审查认可。上述财务报表经股东大会认可后，立即呈递法院。在这期间，凡公司内部对清算人的上述业务活动进行阻挠或清算人玩忽职守的，一般都要予以经济制裁。

第二，清算人应向公众发布公告，限定期限催报债权和债务，超过期限者，不得列入清算范围。

第三，催告债权人报告债权的期限。《日本公司法》规定不得少于2个月。在美国，该期限一般规定为4个月。公司对于在册的债权人，应当分别发出专门通知，催告申报其债权。

第四，终结公司的营业活动，收回公司的债权，变卖公司资产。

第五，清偿公司债务，把公司剩余资产分配给各类股东。

第六，制作清算报告书，经股东大会追认后，清算人任务即告完成。

清算人在执行清算过程中，有权代表公司在法院起诉和应诉。清算人的报酬以及业务工作中的一切费用，应优先从公司的剩余资产中取得。

2.4 外商投资法律制度

2019年3月15日，第十三届全国人民代表大会第二次会议表决通过了《中华人民共和国外商投资法》。我国《外商投资法》施行后将取代此前的"外资三法",即《中华人民共和国中外合资经营企业法》(以下简称《中外合资经营企业法》)、《中华人民共和国中外合作经营企业法》(以下简称《中外合作经营企业法》)、《中华人民共和国外资企业法》(以下简称《外资企业法》),成为外商投资领域新的基础性法律。2020年1月1日起,外商投资管理进入外商投资法时代,实现"三法归一",相关法律法规体系得到了显著的精简和优化。

2.4.1 外商投资企业的概念

外商投资企业,是指全部或者部分由外国投资者投资,依照中国法律在中国境内经登记注册设立的企业。根据其定义及相关规定,可知外商投资企业有以下特点:

（1）企业系由全部或部分外国投资者进行投资。

（2）依据中国法律注册设立,适用《中华人民共和国公司法》《中华人民共和国合伙企业法》等法律。

（3）注册地在中国境内。

在"外资三法"时代,外商投资企业具体是指中外合资经营企业、中外合作经营企业和外资企业。因"外资三法"于2020年1月1日废止,为了避免我国《外商投资法》的实施对现有外商投资企业的正常生产经营活动造成不必要的干扰,《外商投资法》专门确立了"过渡期"规则。该法第四十二条第二款规定:"本法施行前依照《中华人民共和国中外合资经营企业法》《中华人民共和国外资企业法》《中华人民共和国中外合作经营企业法》设立的外商投资企业,在本法施行后五年内可以继续保留原企业组织形式等。具体实施办法由国务院规定。"所以,在2020年1月1日至2024年12月31日之间,外商投资企业可能存在中外合资经营企业、外资企业、中外合作经营企业、公司、合伙企业等多种形式,但是从2025年1月1日起,只会存在公司和合伙企业两种形式。因《个人独资企业法》中明确规定"外商独资企业不适用本法",故外商投资企业不存在该种组织形式。

2.4.2 外商投资企业的发展历程

党的十一届三中全会做出了对外开放的重大决策,把利用外资加快经济建设作为对外开放的主要内容之一,开启了我国改革开放的伟大变革进程,从此,外商直接投资(FDI)逐渐成为我国引进外资的主要形式,在20世纪末迫切需要立法加以规范和引导。自1979年7月《中外合资经营企业法》颁布以来,外商投资项目迅速增多,中外合资的有限责任公司的立法实践率先推进。1986年的《外资企业法》和1988年的《中外合作经营企业法》进一步拓展了外商投资进入我国的企业形态。2020年1月1日起,外商投资管理进入了外商投资法时代,实现"三法归一",外商投资企业主要适用我国《公司法》《合伙企业法》等法律法规,公司主要形式为公司和合伙企业,中外合资经营企业、外资企业、中外合作经营企业将不复存在。但是上文中提到法律承接有过渡期,即2020年1月1日至2024年12月31日上述公司将同时存在,故本书将对上述企业进行介绍。

1. "三资企业"

在"三法时代",外商投资企业又称为"三资企业",即中外合资经营企业、中外合作经营企业、外资企业的简称。这三种组织形式在2025年之前可能还会继续存在。

（1）中外合资经营企业。

中外合资经营企业（以下简称"中外合营企业"）是依照《中外合资经营企业法》及《中外合资经营企业法实施条例》的规定而设立的。它是由外国的公司、企业或其他经济组织或个人，按照平等互利的原则，经我国政府批准，在中华人民共和国境内，与中国的同一个或几个公司、企业或其他经济组织共同举办、共同经营和共负盈亏的企业。经中国政府批准并经注册登记的中外合营企业是中国的法人，应遵守中国的法律，受中国法律的管辖与保护。中外合营企业的形式为有限责任公司。

（2）中外合作经营企业。

中外合作经营企业是指外国企业和其他经济组织或者个人同中国的企业或者其他经济组织，按照平等互利的原则，根据《中外合作经营企业法》《中外合作经营企业法实施细则》及中国其他有关法规，用书面合同约定合作条件，并经国家批准的在中国境内共同设立的经济组织。

合作企业属于契约式的合营企业，合作企业与股权式的合营企业是有明显区别的。在合作企业中，中外双方的投资可以不以同一货币单位进行计算，也可以不按股份比例分享利润和承担风险。它们各自的权利和义务是由它们自愿协商、用书面合同约定的。而在合营企业中，合营各方的投资必须以货币形式作价，折算成股份，并以此股份比例来分享利润和承担风险。因此，《中外合作经营企业法》规定，中外合作者依法在合作企业合同中约定投资或者合作条件、收益或者产品的分配、风险和亏损的分担、经营管理方式和合作企业终止时的财产归属等事项。这是合作企业区别于合营企业最主要的法律特征。

（3）外资企业。

外资企业，又称为外商独资企业，是指由外商拥有全部资本并独立经营的企业。这类企业是按照东道国的法律注册登记而成立的，属于投资东道国的法人或经济实体。外资企业的历史较为悠久，是国际上广泛采用的一种直接投资方式。

外资企业在法律上具有以下特征。

第一，投资主体只有外方，全部资本都由外国投资者投入。投资主体只有外方是相对中外合资经营企业和中外合作经营企业而言的，即外资企业设立时不能包括中方的投资者而只能由外国的企业、其他经济组织或个人出资设立。这是外资企业的基本特征。目前，在我国已经设立的外资企业，既有由一个外国投资者设立的，也有由几个外国投资者共同投资设立的。

第二，外国投资者对外资企业的经营管理拥有绝对控制权。外资企业的投资主体只有外方，全部资本由外方投入的这一根本特征决定了外国投资者对其投资设立的外资企业拥有绝对的控制权，可以独立地对有关企业经营的任何重大事项做出决策。比如：章程的修改，企业的中止或解散，注册资本的增加、减少或转让及企业的合并、分离等。

第三，外资企业是按中国法律设立的企业。

2.外商投资企业

依据我国《外商投资法》规定，自其生效实施之日起5年过渡期后，"外资三法"体系下的"三资企业"组织形式将不复存在。现有的相当一部分外商投资企业将根据《公司法》和《合伙企业法》等相关规定重新改制并变更注册组织形式。

《外商投资法》的施行使我国内外资企业一致，更有利于我国企业的发展。以中外合资企业为例，在"外资三法"时代，中外合资企业的董事会为企业的最高权力机构，既是企的决策者,也是决策的执行者和监督者。《外商投资法》实施后,中外合资企业的治理结构实行内外资一致,即根据《公司法》的规定建立"三会一层"制度,公司的最高权力机构为股东会。股东会由公司的全体股东组成,原合资的各方将成为中外合资企业的股东,并依法享有资产收益、参与公司重大经营决策、选举执行者和监督者。股东会表决实行"资本多数决"原则,不同于"外资三法"时代董事会实行"一人一票"和重大事项的一致同意原则。股东会在对修改公司章程,公司增加和减少注册资本,公司合并、分立、解散、清算或者变更公司形式等重大事项上,实行2/3以上表决权通过制度。可以说,《外商投资法》的实施加强了对股东权益的保护,完善了中外合资企业的治理结构。

原中外合资企业的董事会成员为 3 人及以上,名额分配由合资各方参照出资比例协商确定,董事长和副董事长由合营各方协商确定或由董事会选举产生。出于平等的考虑,中外合资者一方担任董事长的,由他方担任副董事长。《外商投资法》实施后,中外合资企业的非职工董事由股东会选举产生,股东人数较少的或企业规模较小的,可以不设董事会,只选举一名执行董事。董事的任期由原《中外合资经营企业法实施条例》规定的 4 年变更为不超过 3 年。董事会的决议方式由原《中外合资经营企业法实施条例》规定的重大事项一致通过原则,变为一人一票的"人头决",具体表决程序实行意思自治原则。董事会成为中外合资企业的经营决策执行机构,实现了中外合资企业所有权与经营权的分离。

在"外资三法"时代,中外合资企业并未单独设立监事机构,董事会既是决策者,也是决策的执行者和监督者。《外商投资法》颁布后,中外合资企业应按照《公司法》的规定,建立监事制度,监事会成员不少于 3 人,股东人数较少或者规模较小的中外合资企业,可以不设监事会,仅设 1 或 2 名监事。监事制度的设立,改变了原中外合资企业监督层的缺失,实现了中外合资企业所有权、经营权和监督权"三权分立"的现代公司制度的建立。

2.4.3 外商投资的法律规制

外商投资的专门法律主要包括外商投资企业法及其实施细则,国务院《指导外商投资方向规定》以及相关部门规章。此外,我国《公司法》和《民法典》也广泛适用于外商投资领域。

1. 外商投资法律规制的发展过程

20 世纪七八十年代,"外资三法"是外商投资管理体制建立的依据,当时中国的公司法、合伙企业法等企业组织法律还处于空白,因此"外资三法"在名称中都带有"企业法"的字样。"外资三法"及其实施细则一直以来保障着外商投资企业在我国经济活动中的合法权益。《公司法》和《合同法》(现已失效)颁布后也广泛适用于外商投资领域。

1986 年 10 月 11 日,国务院颁布《关于鼓励外商投资的规定》(以下简称《规定》),该《规定》共 22 条,主要对外商投资企业在经济活动中给予一些特别的优惠政策。

1993 年 12 月 29 日,第八届全国人民代表大会常务委员会第五次会议审议通过了国务院关于提请审议外商投资企业和外国企业适用增值税、消费税、营业税等税收暂行条例的议案,一定程度上统一了税制,实现了公平税负,改善了我国的外商投资环境。

2002 年 2 月 11 日,国务院发布了《指导外商投资方向规定》,自 2002 年 4 月 1 日起施行。2004 年,国家发展和改革委员会、商务部发布《外商投资产业指导目录(2004 年修订)》(现已失效),对外商投资企业投资项目的鼓励、允许、限制和禁止四类加以说明。2008 年《中华人民共和国企业所得税法》施行后，外商投资企业与内资企业所得税体制开始并轨。

2013年9月29日，中国（上海）自由贸易试验区挂牌运行，相关外资管理法律的规定在自贸区范围内暂停实施三年，第一个自贸区外资准入负面清单同时公布实施。2015年1月，商务部公布了《中华人民共和国外国投资法（草案征求意见稿）》，其立法内容简明扼要，更加明确了准入前国民待遇加负面清单管理制度，给予外商投资更多的自由和便利。但在自贸区三年试验届满之际，将原有"外资三法"合并订立新法的条件仍不成熟。

2016年10月8日，商务部公布实施《外商投资企业设立及变更备案管理暂行办法》（以下简称《暂行办法》），删除原有"外资三法"以及《中华人民共和国台湾同胞投资保护法》中涉及投资审批的条款，将负面清单管理模式正式推广到全国，外商投资企业设立及变更实行备案管理，不再要求进行审批。《暂行办法》于2017年和2018年分别进行了两次修改。在2018年第二次修改之后，全国推行了外商投资企业设立商务备案与工商登记，实行一套表格、一口办理，商务备案基本融入了工商登记程序。

2018年12月23日，《中华人民共和国外商投资法（草案）》提请第十三届全国人民代表大会常务委员会第七次会议初次审议。2019年1月29日，第十三届全国人民代表大会常务委员会第八次会议进行第二次审议。《外商投资法》的立法意义是为积极促进外商投资，对外商投资合法权益的保护提供基础性法律保障。这一法律颁布实施将取代原有的"外资三法"，能够提高外商投资企业在我国境内的国民待遇，实现在中国市场上的公平竞争，为未来更多外商投资提供准入前国民待遇加负面清单管理模式，并在准入后全面落实国民待遇，给予内外资一致平等管理的法律保护。

2019年3月15日，第十三届全国人民代表大会第二次会议通过《外商投资法》，自2020年1月1日起施行。

2.《外商投资法》的出台

《外商投资法》将过去"外资三法"注重规定企业组织形式转为对外商投资行为的规范，可以说从理念到制度都实现了颠覆性变革。这主要表现在：一是首次引入实际控制，对现行协议控制结构的存在合法性有着巨大冲击；二是采用准入前国民待遇加负面清单管理模式，全面废除逐案审批制；三是构建安全审查与信息报告制度，表明我国外资监管部门审查监管重心的转移；四是缩减了境内投资者的限制；五是重构了协调处理与保护机制。

（1）首次引入实际控制。

对于社会上较为关注的协议控制问题，即VIE结构问题，《外商投资法》没有做出明确规定，但是在《中华人民共和国外国投资法（草案征求意见稿）》（以下简称《外国投资法（草案征求意见稿）》）中多次出现"实际控制"和"实际控制人"的概念，并且将"通过合同、信托等方式控制境内企业或者持有境内企业权益"作为"外国投资"的一种形式。按照这种"实质大于形式"的思路，通过VIE结构绕过准入壁垒可能被明确禁止。对于原来已经存在的VIE结构如何处理，《外国投资法（草案征求意见稿）》中提出了三种可能的处理办法：①实施协议控制的外国投资企业，向国务院外国投资主管部门申报其受中国投资者实际控制的，可继续保留协议控制结构，相关主体可继续开展经营活动；②实施协议控制的外国投资企业，应当向国务院外国投资主管部门申请认定其受中国投资者实际控制；在国务院外国投资主管部门认定其受中国投资者实际控制后，可继续保留协议控制结构，相关主体可继续开展经营活动；③实施协议控制的外国投资企业，应当向国务院外国投资主管部门申请准入许可，国务院外国投资主管部门会同有关部门综合考虑外国投资企业的实际控制人等因素做出决定。

（2）采用准入前国民待遇加负面清单管理模式，全面废除逐案审批制。

因为准入前国民待遇能有效地消除市场扭曲和不公平竞争，解除东道国对外来投资者的种种限制，从而更有利于贸易与投资的展开，所以其在国内和国际上被广泛推崇并逐渐成为当代公认的国际投资规则之一。同时，《外商投资法》从法律层面明确了外商投资准入管理制度，规定了外商投资准入负面清单管理制度，明确了外商投资准入负面清单以外的领域，按照内外资一致的原则实施管理。在准入阶段，对国内外资本实行同等待遇，体现了实质上的平等。中国的接受有利于国内法律体系与国际先进规则的融合。《外商投资法》中的"准入前国民待遇"规定是符合国情和国际趋势、有法律依据的必然选择，也是反映中国顺应国际投资规则变更潮流，体现大国形象与担当的责任精神。

（3）构建安全审查与信息报告制度。

①外商投资信息报告制度。

《外商投资法》第三十四条规定国家建立外商投资信息报告制度。2020年1月1日起施行的《外商投资信息报告办法》对外商投资信息报告的内容、范围、频次和具体流程做出了具体规定。外国投资者或者外商投资企业应当对企业基本情况、投资者及其实际控制人情况、投资交易情况、企业经营和资产负债、相关行业许可等投资信息的真实性、准确性、完整性负责，并及时通过企业登记系统以及国家企业信用信息公示系统以初始报告、变更报告、注销报告、年度报告等方式向商务主管部门报送投资信息。

②安全审查制度。

我国现行的外商投资安全审查制度主要包括两个国办发文：2011年国办发6号文仅针对并购事项，没有涉及新设投资；2015年国办发24号文包括新设投资与外资并购投资，但仅仅适用于自由贸易试验区。而且在现有的这两个文件中，企业和投资者在国家安全审查制度中的申报和信息披露责任不够明晰。2015年《外国投资法（草案征求意见稿）》对国家安全审查有大量规定。《外商投资法》仅在第三十五条做了原则性规定，预计今后将有具体的配套规定出台。

对外商投资进行安全审查是各国的通行做法，2012年美欧曾经就国际投资规则发表联合声明，提出涉及国家安全审查的应该对国家安全做狭窄定义。但是，近两年来，美欧对外资的安全审查制度都大大强化了。这对中国的外资安全审查制度的具体内容可能产生一定的影响。

未来，我国外资安全审查制度将不仅涵盖并购投资，还涵盖绿地投资。在目前其他一些国家加强技术出口限制以及我国自有知识产权日益增多的情况下，我国安全审查制度中对外转让知识产权安全审查机制的建立与完善将成为重点。根据2018年国办发19号文《关于印发〈知识产权对外转让有关工作办法（试行）〉的通知》，外国投资者并购境内企业安全审查中要涉及知识产权对外转让审查。也就是说，在外资并购中引起的知识产权权利人变更或实际控制人变更可能被界定为知识产权对外转让，从而需要接受审查。

（4）缩减了境内投资者的限制。

长期以来，因为我国《中外合资经营企业法》《中外合作经营企业法》都未明示许可中国自然人可以与外国的公司、企业和其他经济组织或个人合资、合作，成立合营企业或者合作企业，因此在绿地投资中，我国自然人无法成为合格的投资者。1988年国务院颁布了《中华人民共和国私营企业暂行条例》，该条例允许个人成立独资企业形式；1999年我国又制定了《中华人民共和国个人独资企业法》；《公司法》于2005年修订，允许一个自然人成立一人有限责任公司。在上述相关立法不断扩容的情况下，我国自然人如果希望投资外商投资企业，可以间接选择以个人独资企业或者一人公司形式参与。当然，在"外资三法"没有放开对我国自然人投资资格的限制时，上述行为不得用于规避法律、行政法规的限制性规定，否则，该等行为无效。

从20世纪90年代中期开始，并购逐渐成为外资进入中国的又一选择，外国投资者并购的境内企业（公司）中存在自然人股东的情况在所难免，因此，在法律尚无改变的情况下，部门规章已经开始调整，提供变通的安排。比如，2003年的《外国投资者并购境内企业暂行规定》有条件允许自然人成为外商投资企业的股东，"被股权并购境内公司中国自然人股东在原公司享有股东地位一年以上的，经批准，可继续作为变更后所设外商投资企业的中方投资者"。2003年1月1日起施行的《关于加强外商投资企业审批、登记、外汇及税收管理有关问题的通知》中也有如下规定："外国投资者收购境内各种性质、类型企业的股权，该境内企业应当按照国家有关法律、法规的规定，依现行的外商投资企业审批程序，经审批机关批准后变更设立为外商投资企业，并应符合外商投资产业政策。批准后，由审批机关颁发外商投资企业批准证书，工商行政管理机关颁发外商投资企业营业执照。原境内公司中国自然人股东在原公司享有股东地位一年以上的，经批准，可继续作为变更后所设外商投资企业的中方投资者。"但是该规定也重申了"暂不允许境内中国自然人以新设或收购方式与外国的公司、企业、其他经济组织或个人成立外商投资企业"。在2006年商务部等六部委颁布的《关于外国投资者并购境内企业的规定》中，已经没有对国内自然人股东持股一年以上的要求了。

当外商投资企业转而适用《公司法》后，除非其他法律、行政法规另有规定，否则，中国自然人可以直接成为外商投资企业的合营者和合作者，不再受到限制。

（5）重构了协调处理与保护机制。

①征收与资金转出。

征收与资金转出问题涉及传统的双边投资保护协定中规定的一些问题。这在投资保护章节有所涉及。

对于征收问题，《外商投资法》第二十条规定："国家对外国投资者的投资不实行征收。在特殊情况下，国家为了公共利益的需要，可以依照法律规定对外国投资者的投资实行征收或者征用。征收、征用应当依照法定程序进行，并及时给予公平、合理的补偿。"

对于资金转出问题，《外商投资法》第二十一条规定："外国投资者在中国境内的出资、利润、资本收益、资产处置所得、知识产权许可使用费、依法获得的补偿或者赔偿、清算所得等，可以依法以人民币或者外汇自由汇入、汇出。"利润、资本收益、知识产权许可使用费等均属于经常项目，我国已经实现经常项目可自由兑换。出资属于资本项目。近年来，我国涉及直接投资的外汇管理规定不断简化。境内直接投资项下外汇登记核准以及直接投资外汇年检均已取消，投资便利化程度不断提高。

②禁止强制转让技术。

《外商投资法》第二十二条规定："技术合作的条件由投资各方遵循公平原则平等协商确定。行政机关及其工作人员不得利用行政手段强制转让技术。"

强制技术转让是近年来一些国家对我国指责较多的一个问题。《外商投资法》中进一步明令禁止行政机关及其工作人员以行政手段强制转让技术的行为，有利于减少相关的国际争议。

实际上，外方对中国强制技术转让的指责内容超出了《中国加入世贸组织议定书》的承诺范围。对于中国原有的外资审批制度，外方认为由于其缺乏足够的透明性，审批本身可能给外国投资者带来转让技术的压力。为此，中国从2013年开始自贸区试点起，直至2016年10月在全国基本取消了外资企业设立与变更的审批制度，仅在负面清单下的领域实施审批。《外商投资法》实际上取消了外商投资企业设立与变更的审批与备案程序，对减少外方关于强制技术转让的争议也会起到积极作用。

外方对强制技术转让的另一项指责内容是股权限制。由于存在对外资的股权限制，外资进入中国需要寻求中方合资合作者，外国投资者可能在商务谈判中面临对方要求转让技术的诉求。外方认为中国外资法规中的股权限制和合资要求提高了中国合资合作方在技术引进谈判中的地位，增加了外国投资者转让技术的压力。尽管股权限制规定是许多国家外资政策与法规中都存在的，但我国原有的股权限制规定偏多。随着外资准入负面清单制度的完善和负面清单的不断压缩，股权限制日益减少，这同样有利于缓和我国与其他国家在强制技术转让问题上的矛盾。

③外商投资企业投诉工作机制。

《外商投资法》第二十六条规定了外商投资企业投诉工作机制。此前，商务部2006年颁布的《外商投资企业投诉工作暂行办法》已有相关规定。但这一机制在法律层面上做出规定尚为首次。在此基础上，《中华人民共和国外商投资法实施条例》中对此制度做出进一步规定。在法律与行政法规层次做出规定相对于部门规章而言，其效力更高，有利于该项制度的运转。

行政复议和行政诉讼适用于外资对具体行政行为产生了意见的情况，比如觉得相关部门应该给许可证或准入，然而相关部门并没有颁发，那就可以对这个审批行为提出复议以及诉讼。而投诉工作机制不仅涉及具体的行政行为，它涵盖的范围可以很广，比如包括在审批过程中工作人员是否给企业施加了压力，干预企业经营，或者对政府出台的可能对企业经营有不利影响的措施都可以进行投诉。这个投诉机制有助于监督中国政府工作人员更好地履行职能。

本章小结

本章主要从独资企业、合伙企业和公司三种基本形式介绍了商事组织，独资企业、合伙企业和公司在设立、经营、解散等各个环节都有着不同的规定，要正确厘清三种商事组织形式之间的相同点和不同点。我国在《外商投资法》出台之前，内外资的商事组织采取不同的模式，而现在外商投资企业也要逐渐向合伙企业和公司形式转变。

案例讨论

被告乙公司在设立过程中，发起人以设立中的公司名义与原告甲公司签订《房屋租赁合同》，约定原告甲公司将其拥有合法使用权的房屋出租给乙公司，租赁期限自2018年7月1日起至2020年12月31日止。《房屋租赁合同》签订后，乙公司于2018年7月24日成立。租赁期间，乙公司未按照约定缴纳租金，故甲公司诉至法院请求法院判决乙公司返还占有房屋，并支付欠缴租金及违约金。

问题：

以设立中的公司名义签订的合同，公司设立不成功的，合同责任由谁承担？

知识拓展

《最高人民法院关于适用〈中华人民共和国外商投资法〉若干问题的解释》的出台背景与意义

对外开放是中国的基本国策，习近平总书记曾在国内外众多重大场合对促进和保护外商投资进行了一系列重要阐述。早在2010年，时任国家副主席习近平同志就在厦门举行的联合国贸发会议第二届世界投资论坛开幕式上发表主旨演讲时指出：当前，中国正积极致力于为广大外商投资企业营造更加开放、更加优化的投资环境。特别是继续致力于营造开放透明的法律环境、公平竞争的市场环境和稳定有序的经营环境。2019年，第十三届全国人民代表大会第二次会议表决通过了《中华人民共和国外商投资法》，国家主席习近平签署了这部法律。为正确适用《中华人民共和国外商投资法》，依法平等保护中外投资者合法权益，营造稳定、公平、透明的法治化营商环境，2019年12月16日最高人民法院审判委员会第1787次会议通过了《最高人民法院关于适用〈中华人民共和国外商投资法〉若干问题的解释》（以下简称《解释》），并于2020年1月1日起施行。

党的十八大以来，以习近平同志为核心的党中央在扩大对外开放、促进外商投资方面做出了一系列重要决策部署。习近平总书记多次向世界宣示："中国开放的大门不会关闭，只会越开越大。"党的十九大提出，实行高水平的贸易和投资自由化便利化政策，全面实行准入前国民待遇加负面清单管理制度，大幅度放宽市场准入，扩大服务业对外开放，保护外商投资合法权益。凡是在我国境内注册的企业，都要一视同仁、平等对待。党的十九届四中全会提出，建设更高水平开放型经济新体制，实现更大范围、更宽领域、更深层次的全面开放；保护外资合法权益，促进内外资企业公平竞争；健全外商投资准入前国民待遇加负面清单管理制度，推动规则、规制、管理、标准等制度型开放。党的十九届五中全会提出，我国要实行高水平对外开放，开拓合作共赢新局面，坚持实施更大范围、更宽领域、更深层次对外开放，依托我国大市场优势，促进国际合作，实现互利共赢，推动共建"一带一路"高质量发展，积极参与全球经济治理体系改革。我国改革开放40多年的历程充分证明：开放带来进步，封闭必然落后。越是敞开怀抱分享自己的文明，就越能扩大国际社会所需要的合作。

积极吸引和利用外商投资，是我国扩大对外开放和构建开放型经济新体制的重要内容，必须健全法制保障制度。《中华人民共和国外商投资法》确立了我国新型外商投资法律制度的基本框架，确定了我国对外开放、促进外商投资的基本国策和大政方针，对外商投资的准入、促进、保护、管理等做出了统一规定，是我国外商投资领域新的基础性法律，是对我国外商投资法律制度的完善和创新。根据《中华人民共和国外商投资法》第四条规定，国家对外商投资实行准入前国民待遇加负面清单管理制度；国家对负面清单之外的外商投资，给予国民待遇。这从立法层面确立了新时代外资管理的新体制。

制定《解释》的首要目的就是确保《中华人民共和国外商投资法》在审判领域得到公正高效执行，贯彻落实党中央关于更加开放，依法平等保护中外投资者合法权益，营造稳定、公平、透明的法治化营商环境的重大决策部署。这是人民法院发挥审判职能作用，围绕中心、服务大局的应有之义。通过制定《解释》，为市场化、法治化、国际化的改革方向提供优质高效司法服务和法治保障,努力打造内外资公平竞争的市场环境,依靠改善投资环境吸引更多外商投资。多年来涉外的商事审判一直在打造司法的国际公信力和诉讼的优选地。人民法院审理涉外民商事案件的情况,也反映了我国对外开放在这方面的发展。从2018年以来,人民法院审理涉外民商事案件每年超过10 000件,2018年受理的涉外民商事案件达到14 695件,2022年1~11月受理的涉外民商事案件达到18 266件,印证了我国对外开放取得的成绩。此外,涉我国港澳台地区的案件也有大幅度的增长。

《解释》充分贯彻党中央扩大开放、平等保护中外投资者合法权益的精神。主要体现在以下几个方面。

第一,对负面清单之外的领域形成的投资合同,当事人以合同未经有关行政主管部门批准、登记为由主张合同无效或者未生效的,人民法院不予支持。

第二,即便是外国投资者投资负面清单规定限制投资的领域,只要在人民法院做出生效裁判前,当事人采取了必要的补正措施,投资合同仍然可以认定有效。

第三,即便在投资合同签订时未符合负面清单的要求,但在生效裁判做出前,负面清单调整放宽了限制性要求的,投资合同也可以认定有效。

《解释》通过这些制度设计,在依法维护和保障外资管理秩序的前提下,尽可能促进投资合同有效,最大限度保障投资者的合法权益。

从既往的审判实践看,外商投资领域产生的纠纷中合同类纠纷较为突出,因此,此次司法解释重点聚焦在合同争议的解决,特别是合同效力的确定问题。

经典案例

新加坡中华环保科技集团有限公司与大拇指环保科技集团(福建)有限公司股东出资纠纷案

基本案情

大拇指环保科技集团(福建)有限公司(以下简称"大拇指公司")是新加坡中华环保科技集团有限公司(以下简称"新加坡环保公司")在中国设立的外商独资企业,2008年6月30日,大拇指公司经批准注册资本增至人民币3.8亿元。大拇指公司于2012年4月27日以新加坡环保公司未足额缴纳出资为由提起诉讼,请求判令新加坡环保公司履行股东出资义务,缴付增资款4 500万元。

福建省高级人民法院一审认为,新加坡环保公司未履行股东足额缴纳出资的法定义务,侵害了大拇指公司的法人财产权,大拇指公司有权要求新加坡环保公司履行出资义务,补足出资。据此,判令新加坡环保公司向大拇指公司缴纳出资款4 500万元。新加坡环保公司向最高人民法院提出上诉。

裁判结果

2014年6月11日,最高人民法院公开开庭审理该案并做出当庭宣判。最高人民法院二审审理认为,按照《中华人民共和国涉外民事关系法律适用法》第十四条第一款的规定:我国外商投资企业与其外国投资者之间的出资义务等事项,应当适用我国法律;外国投资者的司法管理人和清盘人的民事权利能力及民事行为能力等事项,应当适用该外国投资者登记地的法律。根据新加坡公司法的规定，在司法管理期间，公司董事基于公司法及公司章程而获得的权力及职责均由司法管理人行使及履行。因此新加坡环保公司司法管理人做出的变更大拇指公司董事及法定代表人的任免决议有效。由于大拇指公司董事会未执行唯一股东环保公司的决议，造成了工商登记的法定代表人与股东任命的法定代表人不一致的情形，进而引发了争议。根据《中华人民共和国公司法》的规定：工商登记的法定代表人对外具有公示效力，如涉及公司以外的第三人因公司代表权而产生的外部争议，应以工商登记为准；而对于公司与股东之间因法定代表人任免产生的内部争议，则应以有效的股东会任免决议为准，并在公司内部产生法定代表人变更的法律效果。本案起诉不能代表大拇指公司的真实意思，裁定撤销原判，驳回大拇指公司的起诉。㊀

关键术语

有限责任公司　　股份有限公司　　普通合伙企业　　有限合伙企业　　独资企业
外商投资企业

思考题

1. 国际商事组织的形式有哪些？
2. 合伙企业和公司有何异同？
3. 有限合伙人有什么特点？
4. 公司并购有哪几种形式？
5. 简述外商投资企业的概念。

㊀ 参考《第一批人民法院为"一带一路"建设提供司法服务和保障的典型案例》。

第3章
代 理 法

本章导读

代理法尤其是国际商事代理法在我国的对外经济活动中起着重要作用,随着我国企业的国际化发展,了解所在国的代理制度是很有必要的。本章介绍了代理的概念、代理的产生、代理的内部关系和外部关系以及我国《民法典》对代理的规定。

3.1 代理法概述

古罗马时期,并没有代理的概念。罗马法学家认为:罗马公民可以通过他们自己亲自缔结的合同为自己创设权利义务,但不能为第三人创设权利和责任。然而,商业贸易的发展,使得代理制度有了很大的发展。

12世纪至13世纪,意大利和地中海沿岸城市出现了一种从事海上运输业的康孟达组织。"康孟达"一词,含有信用与委托之意。它既是一种商事合同,又是一种商业合伙形式,具有了一些代理的初级形态。

到了资本主义时期,随着商品经济的高度发展和社会关系的复杂化,以及公司等各类法律实体的出现,使得通过他人代理开展业务活动、参与市场竞争成为一种必需的法律形式。

英美法系的代理主要是判例法,除判例法外,也颁布了有关委托代理的单行法规,如英国的《代理权条例》(1979年)、美国的《标准公司法》(1979年)。18世纪至19世纪,大陆法通过吸收英美法的一些原则,形成了近代的代理法律制度。1804年的《法国民法典》第1984条至第2010条对委托代理做了规定,确定了委托或事务管理是一种交易,即"一个人授权另一个人为受托人并以其名义行事"。1900年的《德国商法典》对商业代理做了专章规定。

我国现在的代理制度主要是通过《民法典》等有关法律法规的规定建立起来的。

3.1.1 代理的概念

所谓代理是指代理人按照本人的授权代表本人同第三人订立合同或实施其他的法律行为,由此而产生的权利与义务直接对本人发生效力。

这里所说的本人就是委托人，代理人就是受本人的委托替本人办事的人，第三人则是泛指一切与代理人打交道的人。按照各国有关代理法律的规定，如果代理人是在本人的授权范围内行事，他的行为就对本人具有拘束力，即本人既可取得由此而产生的权利，又必须承担由此而产生的义务，而代理人一般不对此承担个人责任。

大陆法系国家与英美法系国家的代理概念亦有些许差别。大陆法系国家的代理，一般是指代理人在代理权限内，以被代理人的名义与第三人实施民事法律行为，由此产生的法律后果直接由被代理人承担的一种法律制度。这也被称为狭义的代理或直接代理。我国《民法典》采取的是狭义代理的概念，根据我国《民法典》第162条规定，代理人在代理权限内，以被代理人名义实施的民事法律行为，对被代理人发生效力。这一代理概念与大陆法基本相同，如《德国民法典》第164条第1款规定，代理是指代理人于代理权限内，以被代理人名义所为的意思表示，直接为被代理人和对被代理人发生效力。其意思表示无论系明示以被代理人名义而为之者，或按情况可断定系以被代理人名义而为之者，并无区别。

英美法系国家的代理概念不像大陆法系国家这样严格，尤其不强调代理人必须以被代理人的名义实施民事活动。如《代理、合伙和有限责任公司》一书中对代理的定义是，代理标志着法律可以适用于这样一种关系：基于双方相互同意（正式或非正式，明示或默示），一个人或实体（代理人）承担义务为另一个人或实体（被代理人）的利益行事，并受被代理人的控制。这一概括代表了大多数英美法系国家对代理的态度。中国香港有的学者对代理概念是这样总结的：代理是一个人通过另一个人进行有法律意义的活动，或者代理是一个人向另外一个人表示同意那个人在他制约下替他办事，而那个人同意如此办事而产生的受托信义关系。

因此，在国际经济贸易活动中，代理就有直接代理和间接代理之分：前者是指代理人以代表的身份，例如以本人的名义订立合同；后者是指代理人以自己的名义但为了本人的利益而产生的行为。如前所述，我国《民法典》和《德国民法典》中所称的代理都是直接代理。英美法不仅承认直接代理，还承认间接代理。由国际统一私法协会起草、1983年由49国代表参加的外交会议通过的《国际货物销售代理公约草案》也采用英美法系关于代理的概念。该公约草案第1条第1款中将其范围描述为"本公约适用于：一个人，即代理人，有权或声称有权代表其被代理人，即委托人，同第三人订立货物买卖合同"；第1条第4款规定，这与"代理人以自己名义或以本人名义而行为无关。"显然，这里所说的代理兼指直接代理和间接代理。

3.1.2 代理的产生

代理权可以根据多种原因产生，大陆法系和英美法系各有不同。

1. 大陆法系代理权的产生

大陆法系将代理划分为法定代理和委托代理。

（1）法定代理。

无须当事人做意思表示，由法律规定直接产生的代理权，被称为法定代理。这一代理权根据法律规定而产生，其"法定权限"由立法者规定，而不考虑被代理方的意志，主要适用于无民事行为能力（如未成年人或精神病人）的场合，如父母或其他合法的监护人被授予广泛的权利去代表未成年子女。另外，在破产与继承中也存在法定代理情形，如法院为破产企业指定清算人等。因私人的选任而取得代理权，例如亲属所选任的监护人及遗产管理人等亦属于法定代理。

（2）委托代理。

委托代理，是指由本人的意思表示而产生的代理。授权的意思表示可以用书面形式，也可以用口头形式，但法律规定用书面形式的，应当用书面形式。代理意思表示可以向代理人表示，也可以向同代理人打交道的第三人表示。

2. 英美法系代理权的产生

英美法系认为，代理权可以由下列原因产生。

（1）明示的授权。

所谓明示的授权是指由本人以明示的方式指定某人为他的代理人。按照英美的法例，代理协议的成立并不要求特定形式，既可以采用口头方式，也可以采用书面方式。即使代理人需要以书面方式同第三人订立合同，本人仍然可以采用口头方式授予代理权。除非本人要求代理人用签字蜡封的方式替他同第三人订立合同，例如委托代理人购置不动产，才须采用签字蜡封的形式授予代理权。这种要式的授权文书叫作"授权委托书"。英国《1971年授权委托书法》对此有专门的规定。

（2）默示的授权。

所谓默示的授权是指一个人以他的言词或行动使另一个人有权以他的名义签订合同，他就要受该合同的拘束，就像他明示地指定了代理人一样。例如，某甲经常让某乙替他向某丙订购货物，并如数向丙支付货款。在这种情况下，乙便被认为具有默示的代理权。如果日后甲不让乙以他的名义订货，则甲除通知乙以外，还必须通知丙，否则如果乙仍继续以甲的名义向丙订货，甲仍须对丙负责。

（3）客观必需的代理权。

客观必需的代理权是在一个人受委托照管另一个人的财产，为了保护这种财产而必须采取某种行动时产生的。在这种情况下，虽然受委托管理财产的人并没有得到采取此种行动的明示的授权，但由于客观情况的需要得视为其具有此种授权。这种情况在国际贸易中是时有发生的。例如，承运人在遇到紧急情况时，有权采取超出他通常权限的、为保护委托人的财产所必须采取的行动，如出售易于腐烂或有灭失可能的货物，并有权抵押船舶以清偿为完成航次所必需的修理费用。但要取得这种代理权是相当困难的，英美法院一般也不愿意不适当地承认这种代理权。

根据英美法院的判例，行使这种代理权必须具备以下三个条件：①行使这种代理权是实际上和商业上所必需的；②代理人在行使这种权利前无法同本人取得联系以得到本人的指示；③代理人所采取的措施必须是善意的，并且必须考虑到所有有关各方当事人的利益。

（4）追认的代理。

如果代理人未经授权或者超出了授权的范围而以本人的名义同第三人订立了合同，这个合同对本人是没有拘束力的。但是，本人可以在事后批准或承认这个合同，这种行动就叫作追认。追认的效果就是使该合同对本人具有拘束力，如同本人授权代理人替他订立了该合同一样。追认具有溯及力，即自该合同成立时起就对本人生效。

追认必须具备以下几个条件。

①代理人在与第三人订立合同时必须声明他是以代理人的身份订立合同。如果他事实上没有得到授权，而是自己打算作为代理人替别人订立合同，但并没有把这种意图告诉给订约对方，那就不可能在事后由本人予以追认。

②合同只能由订立该合同时已经指出姓名的本人或可以确定姓名的本人来追认。

③追认该合同的本人必须在代理人订立合同时已经取得法律人格。这项条件主要是针对法人而言的。因为根据英美法，如代理人替尚未成立的公司订立合同，即使该公司经日后注册成为法人，其也不能追认这个合同。

④本人在追认该合同时必须了解其主要内容。

3.1.3 无权代理

无权代理是指欠缺代理权的人所为的代理行为。无权代理的产生主要有以下四种情形。

（1）不具备默示授权条件的代理。

（2）授权行为无效的代理。

（3）越出授权范围行事的代理。

（4）代理权消灭后的代理。

根据各国法律的规定，无权代理人所为的代理行为，如与第三人订立合同或处分财产等，非经本人的追认，对本人是没有拘束力的。如果善意第三人由于无权代理人的行为而遭受损失，该无权代理人应对善意第三人负责。这里所谓的"善意"是指第三人不知道该代理人是无权代理。如果第三人明知代理人没有代理权而与之订立合同，法律上不予以保护。

大陆法系国家将无权代理分为狭义的无权代理和表见代理。

狭义的无权代理是指行为人既没有代理权，也没有令第三人相信其有代理权的事实和理由，而以本人名义所为的代理。其原因包括行为人自始没有代理权、行为人超越代理权和代理权终止后的代理行为。狭义的无权代理处于效力不确定状态：首先，本人可以对无权代理行为予以追认，经本人追认，无权代理的后果对本人发生效力；其次，相对的第三人具有催告权和撤销权，在本人追认之前，第三人可以催告本人予以追认，也可以撤回与行为人的意思表示，如果第三人已经撤回其与行为人的意思表示，本人的追认不再发生法律效力；最后，如果得不到本人的追认，第三人也不撤回其意思表示，则行为人应承担相应的民事责任。

表见代理是指本人与无权代理人之间的关系具有外表授权的特征，致使相对人有理由相信行为人有代理权而与其进行民事法律行为，法律使之发生与有权代理相同的法律后果。

表见代理与狭义的无权代理都属于广义上的无权代理，二者的区别如下。

（1）在表见代理中，行为人虽未经实际授权，但在外表上有足够的理由使善意的第三人相信其有代理权；在狭义的无权代理中，行为人不仅实质上没有代理权，而且表面上也有令人相信其有代理权的理由。

（2）表见代理发生有权代理的法律后果，表见代理人与第三人进行的民事活动的后果直接归属于被代理人；狭义的无权代理，其效力处于未确定状态，要根据本人是否追认和第三人是否撤回其意思表示来确定。

对于狭义的无权代理和表见代理的区分，我国《民法典》规定，行为人没有代理权、超越代理权或者代理权终止后，仍然实施代理行为，未经被代理人追认的，对被代理人不发生效力，但是"相对人有理由相信行为人有代理权的"，代理行为有效。也就是说，我国《民法典》也通过外表上是否有足够的理由使善意的第三人相信其有代理权，来区分狭义的无权代理和表见代理。我国《民法典》关于无权代理的规定与大陆法基本相同。《德国民法典》第177条第1款规定，无权代理人以他人名义订立契约时，为被代理人或对被代理人订立契约的效力，依被代理人追认与否而定。除上述几种情况外，大陆法学者还提出了"默示担保契约说"，以说明无权代理人对第三人的担保责任。该学说认为，无权代理人为代理行为时，除有相反的明示意思表示外，常有担保第三人不因此而受损害的契约。如果无权代理行为得不到被代理人的追认，无权代理人应依此默示的契约对第三人承担责任。

大陆法系国家在无权代理问题上，都涉及对相对第三人的催告权和撤回权的规定。《德国民法典》第177条第2款规定，相对第三人可以催告被代理人为追认的意思表示，追认应在收到催告之后两星期内表示，在此期间内不做追认表示者，被认为拒绝追认。《德国民法典》第178条规定，无权代理人所订立的合同，在未经被代理人追认之前，相对第三人有权撤回，但相对第三人在订立合同时明知其为无代理权，不得撤回。契约的撤回，也得向代理人为之。我国《民法典》也对善意相对人的催告权和撤回权做出了规定。根据我国《民法典》的规定，在无权代理的情况下，相对人可以催告被代理人自收到通知之日起一个月内予以追认。被代理人未做表示的，视为拒绝追认。行为人实施的行为被追认前，善意相对人有撤销的权利。同时，我国《民法典》还规定了善意相对人请求损害赔偿的权利，即无权代理行为人实施的行为未被追认的，善意相对人有权请求行为人履行债务或者就其受到的损害请求行为人赔偿，但是赔偿的范围不得超过被代理人追认时相对人所能获得的利益，相对人知道或者应当知道行为人无权代理的，相对人和行为人按照各自的过错承担责任。

英美法将无权代理称为违反有代理权的默示担保或不具备默示授权的代理行为。英美法认为，代理人在与相对第三人订立合同时，就默示地承担了一个义务：他拥有合法的代理权。这一义务也被称为"拥有代理权的默示担保"。因此，无权代理人如果伪称有代理权，或者超越代理权限行事，相对第三人可以对其提起诉讼，要求无权代理人承担损害赔偿责任。即使他的代理权已因本人（委托人）死亡或神经错乱而终止，但代理人不知道这一情形，代理人仍不能免除其责任。但如果第三人明知代理人为无权代理人，代理人则不承担责任。

3.1.4 代理关系的终止

1. 代理关系终止的原因

代理关系可以根据双方当事人的行为或者法律终止。代理人的授权一旦终止，代理人即丧失为本人代理从事各种行为的全部权利。

（1）根据双方当事人的行为终止代理关系。

①根据代理合同而终止。如果双方当事人在代理合同中订有期限，则代理关系于合同规定的期限届满时终止。如果代理合同中没有规定期限，当事人也可以通过双方的同意终止他们的代理关系。

②根据双方当事人的同意而终止。由于代理关系是建立在双方同意的基础上，所以当事人可以通过双方的同意终止代理关系。

③根据被代理人的撤回而终止。本人解除代理人时，代理关系即告终止，即使代理人被

指明为不可撤回者。如果代理关系没有确定特定的时间，而且仅仅是根据双方的意愿或者如果代理人因错误的行为而导致犯罪，本人可以解除代理人并且不承担义务。

④根据代理人的放弃而终止。如果代理关系是建立在意愿的基础上，代理人在任何时候都有权放弃代理权。如果代理人拒绝继续作为代理人而行为，代理关系即告终止。如果本人因进行错误的要求或其错误的行为而导致犯罪，代理人在任何情况下对于代理关系都有撤销的权利。但是如果代理关系在合同中载明是一个确定的时间段，只要被代理人没有错误的行为而导致犯罪，直到期限届满以前，代理人都没有撤回的权利。如果代理人的撤回是错误的，代理人对本人应承担义务。

（2）根据法律规定终止代理关系。

根据各国的法律，代理关系在下列情况下即告终止。

本人死亡、破产或丧失行为能力。但是，根据某些大陆法系国家民商法的规定，上述情况只适用于民法上的代理权，至于商法上的代理权，则应适用商法典的特别规定，不因本人的死亡或丧失行为能力而消灭。

代理人的死亡、破产或丧失行为能力。根据各国的法律，当代理人死亡、破产或丧失行为能力时，无论是民事上的代理权还是商事上的代理权均因之而消灭。

2. 代理关系终止的后果

代理关系终止的后果包括两方面：一是本人与代理人之间的后果；二是对于相对第三人的后果。

对于本人与代理人之间的后果，代理人的代理权通常在本人撤销代理权、代理人辞去代理、代理授权期限届满或其他法定原因终止了代理合同时消灭，本人与代理人之间的权利义务关系即告终止。但在商事代理中，应当注意的是，有些大陆法系国家为了保护商业代理人的利益，在商法中特别规定，在终止代理合同时，代理人对于他在代理期间为本人建立的商业信誉，有权要求本人予以赔偿。因为在代理合同终止后，这种商业信誉将为本人所享有，本人将从中得到好处，而代理人则将因此而失去一定的利益。如《德国商法典》第89条规定，在下列情况下，本人应给代理人以补偿：①在代理关系终止后，本人在与代理人曾经介绍给他的客户的交易中获得重大的利益；②代理人由于代理合同的终止将失去佣金，这种佣金如果不是由于代理合同的终止，则根据代理人介绍的客户所签订的合同或将来签订的合同，该代理人本来是应当得到该佣金的；③依照各种有关的情况，对代理人付给补偿乃是公平合理的。代理人对于上述商誉赔偿请求，必须在代理合同终止后3个月内提出。这些规定属于强制性的规定，当事人不得事先在合同中放弃此项请求权。但在国际商事代理合同中，双方当事人可以通过选择适用外国法律的办法来规避这种法律的适用。按照德国的法律，如果一个外国的本人同一个德国的代理人订立代理合同，如合同中规定适用本人国家的法律，则不可适用《德国商法典》的上述规定。目前，除德国以外，法国、瑞士、意大利等国的法律均有类似的规定，但英美等国的法律都没有这种规定。

代理关系终止对于相对第三人的后果，主要取决于相对第三人是否知情，大陆法和英美法在这个问题上的立场类似。如果代理权消灭后，本人没有及时通知第三人，或者本人没有及时索回证明代理权的授权文件，而第三人对代理权的继续存在有合理的信赖，这种信赖是受法律保护的。这相当于"表见代理"的一种情形。例如，《德国民法典》第170条和《瑞士债法典》第 34 条都规定，代理权的撤回，须于本人通知第三人后才对第三人发生效力。《日本民法典》第 112 条也规定，代理权的消灭不得对抗善意第三人，但第三人因过失而不知其事实者，不在此限。我国最高人民法院对代理权的司法解释也采用同样的原则。

3.2 代理法律关系

3.2.1 本人与代理人的关系

本人（被代理人）和代理人之间的关系亦可称为代理的内部关系。委托代理是代理中应用最普遍、最广泛的一种形式，而委托代理通常又基于委托合同而产生。因此，在实际生活中，本人和代理人的关系，通常是一种委托合同关系，其中本人是委托人，而代理人是受托人。关于本人和代理人的权利义务，在大陆法系国家主要是在民商法典中规定的，在英美法系国家则主要由判例法确定，但各国对于本人与代理人的权利义务的法例，基本上是一致的。

1. 代理人的主要义务

（1）履行代理职责。

代理人应在代理权限范围内处理委托事务。这一方面是指代理人应亲自处理代理事务，非经委托人同意或法律有特别规定，不得擅自将代理权转予他人行使；另一方面是指代理人在履行其职责时，应尽善意管理人的注意，如违反此项注意而使本人受到损失，代理人应对其过失负赔偿责任。例如，《法国民法典》第 1992 条第 1 款规定，受托人应对其处理事务的过失负责。我国《民法典》第 164 条规定，代理人不履行或者不完全履行职责，造成被代理人损害的，应当承担民事责任。第 167 条规定，代理人知道或者应当知道代理事项违法仍然实施代理行为，或者被代理人知道或者应当知道代理人的代理行为违法未作反对表示的，被代理人和代理人应当承担连带责任。

（2）代理人应对本人诚信、忠实。

代理人应向本人公开他所了解的客户的一切情况，代理人不得为自我代理或双方代理，即以本人名义同自己或自己所代理的其他人订立合同，这种"自我代理"或"双方代理"在代理法律中被称为代理权的滥用。我国《民法典》第 168 条规定，代理人不得以被代理人的名义与自己实施民事法律行为，但是被代理人同意或者追认的除外。代理人不得以被代理人的名义与自己同时代理的其他人实施民事法律行为，但是被代理的双方同意或者追认的除外。代理人更不得为牟取私利，与第三人恶意串通而损害本人的利益。我国《民法典》第 164 条规定，代理人和相对人恶意串通，损害被代理人合法权益的，代理人和相对人应当承担连带责任，代理人如有诈欺行贿等事情，除赔偿本人所遭受的损失外，还要承担刑事责任。

（3）报告的义务。

代理人有义务向被代理人报告账目和其他受托事务的进展情况。例如，《法国民法典》第 1993 条规定，受托人"应将其处理的事务向委托人报告"。《德国民法典》第 666 条、《日本民法典》第 645 条、《瑞士债法典》第 400 条都分别对受托人的报告义务做了规定。这种义务是代理人自动担负的义务或称为默示义务，无须合同明确规定或被代理人追问。

（4）保密的义务。

保密的义务是指代理人不得向其他人泄露他在代理业务中所获得的保密情报和资料。

(5) 转移权利的义务。

代理人应将因处理委托事务中所收取的利益转移给被代理人，所收取的利益包括金钱、物品和其他收益及权利。代理人以自己的名义，为被代理人所取得的权利，也应一并移交给被代理人，对此，《德国民法典》第667条和《日本民法典》第646条都做了规定。

2. 本人的主要义务

(1) 支付报酬的义务。

本人应向完成委托事务的代理人支付佣金或其他约定的报酬。按照英美的判例法，如果本人与第三人订立合同是代理人工作的结果，代理人就有权取得佣金。《德国商法典》第87条规定，商业代理一经商定，代理人就有权取得佣金。某些国家法律还规定，即使代理关系已被解除，被代理人如果因这种代理关系而继续受益的，代理人仍有权要求补偿。

(2) 偿还费用的义务。

本人应偿还代理人为处理委托事务所支出的必要费用，但不包括代理人的正常业务支出。判断费用支出是否必要，应根据委托事务的性质和具体情况衡量，例如，代理人根据本人指示而对违约的客户提起诉讼时所支出的费用，应由本人偿还。《法国民法典》第1999条和第2001条、《德国民法典》第670条、《瑞士债法典》第402条、《日本民法典》第650条等都对偿还处理委托事务的必要费用做了规定。

(3) 允许代理人核对账目的义务。

在以代理业绩决定佣金或代理费用的情况下，代理人有权核对本人的账目，以确定本人所支付的佣金是否准确、合理。在一些大陆法系国家中，这是一项强制性规定，当事人不得在委托合同中排除。

3.2.2　本人及代理人与第三人的关系

本人（被代理人）及代理人与第三人的关系亦可称为代理的外部关系。在通常所说的代理中，代理人是以本人的名义进行民事行为，其法律后果直接归属本人，代理人不对其承担责任。但是在商业活动中，代理人在为本人的利益而与第三人订立合同时，有时并不披露本人的存在，而以自己的名义进行这种行为。因此，在第三人与代理人订立合同后，必须明确这样一个问题：合同的另一方当事人是本人还是代理人？对此，大陆法和英美法有不同的规定。

大陆法强调代理人在为本人订立合同时，应表明其代理人身份，包括直接指出本人的姓名，或者说明是为他人订立合同，但并不指明本人是谁，这两种情况在大陆法中被称为直接代理。在直接代理的情况下，合同的双方当事人是第三人和本人。与直接代理相对的是间接代理，间接代理主要是指行纪。行纪是指以自己的名义，但为本人的计算而与第三人订立合同。这种合同的双方当事人是代理人（行纪人）和第三人，而不是本人和第三人。行纪人从此项合同中所取得的权利，须通过债权让与行为转移给本人后，本人才有权对第三人主张权利。例如，《德国商法典》第392条规定，由行纪人交易行为所发生的债权，须移转于委托人即本人后，委托人才能向债务人主张。

英美法对代理的外部关系，分为以下三种不同的情况。

(1) 代理人在订立合同时明确指出本人的姓名。

这是指代理人直接以本人的名义和第三人订立合同，合同的双方当事人自然是本人和第三人，代理人不对合同承担责任，但也有例外情况，如代理人在签字蜡封合同或汇票上签下自己的名字，他就要对该合同或汇票负责。

（2）代理人在订立合同时表明自己是代理人，但不指明本人是谁。

这种情况在国际货物买卖中经常发生，如一方当事人声明自己代表"买方"或受"卖方"委托来与第三人进行洽谈。这种合同仍应看作是本人和第三人之间的合同，合同的权利义务归属于本人，代理人不对合同直接承担责任，但代理人应在合同上写明是买方代理人还是卖方代理人。本人的姓名不在合同中写明，只有在代理人不能指明本人是谁时，他才需要对合同负责。

（3）代理人不披露本人姓名，而以自己的名义与第三人订立合同。

代理人虽经本人授权，但他在与第三人订约时既不表明自己代理人的身份，也不披露本人的姓名。在这种情况下，英美法认为代理人应对合同承担个人责任，但未经披露的本人可行使介入权，即直接成为合同的一方当事人，既可以对第三人行使请求权，也可以在必要时对第三人起诉，但他同时要对第三人承担合同义务。第三人如发现本人的存在，就享有选择权，在代理人或本人中选择一人对其行使请求权，也可以在必要时对其中任何一人起诉。

上述前两种情况相当于大陆法中的直接代理，而第三种情况与大陆法中的间接代理相似。在大陆法的间接代理中，代理的后果不能由委托人（本人）直接承担，而只能间接承担，即代理人将有关权利义务转移给本人后，本人才能向第三人主张权利或履行义务。因此在间接代理中，本人必须通过两个合同关系，才能与第三人直接建立权利义务关系。

3.3 我国的代理法律制度

3.3.1 我国代理法律制度的演变

在我国的漫长历史中，自给自足的自然经济长期占据主要地位，在这种背景下，抑商政策一直为统治集团所推行，导致对外的经济往来都带有浓厚的政治色彩，从未考虑过营利的问题，是一种对外的炫耀或者施舍，正常的边境贸易也被限制在很小的范围内。

到了明末和清代，连这种对外的伪经济活动都没有了，同时也取消了边境贸易及其合法性，尤其是沿海的边境贸易，在这种闭关锁国政策下，国内自然经济依然强大，缓慢发展的资本主义萌芽也被当局的政策和地主资本家对土地的狂热所淹没。在这样的一种现实中，是不可能产生代理制度的，因为代理制度的产生需要繁荣商业循环发展的土壤、相对自由交换的环境，以及商人在社会中应当有一定的地位。而这些正是当时的中国所欠缺的，彼时的商业是为农业社会服务的。

直到国门被打破，在众列强的武力加经济的侵略下，清政府当局才开始极为被动的改革，学习西方的先进制度，进行外在的法律制度移植，这时候就有了有关代理制度的规定。最早规定代理的是清朝末年起草的《大清民律草案》，后来的"国民党政府"也在1928—1931年制定的民国《民法典》中对代理做了相关的规定。

中华人民共和国成立以后，陆续颁布了不少民事法规，但是直到20世纪80年代初，这些法规中直接有关代理的法律规范仍然很少，这与我国在这一阶段实行计划经济体制不无关系，政府的计划与过多的过程干预使得经济发展越来越僵化，对民事法律的依赖性也就越小，更不用说商事法律了。国家在制定民商事法律法规上没有紧迫性，主要是在当时也没有多少的必要性。直到党的十一届三中全会以来，我国制定了对内改革和对外开放的经济发展政策，社会主义法制建设开始走上正轨，各种民事代理也随之在法律上逐步确定下来。随着法制建设的加快，法治的理念也开始提出并得到重视，各种民商事法律的运用和适用的效率逐步提高，这里当然也包括了代理制度。

我国现行的代理立法主要散见于我国《民法典》中。此外，还包括有关代理制度的行政规章。20世纪90年代以来，尤其是随着我国社会主义市场经济建设目标的确立和经济体制改革的纵深发展，进出口代理、销售代理、广告代理、仓储代理、运输代理、保险代理、证券代理等这些在社会主义市场经济建设中发挥着重要作用的代理业得到了前所未有的迅速发展，使得我国现行的代理法律制度远远不能适应这些已经出现的新情况，更为重要的是，我国已经成为世界贸易组织的正式成员，在我国对外经济活动中遵守国际通行的法律法规已是大势所趋。

3.3.2 《中华人民共和国民法典》有关代理的规定

《中华人民共和国民法典》总则编第七章对代理制度做了规定，总共分为三节：一般规定、委托代理、代理终止。

按照《民法典》的规定，民事主体可以通过代理人实施民事法律行为；代理人在代理权限内，以被代理人的名义实施民事法律行为，对被代理人发生效力。也就是说，如果被代理人委托代理人代其签订合同，则只要代理人是在代理权限内，以被代理人的名义同第三人签订了该项合同，该合同的权利与义务均应归属于被代理人，应由被代理人对该合同承担责任，代理人对该合同可不承担责任。从法理上讲，这种代理制度属于直接代理，其特点是代理人必须以被代理人的名义行事，才能使代理行为所产生的效力直接归属于被代理人。这是我国现行法律中关于代理制度的唯一的一种规定。至于间接代理制度，即由代理人以自己的名义，为被代理人的利益同第三人签订合同时，应当如何处理，我国现行法律尚无明文规定。

此外，《民法典》对代理权的产生、无权代理、代理人与第三人的责任以及代理的终止等，都做了规定。例如，《民法典》第163条规定代理权的产生包括委托代理和法定代理。

《民法典》第165条至172条对委托代理做出了规定，委托代理可以采取书面形式，也可以采取口头形式。采用书面形式的，授权委托书应当载明代理人的姓名或者名称、代理事项、权限和期限，并由被代理人签名或者盖章。数人为同一代理事项的代理人的，应当共同行使代理权，但是当事人另有约定的除外。代理人知道或者应当知道代理事项违法仍然实施代理行为，或者被代理人知道或者应当知道代理人的代理行为违法未做反对表示的，被代理人和代理人应当承担连带责任。代理人不得以被代理人的名义与自己实施民事法律行为，但是被代理人同意或者追认的除外。代理人不得以被代理人的名义与自己同时代理的其他人实施民事法律行为，但是被代理的双方同意或者追认的除外。代理人需要转委托第三人代理的，应当取得被代理人的同意或者追认。转委托代理经被代理人同意或者追认的，被代理人可以就代理事务直接指示转委托的第三人，代理人仅就第三人的选任以及对第三人的指示承担责任。转委托代理未经被代理人同意或者追认的，代理人应当对转委托的第三人的行为承担责任；但是，在紧急情况下代理人为了维护被代理人的利益需要转委托第三人代理的除外。执行法人或者非法人组织工作任务的人员，就其职权范围内的事项，以法人或者非法人组织的名义实施的民事法律行为，对法人或者非法人组织发生效力。法人或者非法人组织对执行其工作任务的人员职权范围的限制，不得对抗善意相对人。其中，第171条以及172条对无权代理做出了规定，行为人没有代理权、超越代理权或者代理权终止后，仍然实施代理行为，未经被代理人追认的，对被代理人不发生效力。相对人可以催告被代理人自收到通知之日起30日内予以追认。被代理人未做表示的，视为拒绝追认。行为人实施的行为被追认前，善意相对人有撤销的权利。撤销应当以通知的方式做出。行为人实施的行为未被追认的，善意相对人有权请求行为人履行债务或者就其受到的损害请求行为人赔偿。但是，赔偿的范围不得超过被代理人追认时相对人所能获得的利益。相对人知道或者应当知道行为人无权代理的，相对人和行为人按照各自的过错承担责任。行为人没有代理权、超越代理权或者代理权终止后，仍然实施代理行为，相对人有理由相信行为人有代理权的，代理行为有效。

《民法典》第173条至175条对代理终止做出了相关规定，有下列情形之一的，委托代理终止：①代理期限届满或者代理事务完成；②被代理人取消委托或者代理人辞去委托；③代理人丧失民事行为能力；④代理人或者被代理人死亡；⑤作为代理人或者被代理人的法人、非法人组织终止。被代理人死亡后，有下列情形之一的，委托代理人实施的代理行为有效：①代理人不知道且不应当知道被代理人死亡；②被代理人的继承人予以承认；③授权中明确代理权在代理事务完成时终止；④被代理人死亡前已经实施，为了被代理人的继承人的利益继续代理。作为被代理人的法人、非法人组织终止的，参照适用前款规定。有下列情形之一的，法定代理终止：①被代理人取得或者恢复完全民事行为能力；②代理人丧失民事行为能力；③代理人或者被代理人死亡；④法律规定的其他情形。以上规定，确立了我国代理关系的基本原则。

本章小结

本章主要介绍了代理的概念、无权代理、代理的内外部关系以及我国代理法律制度。我们要了解什么情况下的代理是有效的；无权代理的类型及法律后果；表见代理的类型及法律后果；本人、代理人、第三方之间的法律关系；代理的产生方式；代理终止的情况；等等。

案例讨论

某汽车租赁公司委托其业务员甲到A国采购10辆汽车。甲在购买汽车后，见该国有一种摩托车销路很好，就用盖有某汽车租赁公司公章的空白介绍信和空白合同书，与该国批发摩托车的丙公司签订了购买摩托车100台的合同。合同中约定：自合同签订之日起30日内发货，货到后付款。甲回国后，即向公司领导汇报了购买摩托车一事，但公司领导不同意其购买摩托车，并指示甲立即撤销合同。甲即打电话给丙公司。而丙公司告知货已发出，不能撤销合同。丙公司要求汽车租赁公司付款。汽车租赁公司则称并未让甲购买摩托车，并已经让甲通知丙公司不同意购买。双方发生争执，丙公司遂起诉至该国法院。

问题：
1. 甲的行为是否构成表见代理？
2. 汽车租赁公司应否承担付款责任？

知识拓展

《中华人民共和国民法典》中的商事代理制度

《中华人民共和国民法典》作为中华人民共和国成立以来第一部以"法典"命名的法律，具有鲜明的中国特色、实践特色、时代特色，其颁布实施具有重大的现实意义和历史意义。《民法典》的颁布有利于坚持和完善社会主义基本经济制度、保障社会主义市场经济健康发展，有利于激励政府依法行政、推动政府治理水平的提升，有利于推动社会共建共治共享、促进社会和谐有序，有利于弘扬社会主义核心价值观、保障社会主义先进文化。2020年5月29日，习近平总书记在中央政治局第二十次集体学习的讲话中强调：实施好《民法典》是坚持以人民为中心、保障人民权益实现和发展的必然要求。《民法典》调整规范自然人、法人等民事主体之间的人身关系和财产关系，这是社会生活和经济生活中最普通、最常见的社会关系和经济关系，涉及经济社会生活方方面面，同人民群众生产生活密不可分，同各行各业发展息息相关。

在民商分立的立法体例下，往往区分民事代理与商事代理。从商法意义上而言，商事代理是指代理商在不受雇佣合同约束的前提下，以自己或委托人的名义，为委托人或买或卖或提供服务，并从中取得佣金的经营性活动，常见的如运输代理、销售代理、采购代理等。商事代理以营利为目的，以代理为职业，从事代理业务既可以以自己的名义，也可以以被代理人的名义。由此可见，商事代理虽与民事代理有所区别，但本质特征相同，故《民法典》关于民事代理的规定同样适用于商事代理。就商事代理中的非显名代理而言，可以援用《民法典》合同编第925条、第926条所规定的隐名代理或者间接代理处理因此发生的纠纷。

职务代理不同于商事代理：商事代理中的代理商一般是独立的商事主体，与被代理人不存在劳动关系或者雇用关系；职务代理中的代理人在法人或非法人组织中担任职务，一般与被代理人存在劳动关系或者雇用关系，并依据其职权对外实施民事法律行为，后果由法人或非法人组织承担。关于职务代理的规定最早见于2017年颁布的《民法总则》，《民法通则》和《合同法》对职务代理都没有做出规定[一]。《民法通则》第43条从企业法人责任的角度规定，企业法人对其法定代表人或其工作人员的经营活动承担民事责任，似与职务代理有一定的关联，但严格来讲并不属于对职务代理的明确规定，而且《民法通则》第43条的规定并未区分代表行为与代理行为。《民法典》第170条保留了《民法总则》的规定，应注意以下几点。

第一，《民法典》将职务代理规定在代理一章中的委托代理一节，从体例安排上看，似乎是有意将职务代理作为委托代理的一种特殊情况。对此，宜解释为职务代理属于委托代理的特别规定，应按照特别规定和一般规定的关系适用。只有关于职务代理的规定不能解决所要处理的法律问题时，才可以适用关于委托代理的一般规则。

第二，职务代理中代理人只要在其职权范围内实施代理行为，无须法定代表人再次授权，即应视为被代理公司的行为。职务代理在实践中最典型的情况是建设工程项目经理行为，其在建设工程中的签字，一般都视为职务行为，对外由其所在的企业承担责任。其他如采购员代表公司采购、销售员代表公司销售等也属于职务代理。

第三，从《民法典》第172条的规定看，一般委托代理情况下的表见代理，以"相对人

[一] 我国《民法总则》《民法通则》《合同法》现已废止。

有理由相信行为人有代理权"为构成要件，也就是说，一般委托代理中的表见代理，不仅要求相对人不知道或不应当知道行为人没有代理权，还要求相对人有理由相信行为人有代理权。对于法人工作人员超越职权范围的后果，《民法典》第170条第2款规定，"法人或者非法人组织对执行其工作任务的人员职权范围的限制，不得对抗善意相对人"。此规定是为了解决职务代理情况下的表见代理问题，但使用了"不得对抗善意相对人"的表述，在表述方式上与表见代表类似，可视为是委托代理情况下职务代理的特殊规定。这也表明，如果相对人不知道且不应知道法人工作人员超出职权范围，此时法律后果则由法人承担。至于如何判断相对人是否知道或应当知道法人工作人员超出职权范围，则要结合交易习惯、交易类型或者规模、常理等综合判断。

经典案例

某物流有限公司诉某航空公司、第三人董某货运代理合同纠纷案

基本案情

第三人董某原系被告某航空公司前员工，负责国际货物运输销售业务。在职期间，董某为方便其个人工作，自行制作了电子版的"国际货物托运书"模板。在该格式版本中，托运人签字（签章）处有椭圆形用电脑制成的"上海某航空公司订舱专用章"，承运人签字处为"小董"。董某从某航空公司处离职后，继续利用任职期间获取的资源从事货运代理中介业务，且一直对外使用上述"国际货物托运书"模板。在自行承接业务期间，为获得老客户（某航空公司客户）及新合作伙伴的信任，董某始终以被告名义对外接洽，并隐瞒已离职的事实，要求上家将运费打入被告公司账户，下家将发票开具给被告公司。

2017年11月7日，董某通过电子方式向某物流有限公司员工发送了涉讼国际货物托运书，委托某物流有限公司负责该单货运代理，某物流有限公司根据第三人确认信息出具了编号为071-30507363的运单，货物始发港为中国浦东，到达港为阿比让，航班日期2017年11月15日。为完成上述货物运输，某物流有限公司经案外人美凯公司向埃塞俄比亚航空公司预定了董某指定的航班，并于2017年12月13日支付运输费共计319 038.50元、于2018年1月16日支付地面代理操作费10 824元。后货物于2017年11月15日经上海浦东发出，因上海至阿比让无直达航班，货物于2017年11月17日到达该航班中转站宝莱国际机场（机场代码ADD)，后分批到达目的站阿比让，最后一批到达时间为2017年12月4日。

审理中，某物流有限公司辩称，它从未使用过"上海某航空公司订舱专用章"对外开展相关业务，也从未委托董某代理其承运涉讼相关货物，故其与某物流有限公司间不存在货运代理合同关系，其非本案适格的诉讼主体。对此，法院多次向董某、某航空公司员工肖某（操作部经理）进行调查，通过逻辑严密且环环相扣的提问，终将案件事实及背景情况予以查明。调查中，董某承认，某航空公司对其离职后仍以某航空公司名义对外承接国际货物运输业务系明知且放任的。所以，事实上董某都要求上家将运费打至某航空公司账户，要求下家将发票开具给某航空公司，再由某航空公司收款后打给下家的。此外，董某及肖某还承认，董某还曾于2016年以同样方式委托某物流有限公司进行货运代理服务2次。按照董某要求，某物流有限公司向某航空公司开具该两单货运代理费的发票并交付某航空公司，某航空公司收取上述发票后予以了支付。

裁判结果

结合已查明事实，一审法院认为，涉讼货物运输代理费的支付主体应为某航空公司，理由如下：①董某在与某物流有限公司的3次合作中，刻意隐瞒已离职的事实，均以某航空公司的名义对外委托，且使用了其在某航空公司任职期间就惯常使用的国际货物托运书模板。虽该托运书上的订舱专用章非红章，但结合货运代理行业普遍存在的电子交易习惯，不能仅以未加盖红章而否认委托关系的真实存在。②结合本案各方举证及陈述可见，某航空公司对于董某以其名义对外从事货运业务持放任的态度，存在明显过错。如董某及某航空公司员工肖某到庭所述，董某以某航空公司名义合作的客户远不止某物流有限公司，还有其他人，包括原属于某航空公司的客户。某航空公司在发现一定数量不明来历的款项入账和发票往来后并未予积极核实，而是消极地认为系离职多年的董某在任职期间发生的业务所遗留的款项。此后，即使在明知系董某以其名义对外开展业务，仍未及时主动向合作方说明澄清，相反，还配合董某收票收款，再将上家款项打给下家，进而导致涉讼业务发生。③董某当庭确认，其在与某物流有限公司合作时刻意隐瞒了已从某航空公司处离职的事实，且以某航空公司名义进行委托。董某此等行为加上此前已有两单业务系以同样形式委托，在某物流有限公司按要求开票给某航空公司后也如期收到了某航空公司账户的付款，故某物流有限公司对委托人系某航空公司已形成合理信赖。④在法院给予某航空公司、董某充分的举证期间的情况下，其均未能举证证明某物流有限公司在接受涉讼这单委托事务时主观上存在明知或应知董某系无权代理的恶意或过失。据此，上海市长宁区人民法院认为，本案中，董某行为构成表见代理，代理行为有效，应由某航空公司向某物流有限公司支付完成相应委托事务的款项。①

关键术语

无权代理　　　表见代理　　　法定代理　　　委托代理　　　追认
超越代理权

思考题

1. 何谓法定代理、意定代理？
2. 代理人对本人负有哪些义务？
3. 当代理人未披露被代理人的存在，而以自己的名义订立合同时，其法律后果在大陆法系和英美法系中有何差异？
4. 在无权代理中，狭义的无权代理和表见代理之间的区别是什么？
5. 代理终止后发生的后果是什么？

---

① 参考《上海市长宁区人民法院服务保障民营经济十大典型案例》。

CHAPTER 4

第 4 章 合 同 法

本章导读

本章主要介绍合同法在国际商法中的重要作用、合同法的历史演变过程、国际范围内合同法的渊源,并从英美法系、大陆法系、现代商法倾向、我国立法选择四个角度介绍合同的概念、合同的订立、合同的效力、合同的履行、违约及其救济措施。

4.1 合同法概述

4.1.1 合同法在国际商法中的作用

在现代社会中,合同几乎是从事一切商事活动的工具,也几乎是进行一切形式的国际商事交往的基本工具,可以说,合同法在国际商法中发挥着无可替代的重大作用。例如:在国际性的商品买卖活动中,买卖双方需要签订国际货物买卖合同,以明确双方权利和义务,保证商品买卖活动的顺利进行;在绝大多数情况下,以转移对货物的占有为目的的,买方或者卖方还需要与承运人订立国际货物运输合同;为了避免货物在运输过程中可能发生的风险,买方或者卖方需要与保险公司签订保险合同;为了使卖方收汇得到保证,买卖双方还需要与银行签署相关的支付合同。在国际性投资活动中,如果投资人在东道国设立公司或者建立其他形式的商事组织,或者通过购买股票等其他方式成为东道国商事组织的所有者,他们的各种活动的开展也是基于双方签订的合同。

上述关于合同的至关重要、无所不在的作用,决定了合同法在国际法律体系中的地位,对于这一体系中的许多部门法而言,它是基础性的法律:它的原理和原则构成了这些部门法共同遵循和运用的原理和原则。就国际货物买卖合同而言,它是合同的一种,合同法的原理和原则大多适用于国际货物买卖合同。不过,国际货物买卖法又是一种特殊的合同法,其中又包括了这一领域的特殊规则。总之,合同法构成了许多商事交易的基础,其中的基本制度具有广泛的适用性。

4.1.2 合同法的发展

19 世纪曾被称为契约的世纪,在这一历史时期,合同法的相关制度有了进一步的发展,与此同时，合同逐渐在经济生活中发挥着越来越重要的作用。在这一阶段，人与人之间的约定来源于双方的约定，而合同一旦签署，就形成了双方互负权利和义务的法律关系，而合同法的作用即在于维护已经成立的合同关系。在绝大多数情况下，政府不能以维护社会利益为由使得已经签订的合同归于无效。因此，对合同当事人自主意识的尊重成了合同法的基本原则。

20世纪以来，随着社会经济结构的巨大变化，消费者、劳动者等弱势群体保护的问题凸显出来，合同法也逐渐以维护社会的利益为目标，缔约双方共同的自由意志变得越来越具有相对重要的意义。例如：为了增加使合同得到执行的机会，保护交易安全，即使是缺乏真实合意的合同，在很多情况下也可以得到执行；对于一些表面上达成合意的合同，为了使弱势一方的利益得到保护，此类合同也可以归于无效。

从这个意义来看，合同和合同法的社会作用相较于19世纪，表现出了弱化的趋势。实际上，在合同和合同法的发展过程中，仅合同的传统作用以及合同的传统观念发生弱化，但从不同法律相互作用的整体效应来看，合同法的社会作用并没有弱化，反而是强化了。例如默示条款的创制，即"除了双方曾明示的条款外，契约之内容亦可能自其已有之内容，衍生出其他条款，或经习惯或经法律或经法院之推论而成，此即所谓默示条款"。这项制度突破了法官不得为当事人订立合同的原则，通过法官行使自由裁量权将大量的当事人约定之外的义务引入到合同关系之中，从而达到平衡当事人之间的权利义务的目的，在一定程度上限制契约自由，维护合同正义。特别是某些法定的默示条款不得为当事人约定所排除，从而对不公平条款进行必要的限制，以保护合同关系中的弱者。

4.1.3 合同法的渊源

合同法的内容只应包括该领域的一般性法律规则。从这个意义来说，在英美法系国家，除印度外，其他国家均无系统的、成文的合同法，所以判例法仍旧是合同法最主要的法律渊源。另外，合同法的一般规则又散见于许多特殊合同的制定法中，或者通过这些制定的相关规定显现出来。如英国《1979年货物买卖法》、《美国统一商法典》对货物买卖合同及其他一些有关的商事合同做出了具体规定。

英美合同法判例发展至今，体系庞大，内容浩繁，在把握其发展现状及趋势方面，学者的论著发挥了非常重要的作用。在英国，《奇蒂论合同法》具有较高权威。该书以大量实例为基础，从实务角度出发，尽可能详尽地解释和分析了合同法的基本原则，成为法律工作者必备的参考书。在美国，由美国法学会主持整理、发表的两次合同法重述，具有相当的影响力。该学会于1933年发表了第一项研究成果——《合同法重述》，后来被称为《第一次合同法重述》。该重述以条文的形式，归纳和总结了合同法领域的判例法中存在的原理、原则和具体规定。1981年又发表了《第二次合同法重述》，对前者补充了若干新的制度，对"契约自由"等问题重新做了解释。以上两部合同法重述尽管对法院的审判活动没有强制约束力，但是在法官从以往的判决中找不到明确的答案时，往往就会援引或参考它们的规定。

在大陆法系国家，制定法曾是法律唯一的渊源，与此同时，学者在论著中阐述的法学理论对法官判案亦具有重要的指导作用。发展至今，案例在大陆法系国家也越来越受到重视。以德国为例，1990年施行的《德国民法典》中规定的合同法原则和规则，仍旧是法官判案的依据。可是，该法典中的某些规定，在实践中却为与之不同的判例规则所更改。例如，《德国民法典》第 133 条规定:"意思表示之解释,应探求其真实意思,不得拘泥于词句字面之义。"将这一规定适用于合同的解释,在合同一方的主观意思与相对方通常会产生的理解不一致的情况下,应以前一意思为准。现今,这样的解释原则,已经被新的判例原则取代,即在上述情况下以相对方的意思表示为准。

在国际领域内,由国际统一私法协会编撰的《国际商事合同通则》对各国合同法一般原则的确立与发展起到了重要的参考作用。但是《国际商事合同通则》并不是一部国际公约或者已经生效的法律文件,其可被合同双方当事人约定适用,但从更加广泛的角度来看,它更多地作为各国或者国际立法的示范法。另外,被许多国家采纳的可以适用于国际商事交易的合同法的一般原则和规则,还散见于众多国际公约中,如《联合国国际货物销售合同公约》等。

4.2 合同的概念

4.2.1 英美法系

英美法系一般认为合同是一种"允诺"。《美国合同法重述》第 1 条对合同所做的定义是:"合同是一个允诺或者一系列允诺,违反该允诺将由法律给予救济,履行该允诺是法律在某些情况下所确认的一项义务。"英国《不列颠百科全书》给合同下的定义是:"合同是可以依法执行的诺言。这个诺言可以是作为,也可以是不作为。"不过由于这一概念仅仅是强调了一方对另一方做出的允诺,而没有强调当事人的"合意",所以也受到许多学者的批评。

现代学者对"合同是协议"的观点给予了重视。《布莱克法律辞典》(第 8 版)关于"合同"一词的定义是这样表述的:"合同是两个或两个以上的人之间的协议,该协议旨在创设可得到强制执行的义务或可以在法律上得到认可的义务。"

可是,"合同是协议"的现代定义并不能充分揭示英美法系关于合同定义的本质。根据合同法中的"交易原则",并非任何允诺都可以强制执行,只有那些作为交易的一部分的允诺在法律上才是可以强制执行的。交易可以有多种形式,如货币与诺言的交易、服务与诺言的交易等,法律只能强制实施那些存在着交易的诺言。所以,要约人做出一项允诺时,受要约人或受允诺人必须以其允诺或者其他行为予以回报,才能构成一项有效的协议或者约定。如果法官在约定中不能找出双方的约定曾有允诺的交换时,则不能被强制执行。据此可见,英美合同法认为合同并非一种单方的允诺,而是以交易为基础的允诺。因此,如果一方许诺向另一方提供某种利益,后者仅仅表示接受这种利益,而没有表示向前者提供对应的利益,则前者的许诺因为缺乏交易基础而不能被强制执行,在这种情况下,合同并不存在。由此也可以得出结论,在英美法系国家,从原则上来说,赠与性的协议不同于合同。

4.2.2 大陆法系

大陆法系认为,合同是一种协议。其本质是一种"合意",即双方意思表示一致。《法国民法典》起草人波蒂埃曾在 1761 年《合同之债(续)》一书中将合同定义为"由双方当事人互相承诺或者双方之一的一方当事人自行允诺给予对方某物品或允诺做或者不做某事的一种契约",其强调合同是当事人之间的一种协议,这一定义至今仍然被认为是经典的定义。《法国民法典》第 1101 条规定:"合同是一人或数人对另一人或数人承担给付某物、做或者不做某事的义务的合意。"根据这样的定义，订约各方之间利益的互换并不是合同关系发生的前提，只要各方就合同的条件达成一致，合同就成立了。基于合意理论，大陆法系各国普遍认为当事人之间可以达成无利益交换的协议，如赠与协议。

4.2.3 《国际商事合同通则》

国际统一私法协会自 1994 年公布《国际商事合同通则》以来，又分别于 2004 年和 2010 年公布了两个修订增补版。《国际商事合同通则》作为由多国专家学者共同努力工作的比较法结晶，作为国际层面对合同法的"重述"，意在成为反映世界上所有主要法系状况的"现代共同法"。

《国际商事合同通则》第 2.1 条规定："合同可通过对要约的承诺或通过当事人的能充分表明其合意的行为而成立。"第 3.2 条规定："合同仅由双方的协议订立、修改或终止，除此别无其他要求。"从这两项规定中我们可以明确，目前国际上的普遍倾向都是合同与"协议"并没有本质的区别：当事人达成合意即可使合同成立，而不再关注其中的允诺有无相应的交易基础。

4.2.4 我国《民法典》

《中华人民共和国民法典》关于合同的规定与国际普遍的倾向是一致的。《民法典》第 464 条第 1 款规定"合同是民事主体之间设立、变更、终止民事法律关系的协议"，即认为合同的本质就是一种协议。

4.3 合同的订立

4.3.1 要约

1. 要约的定义

要约是指希望与他人订立合同的（有相对人的）意思表示。其中，提出要约的一方被称为要约人，其相对的一方被称为受要约人。要约可以采用书面的形式做出，也可以以口头或行为做出。成立要约，必须符合以下几个要件。

（1）要约必须是特定的人的意思表示。

要约的提出旨在与他人订立合同，并唤起相对人承诺，所以要约人必须是订立合同的一方当事人。如在订立买卖合同的过程中，要约人既可以是买受人，也可以是出卖人，但是必须是准备订立买卖合同的当事人或者订约当事人的代理人，任何人在没有经过他人授权的情况下擅自代替他人发出要约，对他人不能产生约束力。

（2）具有订立合同的目的并且表明一经受约人承诺即受该意思表示约束的意旨。

要约人发出要约的目的在于订立合同，而这种意图必须要由要约人通过其发出的要约充分表达出来，才能在受要约人承诺的情况下成立合同。要约的目的在于订立合同，其特点是一经受要约人的承诺，合同即告成立，无须再征求要约人的同意或者经其确认。换言之，只要受要约人对要约予以承诺，要约人就必须受其约束，而不得否认合同的成立。否则，就不能认为是一项真正的要约。我国《民法典》第 472 条第 2 款规定，要约的意思表示应当"表明经受要约人承诺,要约人即受该意思表示约束"。

相反,如果意思表示不具体、不确定且不期望自己受到该种意思表示约束的话,就不是要约,而是要约邀请,仅仅是希望他人向自己发出要约的表示。

(3)向要约人希望与之订立合同的受要约人做出。

受要约人原则上应是特定的人。法律上强调所谓特定人的价值在于,如果针对的是特定的人,那么该要约的受要约人就有权按照要约规定的条件与要约人订立合同;相反,非特定的人则无权。一般的观点认为,要约须向一个或者数个特定的人发出。因为只有特定才能确认承诺人,即要约人对谁有资格成为承诺人做出了意思选择,否则该提议不过是为了唤起不特定的人向自己发出要约,其本身并不是要约。大陆法系国家立法一般遵循这一原则。

《联合国国际货物销售合同公约》(本书以下简称《销售合同公约》)中规定,要约须向一个或一个以上特定的人发出订立合同的建议,如果是向不特定的人做出,按照《销售合同公约》第14条第2款的规定,除非要约人另有相反的意思,否则,只能视为邀请要约。这项规定的目的是把当事人刊登普通商业广告以及向公众散发商品目录等行为与要约区别开来。除非发出广告者明确表示他愿意承受广告内容的约束,或者明示广告是作为一项要约提出来的,否则,该广告就将被视为一项要约邀请。

至于能否向非特定的人发出的问题,各国法律规定有所差异。英美法系的一些判例认为,要约既可以向特定的人发出,也可以向不特定的人发出,但是如果要约人向不特定人发出要约,由此产生的责任由要约人承担。

我国《民法典》第473条第2款规定:"商业广告和宣传的内容符合要约条件的,构成要约。"如广告列明了主要条款且具有受约束的意思,就可以构成要约,换言之,尽管是向不特定的人发出的,也可以构成要约,但仅限于法律规定的特定情形。

(4)内容具体而确定。

所谓"确定",是指要约人对要约内容必须做出清楚明白表述,不能含糊不清;所谓"具体",是指包含了合同的主要条款。也就是说,要约的内容需达到一旦被受要约人全盘接受即承诺合同就告成立的程度。要约不必载明合同全部细节,只要达到足以确定合同的程度即可。在这一点上,大陆法系与英美法系的要求基本是一致的。

根据《美国统一商法典》第2~204条的规定,只要当事人具有订立合同的意图,其要约具备了货物的名称和数量,就可以视为一项有效的要约,而价格并不是必不可少的条款。该规定是为了促进交易,尽可能使要约不致由于缺少部分条款而无法成立。

按照《销售合同公约》第14条第1款的规定,要约中若写明货物明示或暗示地规定数量和价格或规定如何确定数量和价格,即为十分确定。按照中国的外贸实践,一项货物销售要约的内容至少应包括商品的名称、价格、数量、品质或规格、交货期和地点以及付款的方式等。也就是说,要约人无须在要约中详细载明合同的全部条款,只要达到足以确定合同内容的程度即可。

(5)要约只有到达受约人方有效。

《销售合同公约》第15条第1款规定,"发价于送达被发价人时生效"。因为要约是一种意思表示,受要约人必须在收到要约后才能决定是否予以承诺。因此,如果一方仅凭以往的交易经验或者其他途径,预计对方可能要对自己做出要约,而在要约收到之前主动向对方做出所谓的"承诺",那么即使此项承诺的内容与对方提出的要约的内容完全一致,也不能认为合同成立。因为该要约尚未做出，还未生效，做出"承诺"的一方实际上并没有做出承诺的资格，因此不是真正的承诺，而是一项"交叉要约"，它只有在得到对方的承诺后，合同才能够成立。

只有具备以上五个要件，才能构成一个有效的要约，并使要约发出后对要约人产生应有的约束力。

2. 要约的法律效力

要约的法律效力又称为要约的约束力。一个要约如果符合一定的构成要件，就会对要约人和受要约人产生一定的效力，严格来说，要约对要约人和受要约人的约束力并不相同。

（1）要约对要约人的约束力。

要约对要约人的约束力指的是要约人发出要约后在对方承诺之前能否反悔，能否把要约的内容予以变更，或把要约撤回或撤销的问题。

要约的撤回，指的是要约人在发出要约之后，在要约尚未生效之前，要约人将要约取消，阻止其生效。对于要约的撤回，各国法律的规定与《销售合同公约》的规定基本是一致的，由于要约尚未发生效力，要约人当然有权将要约撤回或是对要约的内容做出变更。即使一项要约是不可撤销的，也可以撤回，但是撤回要约的通知必须在要约到达受要约人之前或者与该要约同时到达受要约人，否则就不能阻止要约的生效。要约一旦生效，要取消要约则属于要约撤销的问题。

要约的撤销，指的是要约生效后，在要约被受要约人接受之前，要约人向受要约人发出要约失效的通知，使其不再受要约的约束。关于要约人是否拥有这项权利，在传统上英美法系和大陆法系存在重大分歧，但时至今日，这种分歧已得到部分消除。

英美法系认为，要约原则上对要约人没有约束力，要约人在受要约人做出承诺之前，可以随时撤销。即使要约人在要约中规定了有效期限，在法律上仍可以在期限届满之前将要约撤销。这项规则的理论依据在于，要约只是一种允诺，其之所以具有法律上的约束力，是因为取得了对方的某种"对价"，即"允诺的回报"，或者是由于允诺人在做出允诺行为时，采取了法律所要求的某种特殊形式，如在要约上签字盖章等，否则，该允诺就对允诺人不产生约束力。由于这种规定对受要约人缺乏应有的保障，不适应现代贸易的发展，《美国统一商法典》对这一规则做出了调整。该法典第2—205条规定，要约在有效期限内，要约人不得随意撤销，但不得撤销的规定从属于一定的条件：①限于商人购买和出售货物；②要约为已经签过字的书面文件；③要约已规定期限，如果没有规定期限，则在合理期限内不予撤销，但无论如何不超过3个月。如果符合上述条件，即使要约没有对价支持，要约人也必须受到要约的约束，即在规定期限或者合理期限内不可随意撤销。

大陆法系认为，要约对要约人具有约束力，要约一旦生效，要约人不得对要约随意撤销。德国法认为：除非要约人在要约中有排除约束的词句，否则要约人受到该要约的约束；如果在要约中规定了承诺期，要约人在该期限内不得撤销该要约或者修改要约的内容。法国、瑞士、日本也都采用了这一原则。

由于两大法系在要约的法律规则方面存在较大分歧，也给国际贸易带来了诸多不便。为了适应国际贸易发展的需要，《销售合同公约》兼采了两大法系的制度，并调和折中。该公约第16条规定，要约在承诺做出之前是可以撤销的，但在下列情况下，要约不得撤销：①要约规定了承诺的期限，或者以其他方式表示要约是不可撤销的；②受要约人有理由信赖该项要约是不可撤销的，而且受要约人已经本着对该项要约的信赖行事。我国《民法典》关于要约撤回的规定吸纳了《销售合同公约》的相关规定。

（2）要约对受要约人的约束。

一般而言，要约对受要约人是没有约束力的。受要约人接到要约后，仅仅取得了一种承诺权，但不受要约的约束，并不因此而承担必须承诺的义务。不仅如此，在通常情况下，受要约人即使不予承诺，也没有通知要约人的义务。《销售合同公约》第18条规定，沉默或者不行动不等于承诺，大多数国家亦有相同的规则。但某些国家的法律规定，在商业交易中，在某些例外的情况下，受要约人无论承诺与否，都要通知要约人。例如《德国商法典》和《日本商法典》做出规定，商人对于平日经常来往的客户，在其营业范围内，在接到要约时，应立即发出承诺与否的通知，如果怠于通知，则视为承诺。

3. 要约的有效期间

一般而言，各国普遍承认使要约失效的特定事由包括：①要约中规定的期限已过；②要约被受要约人拒绝；③受要约人提出反要约；④要约人死亡或者丧失能力，而受要约人做出承诺之前已知道这种情况。

在未发生上述特定事由的情况下，英国的判例规则是：要约于合理的期间过后失效。关于什么是要约失效的合理期间，取决于每个案件的具体情况。其中，要约采用的通信工具及交易的性质通常是重要的考量因素。美国法亦采纳了英国的合理期间规则，但对于货物买卖合同，美国做了进一步规定，正如前文所提到的，在任何情况下，合理期间不能超过3个月。

在法国，有的法院判决，在要约未规定承诺期限的情况下，如果要约是向不特定的人发出的，要约人可以不受限制地将其撤销；反之，如果受要约人是特定的当事人，法院应根据案件的具体情况，包括合同的性质和交易习惯，确定一个合理的承诺期限。

关于要约的有效期限，我国《民法典》第481条兼采了各国法的规定：要约没有确定承诺期限的，承诺应当依照下列规定到达：①要约以对话方式做出的，应当即时做出承诺；②要约以非对话方式做出的，承诺应当在合理期限内到达。

4.3.2 承诺

1. 承诺的定义

承诺是受要约人同意要约的意思表示，更确切地说，承诺是指受要约人同意接受要约条件以订立合同的意思表示。其法律效力在于一经承诺并送达要约人，合同便告成立。一项有效的承诺必须具备以下构成要件。

（1）承诺只能由受要约人做出。

受要约人包括其本人及其授权的代理人。只有受要约人才具备承诺的资格，第三人如果不是受要约人，就不能构成有效的承诺。

（2）承诺必须在要约的有效期限内做出。

如果要约中规定了有效期限，就必须在有效期限内做出承诺；如果要约未规定有效期限，则必须在"依照常情可期待得到承诺的期限内"（大陆法系），或在"合理时间内"（英美法系）做出相应承诺。如果承诺的时间晚于要约的有效期限，就称为"迟到的承诺"。迟到的承诺原则上来说不是有效的承诺,而是作为一项新的要约。不过《销售合同公约》在做出上述规定的同时,还规定了一个较为灵活的处理方法:逾期的承诺如果得到要约人的认可并及时通知承诺人,则该项承诺仍然有效;如果载有逾期承诺的信件或者是其他书面文件表明,它是在传递正常的情况下就可以及时送达要约人的情况下寄发的,则该项承诺仍然有效,除非要约人毫不迟延地将相反意见通知受要约人。

(3)承诺的内容应当与要约的内容完全一致。

承诺是受要约人根据要约的内容与要约人订立合同的意思表示,因此,承诺的内容应当与要约的内容完全一致,才构成意思表示的一致合意,从而使合同成立。如果受要约人在承诺中将要约的内容加以扩充、限制或者变更,原则上说,这应当属于反要约而不是一项承诺。但是为了避免由于承诺的内容与要约稍有出入从而影响合同的成立,《销售合同公约》第19条第2款规定:"对要约表示承诺,但再有添加或不同条件的答复,如果所载的添加或不同条件在实质上并不变更该项要约的条件,则除要约人在不过分迟延的期间内以口头或者书面通知的方式提出异议外,仍可作为承诺,合同仍可有效成立。"除非要约人对受要约人非实质性更改要约的内容提出反对,合同履行时,以要约所提出的条件以及承诺中所附加或变更的条件为准。所谓实质性变更,《销售合同公约》也做出了明确规定,是指对有关货物的价格、付款、货物质量和数量、交货地点和时间、一方当事人对另一方当事人的赔偿责任范围或者解决争端的方式等内容做出变更。

(4)承诺的方式必须符合要约的要求。

要约人有权对承诺的方式进行限定,这是为各国法律普遍接受的观点。如果要约规定了承诺必须以一定的方式做出,否则承诺无效,那么此时,承诺的方式即为承诺生效的特殊要件,承诺人做出承诺就必须符合要约人的规定。如果要约人在要约中对承诺的方式没有做出规定,通常情况下,承诺人可以采用要约的传递方式进行办理。

2. 承诺生效的时间

承诺的生效是合同法中一个非常重要的问题,因为承诺一旦生效就意味着合同成立,合同双方当事人就被赋予了一定的权利和义务。但是在承诺何时生效的问题上,两大法系存在着截然不同的规定。英美法系采用"投邮主义",而大陆法系通常采用"到达主义"。

(1)"投邮主义"。

英美法系国家采用"投邮主义",指的是如果承诺的意思以邮件、电报表示,则承诺一经投邮,立即生效,合同即告成立,除非要约人和承诺人另有约定。其理由是:一方面,要约人通过邮局而做出要约时,邮局成了接受承诺的代理人,所以一旦受要约人将承诺交到邮局,就等于交给了要约人,承诺即时发生效力,与此同时受要约人也已经完成了所有该由他做的事;另一方面,由于英美法系规定了要约人在发出要约之后仍然有权通过撤销要约阻止合同的订立,如果这一权利直到要约人收到承诺时方告终止,显然对受要约人非常不利。采用"投邮主义"尽早地结束了要约人对"撤销权"的行使,从而使对合同成立已经发生依赖的受要约人受到保护。

(2)"到达主义"。

大陆法系多数国家采用"到达主义",即承诺的意思表示于到达要约人支配地范围内时生效,合同方告成立。《德国民法典》第130条规定:在以非对话方式向相对人为意思表示时,以意思表示到达相对人时发生效力。但《瑞士债法典》第10条和《日本民法典》第526条采纳的是"投邮主义"。

目前在国际商事领域，合同法的发展更加倾向于采纳"到达主义"。《销售合同公约》第18条和《国际商事合同通则》第2.1.6条都采纳了这一规则。其最重要的理由是，如果承诺的文件在中途丢失，按照"投邮主义"，此时合同已经成立，要约人就可能在不知情的情况下受到合同的约束。可是，这种因邮件丢失而导致的风险由受要约人承担更为公平，因为该方作为文件的投递人，可以采取措施防止这种风险的发生。我国《民法典》亦采纳"到达主义"，第137条第2款规定："以非对话方式作出的意思表示，到达相对人时生效。"

4.4 合同的效力

4.4.1 合同效力的概念

合同的效力，是指依法成立的合同对当事人具有的法律拘束力。合同是当事人意思表示一致而订立的协议，一旦生效，即可产生法律强制力，双方当事人必须按照法律的规定和合同的约定行使权利和履行义务，如果违反法定或约定义务，应承担违约责任。

订立合同的行为是一个民事法律行为。根据民事法律行为成立与生效理论，合同的成立与生效是两个不同的概念。合同的成立是双方当事人就合同的内容和条款协商达成一致，即同意要约的承诺生效，合同即成立。而合同的生效，是已经成立的合同，按照协商一致的内容，产生当事人预期的法律效果。

合同成立并不等于合同生效，已经成立的合同，是否产生法律拘束力，取决于其是否符合合同的有效要件。根据我国《民法典》的规定，成立后的合同，其效力可能呈现出四种状态：有效合同、效力待定合同、可撤销合同、无效合同。

4.4.2 缔约能力

缔约能力是指合同主体可以独立订立合同并独立承担合同义务的主体资格。合同是当事人以设立、变更、终止民事权利和民事义务为目的、有意识地追求特定法律后果的行为，它直接关系到当事人的利益，因此要求当事人必须能够认识和支配自己的行为，判断自己行为的法律后果，即必须具有相应的订立合同的能力。世界各国法律对于具有订立合同的行为能力人和没有订立合同的行为能力人，都有具体的规定。

1. 自然人的民事行为能力

法国法没有无行为能力与限制行为能力的区分。《法国民法典》第1124条规定，无订立合同能力的人包括：①未解除亲权的未成年人；②受法律保护的成年人，包括官能衰退者和挥霍浪费、游手好闲以至于陷入贫困者。这些人订立合同必须取得其监护人或管理人的同意，否则合同无效，但须经过法院宣告。

德国法区分无行为能力、限制行为能力两种情况。《德国民法典》规定，无行为能力人是指：①未满7周岁的儿童；②因精神错乱不能自由决定其意志者，但按其性质此种状态仅为暂时性的除外，他们所订立的合同不产生任何效力。限制行为能力人是指年满7周岁但未满18周岁的未成年人。他们所做的意思表示，须取得其法定代理人的同意或者经其法定代理人事后追认,才能生效。

英美法认为,无缔约能力的自然人包括未成年人、有精神缺陷的人和酗酒的人。未成年人原则上没有订立合同的能力。精神病人在其被宣告精神错乱以后所订立的合同一律无效,至于其在被宣告精神错乱以前所签订的合同,则可要求予以撤销。

我国《民法典》第 144 条明确规定:"无民事行为能力人实施的民事法律行为无效。"《民法典》将公民的行为能力分为完全、限制和无民事行为能力三种。不满 8 周岁的未成年人及不能辨认自己行为的成年人为无民事行为能力人,他们不能独立进行民事活动,所签订的合同是无效的。8 周岁以上的未成年人和不能完全辨认自己行为的成年人为限制民事行为能力人,他们不能实施有效的法律行为,纯获利益的民事法律行为或者与其智力、精神健康状况相适应的民事法律行为除外。限制民事行为能力人订立的合同,经法定代理人追认后,该合同有效。同时,相对人可以催告法定代理人自收到通知之日起 30 日内予以追认,法定代理人未做表示的,视为拒绝追认。善意相对人在合同被追认之前,有权以通知的方式撤销合同。

2. 法人的民事行为能力

(1) 英美法系。

在英国,长期以来,在决定依制定法成立的公司的缔约能力时,适用的规则是越权无效的原则。其含义是,公司无权在其章程规定的营业目的之外签署合同,否则,该合同是无效的。遵循越权无效原则的理由是:公司依制定法成立,其权利来自法律的授权,超越了其获得授权的范围,即没有任何权利可言。

可是,对上述判例规则的运用导致了大量的不公正的后果。例如,与公司签署的合同一旦超越了公司的经营范围便不能被强制执行。英国法院在判决中说:与公司交易的人在签约之前应认真阅读公司的章程,明确公司的经营范围。可是,人们往往做不到这一点。其结果是,越权无效的原则对善意与公司交易的人来说成了坑人的陷阱,越权无效的原则也受到了人们的激烈批评。之后在国际环境的影响下,英国也对这一制度进行了改革,法律做出规定,"由一个公司实施的行为的有效性,不能因公司章程中的任何内容所导致的能力的缺乏而受到质疑"。至此,传统的越权无效原则被废弃了。

在美国,早期的判例也接受了越权无效的原则。然而从 19 世纪末开始,美国法院在审判实践中已经表现出对公司章程中的营业目的条款做出扩大解释的倾向。在 20 世纪,越权无效原则在各州的制定法中已逐渐被放弃。

(2) 大陆法系。

法国在 1969 年通过颁布第 69-1176 号法令,在《商事公司法》第 4 条中增加了如下规定:对于有限责任公司,"在与第三人的关系中,经理拥有在任何情况下以公司名义进行活动的最广泛的权力……公司甚至应对经理的不属于公司宗旨范围的行为负责,但公司举证证明第三人已知道或根据当时情况不可能不知道该行为超越了公司宗旨范围的除外。仅公布公司章程不足以构成此种证据。限制经理根据本条所产生的权力的章程条款不得对抗第三人"。法国还根据同一法令在《商事公司法》第 113 条中增加了如下规定:上述规定也适用于股份有限公司的董事会和董事长。

在德国,《德国民法典》第 26 (2) 条规定:对于社团法人,"董事会在法庭内和法庭外代表社团;董事会具有法定代表人的地位。代表权的范围可通过章程加以限制,其作用可以对抗第三人"。然而，依德国《股份公司法》第 82 条和《有限责任公司法》第 37 条，公司章程中对公司营业目的的限制不得对抗第三人。因此，公司的行为越权并不会导致行为无效。

（3）中国法。

在 20 世纪 90 年代以前，中国法院基本奉行了越权行为为无效行为的宗旨。20 世纪 90 年代以来，为了适应社会主义市场经济发展和使中国的法治环境与国际接轨的需要，上述立场已不再被坚持。我国《民法典》第 505 条明确规定，当事人超越经营范围订立的合同的效力，应当依照一般民事法律行为及相关规定确认其效力，不得仅以超越经营范围确认合同无效。

4.4.3 合同形式

1. 英美法系

英国早期的《防止欺诈法》规定：当事人之间达成的协议或者证明协议存在的备忘录或者记录，必须以书面方式写成并经在诉讼中被追求责任的当事人签字，否则，当事人不能提起诉讼。这一规定原本是解决有人利用虚假的口头证据证实本来不存在的协议的问题，但在实践中并未实现其预期的效果，反而是被人为鼓励了不诚实的交易。于是，在这之后，除了某些特定合同，其他合同的书面要求均被废除。今天，依英国法的一般原则，"要使一项协议成为一个有约束力的合同，采用某种特定的书面形式不是必需的"。不过，对于某些合同，由于种种原因，对书面形式的要求依然保留了下来。

美国继受了英国《防止欺诈法》的相关规定，不过随着时间的推移，该法的影响力已经削弱，法院在许多情况下倾向于对该法的规定做限制性的解释。如美国法院在对"书面"进行解释时，通常只要求当事人签署书面的"备忘录"，而对备忘录并没有特定的要求，一封信、一张收据、一张发票等均可能构成满足法律要求的备忘录。也就是说，美国法一般并不要求合同本身必须是书面的，而只要求合同为书面文件所证明。再如，美国法院有时依书面形式在不同情况下目的的不同而对合同在形式上是否合乎要求依不同的标准做出判断，而不是一味地否认未采用书面形式的合同的效力。

2. 大陆法系

法国以单行的立法对服务于特定目的的合同的书面要求做出了相应的规定，如某些劳动合同、营业资产买卖合同、房屋推销合同、发明专利的许可或转让合同等，这也就意味着对于一般未做特别规定的合同，法律并不要求以书面的方式订立。而对于上述对书面要求做出了规定的合同，如果当事人违反了法定形式，法院通常采取的理念是：法律的要求是以书面形式证实合同的存在，如果不能依此方式证明，则合同无效，但如果经当事人承认或宣誓，合同仍然有效。

《德国民法典》第 125 条规定："不使用法律所规定的形式的法律行为，为无效的法律行为。欠缺法律行为所指定之方式的，在发生疑义时，同样导致无效的后果。"这一规定奉行了合同形式自由的原则，即当事人可以对合同的形式进行约定。由此可见，除非法律要求或当事人约定合同的订立须采用特定的方式，否则，合同的订立可采用任何方式。但是这一规定从属于该法典明确规定的若干例外，其中包括：让与或受让土地所有权的合同，虽未进行公证，但让与已经完成，且已完成登记的，合同有效；赠与合同虽未经公证，但赠与已经实施的，合同有效；等等。同时，法院在审判实践中对这一规定也做了一定变通。但总的来说，

"形式不合法的合同无效"这一原则依然为德国法院信守和奉行。

3. 国际规定

《国际商事合同通则》第1.2条规定:"通则不要求合同必须以书面形式订立或由书面文件证明。合同可通过包括证人在内的任何形式证明。"《销售合同公约》也做了相同的规定,即合同只要是当事人之间充分的合意和当事人意欲在法律上受有约束即可,合同无须最终形成书面形式或者以书面形式证明,或是符合其他形式要件。在国际自由贸易的驱动下,形式的要求只会阻碍国家与国家、地区与地区的经济交往。

4. 中国法

我国《民法典》第135条规定:"民事法律行为可以采用书面形式、口头形式或者其他形式;法律、行政法规规定或者当事人约定采用特定形式的,应当采用特定形式。"依此规定,除非法律另有规定或当事人另有约定,否则合同的订立以非要式为原则,即合同可以依包括口头形式和其他形式在内的任何方式而订立。

关于合同的订立不符合法定或约定的形式的后果,《民法典》第490条规定,"当事人采用合同书形式订立合同的,自当事人均签名、盖章或者按指印时合同成立。在签名、盖章或者按指印之前,当事人一方已经履行主要义务,对方接受时,该合同成立。法律、行政法规规定或者当事人约定合同应当采用书面形式订立,当事人未采用书面形式但是一方已经履行主要义务,对方接受时,该合同成立"。该法未就合同形式瑕疵的后果做出全面的规定,或就此阐明一般原则。因此,这方面的规定有待进一步补充完善。

4.4.4 意思表示

意思表示是指行为人将其设立、变更、终止民事权利义务的内在意思表示于外部的行为,合同作为双方当事人意思表示一致的结果,如果当事人意思表示的内容有错误或意思与表示不一致,或者是在受欺诈或胁迫的情况下订立了合同,此时,双方当事人虽然达成了协议,但是这种合意是不真实的,在法律上称为"意思表示瑕疵"。此种合同的效力问题在合同法上是一个十分重要的问题。

1. 错误

意思表示错误是指基于当事人误解或者不知情而产生的意思表示不真实的瑕疵。各国均认为,为了保障交易安全,并非任何意思表示的错误,都足以使表意人主张合同无效或者撤销合同。对何种情况下有错误一方可以要求撤销合同或者主张合同无效,各国法律有不同的规定。

德国法依照萨维尼等人的意思表示形成过程的划分方法,将错误划分为动机错误、内容错误和表示错误(统称为表达错误)。动机错误是指在意思形成阶段发生的错误;内容错误是指在发出意思表示时对其内容发生的错误;表示错误是指在使用表示符号来表达意思时发生的错误。《德国民法典》第119条规定:"表意人所作意思的内容有错误,或者表意人根本无意做出此种内容的意思表示,如果可以认为,表意人若知悉情事并合理地考虑其情况后即不会做出此项意思表示时,表意人可以撤销该意思表示。交易中认为很重要的有关人的资格或者物的性质的错误,视为意思表示内容的错误。"根据该条,内容错误和表示错误可以产生撤销合同的后果，动机错误一般来讲则是不可撤销的。

法国法认为可救济的错误包括以下两类：一类是障碍性误解，这是最严重的一种错误类型，此类误解发生时合意根本不存在，契约不成立；另一类是无效性误解，此类误解使得当事人之间的同意产生瑕疵，包括对标的物本质的误解和对合同相对人的误解（在对相对人发生误解时，只有对相对人的误解成为订约的主要原因时，才可以获得救济）。意思表示错误能否获得救济，关键看其是否属于障碍性误解或者效力性误解。《法国民法典》第1117条规定："因错误、胁迫或欺诈而订立的合同并非依法当然无效，而是发生请求宣告无效或撤销合同的诉权。"依此规定，因错误而订立的合同属于相对无效的合同，即可撤销的合同。

英国普通法认为，订约当事人一方的错误，原则上不能影响合同的有效性。只有当该项错误导致当事人之间根本没有达成真正的协议，或者虽然已经达成协议，但是双方当事人在合同的某些重大问题上都存在同样的错误时，才能使合同无效。根据普通法，错误会导致合同自始无效；根据衡平法，错误通常只是导致一方撤销合同。按照英国的判例法，下列错误可能导致合同无效：第一，合同性质上发生错误；第二，认定当事人发生错误；第三，对合同标的物的认定，双方当事人都存在错误；第四，在合同标的物存在与否或在合同的重大问题上，双方当事人发生共同的错误；第五，许诺一方已经知道有所误会。

美国法认为，单方面的错误原则上不能要求撤销合同，至于双方当事人彼此都有错误时，仅在该项错误涉及合同的重要条款，如认定合同当事人或合同标的物存在、性质、数量或有关交易的其他重大事项时，才可以主张合同无效或者要求撤销合同。

《国际商事合同通则》把"错误"定义为：错误是合同订立时所做的关于既存的事实或法律的不正确的假定。关于错误的后果，《国际商事合同通则》规定："（1）一方可以因错误而撤销合同，如果在合同订立时错误如此地重大，以至一个处于与错误方同等地位的合理人本想基于有重大不同的条件订立该合同，或者，如果知道情况的真相本不会订立该合同。同时，(a) 另一方有同样的错误，或导致了该错误，或者知道或应当知道该错误，并且让错误方陷于错误的状态有违公平交易的商业准则；或者（b）另一方在合同被撤销时尚未基于对合同的依赖而行事。（2）然而，在以下情况下，一方不能撤销合同：(a) 该方的错误由重大过失所致；或者（b）该错误涉及这样的事项：有关该事项，发生错误的风险已由错误方承担，或者考虑到相关情况，应当让错误方承担。"

我国《民法典》第147条做出规定："基于重大误解实施的民事法律行为，行为人有权请求人民法院或者仲裁机构予以撤销。"但是就何为重大误解，我国《民法典》并没有做出任何具体化的规定。根据以往的司法解释，规定了以下几种情形中发生的错误属于重大误解：一是行为性质的错误；二是对"对方当事人"产生误解；三是"标的物的品质、质量、数量、规格"等的错误；四是误传、误写、误说。即一个错误能否得到救济，看是否属于我国法律法规关于重大误解所列举的范畴。

2. 欺诈

欺诈，是指一方当事人故意制造假象或者隐瞒真相致使对方陷入误解或发生错误行为。各国法律都认为，凡是因受欺诈而订立的合同，蒙受欺骗的一方可以撤销合同或主张合同无效。

大陆法规定，影响合同生效的欺诈必须符合一定的要件：必须有欺诈行为的存在；人主观上必须是故意的；欺诈行为与表意人所陷入的错误以及因此所做的意思表示有因果关系；欺诈行为必须达到有悖诚实信用的程度。法国法和德国法对欺诈的处理有不同的原则。《法国民法典》第 1116 条规定："如当事人一方不实行欺诈手段，他方当事人决不签订合同者，此种欺诈是构成合同无效的原因。欺诈不得推定，而应加以证明"，即欺诈的结果将导致合同的无效。《德国民法典》第 123 条规定："因被欺诈或不法胁迫而为意思表示者，表意人得撤销其意思表示。"据此，欺诈的结果是导致合同被撤销。

英美法把欺诈称为"欺骗性的不正确说明"，所谓"不正确说明"是指一方在订立合同之前，为了吸引对方订立合同而对重要事实所做的一种虚假说明。1976 年《英国不正确说明法》将不正确说明分为两种：一种称为"非故意的不正确说明"，即做出不正确说明的人是出于诚实地相信有其事而做出的；另一种称为"欺骗性的不正确说明"，是指做出不正确说明的人并非出于诚实地相信有其事而做出的对于欺骗性的不正确说明，蒙受欺诈的一方可以要求赔偿损失，并可以撤销合同或拒绝履行其合同义务。关于非故意的不正确说明，英国法区分两种情况：一种情况是非故意但有疏忽的不正确说明；另一种情况是非故意而且没有疏忽的不正确说明。在前一种情况下，蒙受欺骗的一方有权请求损害赔偿，并可以撤销合同，并由法官或仲裁员行使自由裁量权。在后一种情况下，蒙受欺骗的一方无权主动要求损害赔偿，而只能由法官或仲裁员根据具体的情况酌定是否可以损害赔偿代替撤销合同。

美国法将欺诈与不正确表述做了区分。欺诈的构成要件包括：①一方当事人故意给予对方虚假信息或对信息的真实性漠不关心；②对方当事人基于对信息的信赖采取了行动；③对方因此受到了损害。根据《美国合同法重述》第 477 条的规定，基于欺诈订立的合同，由于双方之间没有真正的合意存在，所以受到欺骗的一方可以撤销合同。

《国际商事合同通则》规定："一方当事人可宣布合同无效，如果其合同的订立是基于对方当事人的欺诈性陈述，包括语言、做法或对依据公平交易的合理商业标准，该对方当事人对应予披露的情况欺诈性地未予披露。"

我国《民法典》第 148 条做出规定，一方以欺诈手段，使对方在违背真实意思的情况下实施的民事法律行为，受欺诈方有权请求人民法院或者仲裁机构予以撤销。也就是说，自撤销权行使，合同自始无效。针对因第三人欺诈所订立的合同，我国《民法典》第 149 条做了特别限制，即第三人实施欺诈行为，使一方在违背真实意思的情况下实施的民事法律行为，对方知道或者应当知道该欺诈行为的，受欺诈方有权请求人民法院或者仲裁机构予以撤销。也就是说，若合同的相对人在订立合同时并不知道并且不应当知道第三人的欺诈事实，则受欺诈一方不享有撤销权。

3. 胁迫

胁迫，是指使用暴力或以暴力手段相威胁，使人感到恐怖为目的的一种故意行为。各国法律一致认为，凡是在胁迫之下订立的合同，受胁迫一方可以主张合同无效或者撤销合同。

《法国民法典》第 1112 条规定："凡行为的性质足使正常之人产生印象，并使其发生自己身体或者财产面临重大且迫切危害的恐惧者，成立胁迫。"对订立合同承担任务的人进行胁迫，是构成其无效的原因，即使胁迫由为其利益订立合同的人以外的第三人所为，也构成无效。

英美法认为，胁迫是指对人身施加威吓或施加暴力或监禁。英国法一般认为，蒙受胁迫的一方可以撤销合同。受胁迫者不仅包括订约者本人，也包括其配偶及近亲属；如果对后者施加威胁，迫使当事人不得不同意订立合同，也构成胁迫，当事人可以撤销合同。对于来自合同当事人之外的第三者的胁迫，英美法主张只有合同的相对人知道有胁迫事情时，受胁迫的一方才能撤销合同。

《国际商事合同通则》规定，如果合同的订立是因受到另一方当事人的不正当的胁迫，则一方当事人可宣布合同无效。

我国《民法典》第150条规定："一方或者第三人以胁迫手段，使对方在违背真实意思的情况下实施的民事法律行为，受胁迫方有权请求人民法院或者仲裁机构予以撤销。"不同于欺诈，《民法典》并未对因第三人胁迫所订立的合同的撤销做特别的限制，因为相较于欺诈，胁迫具有"不能容忍的违法性"。

4. 显失公平

现代各国法律及判例均规定，在显失公平的情况下订立的合同，准许遭受不利的一方请求撤销或者予以变更。

《德国民法典》第138条规定，显失公平的行为就是乘他人穷困、无经验、缺乏判断力或意志薄弱，使其为自己或者第三人的给付做出有财产上的利益的约定或者担保，而此种财产上的利益与给付显然不相称时，该法律行为无效。

按照英美衡平法的规定，凡一方利用其优越地位、意志、思想和品格，以左右他方意志的行为，即为显失公平。英美法系国家特别强调对"显失公平"合同中的受害人的保护。《美国统一商法典》明确规定：如果法院发现合同或合同的任何条款在制定时显失公平，法院可以拒绝强制执行，或仅执行显失公平部分以外的其他条款，或限制显失公平条款的适用，以避免显失公平的后果。

《国际商事合同通则》对"重大失衡"做出了具体规定：在订立合同时，合同或其个别条款不合理地对另一方当事人过分有利，包括另一方当事人不公平地利用了对方当事人的依赖、经济困境或紧急需要，或者不公平地利用了对方当事人的缺乏远见、无知、无经验或缺乏谈判技巧的事实。在发生上述情形时，同时考虑到合同的性质和目的，法庭可依据有权宣告合同无效一方当事人的请求，修改该合同或其条款，以使其符合公平交易的合理的商业标准。

我国《民法典》第151条规定，一方利用对方处于危困状态、缺乏判断能力等情形，致使民事法律行为成立时显失公平的，受损害方有权请求人民法院或者仲裁机构予以撤销。

4.5 合同的履行

4.5.1 合同的解释

1. 英国法

英国因是普通法系的代表国，故司法判决的做成仰赖判例法的累积实践，其中对于合同解释的原则，主要奠基于投资者补偿计划有限公司诉西布罗姆维奇建筑协会（Investor Compensation Scheme Ltd v. West Bromwich Building Society）一案。在该案中，Lord Hoffman 对合同的解释提出了五项标准：第一，解释合同应从确定的合同文件传达给当事人时，依其所拥有相关背景、知识、地位的第三人所能理解的意义出发；第二，解释时参酌的背景事实应包括所有影响文件使用语言认知之事物；第三，当事人主观上单方面真实意思的表示亦应被考虑；第四，合同文字意义应在相关背景下做合理解释；第五，文字错误不能被轻易地接受为合同内容，除非显然为当事人真实意思。

就具体运作而言，英国在合同解释的主观与客观对立上，实行的是较严格"客观说"的基准。即当合同约款内容有明确字义，并无模棱两可之处时，基于"当事人亦如一般人合理使用语言或文法"之假设，即以合同文字之通常合理字义做解释。惟当约款有模糊矛盾处，比如，一词有两种以上合理字义时，除参考使用语境、字典注释等影响遣词因素外，则有必要回归考虑当事人的主观意思，并辅以所有相关事证加以理解，比如当事人交易往返的过程、履约行为以及商业习惯。又在用词上，若合同在内容形式上有自相矛盾、用语缺乏定义等情形，称为明显多义，此时合同常被认为不明确而无效。须注意者，乃当事人有自行为特定条款约定时，则解释上应更为谨慎，如与常见的合同约定条款有抵触时，特别条款原则上优于一般意义条款。

2. 法国法

《法国民法典》第 1156 条规定："解释合同时，应探究当事人的意思，而不应拘泥于合同文字的字面意思。"这一规定要求法官在解释合同时采用心理分析的方法，尽一切可能发现当事人的真实意思，体现了主观意思主义。然而《法国民法典》第 159 条规定："有歧义的文字，按契约订立地的习惯解释。"第 1160 条进一步规定："习惯上的条款，虽未载明于契约，解释时应加以补充。"这两条规定，与其说是为了探究当事人的真实意思，不如说为采纳推定意思打开了大门。法国学者认为，《法国民法典》第 159 条和第 1160 条的规定，不过是法律对当事人用默示方法表达意志的一种推定。进入现代社会，伴随着意思自治原则的衰落，法官在司法实践中对于奉行《法国民法典》第 1156 条确定的原则采取了更为灵活的方法。如果说，在 19 世纪，法官在确定合同的内容时会尽力寻找当事人的"真实意思"，那么，在今天，法官的判决更多的是建立在"公平"的基础上，也就是说，公平即当事人最可能有的意愿。

目前法国解释合同的一般规则主要有以下几种：①适用于合同的目的；②做整体上的理解，从合同的全部条款得互相解释，以确定每一条款从整个行为所获得的意义；③做有效推定；④有利于债务人；⑤遵循商业习惯。

3. 德国法

德国法下的合同解释原则，主要由《德国民法典》第 133 条与第 157 条构成。第 133 条规定："解释意思表示应探求真实意思，不得拘泥于所用词句。"第 157 条规定："解释合同应该依诚信原则及交易习惯为之。"单就文义来看，第 133 条规范的主要是当事人意思表示的解释，其目标在针对表意人之真实意思，探求可以适用于个别意思表示、合同、各种法律行为之一般解释原则；第 157 条之规范，则是针对补充性解释而发，重在综合与调和当事人之意思表示，透过以诚信原则为核心的假设的当事人意思，来解释合同的内容，反映了意思表示解释的客观主义。不过德国学界一般认为，两个条文并非独立的规范，而是可以相互竞合用以整体解释合同。在将两个条文结合的具体适用上，应该先按第 133 条对当事人经验上的真实意思做解释，再依第 157 条对客观规范上的真实意思做解释，两者的内涵可相互补充，因解释意思表示同样需要考虑诚信原则与交易习惯。进一步而言，当双方当事人的真实意思一致时，合同的解释应依第 133 条以其一致的真实意思为准。不过，这里所谓的真实意思并不是通过心理分析而获得的，而是基于对全部的外界环境和一切表见的事实的考察得出的。显然，这样确定的"真实意思"已包含了客观主义的成分。在双方意思表示不一致时，法官依照第 157 条做出平均的解释，即以双方基于诚信和交易习惯应有的共同意思进行解释。此时的解释完全是依客观理念做出的。

4. 国际规定

《国际商事合同通则》在第 4.1～4.7 条对合同的解释规则做出了比较详尽的规定。合同应依当事人的共同意思进行解释，如果这样的意思不能被证明，合同应依与当事人同类的合理人处于同样的情况将会赋予合同的意思进行解释。涉及对合同一方的陈述或其他行为的解释，第 4.2 条规定："对一方的陈述或其他行为，应依该方的意思进行解释，只要另一方知道或本就应意识到该意思。如果前款不适用，上述陈述和其他行为应根据一个与另一方当事人具有同等资格的、通情达理的人在处于相同情况下时所应有的理解来解释。"在解释合同和当事人的意思时，可采纳以下外部证据：①当事人之间的初期谈判；②当事人之间已确立的习惯做法；③合同订立后当事人的行为；④合同的性质与目的；⑤在所涉交易中，通常赋予合同条款和表述的含义；⑥惯例。

《国际商事合同通则》的一般解释规则为：①依合同或陈述的整体考虑；②做有效推定；③对条款提议人不利规则；④如果合同是以两种或两种以上具有相同效力的文字起草的，若这些文本之间存在差异，则应优先根据合同最初起草的文字予以解释。

5. 中国法

我国在对合同进行解释时，原则上采取客观主义，即以外在规范为准，例外情况合同解释采取主观主义。《民法典》第 466 条规定："当事人对合同条款的理解有争议的，应当依据本法第一百四十二条第一款的规定，确定争议条款的含义。合同文本采用两种以上文字订立并约定具有同等效力的，对各文本使用的词句推定具有相同含义。各文本使用的词句不一致的，应当根据合同的相关条款、性质、目的以及诚信原则等予以解释。"与此相应，《民法典》第 142 条第 1 款规定："有相对人的意思表示的解释，应当按照所使用的词句，结合相关条款、行为的性质和目的、习惯以及诚信原则，确定意思表示的含义。"此外，若一方当事人知道或应当知道另一方当事人的真实意思，则按照表意人的真实意思解释合同。

《民法典》第 498 条对格式条款的解释亦做了说明："对格式条款的理解发生争议的，应当按照通常理解予以解释。对格式条款有两种以上解释的，应当作出不利于提供格式条款一方的解释。格式条款和非格式条款不一致的，应当采用非格式条款。"这体现了公平和诚信的原则。

4.5.2　合同履行中的抗辩权

1. 英国法

在双务合同的履行方面，普通法区分了先决条件和嗣后条件。如果一方当事人的履行是另一方履行的先决条件，则一方不履行时另一方有权拒绝履行。此属"推定的交换条件"理论。

1773 年，曼斯菲尔德勋爵代表英国王座法庭审理了金斯顿起诉普雷斯顿一案。在该案中，一个经营丝绸的商人与他的徒弟订立了一个合同，约定在 1 年零 3 个月之后把他的生意转让给他的徒弟和另一个合伙人。作为该转让的代价，该徒弟将以按月分期付款的方式就这一转让向该商人付款。为了保证能付款，该徒弟将在该转让发生前向该商人提供充分的担保。后来，该商人因该徒弟没有按合同的约定就这一转让提供担保而没有把其生意转让，该徒弟不服提起诉讼，最终，曼斯菲尔德判该商人胜诉。他在判决书中说，一个双诺合同的一方的诺言"依赖于"一个对应的诺言，也就是说，前一诺言是以后一诺言为条件的。在这种情况下，该对应诺言的不履行，除了可构成违约和可成为起诉理由之外，还可以成为前一诺言不履行的免责理由。曼斯菲尔德还进一步指出，在该案中该商人不应对该徒弟的个人担保给予依赖。该商人转让其生意前，应当就该徒弟的付款得到充分的担保。因此，这种担保的提供必须成为一项先决条件。上述判决创立了"推定的交换条件"的理论。依据这种理论，法院可以依当事人明显的意图和交易的实质推定，一个双诺合同的一方的履行以另一方的履行为条件，或双方的履行互为条件。当一方的履行以另一方的履行为条件时，后者的不履行可成为前者不履行的免责理由。

当事人各方履行各自的合同义务的时间对于"推定的交换条件"理论的运用有着重要的影响。这一理论仅适用于两种情况：一种情况是，合同双方的履行构成"对流条件"，即合同双方有义务在同一时间履行其义务；另一种情况是，要求免责的一方的履行应当在后，另一方的对应履行应当在前。同时在运用"推定的交换条件"理论时，确定合同双方履行其合同义务的次序亦是一个至关重要的问题。由于履行次序在后的一方的履行是以另一方履行为先决条件，次序在前者的不履行可以成为次序在后者不履行的免责理由，反之，次序在后者不履行却不能成为次序在前者不履行的免责理由。

2. 法国法

在大陆法中，存在"同时履行抗辩权"的概念，即双务合同的一方在另一方尚未对待给付之前，有权拒绝为自己一方的给付。

对于同时履行抗辩权，《法国民法典》没有进行一般性的规定，只是在个别条文里规定了有关内容。比如《法国民法典》第 1612 条规定："如买受人未支付价金，而出卖人并未同意延期支付时，出卖人不负交付标的物的义务。"与此同时，该法典第 1704 条规定："如互易双方之一已收取互易物，而事后证明一方非该互易物之所有人时，此方即不负交付其所承诺的互易物的义务，而仅负返还其所收取的互易物的义务。"亦即在互易合同中，当一方未交付其财产时，另一方享有拒绝依约定交付其财产的抗辩权。按照法国合同法的理论，同时履行抗辩权适用于一切合同。在实践中，为了防止同时履行抗辩权的滥用，法院常依公平原则对这种权利的行使加以限制。

对于不安抗辩权，即在有先后履行顺序的双务合同中，应先履行义务的一方有确切证据证明对方当事人难以给付之时，在对方当事人未履行或未为合同履行提供担保之前，有暂时中止履行合同的权利，《法国民法典》亦有所体现。该法典规定，"如买卖成立后，买受人陷于破产或处于无清偿能力，致使出卖人有丧失价金之虞时，即使出卖人曾同意延期支付，出卖人亦不负交付标的的义务。但若买受人提供到期支付的保证则不在此限。"

3. 德国法

《德国民法典》规定了同时履行抗辩权和不安抗辩权。《德国民法典》第 320 条规定："因双务契约而负担债务者，在他方未为对待给付之前，得拒绝自己的给付，但自己有先为给付的义务者，不在此限。"第 321 条对不安抗辩权亦做出了规定，因双务契约而负担债务并应向他方先为给付者，如他方的财产于订约后明显减少，有难为对待给付之虞时，在他方未为对待给付或提出担保之前得拒绝自己的给付。

4. 国际规定

涉及双务合同履行中的抗辩权,《国际商事合同通则》第 7.1.3 条规定:"(1)在各方同时履约的情况下,任何一方可在另一方提出履行前中止履约。(2)在各方相继履约的情况下,在先为履约的一方尚未履行之前,后为履行的一方可中止履行。"关于不安抗辩权,《国际商事合同通则》第 7.3.4 条进一步规定:"一方当事人如果有理由相信另一方当事人将根本不履行,可要求其对如约履行提供充分保证,并可同时拒绝履行其自己的合同义务。若在合理时间内不能提供这种保证,则要求提供保证的一方当事人可终止合同。"

5. 中国法

我国《民法典》全面采纳了两大法系关于双务合同履行中的抗辩权的各项制度,规定了同时履行抗辩权、顺序履行抗辩权、不安抗辩权三种类型。

《民法典》第 525 条规定:"当事人互负债务,没有先后履行顺序的,应当同时履行。一方在对方履行之前有权拒绝其履行请求。一方在对方履行债务不符合约定时,有权拒绝其相应的履行请求。"

《民法典》第 526 条规定:"当事人互负债务,有先后履行顺序,应当先履行债务一方未履行的,后履行一方有权拒绝其履行请求。先履行一方履行债务不符合约定的,后履行一方有权拒绝其相应的履行请求。"

《民法典》第 527 条规定:应当先履行债务的当事人,有确切证据证明对方有下列情形之一的,可以中止履行:①经营状况严重恶化;②转移财产、抽逃资金,以逃避债务;③丧失商业信誉;④有丧失或者可能丧失履行债务能力的其他情形。当事人没有确切证据中止履行的,应当承担违约责任。第 528 条又进一步规定了:"当事人依据前条规定中止履行的,应当及时通知对方。对方提供适当担保的,应当恢复履行。中止履行后,对方在合理期限内未恢复履行能力且未提供适当担保的,视为以自己的行为表明不履行主要债务,中止履行的一方可以解除合同并可以请求对方承担违约责任。"

4.5.3 履约义务的免除

1. 英国法

在英国,使合同当事人免除合同义务的基本制度是合同受挫制度,这一制度是在 1863 年之后得到发展的。在此之前,英国法所奉行的一般原则是:一个人受其承担的义务的绝对约束;即使该义务的履行在后来变得不可能,他也不能被因此免除履行的责任。如合同标的物的灭失、当事人期待的事件未发生使订立合同的目的落空、当个人性质的服务构成合同标的而提供服务的人死亡或者意外生病造成履约不可能、合同订立后法律的变化使合同的履行违法等使合同的履行成为不可能的其他情况,都是合同受挫制度的例证。

英国合同受挫制度的理论依据主要有以下四种:①默示条件说,即因该人或物的不复存在而导致的履行不可能应使该合同的履行得到免除。②公正和合理结果说,即法院实现公正和合理的结果,但是这样的观点有时也被质疑赋予法官的自由裁量权过大。③合同基础消失说。这种理论在 1981 年被上诉法院否定,其理由是一方面,在特定案件中关于什么是合同的基础难以确定;另一方面,这种理论的适用范围过窄,不能适用于合同标的物无法再被利用之外的其他情况。④义务根本改变说,即在任何一方均无过错的情况下,由于履约的背景情况使合同的履行变得根本不同于依合同承担的履行，合同义务已变得无能力再履行，就可以免除合同的履行。义务根本改变说目前被英国法院普遍承认，但是在实践中，要求法官在审理案件时首先参照合同的性质和合同订立的有关背景对合同的条件进行解释。

在英国，当事人以合同受挫为由主张免除履约合同义务，受到很多限制：①当合同一方在订立合同时已承担了发生特定情况的风险时，该方不能再主张该情况的发生使合同受挫，即商业风险不构成使合同受挫的情势。②合同受挫是当事人自己导致的后果。③合同部分受挫的后果，即合同订立之后情况的变化使合同特定义务的履行成为不可能或使合同的履行变得暂时不可能，而合同在整体上并未受挫。④合同仍然有继续履行的可能，而关于合同能否得到履行要结合案件的具体情况进行认定。⑤合同双方当事人就障碍的发生做了约定。

2. 美国法

美国法继受了英国法关于合同受挫的相关规定。《第二次合同法重述》对合同受挫的构成要件做了四点概括：①某一事件的发生使订立合同的主要目的"实质性"的受挫；②该事件的不会发生是合同赖以订立的基本假定；③该受挫不是请求免责的一方的过错导致的；④该方没有在法律强加的义务之外承担额外的义务。

另外，美国法又发展出了履行不能制度，即"除非存在卖方已经承担了更多的义务的情况……否则，如果发生了某种意外情况，这种情况的不发生是合同赖以订立的基本假定，由于这种情况的发生，合同的履行像双方协议的那样付诸实践已经变得不现实，那么，全部或部分货物的交付的拖延或不交付并不构成对依买卖合同承担的义务的违反"。这种制度相较于合同受挫制度更容易被法院接受。相较于合同受挫制度，履行不能制度对合同目的实质落空即可主张免责的这一情形进行了一定的限制。

3. 法国法

与英美法不同，大陆法主张原则上如果合同的未履行并非因过错所致，未履行的一方可以被免除履约义务。《法国民法典》规定，当债务的不履行是由于不应归咎于债务人的"外部原因"时，债务人对之不承担民事责任。外部原因包含了三种情况：①不可抗力；②第三人行为；③债权人自身的行为。

在法国，不可抗力的构成要件有三：一是不可预见性，即当事人在订立合同时对于不可抗力事件的发生不可能做出预见。对于不可预见的认定原则上采取客观标准，即以非特定第三人的视角来判断是否可预见。二是不可抵御性，即强调合同的履行已经达到不可能的程度，但履约困难或履约成本增加不能主张不可抗力。三是外在性。即事件的发生并非因债务人自身的原因。

当事件由第三人的行为引发时，如果该事件是不可预见和不可抵御的，债务人可以被免除不履约的责任。当事件由债权人自身的行为所导致时，债务人是否可以免责取决于以下几种情况：①如果该行为不可预见和不可抵御，债务人可以完全免责。②如果该行为并不是不可预见和不可抵御的，且债权人并无过错，债务人不能免责。③如果该行为并不是不可预见和不可抵御的，债权人有过错，依该过错的程度，债务人可获得全部的或部分免责。

此外，若情况的变化使得合同的履行失去公正性，则当事人也可以以此提起免除履约义务。

4. 德国法

《德国民法典》第275条规定：（1）在给付对于债务人或者对于任何人均为不能的限度

之内,排除给付的请求权。(2)在考虑债务关系内容和诚实信用原则的情况下,履行给付需要支付的费用与债务人的给付利益严重不成比例,债务人可以拒绝给付。在确定可以苛求债务人做出的努力时,亦应当考虑债务人是否应对给付障碍负责任。(3)此外,债务人应当亲自履行给付,并且在将妨碍债务人给付的障碍与债权人的给付利益进行权衡,不能够苛求债务人给付的,债务人可以拒绝给付。也就是说,在出现履行不能时,考虑债务人的过错情况、继续履行的成本与所带来的收益之间的比较等,若继续履行将构成对债务人的过分苛求,其义务得以免除。

此外,亦可以以交易基础丧失为由主张免除履行义务。主张合同基础丧失的一方必须证明的要件包括:①成为合同基础的情况在订约后发生了重大变化;②当事人在订约时如果预见到此种变更的情形将不会按照原有的条款订立合同;③变更的情形不属于该方已经成功预见但未能避免的风险;④按照原有的条件继续履行会构成对该方的过分苛求。

5. 国际规定

考虑到滥用履行义务免除的规则所带来的交易风险,《国际商事合同通则》对其做了比较严格的规定。该通则第 6.2.1 条规定:"如果合同的履行使一方当事人变得负担加重,从属于以下有关艰难情势的条款,该方当事人仍应履行其义务。"其中艰难情势是指:"由于一方当事人履约成本增加,或由于一方当事人所获履约的价值减少,而发生了根本改变合同双方均衡的事件,并且(a)该事件的发生或处于不利地位的当事人知道事件的发生是在合同订立之后;(b)处于不利地位的当事人在订立合同时不能合理地预见事件的发生;(c)事件不能为处于不利地位的当事人所控制;而且(d)事件的风险不由处于不利地位的当事人承担。"出现前文所述的艰难情势,处于不利地位的当事人可以要求重新谈判,如当事人在合理事件内不能达成协议,任何一方当事人均可诉诸法庭,如果法庭认定为艰难情势,只要合理,法庭可以在确定的日期并按确定的条件终止合同,或者为恢复合同的均衡而修改合同。

6. 中国法

我国《民法典》第 590 条做了相应规定:"当事人一方因不可抗力不能履行合同的,根据不可抗力的影响,部分或者全部免除责任,但是法律另有规定的除外。"值得注意的是,第 590 条第 2 款又进一步规定:"当事人迟延履行后发生不可抗力的,不免除其违约责任。"此外,根据意思自治原则,合同当事人也可以事先约定出现一定情况时则不需履行合同,或当事人一方允许对方不履行义务。

4.6 违约及其救济措施

4.6.1 解除履约义务

当一方违约时,在许多情况下,另一方可以通过解除合同从而解除其全部履约义务,或者解除其在合同项下的某一特定义务,使自己得到救济。

1. 英国法

英国法中的合同历来是由"条件条款"与"担保条款"组成的。合同中的根本性的、重要性的条款是"条件条款",附属性的、次要性的条款是"担保条款"。所以,违约就分成违反条件、违反担保两种，前者是指违反合同中的根本性条款，后者是指违反合同中的次要性条款。英国法规定：若一方违反合同的条件条款，则对方有权解除合同；若违反合同的担保条款，对方只得请求损害赔偿，无权解除合同。英国法的这种划分方法虽然具有确定性，但同时存在严重的问题，在国际商事交易日趋复杂的大环境中很难得到良好的适用。所以，英国法院逐渐倾向于按违约造成损害的后果来决定非违约方是否有权解除合同。英国法院创设了一个中间条款，以违约造成损害的程度大小来决定违反中间条款的法律后果。若违约造成损害的后果严重，导致了合同目的被根本性地破坏，则认为可以解除合同，类似于违反条件条款；若违约造成损害的后果不那么严重，则仅产生赔偿救济，类似于违反担保条款。

2. 美国法

美国法与英国法不同，没有使用条件条款与担保条款的划分方式，而是以违约行为造成后果的严重程度为标准，把违约分成重大违约与轻微违约，并且把违约能否影响到当事人的合同目的的实现作为确认标准，违约行为使非违约方无法实现其欲实现的合同目的叫作重大违约。

实践中，美国法院处理具体案件时，如果遇到重大违约的情况，很多时候是要求非违约方给予违约方一次补救机会，非违约方直接解除合同的行为是不被允许的。对于给予违约方的补救时间的长短，要根据多方因素来确定。考虑的最重要的因素是，违约方补救行为的拖延是否会影响非违约方从合同中获得利益；其次就是非违约方在解除合同时给违约方造成损失的程度有多大。以上这两点是法院做出最终决定前需要权衡的。当然，并不是任何情况下都会先给违约方进行补救的机会。如果一方当事人造成合同不能履行的违约行为是因故意或过失，则违约方没有能力补救，或者当事人一方明确表示不履行合同时，则表示违约方不愿意进行补救，那么非违约方就可以即时解除合同。以上是典型的合同解除情形，美国作为判例法国家，其经济比较发达，违约行为在实践中屡屡出现，法院是否做出合同解除的决定是要根据重大违约理论来决定的。之所以这样，是因为如果不看具体情况，只要出现重大违约行为，就不给违约方补救机会，而允许解除合同，这样的话一来是过于严厉地对待违约方，二来是没有考虑到合同的目的，很盲目地破坏了法律鼓励合同行为的初衷。并且，美国法在确定救济手段时的基本政策是尽量地避免对违约方进行惩罚。很多学者也认为，解除合同会影响交易的继续进行，破坏了交易市场的秩序，有碍于社会经济发展。

3. 法国法

学者普遍认为，《法国民法典》第 1184 条隐含了合同解除的条件。在法国，合同解除的适用遭到严格的限制。依据此条规定，在对方不履行合同义务时，非违约方有解除合同的权利。

但是需要注意的是，较之英美法系，法国法在传统中非常排斥采用私力救济，这其中包含了不求助于法院的任何补救措施。这就导致法国的合同解除最为显著的特征是，解除权必须依诉行使。也就是说合同能否解除的判断权在法院手中。从法国的判例中，我们可以看出，解除合同的原因包括：①债务人的违约；②违约造成严重后果。虽然法院在判例中未就违约严重程度的判断形成明确和统一的标准，但是可以看出，违约程度的严重性无疑是法院判断合同能否解除的重要标准。

4. 德国法

《德国民法典》第 323 条对合同的解除做了较为详细的规定。

在双务合同中，债务人不履行或者不依约履行届期给付的，以债权人向债务人指定适当的给付或再履行期间届满未果为限，债权人可以解除合同。这一款中包含了两种由债权人给出的额外期间：一种是适当的由债务人完成给付的时间，即所谓的履约宽限期；另一种是适当的由债务人进行再履行期间，如对交付的物进行修理的期间。因此，在原则上，当债务人不履行债务或未按期履行债务时，或者当其履行不符合合同约定时，债权人应给出适当的履约宽限期；在宽限期届满，债务人仍未履行到位时，债权人方可解除合同。

在一定情况下，债权人给出额外履约期限的义务得以免除。其中包括：债务人"认真并最终拒绝了给付"；债务人未在合同规定的期限内或特定的期限内给付，且债权人受领利益的计算仅限于及时履行；经过对双方利益的衡量，存在使立即解除合同具有正当性的特殊情况。此外，还有一些法律规定的特定的解除事由。

5. 国际规定

《国际商事合同通则》采纳了各国法的规定，第7.3.1条对合同的解除做了说明。《国际商事合同通则》第7.3.1条规定："（1）合同一方当事人可终止合同，如另一方当事人未履行其合同义务构成对合同的根本不履行。（2）在确定不履行义务是否构成根本不履行时，应特别考虑到以下情况：（a）不履行是否实质性地剥夺了受损害方当事人根据合同有权期待的利益，除非另一方当事人未预见到也不可能合理地预见到此结果；（b）对未履行义务的严格遵守是否为合同项下的实质内容；（c）不履行是有意所致还是疏忽所致；（d）不履行是否使受损害方当事人有理由相信，他不能信赖另一方当事人的未来履行；（e）若合同终止，不履行方当事人是否将因已准备或已履行而遭受不相称的损失。（3）在延迟履行的情况下，只要另一方当事人未在第7.1.5条允许的额外期限届满前履行合同，受损害方当事人亦可终止合同。"其中，关于迟延履行的条款受到《销售合同公约》第47条和第63条的影响。

6. 中国法

我国《民法典》第563条对合同的解除做了相关规定：有下列情形之一的，当事人可以解除合同：①因不可抗力致使不能实现合同目的；②在履行期限届满前，当事人一方明确表示或者以自己的行为表明不履行主要债务；③当事人一方迟延履行主要债务，经催告后在合理期限内仍未履行；④当事人一方迟延履行债务或者有其他违约行为致使不能实现合同目的；⑤法律规定的其他情形。另外，不定期继续性合同、不定期租赁合同、委托合同、不定期物业服务合同等均存在合同的解除事由。

4.6.2 预期违约

1. 英国和美国

预期违约规则发源于英国普通法，之后在美国法中被进一步发展，目前成为英美法系中的重要法律制度之一。在英国法中，构成预期违约的情形有两种：拒绝履行是指因债务人自己的行为而发生的履行不能，即分为明示预期违约和默示预期违约。

美国法通过总结英国法判例，在继承英国预期违约制度的基础上，做出更加完善的规定。1932年美国法学会发表的《合同法重述》第318～324条是关于预期违约规则的规定。1949年发表的《统一商法典》第二编第610条对预期违约做出了相关规定，将预期违约也分为明示预期违约和默示预期违约两种情况，但是美国法规定了预期违约的特殊情形，即债权人有合理理由相信债务人将不履行债务，经请求提供充分履约保障而不提供的，视为构成履行拒绝。

明示预期违约是指"在合同履行期限到来之前，一方当事人无正当理由而明确地向另一方当事人表示他将不履行合同。"《美国统一商法典》第2610条将明示预期违约表述为任何一方表示拒不履行尚未到期的合同义务，且这种毁约行为对于另一方而言会发生重大合同价值损害。美国《合同法重述》第250条规定，只有在一方当事人行为是自愿的、确定的，而且其义务的履行现实地、明显地表现为不可能时，才构成明示毁约。在明示预期违约的情况下，受害方有选择权，即受害方可以接受明示违约，可立即行使诉权，要求解除合同和赔偿，不必坐等履行期限届满；也可以不接受预期违约，维持合同效力，直到合同履行期限届满，实际违约情况出现，再追究违约方相应的责任。

默示预期违约是指在合同成立后，一方当事人的客观状况显示出其将不能依照合同约定履行义务。明示预期违约因其拒绝履行表现出的客观性和外在性在司法实践中比较容易判断，默示预期违约的认定建立在当事人合理预见的基础之上，为了减少当事人"预见"的主观性，必须借助客观的标准进行判断，否则，有可能导致默示预期违约规则的滥用。《美国统一商法典》第2—609条将其界定为"有合理理由预见对方不能正常履行"。判例中总结出的认定默示预期违约合理的理由主要包括债务人履约能力严重不足、商业信用不佳以及债务人一方存在违约风险等情形。

另外，英美法立法以及判例均对默示预期违约的法律救济措施进行了明确规定。对于默示预期违约，英美法系国家的立法大多将中止履行要求违约方提供履约保障作为主要的法律救济措施。

2. 法国和德国

在法国，不存在预期违约制度。因为受损害方只有在经法院判决后才能解除合同，在一方明确表示将不履约或其行为使合同在履约期到来之后不可能被履行的情况下，另一方不可能立即解除合同。

从《德国民法典》条款的严格含义来说，如果合同一方在履约期到来之前以言论或行动表示将不履约，另一方无法获得适当的救济，因为依照《德国民法典》规定的原则要先发出催告，再给予适当的宽限期，而不能马上解除合同。然而，德国法院在现代判决中，通过运用积极违约理论和对《德国民法典》规定的类推适用，使当事人获得了类似于英美法上的预期违约制度给予的救济。

3. 国际规定

《国际商事合同通则》在第7.3.3条中对预期违约进行了规定。按照其规定，如果一方当事人在履行期限届至前表明将根本不履行合同义务，对方可中止履行。同时在第7.3.4条中对如约履行的充分保证进行了规定。按照其规定，如果一方当事人有理由相信对方将根本不履行合同义务，则可要求对方提供充分保证，同时中止履行合同。如果对于前者提出的提供履约必要担保之要求，后者在合理时间内不能予以满足，则前者可以要求解除合同。

4. 中国

关于预期违约规则，我国《民法典》采纳了英美法系的规定。《民法典》第563条规定

"在履行期限届满前,当事人一方明确表示或者以自己的行为表明不履行主要债务",则当事人可以解除合同。该规则包含了明示预期违约与默示预期违约。

值得注意的是,预期违约条款与不安抗辩权条款有直接关联,但在具体实践中的应用有所不同。预期违约条款是规定预期违约当事人一方应当承担违约责任,而不安抗辩权是赋予合同先履行一方当事人履行抗辩权。

4.6.3 实际履行和损害赔偿

实际履行和损害赔偿是实现合同救济的两种基本手段。实际履行指的是令违约方严格按照合同的规定履行其合同义务,损害赔偿指的是违约方给予受损害方金钱上的补偿,以此作为实际履行的替代。各国均有实际履行和损害赔偿的相关规定,但规定有所不同。

1. 实际履行

(1) 英美法系。

在英美法系的普通法中不存在实际履行的违约救济方式,普通法所提供的违约救济方式主要是损害赔偿。实际履行只是衡平法上的救济制度,是衡平法院认为普通法上的损害救济不充分或者不公平时创设的一种特别的救济制度。这一救济制度的运用规则是:只有在损害赔偿不足以补救损害时才能得到运用。

英美法系关于实际履行的救济有两个主要原则:第一,损害赔偿不足以救济;第二,法院认为实际履行完全可以执行。根据英国和美国法院的审判实践,在下列情况下法院将不予以做出实际履行的判决:①金钱损害赔偿已可以作为充分的救济方法者,即不得请求实际履行;②凡是属于提供个人劳务的合同,法院将拒绝做出实际履行的判决;③凡是法院不能监督其履行的合同,例如建筑合同等,法院也不会做出实际履行的判决;④对一方当事人为未成年人的合同,法院不判决强制执行;⑤如果实际履行对被告会造成过分苛刻的负担,法院也不会做出这种判决。

(2) 大陆法系。

大陆法系将实际履行作为一种主要的救济方法,体现了对"有约必守"原则的遵循,因为合同的最终目的在于履行。一方违约,另一方不应该享有权利来用金钱替代交易,金钱赔偿只能作为次要救济办法,在违约方实际履行时配合使用。

按照德国法的理论,使债务人履行给付是主要的违约救济方法。《德国民法典》第241条明确规定:"根据债务关系,债权人有向债务人请求给付的权利。给付也可以是不作为。"但是法院只有在债务人履行合同还有可能的情况下才会做出实际履行的判决。

在法国法中,如债务人不履行合同,债权人有权提起履行之诉。《法国民法典》第1184条规定:双务契约当事人的一方不履行其债务时,"债权人有选择的权利:或者给付可能时,请求他方当事人履行契约,或者解除契约而请求损害赔偿"。可见,实际履行是可供选择的基本的救济措施之一。

(3) 国际规定。

《国际商事合同通则》原则上允许给予实际履行的救济,但有以下例外:①履行在法律上或事实上不可能;②履行或相关的执行带来不合理的负担或费用;③有权要求履行的一方当事人可以合理地从其他渠道获得履行;④履行完全属于人身性质;⑤有权要求履行的一方当事人在已经知道或理应知道该不履行后的一段合理时间之内未要求履行。

当法院判决强制履行时，若该方当事人不执行此判决，法院还可责令其支付罚金。罚金应支付给受损害方当事人，除非法院所在地的法律另有强制性规定。向受损害方当事人支付罚金并不排除任何要求损害赔偿的权利。

（4）中国法。

我国《民法典》第577条原则性地将强制履行列为违约救济方式之一。《民法典》第580条进一步规定："当事人一方不履行非金钱债务或者履行非金钱债务不符合约定的，对方可以请求履行。"但将以下情形排除在外，即法律上或者事实上不能履行；债务的标的不适于强制履行或者履行费用过高；债权人在合理期限内未请求履行。

2. 损害赔偿

（1）英美法系。

损害赔偿是英美法系中最常用的救济方式，关于损害赔偿范围的确定，英美法系形成了很多的一般性规则：①使受损害方在经济上处于合同得到履行时本应处的地位。②损害赔偿仅限于违约方在合同订立时有理由预见到的违约后果。③受损害方有义务减轻损害。④对损失的计算应具有合理的确定性，即那种缺乏根据、主观臆测的损害不能得到赔偿。

（2）大陆法系。

在法国法中，关于违约损害赔偿，《法国民法典》将其规定在第1149～1151条。《法国民法典》第1149条规定，违约损害赔偿应包括债权人所受的损失和所获得的利益，但对损害赔偿亦做出了特别的限制。《法国民法典》第1150条规定，当债务人的违约不构成欺诈时，债务人仅就订立合同时所预见或应当预见的损害负赔偿责任。《法国民法典》第1151条进一步规定，当债务人的违约构成欺诈时，损害赔偿仅以不履行合同而直接发生者为限。具体来说，即违约所致的直接损失可以得到赔偿，如果损失与违约行为的因果关系过远或者没有必然因果关系，原则上，债务人不用对上述损失承担损害赔偿责任。

在德国法中，损害赔偿请求权的成立是以债务人有过错为前提的。《德国民法典》规定："债务人违反债务关系产生之义务的，债权人可以请求赔偿因此发生的损害。义务违反不应当归责于债务人的，不适用于此规定。"关于损害赔偿的范围，德国法并未采纳"可预见规则"。为了避免这种赔偿规则所致的不合理后果，德国法中出现了"因果关系的适当性"理论，即如果损害由这样一种行为所导致，该行为在事件发展的通常过程中客观地和严重地增加了损害发生的可能性，则该损害可以得到赔偿。

（3）国际规定。

根据《国际商事合同通则》的规定，损害赔偿适用于所有类型的违约行为。这与实际履行形成了对照，因为实际履行在许多情况下不能适用。从赔偿范围来看，《国际商事合同通则》第7.4.2条做了规定："受损害方当事人对由于不履行而遭受的损害有权得到完全赔偿。此损害既包括该方当事人遭受的任何损失，也包括其被剥夺的任何收益，但应考虑到受损害方当事人由于避免发生的成本或损害而得到的任何收益。"另外，因违约所致的精神或肉体上的痛苦也可以得到赔偿。

此外，《国际商事合同通则》对损害赔偿做了其他限制性规定：①损害应具有合理的确定性。②损害赔偿的数额不得超过违约方订立合同时预见到或者应当预见到的因违约可能造成的损失。③不履行方当事人对于受损害方当事人所蒙受的本来可以采取合理措施减少的那部分损害,不承担责任。

(4) 中国。

我国《民法典》第 584 条对违约损害赔偿的范围做了规定,即当事人一方不履行合同义务或者履行合同义务不符合约定,造成对方损失的,损失赔偿额应当相当于因违约所造成的损失,包括合同履行后可以获得的利益。关于其他限制性规定,我国与《国际商事合同通则》的规定基本一致,在此不再赘述。

4.6.4 违约金

1. 英美法系

在英美法制度下,受损害方只能要求违约方赔偿其损失,不能对之实施惩罚,这就决定了,合同中加入的旨在惩罚违约方的条款是无效的。

英国法院在判定这类条款是否属于惩罚性的依据主要有两个:一是当事人在订立合同时所具有的动机。如果当事人的动机是为了对违约方施加惩罚而加入的,则无效;如果当事人的动机是对违约可能引起的损失的估算,则该条款的有效性被认可。二是与合同订立时可想象的违约所引起的损失相比较。如果约定的赔偿额过高,达到了显失公平的程度,则该条款属于惩罚性质;如果该条款是为了限制赔偿额而加入合同的,则该条款属于补偿性质。

《美国统一商法典》规定,合同主体不履行或者不适当履行债务时应赔偿损失,支付金额应当参照法官认定的损失。约定违约金条款规定的赔偿额过分高于被认定损失时,应认定为无效不被支持。如果违约金条款规定的赔偿额是合理的,该条款就是可强制执行的,即不考虑当事人的动机。不过该条款仅适用于买卖合同,对于其他合同,美国法院仍适用上述传统规则。

2. 大陆法系

法国在一开始制定《法国民法典》时,明确规定不允许法官增减违约金。随着时间的推移,自由资本主义向垄断资本主义发展,过分强调依据合同约定来计算违约金开始不适应当时的社会发展,因此逐渐出现了单行法律允许法官修改合同中约定的违约金。最后,法国司法部对《法国民法典》进行了修改,确认了法官对违约金的修订权。但考虑到契约是当事人的意思自治,约定违约金既是对私有财产的处分也是当事人意思表示一致的体现,因此增加或减少违约金的适用被严格规范。没有充足的理由,没有合同主体依据违约行为造成的经济、其他损失提出申请调整的情况,法院一般不会主动调整。从法国关于违约金的法律规定和实践基础我们可以看到,在法律移植的过程中逐渐体现出惩罚性和赔偿性共存的局面。

《德国民法典》中关于违约金的规定具有惩罚和赔偿的双重属性。第一,规定契约当事人在订立契约时约定契约当事人在不履行或者不适当履行契约时发生的违约行为,无论违约方实施的违约行为是否造成实际损害,违约金条款开始生效,按照法律法规和合同约定金额支付违约金。在此条规定中,我们发现德国法注重惩罚性,且无排除事由。第二,契约当事人发生违约行为,因为违约行为造成实际损失的,债权人有权要求以约定违约金作为赔偿最低额度。但对于违约金过分高于损失或低于损失的,可以请求审判方进行调整。第三,债权人基于债务人在履行合同过程中发生的违约行为有权以此请求权为基础要求债务人支付法律法规和合同约定的违约金，同时债权人还可以追诉要求违约方赔偿由于违约行为造成的其他损害。

3. 国际规定

关于违约金制度，《国际商事合同通则》在第 7.4.13 条做了相应规定："（1）如果合同规定不履行方当事人应支付受损害方当事人一笔约定的金额，则受损害方当事人有权获得该笔金额，而不管其实际损害如何。（2）但是，如果约定金额大大超过因不履行以及其他情况造成的损害，则可将该约定金额减少至一个合理的数目，而不考虑任何与此相反的约定。"

4. 中国

我国《民法典》第 585 条对违约金制度做了规定："当事人可以约定一方违约时应当根据违约情况向对方支付一定数额的违约金，也可以约定因违约产生的损失赔偿额的计算方法。"法院可根据当事人的请求及违约金与损失的相当性增加或者减少违约金。

本章小结

在现代社会，合同几乎是从事一切商事活动的工具，也几乎是进行一切形式的国际商事交往的基本工具。正是因合同在日常生活中具有至关重要的作用，决定了合同法在国际法律体系中的地位，即合同法的原理和原则构成了其他部门法共同遵循和运用的原理和原则。回顾合同法的历史演变过程，在重视契约精神的 19 世纪获得突破性的发展，随着社会经济结构的巨大变化，20 世纪以来，合同法逐渐发展成为以维护社会利益为目标的法律。在英美法系国家，判例法是合同法的基本渊源；在大陆法系国家，制定法则是合同法最主要的法律渊源。不过近年来，学者著述中阐述的法学理论对法官判案也发挥着越来越重要的作用。在国际领域，由国际统一私法协会编撰的《国际商事合同通则》和国际公约都对各国合同法一般原则的确立与发展起到了重要的参考作用。

两大法系在合同概念的确定上形成了不同的观点，国际统一私法协会在《国际商事合同通则》中采纳了大陆法系的立场，即当事人达成合意即可使合同成立，而不再关注其中的允诺有无相应的交易基础，我国《民法典》中关于合同的规定与国际普遍的倾向是一致的。

要约和承诺是合同订立过程中必经的两个阶段，其中符合构成要件的要约和承诺才能促成买卖双方合意的达成。但合同成立并不意味着合同有效，还受到当事人的缔约能力、合同的形式以及意思表示是否存在瑕疵等多种因素的影响，只不过这些影响因素在各国并不是完全相同的。在国际商事合同的履行过程中，会存在买卖双方对合同内容理解不同的情况，进而形成了合同的解释规则以便利交易。此外，若一方不履行合同中的约定义务，合同法还规定了损害赔偿、实际履行等救济措施，由保障非违约方的合法利益。由此，由合同的概念、订立、效力、解释、救济等方面构成了保障买卖双方当事人权利义务实现的完整合同法体系。

案例讨论

2012 年 4 月 21 日，名派照明公司以传真形式向威雅利公司发出一份单号为 PO-2012-04-0579《采购订货单》。名派照明公司向威雅利公司提出采购 AItair03TR（SO-16）集成电路共

300 000 个，单价 1.50 元 / 个，价值 450 000 元，《采购订货单》的备注栏加盖"等通知送货"。《采购订货单》相关事项说明第 5 条约定，未经购货方同意更改交货时间，一律按规定时间进行；逾期，按未交货金额总数的 5%（每日）作为滞纳金赔偿给购货方。威雅利公司收到传真后在《采购订货单》备注栏上加盖"订单收到，签返货期尚待确认"，并将《采购订货单》相关事项说明第 5 条删除。

2012 年 4 月 30 日，名派照明公司再以传真形式向威雅利公司发出一份《4 月 30 号前所有订单未交数量的清单》，请威雅利公司核实。其中清单序号第 5 项上注明 AItair03TR（SO-16）集成电路 300 000 个的到货日期为 2012 年 5 月 17 日。事后，威雅利公司对清单回复名派照明公司以确认未交数量及交期，对于 AItair03TR（SO-16）集成电路 300 000 个的交期提出"待贵司回签不可撤销协议"待通知交缴。2012 年 6 月 15 日、27 日、7 月 16 日、8 月 31 日、9 月 4 日及 9 月 5 日，威雅利公司按 PO-2012-04-0579《采购订货单》分别供应名派照明公司 AItair03TR（SO-16）集成电路 30 000 个、45 000 个、50 000 个、5 000 个、5 000 个、5 000 个，合计 140 000 个。

2012 年 6 月 7 日，名派照明公司发函给威雅利公司，提出威雅利公司于 2012 年 2 月份所供应的 VIPer27LN（DIP-7）集成电路 8 000 个有质量问题，要求赔偿损失费用共 85 710 元，并在 2012 年 4 月的货款中扣除。

2012 年 10 月 22 日，双方达成一份《关于解决补偿问题的协议》，双方确认未结的货款共 317 513 元（包括所供应的 AItair03TR（SO-16）集成电路 140 000 个），威雅利公司同意在未结的货款 317 513 元中扣除 60 000 元作为因集成电路不良造成名派照明公司损失的赔偿（名派照明公司应配合办理相关增值税进项转出），其余货款 257 513 元由名派照明公司于一星期内支付。之后，双方未再发生交易行为。名派照明公司于 2012 年 11 月 25 日支付了 237 513 元给威雅利公司，余款 20 000 元未付。2012 年 12 月 7 日，威雅利公司委托律师向名派照明公司发函，要求名派照明公司尽快提取其余 AItair03TR（SO-16）集成电路 160 000 个并支付相应的货款 240 000 元、支付尚欠货款 20 000 元及办理 60 000 元增值税进项转出手续。

威雅利公司经追讨未果，于 2013 年 3 月 21 日向法院提起诉讼，请求判令：
1. 名派照明公司继续履行合同，提取其订购的货物，并支付相应的货款 240 000 元。
2. 名派照明公司支付拖欠的货款 20 000 元。

问题：
1. 单号为 PO-2012-04-0579《采购订货单》的合同是否成立？
2. 你认为本案应如何处理？

知识拓展

《中华人民共和国民法典》合同编的中国特色和时代特征

经济全球化的发展促使国内市场和国际市场不断接轨，这就决定了作为市场经济基本法的合同法，一方面要适应国内统一市场的需要，另一方面也要与国际惯例相衔接。基于此背景，我国将合同法重新修订并汇编在《民法典》中，《民法典》合同编适应了高质量市场的经济发展和改善营商环境的需要，大量借鉴了有关国际公约和示范法以及两大法系关于合同立法的先进经验，从而使得合同编规则与世界立法趋势保持一致，与国际商事交易习惯接轨，使其不但具有国际化视野，而且具有时代特征。

2020年5月28日，第十三届全国人民代表大会第三次会议审议通过了《民法典》。习近平总书记在《充分认识颁布实施民法典重大意义，依法更好保障人民合法权益》中指出：这是新中国成立以来第一部以"法典"命名的法律，是新时代我国社会主义法治建设的重大成果。改革开放以来，我国民事商事法制建设步伐不断加快，先后制定或修订了经济合同法、涉外经济合同法、技术合同法、合同法等一大批民事商事法律，为编纂民法典奠定了基础、积累了经验。《民法典》在中国特色社会主义法律体系中具有重要地位，是一部固根本、稳预期、利长远的基础性法律，对推进全面依法治国、加快建设社会主义法治国家，对发展社会主义市场经济、巩固社会主义基本经济制度，对坚持以人民为中心的发展思想、依法维护人民权益、推动我国人权事业发展，对推进国家治理体系和治理能力现代化，都具有重大意义。

在此次《民法典》的制定工作中，我国合同法律制度做出了不少创新性规定甚至重大调整：承诺的实质性变更规则、格式条款的法律规制、无权处分不影响合同效力规则以及争议解决条款的独立性规则等均反映了我国合同立法的最新趋势。《民法典》合同编还规定了情势变更制度、确立了利益第三人合同制度、创设了第三人代为履行制度及清偿抵充制度，确认了禁止债权转让特约的效力，完善了债权转让中的债务人保护规则，构建了全新的根本违约制度，并引入了继续性合同终止规则，还确立了打破合同僵局规则，衔接了预期违约与不安抗辩权制度。这些规则的变化一方面是在吸纳了国内市场长期以来的交易习惯与先前的立法经验之上，对社会生活的变化发展和热点问题做出了有效回应，具有显著的中国特色；另一方面，也充分借鉴了国际经济市场的交易规则与先进的域外经验，使其在规范和引导人们参与国际交易中发挥着越来越重要的作用。

合同编作为《民法典》中最具基础也是最具代表性的一编，它的修订与完善不仅是促进社会主义市场经济健康有序发展的重要保障，更是为新行业、新业态的发展提供了有力的支持，相信这极具中国特色与时代特征的《民法典》合同编一定会引导中国市场经济朝着更加繁荣的方向发展。

经典案例

瑞士嘉吉国际公司诉福建金石制油有限公司等确认合同无效纠纷案

中华人民共和国最高人民法院（2012）民四终字第1号民事判决书

最高人民法院指导案例33号

裁判要点

1.债务人将主要财产以明显不合理低价转让给其关联公司，关联公司在明知债务人欠债的情况下，未实际支付对价的，可以认定债务人与其关联公司恶意串通、损害债权人利益，与此相关的财产转让合同应当认定为无效。

2.《中华人民共和国合同法》（已失效）第59条规定适用于第三人为财产所有权人的情形，在债权人对债务人享有普通债权的情况下，应当根据《中华人民共和国合同法》第58条的规定，判令因无效合同取得的财产返还给原财产所有人，而不能根据第59条规定直接判令债务人的关联公司因"恶意串通，损害第三人利益"的合同而取得的债务人的财产返还给债权人。

相关法条

1.《中华人民共和国合同法》(已失效)

第 52 条　有下列情形之一的,合同无效:

(一)一方以欺诈、胁迫的手段订立合同,损害国家利益;

(二)恶意串通,损害国家、集体或者第三人利益;

(三)以合法形式掩盖非法目的;

(四)损害社会公共利益;

(五)违反法律、行政法规的强制性规定。

第 58 条　合同无效或者被撤销后,因该合同取得的财产,应当予以返还;不能返还或者没有必要返还的,应当折价补偿。有过错的一方应当赔偿对方因此所受到的损失,双方都有过错的,应当各自承担相应的责任。

第 59 条　当事人恶意串通,损害国家、集体或者第三人利益的,因此取得的财产收归国家所有或者返还集体、第三人。

2.《中华人民共和国民法典》

第 154 条　行为人与相对人恶意串通,损害他人合法权益的民事法律行为无效。

第 155 条　无效的或者被撤销的民事法律行为自始没有法律约束力。

第 157 条　民事法律行为无效、被撤销或者确定不发生效力后,行为人因该行为取得的财产,应当予以返还;不能返还或者没有必要返还的,应当折价补偿。有过错的一方应当赔偿对方由此所受到的损失;各方都有过错的,应当各自承担相应的责任。法律另有规定的,依照其规定。

基本案情

瑞士嘉吉国际公司(Cargill International SA,以下简称"嘉吉公司")与福建金石制油有限公司(以下简称"福建金石公司")以及大连金石制油有限公司、沈阳金石豆业有限公司、四川金石油粕有限公司、北京珂玛美嘉粮油有限公司、宜丰香港有限公司(该六公司以下统称金石集团)存在商业合作关系。嘉吉公司因与金石集团买卖大豆发生争议,双方在国际油类、种子和脂类联合会仲裁过程中于 2005 年 6 月 26 日达成《和解协议》,约定金石集团将在五年内分期偿还债务,并将金石集团旗下福建金石公司的全部资产,包括土地使用权、建筑物和固着物、所有的设备及其他财产抵押给嘉吉公司,作为偿还债务的担保。2005 年 10 月 10 日,国际油类、种子和脂类联合会根据该《和解协议》做出第 3929 号仲裁裁决,确认金石集团应向嘉吉公司支付 1 337 万美元。2006 年 5 月,因金石集团未履行该仲裁裁决,福建金石公司也未配合进行资产抵押,嘉吉公司向福建省厦门市中级人民法院申请承认和执行第 3929 号仲裁裁决。2007 年 6 月 26 日,厦门市中级人民法院经审查后裁定对该仲裁裁决的法律效力予以承认和执行。该裁定生效后,嘉吉公司申请强制执行。

2006 年 5 月 8 日,福建金石公司与福建田源生物蛋白科技有限公司(以下简称"田源公司")签订一份《国有土地使用权及资产买卖合同》,约定福建金石公司将其国有土地使用权、厂房、办公楼和油脂生产设备等全部固定资产以 2 569 万元人民币(以下未特别注明的均为人民币)的价格转让给田源公司,其中国有土地使用权作价 464 万元、房屋及设备作价 2 105 万元,应在合同生效后 30 日内支付全部价款。王晓琪和柳锋分别作为福建金石公司与田源公司的法定代表人在合同上签名。福建金石公司曾于2001年12月31日以482.1万元取得本案所涉32 138平方米国有土地使用权。2006年5月10日,福建金石公司与田源公司对买卖合同项下的标的物进行了交接。2006年6月15日,田源公司通过在中国农业银行漳州支行的账户向福建金石公司在同一银行的账户转入2 500万元。福建金石公司当日从该账户汇出1 300万元、1 200万元两笔款项至金石集团旗下大连金石制油有限公司账户,用途为往来款。2006年6月19日,田源公司取得上述国有土地使用权证。

2008年2月21日,田源公司与漳州开发区汇丰源贸易有限公司(以下简称"汇丰源公司")签订《买卖合同》,约定汇丰源公司购买上述土地使用权及地上建筑物、设备等,总价款为2 669万元,其中土地价款603万元、房屋价款334万元、设备价款1 732万元。汇丰源公司于2008年3月取得上述国有土地使用权证。汇丰源公司仅于2008年4月7日向田源公司付款569万元,此后未付其余价款。

田源公司、福建金石公司、大连金石制油有限公司及金石集团旗下其他公司的直接或间接控制人均为王政良、王晓莉、王晓琪、柳锋。王政良与王晓琪、王晓莉是父女关系,柳锋与王晓琪是夫妻关系。2009年10月15日,中纺粮油进出口有限责任公司(以下简称"中纺粮油公司")取得田源公司80%的股权。2010年1月15日,田源公司更名为中纺粮油(福建)有限公司(以下简称"中纺福建公司")。

汇丰源公司成立于2008年2月19日,原股东为宋明权、杨淑莉。2009年9月16日,中纺粮油公司和宋明权、杨淑莉签订《股权转让协议》,约定中纺粮油公司购买汇丰源公司80%的股权。2月19日,中纺粮油公司(甲方)、汇丰源公司(乙方)、宋明权和杨淑莉(丙方)及沈阳金豆食品有限公司(丁方)签订《股权质押协议》,约定:丙方将所拥有汇丰源公司20%的股权质押给甲方,作为乙方、丙方、丁方履行"合同义务"之担保;"合同义务"系指乙方、丙方在《股权转让协议》及《股权质押协议》项下因"红豆事件"而产生的所有责任和义务;"红豆事件"是指嘉吉公司与金石集团就进口大豆中掺杂红豆原因而引发的金石集团涉及的一系列诉讼及仲裁纠纷以及与此有关的涉及汇丰源公司的一系列诉讼及仲裁纠纷。还约定,下述情形同时出现之日,视为乙方和丙方的"合同义务"已完全履行:(1)因"红豆事件"而引发的任何诉讼、仲裁案件的全部审理及执行程序均已终结,且乙方未遭受财产损失;(2)嘉吉公司针对乙方所涉合同可能存在的撤销权因超过法律规定的最长期间(五年)而消灭。2009年11月18日,中纺粮油公司取得汇丰源公司80%的股权。汇丰源公司成立后并未进行实际经营。

由于福建金石公司已无可供执行的财产,导致无法执行,嘉吉公司遂向福建省高级人民法院提起诉讼,请求:一是确认福建金石公司与中纺福建公司签订的《国有土地使用权及资产买卖合同》无效;二是确认中纺福建公司与汇丰源公司签订的国有土地使用权及资产《买卖合同》无效;三是判令汇丰源公司、中纺福建公司将其取得的合同项下财产返还给财产所有人。

裁判结果

福建省高级人民法院于2011年10月23日做出(2007)闽民初字第37号民事判决,确认福建金石公司与田源公司(后更名为"中纺福建公司")之间的《国有土地使用权及资产买卖合同》、田源公司与汇丰源公司之间的《买卖合同》无效;判令汇丰源公司于判决生效之日起30日内向福建金石公司返还因上述合同而取得的国有土地使用权,中纺福建公司于判决生效之日起 30 日内向福建金石公司返还因上述合同而取得的房屋、设备。宣判后，福建金石公司、中纺福建公司、汇丰源公司提出上诉。最高人民法院于 2012 年 8 月 22 日做出（2012）民四终字第 1 号民事判决，驳回上诉，维持原判。

裁判理由

最高人民法院认为：因嘉吉公司注册登记地在瑞士，本案系涉外案件，各方当事人对适用中华人民共和国法律审理本案没有异议。本案源于债权人嘉吉公司认为债务人福建金石公司与关联企业田源公司、田源公司与汇丰源公司之间关于土地使用权以及地上建筑物、设备等资产的《买卖合同》，因属于《中华人民共和国合同法》（已失效）第 52 条第二项"恶意串通，损害国家、集体或者第三人利益"的情形而应当被认定无效，并要求返还原物。本案争议的焦点问题是：福建金石公司、田源公司（后更名为"中纺福建公司"）、汇丰源公司相互之间订立的合同是否构成恶意串通、损害嘉吉公司利益的合同？本案所涉合同被认定无效后的法律后果如何？

（1）关于福建金石公司、田源公司、汇丰源公司相互之间订立的合同是否构成"恶意串通，损害第三人利益"的合同。

首先，福建金石公司、田源公司在签订和履行《国有土地使用权及资产买卖合同》的过程中，其实际控制人之间系亲属关系，且柳锋、王晓琪夫妇分别作为两公司的法定代表人在合同上签署。因此，可以认定在签署以及履行转让福建金石公司国有土地使用权、房屋、设备的合同过程中，田源公司对福建金石公司的状况是非常清楚的，对包括福建金石公司在内的金石集团因"红豆事件"被仲裁裁决确认对嘉吉公司形成 1 337 万美元债务的事实是清楚的。

其次，《国有土地使用权及资产买卖合同》订立于 2006 年 5 月 8 日，其中约定田源公司购买福建金石公司资产的价款为 2 569 万元，国有土地使用权作价 464 万元、房屋及设备作价 2 105 万元，并未根据相关会计师事务所的评估报告作价。一审法院根据福建金石公司 2006 年 5 月 31 日资产负债表，以其中载明固定资产原价 44 042 705.75 元、扣除折旧后固定资产净值为 32 354 833.70 元，而《国有土地使用权及资产买卖合同》中对房屋及设备作价仅 2 105 万元，认定《国有土地使用权及资产买卖合同》中约定的购买福建金石公司资产价格为不合理低价是正确的。在明知债务人福建金石公司欠债权人嘉吉公司巨额债务的情况下，田源公司以明显不合理低价购买福建金石公司的主要资产，足以证明其与福建金石公司在签订《国有土地使用权及资产买卖合同》时具有主观恶意，属恶意串通，且该合同的履行足以损害债权人嘉吉公司的利益。

再次，《国有土地使用权及资产买卖合同》签订后，田源公司虽然向福建金石公司在同一银行的账户转账 2 500 万元，但该转账并未注明款项用途，且福建金石公司于当日将 2 500 万元分两笔汇入其关联企业大连金石制油有限公司账户；又根据福建金石公司和田源公司当年的财务报表，并未体现该笔 2 500 万元的入账或支出，而是体现出田源公司尚欠福建金石公司"其他应付款"121 224 155.87 元。一审法院据此认定田源公司并未根据《国有土地使用权及资产买卖合同》向福建金石公司实际支付价款是合理的。

最后，从公司注册登记资料看，汇丰源公司成立时股东构成似与福建金石公司无关，但在汇丰源公司股权变化的过程中可以看出，汇丰源公司在与田源公司签订《买卖合同》时对转让的资产来源以及福建金石公司对嘉吉公司的债务是明知的。《买卖合同》约定的价款为

2 669万元，与田源公司从福建金石公司购入该资产的约定价格相差不大。汇丰源公司除已向田源公司支付569万元外，其余款项未付。一审法院据此认定汇丰源公司与田源公司签订《买卖合同》时恶意串通并足以损害债权人嘉吉公司的利益，并无不当。

综上，福建金石公司与田源公司签订的《国有土地使用权及资产买卖合同》、田源公司与汇丰源公司签订的《买卖合同》，属于恶意串通、损害嘉吉公司利益的合同。根据《中华人民共和国合同法》（已失效）第52条第二项的规定，均应当认定无效。

（2）关于本案所涉合同被认定无效后的法律后果。

对于无效合同的处理，人民法院一般应当根据《中华人民共和国合同法》（已失效）第58条"合同无效或者被撤销后，因该合同取得的财产，应当予以返还；不能返还或者没有必要返还的，应当折价补偿。有过错的一方应当赔偿对方因此所受到的损失，双方都有过错的，应当各自承担相应的责任"的规定，判令取得财产的一方返还财产。本案涉及的两份合同均被认定无效，两份合同涉及的财产相同，其中国有土地使用权已经从福建金石公司经田源公司变更至汇丰源公司名下，在没有证据证明本案所涉房屋已经由田源公司过户至汇丰源公司名下、所涉设备已经由田源公司交付汇丰源公司的情况下，一审法院直接判令取得国有土地使用权的汇丰源公司、取得房屋和设备的田源公司分别就各自取得的财产返还给福建金石公司并无不妥。

《中华人民共和国合同法》（已失效）第59条规定："当事人恶意串通，损害国家、集体或者第三人利益的，因此取得的财产收归国家所有或者返还集体、第三人。"该条规定应当适用于能够确定第三人为财产所有权人的情况。本案中，嘉吉公司对福建金石公司享有普通债权，本案所涉财产系福建金石公司的财产，并非嘉吉公司的财产，因此只能判令将系争财产返还给福建金石公司，而不能直接判令返还给嘉吉公司。

英国最高法院案例（〔2021〕UKSC 40）：关于"经济胁迫"的认定

基本案情

英国一家小型旅行社为了获得机票配额，不得不接受航空公司提出的新协议，放弃旧协议下对航空公司的佣金索赔。旅行社之后起诉航空公司要求航空公司支付佣金，一审法官认为航空公司构成经济胁迫，但上诉法院和英国最高法院持相反意见。鉴于合法行为构成胁迫的情形比较少见，英国有学者和实务人员质疑是否有必要认可合法行为在特定情形下构成胁迫。英国最高法院借这个案件，在判决中回顾了经济胁迫的发展历史，认为英国普通法认可合法行为可以构成胁迫，但这不意味着可以把胁迫的概念扩展得过于宽泛，否则将极大地影响商事交易合同的确定性。本案是了解英国法下经济胁迫制度发展的一个非常好的阅读材料。

1. 本案基本事实

（1）主要事实。

本案法律关系相对比较简单，但原被告双方的诉讼持续了多年，一审法官在判决中用了200多段文字来描述事实。这是英国法院判决很常见的情况，有助于阅读判决的人全面了解事实细节。

本案一审原告时代旅行有限公司（以下简称"TT"）是一家位于英国伯明翰的小型家族式旅行社，被告巴基斯坦国际航空公司（以下简称"PIAC"）负责运营英国与巴基斯坦之间的直飞航班。TT于2008年成为PIAC的机票代理之一，对于TT而言，PIAC是一个非常重要的合作伙伴。如果 PIAC 停止给 TT 机票配额，TT 很可能无以为继、被迫停业。从商业地位来看，TT 显然处于弱势。

TT 和 PIAC 最初的协议约定，TT 可以按照机票销售额的 9% 收取基础佣金，并根据总销售额情况收取超额佣金（在年销售金额达到 250 000 英镑时享受 2% 的超额佣金）。此外，任何一方可以通过提前书面通知的方式随时终止协议。

在 TT 和 PIAC 合作之初，TT 以及代理销售 PIAC 机票的其他旅行社与 PIAC 就佣金问题产生了争议。其他旅行社成立了一个名为巴基斯坦旅行社协会（APTA）的行业协会，代表旅行社与 PIAC 进行谈判。TT 在 2008 年年底了解到有 APTA 这个组织，APTA 正在与 PIAC 谈判基础佣金条款。但 PIAC 后来告诉 TT，PIAC 和 APTA 的谈判已经破裂，PIAC 将停止按照机票销售额的 9% 支付基本佣金，代之以按照销售净价计算报酬。

自 2008 年 6 月 30 日以来，TT 多次催促 PIAC 支付超额佣金，PIAC 回复其将执行新的佣金计划，但表示会解决 2009 年的未付超额佣金。TT 于 2010 年了解到 APTA 成员在向 PIAC 索赔并表示会起诉，PIAC 表示会友好解决这些争议，让 TT 不要参与索赔，也不要起诉。但此后，有一家旅行社于 2011 年 2 月起诉 PIAC 要求支付基础佣金和超额佣金。

2012 年 9 月 14 日，PIAC 向其在英国的机票代理（包括 TT）送达了一份协议终止通知，通知明确终止将从 2012 年 10 月 31 日起生效，PIAC 同时在通知附件中列出了重新成为 PIAC 机票代理的条件。

2012 年 9 月 17 日，PIAC 大幅减少了给 TT 的机票数量。这严重影响到 TT 的经营，如果继续下去，TT 将不得不停业。但是，从 PIAC 和 TT 签订的协议来看，PIAC 减少给 TT 的机票配额并不构成违约，也不违反法律的规定，换而言之，这是一个合法行为。

2012 年 9 月 24 日，TT 与 PIAC 会面，在会上签署了新的代理协议。新的协议立即取代此前的协议，并且 TT 在新协议中放弃基于此前协议可对 PIAC 提出的佣金索赔。此外，根据新的代理协议，PIAC 按照其公开售价的 7% 给予 TT 折扣，TT 有权就销售差价获得报酬；此外，TT 在达到特定的分级销售目标后，可以获得补偿佣金。在这次会上，PIAC 的代表告诉 TT，如果 TT 不签署新协议，PIAC 不会再给 TT 机票配额，这意味着 TT 将不得不停业；如果 TT 签署了新协议，那么 PIAC 就会恢复机票配额。TT 在诉讼中表示虽然其不愿意签署新协议，但没有其他选择。新协议签署之后，PIAC 恢复了给 TT 的机票配额。

不久，30 家旅行社于 2012 年 10 月起诉 PIAC，要求限制 PIAC 终止通知的生效。2013 年 2 月，部分旅行社和 PIAC 达成和解，和解协议约定：双方从 2013 年 2 月起达成为期三年的佣金协议。协议第一年，代理商每售出一张机票可获得 PIAC 20 英镑奖励，第二年及第三年每售出一张机票可获得 15 英镑奖励。2013 年 12 月，TT 向 PIAC 提出类似奖励的要求，但被 PIAC 拒绝。

（2）本案诉讼程序。

2014 年 12 月 31 日，TT 连同另一家公司提起诉讼，要求 PIAC 支付原代理协议项下所欠的佣金，以及新产生的佣金。PIAC 认为 TT 已经通过签署新的代理协议放弃了此前的索赔请求，而 TT 则以 PIAC 存在经济胁迫、不实陈述、根据 1977 年《不公平合同条款法》（UCTA）存在不公平为由，认为新代理协议应被撤销。

一审法院于 2017 年 2 月组织了 6 天的开庭，于 2017 年 6 月 14 日做出判决（〔2017〕EWHC 1367（Ch））。一审法院没有支持 TT 关于不实陈述和不公平的主张，但认为 TT 可以依据经济胁迫撤销新代理协议。PIAC 上诉至英国上诉法院，英国上诉法院于 2019 年 5 月 14 日判决推翻了一审法院对经济胁迫的认定。就此，TT 上诉至英国最高法院。

2. 本案主要争议焦点及法庭的认定

一审法官认为经济胁迫有三个构成要件：①受胁迫人受到了不正当的压力；②该压力是导致受胁迫人达成协议的重要原因；③受胁迫人除了接受合同没有其他现实的选择。一审法官认为本案 PIAC 的行为满足前述条件，构成对 TT 的经济胁迫。PIAC 对第二项和第三项构成要件没有异议，仅就第一个构成要件提出了上诉，PIAC 认为其不存在不合法的行为。

上诉法院回顾了经济胁迫的发展历史，总结了以往经济胁迫的相关案例，认为：①一方为达成其"善意"认为有权获得的利益，而采取的合法行为来对另一方施压并不构成经济胁迫。至于该方客观上是否有合理的理由认为其有权获得某种利益，对判断其是否善意没有影响；②从 PIAC 和 TT 签订的协议来看，PIAC 减少给 TT 的机票配额并不构成违约，也不违反法律的规定。本案中 TT 并没有证明 PIAC 为获得某种利益存在"恶意"，而 PIAC 没有义务证明其存在"善意"。因此，上诉法院同意了 PIAC 提出的上诉，认为 PIAC 在本案不存在胁迫。为此，TT 上诉到了英国最高法院。本案上诉阶段的争议焦点非常集中，主要是关于"经济胁迫"的胁迫形式。

（1）主要判决（Hodge 勋爵的判决，获得了院长 Reed 勋爵、Lloyd-Jones 勋爵及 Kitchin 勋爵同意）。

Hodge 勋爵在发表对本案的意见之前，总结了英国法的相关原则：①英国法下合法行为构成胁迫的两种情形；②衡平法对合法行为构成胁迫的影响；③英国法在谈判地位不平等原则和订立合同时的善意原则方面的缺失；④其他普通法体系国家对经济胁迫的态度。

1）英国法下合法行为构成胁迫的两种传统情形。

Hodge 勋爵总结了合法行为构成胁迫的两种情形。在以下两种情形中，胁迫方都采取了可受谴责的手段，给受胁迫方造成了不正当的压力。

①利用对犯罪活动的了解：胁迫方利用其对受胁迫方或其近亲犯罪活动的了解，通过明示或暗示的威胁其将举报犯罪行为或提出起诉，从受胁迫方处获得个人利益。就此，Hodge 勋爵援引了 Willian 诉 Bayley、Kaufman 诉 Gerson 及 Mutual Finance Ltd 诉 John Wetton and Sons Ltd 这三个经典案例，对利用对犯罪活动的了解实施胁迫的情形进行了论述。

②利用不正当手段使索赔人处于弱势地位，从而迫使其放弃索赔：胁迫方针对受胁迫方提出的民事索赔，例如违约损害赔偿，故意采用法律上被认为不合法的手段使受胁迫方处于弱势地位，从而迫使受胁迫方放弃索赔。就此，Hodge 勋爵援引了 Borrelli 诉 Ting 案及 The Cenk K 案。在 Borrelli 诉 Ting 案中，Ting 故意不与清盘人合作，反对清盘人提出的债务安排计划，在这个过程中伪造了证据，最终迫使清盘人与其签订和解协议；在 The Cenk K 案中，胁迫方存在根本违约，并拒绝遵守此前向守约一方做出的赔偿承诺。

2）衡平法对合法行为构成胁迫的影响。

Hodge 勋爵认为，不正当的行动动机或不正当的压力这一概念与衡平法下的显失公平密切相关。但衡平法下的显失公平不是不考虑具体情况就可以全面适用的原则，衡平法确定了需要司法干预以保护弱势一方的特定情况。例如：A 和 B 之间存在信任关系，而 A 利用这一关系损害了 B 的利益，这构成不正当的影响；如果 B 由于"贫穷、无知、缺乏建议或其他原因"而处于相对严重不利的地位，A 以道德上应受谴责的方式利用了 B 的弱点，达成对 B 非常不利的合同，这可能构成显失公平。此外，Hodge 勋爵认为，尽管英国法中的胁迫与衡平法下的不当影响及显失公平存在交叉之处，但谈判地位不平等本身并不足以使受影响一方可援引不当影响或显失公平获得救济。

3）英国合同法没有关于谈判地位不平等和一般的缔约诚信原则。

Hodge 勋爵认为，尽管谈判地位不平等可能是某些不正当影响案件的一个特征，但英国普通法中并没有"谈判地位不平等"的原则。Hodge 勋爵认为：在商务合同的谈判中，谈判各方都在试图获得其原先不拥有的合同权利，谈判地位不平等意味着在商务合同谈判中的一方可以将条件强加给处于劣势的一方。如果一方利用自己的垄断地位来迫使他人接受交易条件，这应由议会而非司法机构来监管。

此外，与许多大陆法系国家和一些普通法系国家不同，英国法从未承认缔约中的一般诚信原则。Hodge 勋爵认为在合同领域中，合法行为构成胁迫的适用范围应当"极其有限"，即在商业背景下，谈判方施加的压力很少能达到不正当压力的标准，而合法行为构成胁迫是一种极为罕见的情况。

4）其他普通法系对经济胁迫的认定方法。

最高法院也总结了其他普通法系关于经济胁迫的认定：澳大利亚、新西兰和新加坡，对经济胁迫和合法行为构成胁迫的情形采取了审慎的态度；在合同领域规定有一般诚信原则的法域，例如加拿大和美国，可能会对之后 Burrows 勋爵所说的"恶意要求"情况下的经济胁迫索赔持更开放的态度。

5）对本案的意见。

Hodge 勋爵在给出本案分析意见前，首先讨论了合法行为不构成胁迫的一则经典案例 CTN Cash and Carry Ltd 诉 Gallaher Ltd 一案。在该案中，Steyn LJ 法官认为被告不构成胁迫，原因是：①纠纷是由两家贸易公司之间的公平商业交易引起的。虽然 Gallaher 作为品牌的唯一供应商在某种意义上处于垄断地位，但对垄断的管控是议会的事，而普通法不承认商业交易中谈判地位不平等的原则；②本案中，Gallaher 可以拒绝与 CTN 签订任何未来合同，拒绝提供信贷额度，其行为既不构成违约也不违法；③Gallaher 善意地认为货物被盗时应由 CTN 承担风险。一审法官进一步强调："我们商事交易法律的目标应该是鼓励当事人之间的公平交易。但是，当争议的关键问题不是行为是否合法，而是行为在道德上或社会上是否不可接受时，法律将标准定得太高是错误的。"

但是 Hodge 勋爵针对前述第 3 点表达了不同的意见，这一点也是 Hodge 勋爵与本案另一位法官 Burrows 勋爵的分歧所在。按照前述第 3 点，如果 Gallaher 不是善意地认为被盗风险应由 CTN 承担，那么其撤销对未来合同的信贷安排或拒绝与 CTN 签订进一步合同，可能构成一种滥用权利的胁迫行为。对此，Hodge 勋爵认为不诚实的行为可能是商业活动的一个特征，应当限制合法行为构成胁迫在商业领域的适用，原因包括：①英国法不认可缔约中的一般诚信原则，也不会当然对处于谈判弱势的一方给予保护，很难将此扩展纳入现有公认的法律原则进行规制；②合法行为构成胁迫的扩展有可能会在商业交易领域造成不可接受的不确定性；③合法行为构成胁迫在商业领域的扩展效用可能有限：如认为构成要件之一是胁迫方"恶意"提出要求，那么法官需要基本确定胁迫方缺乏提出某项要求的权利，且胁迫方明知不具有合法权利但仍提出该项要求。这意味着受胁迫方只有在证明胁迫方并不真正相信具有合法权利的情况下，才能成功地依据胁迫提出索赔，但受胁迫方很难达到这样的证明标准。

因此，Hodge 勋爵认为：如果一个商业组织 A 利用其强势的谈判地位或垄断地位，"恶意"主张一项先前存在的权利而从另外一个商业组织 B 处获得付款，即便 B 认为或知道 A 没有这样的权利，也不能就此认为 A 的行为构成经济胁迫。具体到本案而言，Hodge 勋爵认为：虽然本案 PIAC 利用其垄断地位采取了强硬的商业谈判策略，但没有任何调查结果表明 PIAC 使用了任何应受谴责的手段——PIAC 向 TT 发出提前终止通知、降低分配给 TT 的机票额度都是 PIAC 的合同权利，本案也没有任何调查结果表明 PIAC 在向 TT 提出放弃原索赔、接受新协议的要求时有恶意。因此，Hodge 勋爵不认为 PIAC 的行为构成经济胁迫。从 Hodge 勋爵的措辞来看，如果 PIAC 在利用垄断地位之外采取了一些不当的或可受谴责的行为，PIAC 的行为可能会构成经济胁迫。但是，如 Burrows 勋爵所说，Hodge 勋爵并没有说明不当的或可受谴责的行为具体指代什么样的行为，这对确定什么行为可构成经济胁迫仍然存在很多不确定性。

（2）Burrows 勋爵的不同意见。

和 Hodge 勋爵一样，Burrows 勋爵不认可在商业领域有一般的诚信原则（good faith），并高度尊重商事交易中的确定性原则，其与 Hodge 勋爵的分歧主要在于：Burrows 勋爵认为在考察合法行为是否构成胁迫的语境下，鉴于胁迫方的行为是合法的，应当关注胁迫方想谋取的利益是否正当。可以看出，Burrows 勋爵想尽量从什么样的行为构成经济胁迫这一点出发，设定一些可以参考的标准，而不是简单否认什么样的行为不构成经济胁迫。

Burrows 勋爵引用了 CTN Cash and Carry Ltd 诉 Gallaher Ltd 一案，该案法官基于当事人在提出要求时是否"恶意"来判断是否构成胁迫。此外，Burrows 勋爵同样引述了 Borrelli 诉 Ting 案及 The Cenk K 案，认为如果 A 在以下情形下要求 B 放弃对 A 的索赔权，A 的要求不正当，其行为构成经济胁迫：①A 为达到其目的故意采取行为使得 B 陷入不利局面，或增加了 B 的被动局面；②A 并不真正相信其对 B 的索赔存在有效的抗辩，且 A 确实没有真正有效的抗辩。例如，Borrelli 诉 Ting 案中，Ting 反对清盘人的计划并非出于善意，而是出于不正当的动机。

具体到本案来说，根据一审法官查明的事实，PIAC 未支付过往佣金这一违约行为并不是诱使 TT 签订新协议的相关威胁或压力，而是 PIAC 威胁不再继续与 TT 的合同关系、不再向 TT 提供机票，才迫使 TT 不情愿地签订了新协议，而 PIAC 在法律上有权不再向 TT 提供机票。换而言之，PIAC 能够在本案中施加经济压力是因为它当时垄断了英国和巴基斯坦之间的直航机票供应。但是如果 TT 证明 PIAC 在提出放弃佣金索赔的要求时是恶意的，那么 TT 关于经济胁迫的主张可以得到支持。

Burrows 勋爵进而考虑了"恶意要求"的举证责任，Borrows 法官认为受威胁方须证明威胁方存在恶意，本案中 TT 没有证明 PIAC 存在恶意，这也是其败诉的原因之一。但是，这并不意味着只要威胁方称，它确实认为其对受胁迫方有索赔权利，或者胁迫方对受胁迫方放弃的索赔有抗辩理由，法院就会承认受威胁方未能完成举证责任。相反，法院在对所有相关材料进行审查后，认为当胁迫方所称的主观状态明显不合理时，举证责任就会转移到胁迫方身上。

Burrows 勋爵指出主判决中 Hodge 勋爵不接受"恶意要求"原则，则难以为哪些合法行为能够构成胁迫设立一个明确可行的界限。Hodge 勋爵采用的"受谴责的行为"和"不道德的行为"以及"使用不正当的手段"的表述均缺乏明确性，会增加在商业合同中合法行为下胁迫的不确定性。

3. 小结

从该案的判决来看，英国法院始终强调商事领域交易的稳定性和确定性，不会轻易从"道德"层面介入去援助弱势的一方（消费者除外）。几位法官没有异议的是，在商业领域，一方利用优势地位达成商业利益构成胁迫的情形是有限的。商业领域情形多变，无论是 Hodge 勋爵提出的可受谴责的行为，还是 Burrows 勋爵提出的"恶意要求"，都将使法官不得不在具体案件中考量什么是商业道德。一方面英国法官对进行道德判断很谨慎，另一方面做这样的判断非常困难，很难形成一个统一的标准和原则。因此，如本判决所说，普通法关于经济胁迫的发展是逐步的，并不会突然发生跨越式的变化。

英国普通法下的经济胁迫对应到我国法律可能可以指向胁迫、显失公平，以及违反诚信原则和滥用权利，但两者显然不完全一致。我国法院在"途易公司诉谷歌旅行社合同纠纷案"中曾认可"在商事交易中，以'经济胁迫'订立的合同可变更或撤销"，其认为：在交易速度不断加快、商家信誉日益重要的今天，经济胁迫所产生的意志上的强制力绝不亚于对于财产权的侵害威胁，特别是在情况紧急的情况下，一方以提高价格才能继续履行合同否则不予履行相威胁，对方往往迫于自身商业信誉的考虑而被迫同意，严重违反了公平原则。虽然有必要在商事领域维护公平交易，但同样地，面对商业领域纷繁复杂的利益关系，法官将面临如何剖析利害关系、平衡利益和公平、兼顾交易秩序的难题，这恐怕无法通过一个或几个个案来确定一个明确的标准。

关键术语

合同法的渊源	合同的概念	商事合同通则	要约	承诺
意思表示	合同的效力	合同的履行	履行抗辩权	合同的解除
违约救济	损害赔偿

思考题

1. 简述英美法系和大陆法系合同的概念。
2. 试述要约的概念及其构成要件。
3. 关于要约的撤销，两大法系的制度有何差异？
4. 试述承诺的概念及其构成要件。
5. 什么是合同解释的主观意思主义和客观意思主义？
6. 简述违约的救济办法。

第 5 章
国际货物买卖法

本章导读

本章以《联合国国际货物买卖合同公约》(CISG 公约)为主线,介绍国际货物买卖的相关法律规范,包括:各国国内立法以及国际公约、国际惯例等对国际货物买卖合同的成立、卖方和买方在国际货物买卖合同中的主要义务,违反货物买卖合同的救济方法、货物所有权和风险的转移等问题的规定。本章还结合国际商会的《国际销售示范合同》介绍了国际货物买卖合同的内容。

5.1 国际货物买卖法概述

国际货物买卖是国际经济贸易关系中最原始、最基本的形式,随着国际经济交往的不断加深、科学技术的日新月异,国际贸易也不断得以发展,已经从传统有形的货物贸易进一步拓展到技术贸易、服务贸易等多个领域,但是货物贸易仍然是国际经济贸易关系中无法替代的重要组成部分,国际商法就是建立在国际货物买卖法的基础上并以其为核心逐步发展起来的。因此,无论是国际贸易立法还是国内贸易立法,都很重视对国际货物买卖关系的调整。

5.1.1 国际货物买卖法相关概念

1. 国际货物买卖的含义

国际货物买卖,是指营业地位于不同国家的当事人之间的货物买卖。对于"国际"一词的理解,从法律关系主体、内容、客体三个方面出发,有以下几种含义。

(1)国家之间。

(2)作为法律关系主体的公民或法人住所、居所或营业地位于不同国家。

(3)作为法律关系主体的公民或法人具有不同的国籍。

(4)作为法律关系客体的标的物位于国外。

(5)引起法律关系的事实和行为发生在国外。

关于上述几种含义,不同国家、不同部门法、不同学者存在不同的认识。在具体适用时,有的采用单一标准，而更多的是采用复合标准或者选择性标准。《联合国国际货物买卖合同公约》采用的是当事人"营业地"这个单一标准，该公约适用于营业地位于不同国家的当事人之间的货物买卖合同。另外，人们通常将营业地位于不同关税地区（关境）的货物买卖，如中国内地与香港之间的货物买卖也纳入国际货物买卖关系中加以研究。

2. 国际货物买卖的特征

根据上述分析并结合《联合国国际货物买卖合同公约》的规定，国际货物买卖具有以下几个特征。

（1）国际货物买卖是指动产的货物买卖，即买卖的标的是有形财产，不包括技术、服务等无形财产，也不包括房地产等不动产。

（2）国际货物买卖具有交易性，即在双方当事人的同一项法律关系中，必须同时具备一方当事人货物所有权的转移和另一方当事人按照约定支付相对应的价款。

（3）国际货物买卖具有国际性，是营业地位于不同国家（不同关税地区或不同关境）的当事人之间的货物买卖，即跨国（境）的货物买卖。

（4）国际货物买卖与国际货物运输、保险以及国际支付、结算关系紧密，有时还与国际商事代理相关联。同时，与进出口国的对外贸易政策及其对外贸易管制法律相关联。

3. 国际货物买卖法的概念

买卖法，是指调整买方与卖方之间权利和义务关系的法律规范。就该法的调整内容而言，买卖法可以分为广义和狭义两种。广义的买卖法，包括调整动产与不动产买卖关系的法律规范；狭义的买卖法，仅指调整有形动产（货物）买卖关系的法律规范。根据买卖法调整的权利义务关系是否跨越国境，可以将买卖法分为国内买卖法和国际买卖法。本章所讨论的是狭义的国际买卖法——国际货物买卖法。

国际货物买卖法，是指调整营业地位于不同国家的当事人之间的货物买卖的法律关系的法律规范的总称。其中，"国际"一词有两种解释：一是货物买卖的主体跨越政治意义上的国界，即国籍不同；二是货物买卖的主体跨越地理意义上的国界，即跨越国境线。通常，将"国际"一词作第二种解释，也就是说，国际货物买卖的主体是营业地位于不同国家的个人或商事组织。

5.1.2 国际货物买卖法的渊源

1. 国际条约

国际条约是国际货物买卖法的重要渊源。有关国际货物买卖法的国际条约主要有：1964年的《国际货物买卖统一法公约》和《国际货物买卖合同成立统一法公约》、1980年的《联合国国际货物销售合同公约》、1983年的《国际货物销售代理公约》、1985年的《国际货物买卖合同法律适用公约》、1924年的《统一提单的若干法律规则的国际公约》（海牙规则）、1968年的《布鲁塞尔议定书》（维斯比规则）、1978年的《联合国海上货物运输公约》（汉堡规则）、2009年的《联合国全程或部分国际海上货物运输合同公约》（鹿特丹规则）等。

《联合国国际货物销售合同公约》（The United Nations Convention on Contracts for the International Sale of Goods，以下简称"CISG公约"）是迄今为止有关国际货物买卖合同的一

项最为重要的国际公约。它是联合国国际贸易法委员会主持制定的，于 1980 年在维也纳举行的外交会议中获得通过，并于 1988 年 1 月 1 日正式生效。

CISG 公约是在两项海牙公约的基础上合并而成的，很好地调和了大陆法系和英美法系在传统上关于货物买卖规定的分歧。公约在合同法领域对各国的成文法、判例法以及法理学说和国际惯例做了充分比较分析的基础上，提出了被普遍承认的原则和规则，也制定了一套适合于国际贸易要求的原则和办法，供买卖双方选择适用。

截至 2020 年 12 月 24 日，该公约共有 96 个成员国，分别是：中国、美国、日本、意大利、德国、希腊、法国、澳大利亚、俄罗斯、巴西、加拿大、埃及、以色列、匈牙利、荷兰、新西兰、波兰、新加坡、西班牙、土耳其、越南、丹麦、挪威、葡萄牙、白俄罗斯、捷克共和国、芬兰、奥地利、哥伦比亚、比利时、智利、伊拉克、墨西哥、大韩民国、朝鲜民主主义人民共和国、阿根廷、瑞典、罗马尼亚、蒙古、乌克兰、瑞士、老挝、斯洛伐克、阿尔巴尼亚、亚美尼亚、阿塞拜疆、巴林、贝宁、波斯尼亚和黑塞哥维那、保加利亚、布隆迪、喀麦隆、刚果、哥斯达黎加、克罗地亚、古巴、塞浦路斯、多米尼加共和国、厄瓜多尔、萨尔瓦多、爱沙尼亚、斐济、加蓬、佐治亚州、加纳、危地马拉、几内亚、圭亚那、洪都拉斯、冰岛、吉尔吉斯斯坦、拉脱维亚、黎巴嫩、莱索托、利比里亚、列支敦士登、立陶宛、卢森堡、马达加斯加、毛里塔尼亚、黑山、北马其顿、巴拉圭、秘鲁、摩尔多瓦共和国、圣马力诺、塞尔维亚、斯洛文尼亚、圣文森特和格林纳丁斯、巴勒斯坦国、阿拉伯叙利亚共和国、乌干达、乌拉圭、乌兹别克斯坦、委内瑞拉玻利瓦尔共和国、赞比亚。

（1）CISG 公约的适用范围。

① CISG 公约适用的合同。CISG 公约适用于营业地分处于不同国家的当事人之间所订立的货物买卖合同。具体而言包括两种情况：一是营业地处于不同缔约国的当事人之间的货物买卖；二是营业地处于不同国家的当事人之间的货物买卖，由国际私法规则导致该买卖合同适用某一缔约国的法律。

② CISG 公约不适用的销售情形。CISG 公约第 2 条规定，以下几种销售情形不适用：供私人、家属或家庭使用而购买的货物的销售；经由拍卖的销售；根据法律执行令状或其他令状的销售；公债、股票、投资证券、流通票据或货币的销售；船舶、气垫船或飞机的销售；电力的销售。

③ CISG 公约不适用的事项。CISG 公约仅适用于合同的订立和买卖双方的权利和义务，不涉及下列问题：合同的效力，或其任何条款的效力，或任何惯例的效力；合同对所售货物所有权可能产生的影响；货物对人身造成的死亡或伤害的责任。

（2）中国加入 CISG 公约的保留条款。

中国于 1986 年加入 CISG 公约，是最早的缔约成员国之一。我国在核准 CISG 公约时，提出了以下两项保留条款。

①关于采用书面形式的保留。

CISG 公约第 11 条规定："国际货物买卖合同无须以书面形式订立或以书面证明，在形式方面不受任何其他条件的限制。"

我国在提交批准书加入该公约时，对此条款提出了保留。当时，我国坚持认为，国际货物买卖合同必须采用书面形式订立。1999 年我国实施的《中华人民共和国合同法》（已失效）对合同形式已经没有严格要求。但是，我国政府对上述条款的保留意见仍未撤销。

②关于 CISG 公约适用范围的保留。

CISG 公约第 1 条第 1 款（a）项规定，如果合同双方当事人的营业地是处于不同的国家，而且这些国家又都是该公约的缔约国，该公约就适用于这些当事人之间订立的货物买卖合同。CISG 公约第 1 条第 1 款（b）项规定，如果合同双方当事人的营业地处于不同国家，即使他们的营业地的所在国不是公约的缔约国，但如果按照国际私法的规则导致适用某一缔约国的法律，则该公约亦将适用于这些当事人之间订立的买卖合同。这一规定的目的是扩大 CISG 公约的适用范围，使它在某些情况下也可适用于营业地处于非缔约国的当事人之间订立的买卖合同。

我国在核准 CISG 公约时，对（b）项也提出了保留。根据这项保留，在我国，该公约的适用范围仅限于营业地分处于不同缔约国的当事人之间订立的货物买卖合同。

（3）CISG 公约适用的任意性。

根据 CISG 公约第 6 条，营业地在缔约国的当事人可以约定不适用该公约，也可以减损该公约的任何规定或改变其效力，但必须尊重营业地所在国已经做出的保留。

2. 国际贸易惯例

国际贸易惯例是国际货物买卖法的另一个重要渊源。在国际货物买卖中，如果双方当事人在合同中约定采用某项国际贸易惯例，则此惯例就对双方当事人具有约束力。在发生争议时，法院和仲裁机构可以参照国际贸易惯例来确定合同当事人的权利与义务。关于国际货物买卖的国际贸易惯例主要有以下几种。

国际贸易的首要特点是跨越国界，由于贸易的运输路线长、手续复杂、风险较大，为了明确买卖双方的责任、义务以及风险转移等问题，在长期的国际贸易实践中，逐渐形成了一些专门用语，以表明商品的价格构成、货物交接过程中的风险、责任和费用的划分等交易条件，这就是国际贸易术语（Trad Terms）。

（1）《国际贸易术语解释通则》。

《国际贸易术语解释通则》（International Rules for the Interpretation of Trade Terms，INCOTERMS）是国际商会于 1935 年制定的，其目的在于对国际贸易合同中使用的主要术语提供一套国际通用的解释，使从事国际商业活动的人们对这些术语在不同的国家有不同解释的情况下，能选择确定而统一的解释。为适应国际贸易实践发展的需要，国际商会先后于 1953 年、1967 年、1976 年、1980 年和 1990 年、2000 年、2010 年和 2020 年进行过多次修订和补充。该通则在国际上已获得了广泛的承认和采用，我国也在国际贸易实践中大量使用该通则。

（2）《1932 年华沙－牛津规则》。

《1932 年华沙－牛津规则》（Warsaw-Oxford Rules，1932）是国际法协会先后在华沙、牛津等地开会研究后，于 1932 年制定的。该规则制定的目的是解释 CIF 术语。

1928 年，国际法协会在华沙举行会议，制定了有关 CIF 买卖合同的统一规则，共有 22 条，被称为《1928 年华沙规则》。1932 年，国际法协会在英国的牛津会议上做了最终修订，共 21 条，将之定名为《1932 年华沙－牛津规则》。它对 CIF 合同中买卖双方所应承担的责任、费用与风险做了详细的规定，该规则在国际上有较大的影响。

（3）《1941 年美国对外贸易定义修订本》。

1919 年，美国 9 个商业团体制定了《美国出口报价及其缩写条例》。1941 年在美国第

27届全国对外贸易会议上对它进行了修订，并称之为《1941年美国对外贸易定义修订本》（Revised American Foreign Trade Definitions 1941）。该修订本为美国商会、美国进口商协会与全国对外贸易协会所组成的联合委员会所采用，并由全国对外贸易协会予以发行。该修订本对美洲一些国家影响较大。需要注意的是该修订本对贸易术语的解释与国际商会制定的《国际贸易术语解释通则》存在区别，在与这些国家进行国际贸易时，应明确贸易术语所适用的惯例，以免引起不必要的纠纷。

3. 各国国内法

（1）大陆法系。

大陆法系国家以成文法为主要法律渊源，因此，买卖法也多以成文法的形式分布于各国的民法典、商法典之中。法国、日本、德国是典型的"民商分离"的国家，因此关于买卖法的内容除民法典中有规定外，商法典中也有规定。由于民法典属于普通法，商法典为特别法，根据特别法优于普通法的规则，应优先适用商法典的相应规定。在意大利、瑞士等"民商合一"的国家，买卖法的相关规定则主要体现在民法典或债务法典中。

（2）英美法系。

英美法系国家以判例法为主要渊源，因此不存在专门的法典，也没有民、商法之分，货物买卖法大多以单行法的形式出现。

在英国，具有代表性的是1893年的《货物买卖法》，该法于1994年被修改为《货物买卖和供应法》。

美国于1906年以英国的《货物买卖法》为蓝本制定了《统一买卖法》。1952年美国起草《统一商法典》，并在第二篇中作了买卖法律的有关规定。由于美国各州享有广泛的立法权，因此该法典只具有示范作用。但除路易斯安那州外，其他各州均已通过立法采用了该法典。《统一商法典》在美国国内货物买卖及国际货物买卖领域有着重要影响。

（3）中国法。

我国有关货物买卖的法律，主要见诸《民法通则》《合同法》《民法总则》《民法典》以及《对外贸易法》。随着我国《民法典》于2021年1月1日起实施，《民法通则》《合同法》和《民法总则》也同时废止。其中，《民法典》第三编"合同"适用于调整我国国际货物买卖的合同事宜；《对外贸易法》则主要适用于货物进出口、技术进出口和国际服务贸易与此类对外贸易有关的知识产权保护。

5.2 国际货物买卖合同的成立

根据《联合国国际货物买卖合同公约》的规定，国际货物买卖合同是指"营业地处于不同国家的当事人之间所订立的货物买卖合同"。合同的订立与成立是两个不同的法律概念：合同的订立，是指两个或两个以上的当事人为意思表示，达成合意而成立合同的过程；合同的成立，是指当事人就合同的条款协商一致，合同依法生效的结果。可见，合同订立是合同成立的基础，而合同订立并不必然导致合同成立。

根据1980年CISG公约第二部分"合同的成立"（Formation）的规定，合同的成立有两个基本法律问题——要约（Offer）与承诺（Acceptance）。我国《民法典》第471条也有类似规定,即"当事人订立合同,可以采取要约、承诺方式或者其他方式"。本节主要从要约与承诺两个环节介绍国际货物买卖合同的成立问题。

5.2.1 要约概述

1. 要约的概念

要约是合同法术语,在国际贸易实践中常被称为发价、发盘,是一方向另一方提出愿意按照一定条件与对方订立合同的一种意思表示。CISG 公约第 14 条对要约所下的定义是:向一个或一个以上特定的人提出的订立合同的建议,如果十分确定并表明要约人在得到承诺时承受约束的意旨,即构成要约。我国《民法典》第 472 条规定:要约是希望与他人订立合同的意思表示。

2. 要约的构成要件

一项要约需要具备以下几个构成要件。

(1) 要约应向一个或一个以上的特定人发出。所谓特定的人,是指受要约人须为特定人,即发出要约的一方在发出时就要把受要约人特定化、明确化。

(2) 要约的内容必须十分确定。要约应当明确提出准备与对方签订合同的主要内容,一旦受要约人承诺,即足以成立一项对双方都有约束作用的合同。CISG 公约规定发约人无须在其要约中详细列出合同的全部条款,只要达到足以确定合同内容的程度即可,而且其进一步规定如果包含以下三项内容就符合"十分确定"的要求:①应当载明货物的名称;②应明示或默示地规定货物的数量或规定如何确定数量的方法;③应明示或默示地规定数量和价格或规定如何确定数量和价格。

(3) 要约须送达受要约人。如果要约未能送达,则受要约人不能知晓要约的内容,无法做出承诺。

3. 要约的撤回与撤销

各国法律都承认在要约送达受要约人之前,要约并未生效,要约人可以收回要约,即要约的撤回。CISG 公约第 15 条第 2 款规定,一项要约,即使是不可撤销的要约,也可以撤回,只要撤回的通知能在该要约到达受要约人之前或与要约同时送达受要约人。

要约的撤销则是指在要约到达受要约人后且受要约人做出承诺之前,要约人收回要约的情形。CISG 公约第 16 条第 1 款规定,在合同成立以前,要约可以撤销,但撤销通知须于受要约人做出承诺之前到达受要约人。按照 CISG 公约第 16 条第 2 款的规定,在下列两种情况下,要约一旦生效,即不可撤销:①在要约中已经载明了承诺的期限,或以其他方式表示它是不可撤销的;②受要约人有理由信赖该项要约是不可撤销的,并已本着对该项要约的信赖行事。

4. 要约生效与失效

要约生效,是指要约对要约人和受要约人发生法律上的约束作用。根据世界各国的普遍原则,要约于送达受要约人时生效。CISG 公约第 15 条第 1 款规定,要约于其到达受要约人时生效。

要约失效,是指要约对要约人和受要约人都失去法律上的约束作用。要约失效的情形包括：①要约生效后，受要约人没有在要约约定的期限内做出承诺；②要约人依法撤销要约；③受要约人拒绝要约；④受要约人对要约的内容做出实质性变更。

5.2.2 承诺概述

1. 承诺的概念

与要约相同，承诺也为合同法的专业术语，在国际贸易实践中通常被称为接受、受盘，是受要约人无条件同意要约的一种意思表示。CISG公约第18条第1款规定，受要约人以做出声明或以其他行为对某一要约表示同意，即为承诺。我国《民法典》第479条认为：承诺是受要约人同意要约的意思表示。

2. 承诺的构成要件

承诺应具备以下条件：

（1）承诺须由受要约人向要约人做出。

要约是向特定人发出的，所以承诺必须由该特定人，也就是受要约人或其授权的代理人做出。

（2）承诺的内容应与要约一致。

早期的合同法对承诺采用的是与要约绝对一致的镜像原则。承诺的内容与要约一致是合同成立的关键要素。如果承诺与要约不一致，该承诺只能被视为一个新的要约。但现在各国都对镜像原则有所突破，允许对要约做出非实质性变更。

为了适应现代商业发展的需要，CISG公约也允许承诺对要约做出非实质性变更。CISG公约第19条规定，只有承诺不在实质上改变要约的内容，而且要约人在合理的时间内未对此发出异议通知，则可以构成有效的承诺。有关货物价格、付款条件、货物质量和数量、交货地点和时间、一方当事人对另一方当事人的赔偿责任范围和解决争端等的添加或不同条件，均视为实质上变更要约的条件。但因为在具体的合同中，某一条款是否具有实质意义，应视合同的具体情形而定，所以公约也很难就何谓实质性或非实质性条款做出更加具体的规定。

（3）承诺必须在有效期限内做出。

如果要约规定了承诺的有效期限，则承诺应在规定的期间内做出；如果要约没有规定期限，则应在合理的时间内做出。如果承诺的时间迟于要约的有效期，就被称为"迟到的承诺"或"逾期的承诺"，其实质是一项新的要约。

3. 承诺的生效

关于承诺生效的时间问题，大陆法系采用到达主义的生效原则，即承诺到达要约人时生效；英美法系则采用投邮主义的生效原则，即以承诺的信件、电报交付邮局时生效；此外，意大利、比利时等国家采用的是了解生效的原则，即承诺不仅要送达要约人，还需要要约人了解其内容后才生效。

CISG公约对承诺的生效，采取的是到达主义原则。该公约第18条第2款规定，接受要约于表示同意的通知送达要约人时生效。如果表示同意的通知在要约人所规定的时间内，如未规定时间即在一段合理的时间内，未曾送达要约人，承诺就无效，但须适当地考虑到交易的情况，包括要约人所使用的通信方法的迅速程度。对口头要约必须立即承诺，但情况有别者不在此限。但是，该公约第 18 条第 3 款有以下规定：如果根据该项要约或依照当事人之间确立的习惯做法或惯例，受要约人可以做出某种行为来表示同意（例如与发运货物或支付价款有关的行为），而无须向要约人发出通知，则承诺于该项行为做出时生效，但该项行为必须在上一款所规定的期间内做出。

4. 逾期的承诺

一项承诺如未在有效期限内做出，则被视为"迟到的承诺"或"逾期的承诺"。按照各国的法律，逾期的承诺不是有效的承诺，其实质是一项新的要约。

CISG 公约第 18 条规定，逾期的承诺原则上无效，但如果考虑到交易情况或要约人毫不迟疑地发出通知表示接受，则仍具有承诺的效力。该公约第 21 条第 1 款规定，逾期的承诺仍具有承诺的效力，只要要约人毫不迟延地以口头或书面形式将其认为该逾期的承诺仍属于有效的意思通知受签约人即可。该公约第 21 条第 2 款还规定，如果载有逾期承诺的新建或其他书面文件表明，依照其寄发时的情况，只要邮递正常，该承诺本来应当是能够及时送达要约人的（但事实上却由于传递的延误而迟到了），则此项逾期的承诺应认为具有承诺的效力，除非要约人毫不迟延地用口头或书面形式通知受要约人，表示他的要约已因承诺逾期而失效。

5. 承诺的撤回

CISG 公约规定，承诺是可以撤回的，只要撤回的通知于该项承诺生效之前或与承诺通知同时送达要约人即可。

5.2.3 国际货物买卖合同的内容与形式

1. 国际货物买卖合同的内容

国际货物买卖合同通常由三个部分组成：首部、正文、结尾。

（1）合同的首部。

合同的首部是指合同的开头部分，通常由以下几个部分组成：①合同序言；②合同的名称；③合同的编号；④订约的日期；⑤订约的地点；⑥订约当事人的名称、地址等。

合同的首部看似对交易不产生直接影响，但在发生争议时，可能会产生严重的法律后果。如合同当事人的名称中使用全称可以明确当事人的法律性质是具有法人资格的公司还是多数国家认为不具有法人资格的合伙企业，这进一步关系到合同主体的法律地位、承担法律责任的资格等。再者，合同中注明的订立合同的时间、地点，如果合同没有规定生效日期，则签订日期即为生效日期，如果合同没有明确规定双方当事人所选择的适用法律，合同就应受缔约地国家法律的约束。

（2）合同的正文。

合同的正文即为合同的核心部分，它主要是通过基本条款来明确合同当事人之间权利、义务关系的。根据国际商会《国际销售示范合同》（ICC Model International Contract of Sale），合同的正文可以分为 A 和 B 两个部分。A 部分为合同的具体条款，如货物名称、价格、交货条件、交货时间、货物检验等，此部分由买卖双方协商制定；B 部分为合同的一般条款，是一般货物买卖合同共同使用的标准条件，其目的在于为当事人填写具体内容或对文本提供的选项进行选择，一般条款可以与具体条款一并使用，也可以单独使用。具体而言，合同正文的条款如下。

① 货物条款，具体描述货物的特征。对于卖方提供的商品目录、说明书、传单、广告、图示、价目表中包括的任何有关货物及其用途的信息，除非合同明确提及，都不作为合同条款而生效。应当注意的是，与货物有关的软件、图纸，即使为买方取得，与其有关的知识产权并不因此转让给买方。

② 价格条款，包括计价货币和总额。一般不包括增值税，但包括卖方根据合同承担的费用。

③ 交货条件，通常是指采用的国际贸易术语，每一个术语应包括相应的指定地点、目的地、装运港或目的港。示范合同要求应注明 Incoterms 2020 采用某一术语时应考虑到制成品一般在装卸区或内陆仓库交付运输。需要时应填写承运人。

④ 交货时间，应根据上述相应的贸易术语，确定卖方必须完成其交货义务的日期或期间。交货时间与双方选择的交货地点相联系。交货地点不一定是货物到达买方的地点。

⑤ 货物检验，双方可以约定在装运前卖方给予合理通知以便买方检验货物。

⑥ 所有权保留，双方应就货物的所有权保留做出约定，如有效地做出保留，则在买方付清货款之前，货物所有权归卖方。也可以做出其他约定。据有些国家的法律，保留所有权并不一定有效。

⑦ 支付条件，即采取何种支付方式，如：赊账以及有关担保（见索即付保函或备用信用证）；预付货款，包括时间数额；跟单托收，并注明是 D/P 还是 D/A；不可撤销信用证，是否保兑，开证或保兑银行及地点，信用证兑现方式（即期付款、延期付款、承兑付款、议付），通知信用证的日期等。

⑧ 单据条款，卖方须提交的单据应与选择的贸易术语相一致。通常涉及商业发票、运输单据（具体种类）、保险单据、原产地证书、商检证书、装箱单等。

⑨ 解约日期，主要规定卖方在一定期限前未交付货物，买方在通知卖方的情况下有权解除合同。

⑩ 延迟交货的责任，可规定一定的赔偿金，表示方式可以是每延迟一定时间赔偿货款总额的一定百分比，也可以是一确定金额。在买方终止合同的情况下，应确定卖方因延迟交货而承担的最高赔偿额。延迟交货的预订赔偿额不应超过延迟交货价款的一定百分比，或约定的最高额。

⑪ 货物与合同规定不符的责任，限制买方在目的地验货的，对不符的须及时通知，可规定未及时通知的效果、具体救济方式（减价、替代、修复、偿还价款、损害赔偿），以及卖方的最大责任额。

⑫ 买方保留与合同不符的货物时卖方的责任限制，买方可以取得差价，但最多应不超过货物价款的一定百分比。

⑬ 不可抗力，应对不可抗力的范围做出约定，遭遇不可抗力的一方应承担证明、通知义务。

⑭ 诉讼时效，除非另有约定，一般在货物到达之日起 2 年后买方不得向法院起诉或向仲裁机构申请仲裁。值得注意的是，中国法律规定国际货物买卖合同的诉讼时效是 4 年。

⑮ 适用法律，由《联合国国际货物销售合同公约》管辖，该公约未规定的事项由卖方所在国法律管辖。

⑯ 争议解决，只能选择诉讼或仲裁中的一种，应具体表明选择的仲裁机构或管辖法院。

（3）合同的结尾。

合同的结尾又称合同的尾部，主要包括：①签约日期；②生效日期；③双方当事人的签名或盖章；④合同的份数及效力；⑤合同使用的文字及效力等。

2. 国际货物买卖合同的形式

国际货物买卖合同的形式是指买卖双方当事人达成买卖协议的意思表示的形式。

世界各国在合同形式的问题上，普遍采取不要式原则，即不要求买卖合同必须采用某种法律特定的形式成立。按照这些国家的法律，买卖合同可以用任何方式订立。无论是书面合同、口头合同还是以行为的方式订立的合同均无不可。德国、英国、瑞士等国法律都有类似规定。CISG 公约第 11 条规定："销售合同无须以书面订立或书面证明，在形式方面也不受任何其他条件的限制。销售合同可以用包括人证在内的任何方法证明。"

5.3 卖方和买方的义务

卖方和买方的义务是国际货物买卖法的核心内容。买卖双方在合同生效后便要开始履行合同，当事人要按照合同规定的内容履行各自的义务，行使和实现各自的权利。各国买卖立法和 CISG 公约都对卖方和买方的义务做了详细的规定。但根据合同约定大于法定的特点，当事人可以在合同中做出与各国立法和公约内容不同的规定，当买卖合同对某些内容没有做出明确或具体的约定时，可以选择适用 CISG 公约或有关国家的买卖法来确定当事人的权利和义务。

5.3.1 卖方的基本义务

CISG 公约第 30 条规定："卖方必须按照合同和本公约的规定，交付货物，移交一切与货物有关的单据并转移货物所有权。"具体说来，卖方的基本义务包括：按合同规定的地点、时间交付货物；按合同的规定移交与货物有关的单据；货物品质担保义务；货物权利担保义务。

1. 交付货物的义务

交付货物主要涉及交付的时间和地点。其基本原则是，卖方要按照合同约定交付货物，合同有约定的，按约定履行；合同没有约定的，或约定不明确的，按调整该合同的国内法或公约的规定履行。CISG 公约对于合同未约定的交货时间和地点做了详细规定。交货地点的具体规定如下。

（1）货物交由第一承运人。

如卖方的交货义务涉及运输，则卖方只要把货物交由第一承运人就履行了交货义务。

（2）特定地点交货。

如交货不涉及运输，如果合同指的是特定货物或从特定存货中提取的或尚待制造或生产的未经特定化的货物，且买卖双方在订立合同时知道货物在某一特定地点，或将在某一特定地点制造或生产，则卖方应在该地点把货物交给买方处置。

（3）卖方营业地交货。

在其他情况下，卖方在其订立合同时的营业地向买方交货；买方自备运输工具完成货物运输。

至于交货时间，CISG 公约规定：如果合同规定有交货日期，或从合同可以确定交货日期，应在该日期交货；如果合同规定有一段时间，或从合同可以确定一段时间除非情况表明应由买方选定一个日期，应在该段时间内任何时候交货；在其他情况下，就在订立合同后一段合理时间内交货。

国际货物买卖合同中的交货时间一般是某一段时间或某一日期之前，只要符合这一规定，无论是在期限的第一天或最后一天交货，卖方都在规定的时间履行交货义务。"合理时间"应当根据合同的性质、货物的特征等确定。

卖方交付货物必须满足交付方式的要求，包括包装、标记。在将货物交付承运人时，应清楚注明货物属于合同项下。货物没有以货物上加标记或以装运单据或其他方式清楚地注明有关合同，卖方必须向买方发出列明货物的发货通知。

在国际货物买卖中存在两种交货方式：一种是实际交货，即卖方将货物连同代表货物所有权的单据一起交付买方，完成货物所有权与占有权的转移；另一种是象征性交货，即卖方将代表货物所有权的单据或者凭以提取货物的单据交给买方以完成交货义务。卖方交付货物的义务应据贸易术语详尽确定。根据国际商会的 Incoterms 2020，货物的交付可以分为两类：一类是卖方直接将货交由买方处置，如 EXW、DAF、DES、DEQ、DDU、DDP，称为实际交货；另一类是货交承运人，包括 FAS、FCA、FOB、CIF、CFR、CPT、CIP，卖方向承运人交货视为向买方交货，称为象征性交货。在每一类当中，情况也不完全相同，如 CIF 和 FOB，差别比较大，前者只确定了目的港，在何处装运却没有明确的限定，而后者有特定的交货地点，即在装运港买方指定的船上。因此，交付货物要符合合同所使用的贸易术语的具体要求。

2. 交付有关单据的义务

与货物有关的单据在国际货物买卖中具有重要的作用。有的单据具有货物所有权凭证的作用，如海运提单。一般情况下提单的转让即货物所有权的转让，没有这种单据，交易就不能正常进行，买方不能提取、处置货物。单据还是卖方据以结算、买方据以付款以及报关索赔的凭证，常用的单据有发票、运输单据、保险单、质量检验证书、原产地证明、出口许可证等。

卖方交付单据的义务一般是指按合同规定的形式、内容、种类、数量、时间、地点、方式交付有关单据。仅是按时交付货物不表示卖方履行义务完毕，如果不按规定交付单据，卖方属于违约。

根据 CISG 公约，如果卖方有义务移交与货物相关的单据，他必须按照合同所规定的时间、地点和方式移交这些单据。卖方应当保证单据的完整并符合合同和公约的约定，如果卖方在规定的时间前已经移交这些单据，他可以在规定的时间到达前纠正单据中不符合合同规定的情形，但是，此权利的行使不得使买方遭受不合理的不便或承担不合理的开支。但是，买方保留该公约所规定的要求损害赔偿的任何权利。

3. 货物品质担保的义务

货物品质担保又称为质量担保和瑕疵担保，是指卖方对所提交的货物的质量、性能、用途等所承担的法律责任。

CISG 公约对卖方的货物品质担保义务做出了明确的规定，其内容与英美法中的默示条件或默示担保义务有很多相似之处。根据 CISG 公约第 35 条的规定，卖方交付的货物必须与合同规定的数量、质量、规格相符，并且必须根据合同规定的方式装箱或包装，除双方当事人另有协议外，卖方所交的货物应当符合下列要求，否则就认为其货物与合同不相符。

（1）货物适用于同一规格货物通常使用的目的。

（2）除非有情况表明买方不依赖于卖方的技能和判断力，或者这种依赖对他不合理，货物适用于订立合同时买方曾明示或默示地通知卖方的任何特定目的。例如，根据他指定的商标选购货物，或者使用高度技术性的规格描述他所需要的货物，就可以认为买方是凭对自己的自信选购货物，而不是依赖卖方的技能与判断力为他提供货物。

（3）货物的质量与卖方向买方提供的货物样品或样式相同。

（4）货物按照同类货物通用的方式装箱或包装，如果没有这种通用方式，则按照足以保全和保护货物的方式装箱或包装。

但公约同时还规定，如果买方在订立合同时知道或者没有理由不知道货物与合同不符，则卖方无须按照上述第 1 项和第 2 项规定承担货物与合同不符合的责任。

上述义务是在双方当事人没有其他约定的情况下由公约加之于卖方身上的义务。因此只要双方当事人在合同中没有做出与此相反的规定，公约的上述规定就适用于他们之间的合同。

值得注意的是，凭样品买卖时，即使交付的货物与样品一致，但如果样品存在检查样品时不能发现的缺陷，该缺陷使得该货物不能用于预期目的，该货物仍为不合格货物。我国《民法典》第 636 条规定，凭样品买卖的买受人不知道样品有隐蔽瑕疵的，即使交付的标的物与样品相同，出卖人交付的标的物的质量仍然应当符合同种物的通常标准。

关于货物品质担保的时间，CISG 公约第 36 条规定，卖方交付相符货物的责任通常限于风险转移到买方时，如果此时货物合格，即认为卖方交付了合格的货物，但这不排除卖方对在风险转移之前就已经存在、风险转移之后方始明显不符承担责任。同时，如果货物不符在风险转移之后出现，而该不符是由于卖方的违约行为造成的，卖方则应承担责任，例如违反在一段时间内货物将继续适用于其通常使用目的或者某种特定目的、将保持某种特定质量或性质的任何保证。这就是说，公约认为卖方对货物应符合合同要求的责任，原则上虽然是以风险转移的时间作为衡量标准，即只要货物在风险转移于买方的时候符合合同的要求，卖方就算作履行了他的义务。但是，也有例外的情况，即如果货物与合同的要求不相符的情形要在风险转移于买方之后的一段时间才能发现或显露出来。例如，有些货物需要经过科学鉴定甚至需要经过使用一段时间后才能显示其是否与合同的要求相符。

CISG 公约还规定，如果卖方在交货日期前交付货物，可以在该日期到达前交付任何缺漏部分或补足所交付货物的不足数量，或交付用以替换所交付的不符合合同规定的货物，或对所交付货物中任何不符合合同约定的情形做出补救。但这一权利的行使，不得对买方造成不合理的不便或损失。

4. 货物权利担保的义务

卖方对货物的权利担保是指卖方应当对买方承担以下保证义务：在交付货物时对货物享有所有权或处置权；出售的货物上不存在未向买方透露的担保权益，如抵押权、留置权；同时卖方还必须保证其出售的货物没有侵犯他人的知识产权，如专利权、商标权。

CISG 公约对物权担保与知识产权担保作了不同规定：对物权担保的时间限制是交付货物

时，而对知识产权担保的时间限制是订立合同时。由于知识产权的时间性和地域性，卖方的担保责任限于订立合同时双方同时预期的转售国或使用国或买方营业地国法律的权利或要求，以卖方在订立合同时已知或不可能不知道的权利或要求为限。公约对卖方的权利担保义务主要规定如下。

（1）卖方所交付的货物，必须是第三方不能提出任何权利或要求的货物，除非买方同意这种权利或要求的条件下收取货物。如果有任何第三人对货物提出权利主张或者请求权，卖方都应当对买方承担责任。该担保义务是严格的，必须是第三方不能提出权利或要求，如果第三方提出要求，即使该要求没有法律依据而败诉，卖方仍然违反权利担保义务，应承担责任。公约上述规定主要是保护善意买方的利益。

（2）卖方所交付的货物，必须是第三方不能根据工业产权或其他知识产权主张任何权利或要求的货物，但以卖方在订立合同时已知道或不可能不知道的权利或要求为限。因为工业产权和知识产权具有地域性，同一商品在一个国家不侵犯他人的知识产权，在另一国家则可能被认为侵犯了他人的知识产权。因此，公约并不是绝对地要求卖方承担这种义务，公约对卖方的这种工业产权或其他知识产权的担保义务规定了限制条件。

第一，卖方在下述情况下对买方承担责任，即第三方的有关工业产权或其他知识产权权利或要求是根据下述国家的法律规定取得：如果双方当事人在订立合同时预期货物将在某一国境内转售或做其他使用，则根据货物将在其境内转售或做其他使用的国家的法律；在任何其他情况下，依据买方营业地所在国家的法律。

第二，如果买方在订立合同时已知道或不可能不知道此项权利或要求，或者此项权利或要求的发生，是由于卖方要遵守买方所提供的技术图样、图案、程序或其他规格，则卖方对由此引起的后果不承担责任。

第三，对于卖方的上述权利担保义务，如果买方不在已知道或理应知道第三方的权利或要求后一段合理时间内，将此权利或要求的性质通知卖方，则丧失援引上述规定的权利。卖方如果知道第三方的权利或要求以及此权利或要求的性质，就无权援引前述有关买方丧失权利的规定。

5.3.2 买方的基本义务

根据《联合国国际货物销售合同公约》的规定，买方的基本义务主要有两大方面，即按合同约定或法律的规定支付货物价款的义务和接收货物的义务。

1. 支付货物价款的义务

CISG 公约第 53 条和第 54 条规定，买方应根据合同和公约的规定履行支付价金的义务，包括根据合同或任何法律和规章规定的步骤和手续，在约定的时间和地点支付货款。买方支付货物价款应当履行支付价款的必要手续和步骤，在使用远期汇票的情况下，付款人必须先承兑汇票。在使用信用证付款的情况下，买方必须先通过银行开出信用证，在实行外汇管制的国家，如需对外支付外汇，必须先向有关当局提出申请，取得许可。这些都是买方付款的不可缺少的手续和步骤。卖方未办理必要的相关手续而使得货款难以支付，则构成违约。

对于付款地点，CISG 公约规定，如果买方没有义务在任何其他特定地点支付价款，他应当在以下地点向卖方支付价款：卖方的营业地，如果卖方有一个以上的营业地，则在与合同的履行关系最密切的营业地；如果是凭移交货物或单据支付价款，则为移交货物或单据的地点。

在付款时间上，该公约规定，如果买方没有义务在任何特定时间内支付价款，买方应当于卖方按照合同和该公约的规定将货物或控制货物处置权的单据交给买方处置时支付价款；在涉及运输时，卖方可以把买方支付价款作为向买方提供货物或控制货物处置权的单据的条件发运货物。但是公约同时也规定，买方在未有机会检验货物前无义务支付价款，除非这种机会与双方当事人议定的交货或支付程序相抵触。

在具体的国际货物买卖实践中，由于合同中使用的贸易术语不同，合同规定的支付方式不同，买方具体的付款义务也不尽相同。

2. 接收货物的义务

买方接收货物的义务包括两个方面：一是采取一切理应采取的行动，以便卖方能交付货物；二是接收货物，在国际货物买卖中，卖方义务的履行往往依赖于买方的配合，否则卖方不能履行其义务，这时买方就应为卖方履行义务提供方便，否则就构成对接收货物义务的违反。例如在 FOB 合同中，卖方的义务是在买方指定的时间、地点将货物装到买方指定的船上，买方没有指定船只，或船只没有到达，或船只不能收受货物，或船只提前停止装船，都会导致卖方不能全面、适当地履行其义务。

值得注意的是，在国际货物买卖中，"接收"与"接受"是两个完全不同的概念。"接受"是指买方认为货物在品质和数量等方面都符合合同的约定。

5.4 违反买卖合同的救济措施

当合同一方当事人违约使对方当事人的权利受到损害时，受损害的一方有权根据法律规定或者合同约定采取补救措施，以维护其合法权益。这些补救措施，法律上称之为救济措施或者救济方法。救济措施的主要目的是使受损方得到经济补偿，使其获得根据合同本应获得的经济利益，但有些救济措施带有惩罚性质。

5.4.1 买卖双方可以采取的救济措施

1. 损害赔偿

CISG 公约认为，损害赔偿是一种主要的救济方法。根据该公约的规定，当一方违反合同时，对方有权利要求赔偿损失而且要求损害赔偿的权利并不因其已采取其他救济方法而丧失。该公约第 74 条至第 77 条对损害赔偿的责任范围和计算办法做了具体的规定。

（1）损害赔偿的范围。

CISG 公约第 74 条规定："一方当事人违反合同应负的损害赔偿额，应与另一方当事人因他违反合同而遭受的包括利润在内的损失额相等。这种损害赔偿不得超过违反合同一方在订立合同时，依照他当时已知道或理应知道的事实和情况，对违反合同预料到或理应预料到的可能损失。"

（2）守约方有义务采取措施防止损失的扩大。

CISG 公约第 77 条规定："声称另一方违反合同的一方，必须按情况采取合理措施，减轻由于另一方违反合同而引起的损失，包括利润方面的损失。如果他不采取这种措施，违反合同一方可以要求从损害赔偿中扣除原可以减轻的损失数额。"这项规定适用于买方或卖方的各种违约索赔情况。

2. 对预期违约可采取的救济方法

所谓预期违约是指在合同规定的履行期到来以前，已有事实根据预示合同的一方当事人将不会履行其合同义务。CISG公约规定，当发现一方当事人预期违约时，另一方当事人可采取下列救济方法。

（1）中止履行合同。

根据CISG公约第71条第1款的规定，如果订立合同后，另一方当事人出于下列原因显然将不履行其大部分重要义务，一方当事人可以中止履行义务：第一，他履行义务的能力或他的信用出现严重缺陷；第二，他在准备履行合同或履行合同中的行为显示他将不履行其主要的义务。

CISG公约还规定了一方当事人中止履行合同时所必须采取的通知程序。根据该公约第71条第3款的规定，中止履行义务的一方当事人不论是在货物发运前还是发运后，都必须立即通知另一方当事人。如经另一当事人对履行义务提供了充分的保证，则他必须继续履行义务。

（2）解除合同。

CISG公约第72条规定：如果在履行合同日期之前，明显看出一方当事人将根本违反合同，另一方当事人可以解除合同；如果时间许可，打算宣告合同无效的一方当事人必须向另一方当事人发出合理的通知，使他可以对履行义务提供充分保证；如果另一方当事人已声明将不履行其义务，则上一款的规定不适用。

3. 对分批交货合同发生违约可采取的救济方法

分批交货合同是指一个合同项下的货物分成若干批交货。CISG公约第73条专门对分批交货合同发生违约的救济方法做了规定：①对于分批交付货物的合同，如果一方当事人不履行对任何一批货物的义务，便对该批货物构成根本违反合同，则另一方当事人可以对该批货物解除合同；②如果一方当事人不履行对任何一批货物的义务，使另一方当事人有充分理由断定对今后各批货物将会发生根本违反合同，该另一方当事人可以在一段合理时间内解除合同对以后各批货物的效力；③如果各批货物是互相依存的，在一方当事人对一批交货构成根本违反合同的情况下，另一方当事人可以解除整个合同。

5.4.2 买方可以采取的救济措施

卖方违反合同主要有以下三种情况：不交货；延迟交货；交付的货物与合同规定不符。根据CISG公约第三部分第二章第三节的规定，如果卖方不履行他在合同和该公约中的任何义务，买方可以采取下列救济方法。

1. 要求卖方履行其合同义务

CISG公约第46条规定，如果卖方不履行合同的义务，买方可以要求卖方履行其合同或公约中规定的义务。

但是，根据公约第 28 条的规定，当一方当事人要求另一方当事人履行某项义务时，法院没有义务做出判决要求具体履行此项义务，除非法院依照其本身的法律对不属于本公约范围的类似销售合同愿意这样做。

2. 要求卖方交付替代货物

CISG 公约第 46 条第 2 款规定，如果卖方所交付的货物与合同规定不符，而且这种不符合合同的情形已构成根本违反合同，则买方有权要求卖方另外再交一批符合合同要求的货物，以替代原来那批不符合合同的货物。

3. 要求卖方对货物不符合合同之处做出补救

CISG 公约第 46 条第 3 款规定，如果卖方所交的货物与合同规定不符，买方可以要求卖方通过修理对不符合合同之处做出补救。

4. 给卖方一段合理的额外时间让其履行合同义务

CISG 公约第 47 条第 1 款规定，如果卖方不按合同规定的时间履行其义务，买方可以规定一段合理的额外时间，让卖方履行其义务。

5. 卖方须对不履行义务做出补救

按照 CISG 公约第 48 条的规定，除第 49 条的规定（关于解除合同）外，卖方即使在交货日期之后，仍可自付费用，对任何不履行义务做出补救，但这种补救不得给买方造成不合理的迟延，也不得使买方遭受不合理的不便，或买方无法确定卖方是否将偿付预付的费用。但是，买方保留本公约所规定的要求损害赔偿的任何权利。

6. 解除合同

根据 CISG 公约第 49 条的规定，当卖方违反合同时，买方在下述情况下可以解除合同：①卖方不履行其在合同中或公约中规定的任何义务，已构成根本违反合同；②如果发生不交货的情况，卖方在买方规定的合理的额外时间内仍不交货，或卖方声明他将不在买方规定的合理的额外时间内交货。

7. 要求减价

按照 CISG 公约第 50 条的规定，如果卖方所交的货物与合同不符，不论买方是否已经支付货款，买方都可以减低价格。减价按实际交付的货物在交货时价值与符合合同的货物在当时的价值两者之间的比例计算。但是，如果卖方已按公约规定对其任何不履行合同义务之处做出了补救，或者买方拒绝接受卖方对此做出补救，买方就不得减低价格。

8. 当卖方只交付部分货物或所交货物只有一部分符合合同规定时，买方可采取的救济方法

根据 CISG 公约第 51 条的规定，当卖方只交付一部分货物，或者卖方所交付的货物中只有一部分与合同的要求相符合时，买方只能对漏交的货物或对与合同要求不符的那一部分货物，采取上述第 46 条至第 50 条所规定的救济方法，包括退货、减价及要求损害赔偿等。但一般不能解除整个合同或拒收全部货物，除非卖方不交货，或者不按合同规定交货已构成根本违反合同时，买方才可以解除整个合同。

9. 当卖方提前交货或超量交货时，买方可以采取的补救方法

根据 CISG 公约第 52 条的规定，如果卖方在合同规定的日期以前交货，买方可以收取货物也可以拒绝收取货物。但如果卖方在提前交货遭拒绝后，等到合同规定的交货期临到的时候再次向买方提交货物，买方仍须收取这批货物。公约还规定，如卖方所交货物的数量大于合同规定的数量，买方可以收取全部货物，也可以拒绝收取多交部分的货物，而只收取合同规定数量的货物，但不能拒收全部货物。如买方收取多交部分的货物，他就必须按合同规定的价格付款。

10. 请求损害赔偿

根据 CISG 公约第 45 条第 1、2 款的规定，如果卖方违反合同，买方可以要求损害赔偿，而且买方要求损害赔偿的权利，不因其已采取其他补救方法而丧失。该公约第 75 条和第 76 条对在解除合同的情况下，如何计算损害赔偿额的具体办法做了规定，主要有以下两种情形。

第一，如果买方已解除合同，而在解除合同后的一段合理时间内，买方已以合理方式购买了替代货物，则买方可以取得合同价格和替代货物的交易价格之间的差额，以及因卖方违约而造成的其他损害赔偿，这种做法叫作"实际补进"。

第二，如果买方在解除合同之后，没有实际补进原来合同项下的货物，而此项货物又有时价的话，则买方可以取得原合同的规定价格和解除合同时的时价之间的差额，以及因卖方违约造成的任何其他损害赔偿。但是，如果买方是在接收货物之后才解除合同，则应按接收货物时的时价与合同规定的价格之间的差额计算，而不是按解除合同时的时价计算。这里所说的时价，是指合同原定交货地点的现行价格。如果该地点没有时价，则指另一合理替代地点的现行价格，但在这种情况下，应适当考虑货物运输费用的差额。

5.4.3 卖方可以采取的救济措施

买方违反合同主要有以下情形：不付款；延迟付款；不收取货物；延迟收取货物。根据 CISG 公约第三章第三节的有关规定，对买方出现上述违约情形时，卖方可以采取以下救济方法。

1. 卖方可以规定一段合理的额外时间，让买方履行其义务

如果买方没有在合同规定的时间内履行其合同义务，卖方可以规定一段合理期限让买方履行其义务。但是在这种情况下，除非卖方已收到买方的通知，表明将不在卖方所规定的额外时间内履行其义务，否则，卖方不得在这段时间内对买方采取任何救济方法。但卖方并不因此而丧失其对买方延迟履行合同可能享有的根据 CISG 公约第 76 条要求损害赔偿的权利。

2. 解除合同

卖方在下列情况下，可以解除合同。

（1）如果买方不履行合同或公约的义务已经构成根本违反合同，即卖方因买方的违约行为遭到重大损失，以致实质上剥夺了卖方根据合同有权得到的东西，在这种情况下，卖方可以解除合同。

（2）如果卖方已经给买方规定了一段合理的额外时间，让买方履行其义务，但买方不在这段时间内履行其义务，或买方声明他将不在所规定的时间内履行其义务，则卖方亦可解除合同。

但是，如果买方已经支付货款，卖方在原则上就丧失了解除合同的权利，除非他按照下

面规定的办法去做。

①对于买方延迟履行义务，卖方在知道买方履行义务前已解除合同。

②对于买方延迟履行义务以外的任何违反合同的情事，卖方必须在知道或理应知道这种违约情事后的一段合理的时间内解除合同，否则，卖方亦将失去解除合同的权利。

③根据 CISG 公约第 81 条至第 84 条的规定，当买方或卖方解除合同后，就解除了双方在合同中规定的义务，卖方不需要交货，买方不需要支付价款，如果卖方已经交货，他可以要求归还货物。特别值得注意的是，按照 CISG 公约的规定，解除合同并不终止违约一方对其违约所引起的一切损害赔偿责任，也不终止合同中关于解决争议的任何规定。

3. 自行确定货物的具体规格

根据 CISG 公约第 65 条第 1 款的规定，如果买方在合同规定的时间内或在收到卖方要求后的一段合理时间内没有提出具体规格要求，则卖方在不损害其可能享有的权利（如请求损害赔偿的权利）的情况下，可以依照他所知道的买方的要求，自行确定货物的具体规格。

4. 请求损害赔偿

当买方违反其合同义务或公约所规定的义务时，卖方有权请求损害赔偿。而且根据公约的规定，卖方请求损害赔偿的权利，不因其已采取上述其他补救方法而受到影响。

5. 要求支付利息

如果买方没有支付价款或任何其他拖欠金额，卖方有权对这些款额收取利息，但这并不妨碍卖方根据 CISG 公约第 74 条规定可以取得的损害赔偿。

5.5 货物所有权与风险的转移

买卖合同的目的是买方取得货物所有权、卖方取得货款。因为各国关于所有权转移问题的法律分歧较大，不容易实现统一，所以 CISG 公约第 4 条明确规定该公约不涉及买卖合同对货物的所有权可能产生的影响。该公约将货物所有权转移问题排除在其调整范围外，将风险转移问题与所有权转移问题分开处理。因此，国际货物买卖中货物所有权转移问题是由国内法调整的。但货物所有权何时由卖方向买方转移，各国法律没有统一的规定。同时，国际贸易惯例也很少涉及货物所有权转移问题。

关于所有权转移的时间，各国法律一般都承认当事人约定的效力。货物所有权可能因合同订立或当事人的约定转移、因卖方交付转移、因单据转让转移等。各国在民法或买卖法中对所有权转移的问题都做出了具体的规定，但差异较大，各国法律对所有权转移的主要原则有：原则上承认当事人约定优先；以合同成立的时间作为转移时间；以交货时间作为所有权转移时间；以货物特定化作为转移所有权的前提等。

5.5.1 货物所有权的转移

1. 英美法系的相关规定

（1）英国法的相关规定。

《英国货物买卖法》关于货物的所有权转移的问题，主要是区别特定物的买卖（Sale of

Specific Goods）和非特定物的买卖（Sale of Unascertained Goods）。货物的所有权从何时起由卖方转移于买方是一个十分重要的问题，它决定风险的转移，并直接影响到在一方违约时可能采取的救济方法以及其他有关权利与义务。

第一，特定物的买卖。此种所有权何时转移于买方完全取决于双方当事人的意图。根据《英国货物买卖法》的规定，在特定物或已经特定化的货物买卖中，货物的所有权应在双方当事人意图转移的时候转移于买方。如果双方当事人在合同中对此没有做出明确的规定，则法院可以根据合同的条款、双方当事人的行为以及当时的具体情况确定合同双方的意图。

第二，非特定物的买卖。非特定物通常是指仅凭说明进行交易的货物。在非特定物的买卖中，将货物特定化是货物所有权转移的前提条件。所谓特定化，就是把处于交货状态的货物无条件地划拨于合同项下的行为。根据《英国货物买卖法》的规定，凡是属于凭说明买卖未经指定或未经特定化的货物，在将货物特定化之前，其所有权不转移于买方。但是，将货物特定化只是转移货物所有权的前提，至于把货物特定化之后，货物的所有权是否转移于买方，还必须根据卖方有无保留对货物的处分权而定。

（2）美国法的规定。

美国在采用《统一商法典》以前，关于货物所有权转移的法律与英国法的规定基本是一致的。为适应现代商业发展的要求，《美国统一商法典》把所有权的转移问题与风险转移问题以及救济办法分离开来，不再以所有权的转移作为风险与救济办法的关键性因素。

根据《美国统一商法典》的规定，在将货物划拨在合同项下之前，货物的所有权不转移于买方，这是所有权转移的一项基本原则。如果当事人对所有权转移问题有约定，则依据约定。同时，《美国统一商法典》还规定了当事人没有约定时所有权转移的方法。

第一，货物的所有权在卖方完成交货时转移给买方，而不管卖方是否通过保留货物的所有权的凭证（如提单）保留其对货物的权利。因为根据《美国统一商法典》的规定，货物的所有权的凭证（如提单）一般只起到担保权益的作用，即以此作为买方支付货款的担保，但是这并不影响货物的所有权根据该法典的规定转移于买方。

第二，在不需要移动货物即可交付时，如果卖方应交付所有权凭证，所有权在交付所有权凭证的时间和地点转移；如果合同订立时货物已特定化，且无须交付所有权凭证，所有权在合同订立的时间和地点转移。

第三，如果买方拒绝接受或保留货物，或买方正当地撤销对货物的接受，所有权重新转移，即重新转移到卖方。

2. 大陆法系的相关规定

（1）法国法的相关规定。

法国法对货物所有权的处理比较特殊。法国法原则上是以买卖合同的成立时间为货物所有权转移的时间，但在司法实践中法院对货物所有权转移问题做变通处理。根据《法国民法典》第1583条的规定，当事人就标的物及其价金相互同意时，即使标的物尚未交付，价金尚未支付，买卖即告成立，而标的物的所有权即依法由卖方转移于买方。但是，在审判实践中法国法院会适用下列原则。

①如果买卖的标的物是种类物，则必须经过特定化之后，其所有权才能转移于买方，但是无须交付。

②如果是附条件的买卖则必须满足条件后所有权才转移于买方。

③买卖双方可以在合同中规定所有权转移的时间。

(2)德国法的相关规定。

德国法对所有权转移的规定更加特殊,要求买卖合同的当事人订立独立的物权合同,转移货物所有权。德国法认为,所有权的转移属于物权法的范畴,而买卖合同则属于债权法的范畴,买卖合同本身并不起到转移所有权的效力。根据德国法的规定,动产所有权的转移,就必须以交付标的物为必要条件。在卖方有义务交付物权凭证的场合,卖方可以通过交付物权凭证而将货物的所有权转移于买方。

3. 中国法的相关规定

我国对货物所有权转移实行约定优先、一般情况下交付转移的原则,即按照合同或其他合法方式取得财产的,财产所有权从财产交付时转移,法律另有规定或当事人另有约定时除外。我国《民法典》物权编中对不动产和动产的物权问题做了相应规定。其中,第 208 条规定:"不动产物权的设立、变更、转让和消灭,应当依照法律规定登记。动产物权的设立和转让,应当依照法律规定交付。"第 224 条规定:"动产物权的设立和转让,自交付时发生效力,但是法律另有规定的除外。"此外,我国《民法典》合同编第 598 条规定:"出卖人应当履行向买受人交付标的物或者交付提取标的物的单证,并转移标的物所有权的义务。"可见,中国法关于货物所有权转移问题仍是以交付转移为主要规则。

4. 国际贸易惯例的相关规定

《国际贸易术语解释通则》等国际贸易惯例都没有涉及所有权转移的问题。只有国际法协会制定的《华沙-牛津规则》对所有权转移于买方的时间做出了规定。根据《华沙-牛津规则》第 6 条和第 22 条的规定,在 CIF 合同中,货物的所有权转移于买方的时间,应当是卖方将装运单据(如提单)交给买方的时间。但如果卖方依据法律对所售货物享有留置权、保留权或者中止交货权时,所有权不发生转移。虽然《华沙-牛津规则》是针对 CIF 合同的特点制定的,但通常认为,这项原则也可以适用于卖方有提供提单义务的"象征性交货"的合同,包括 CFR 合同与卖方有义务提供提单的 FOB 合同。至于卖方没有提供提单义务的情况,如工厂交货或者目的地交货合同中,可以推定所有权是在交给买方或置于其控制之下的时间发生转移。

5.5.2 货物风险的转移

国际货物买卖比国内货物买卖的风险大,因此风险的转移具有重要的意义,直接影响合同当事人的权利义务。货物风险转移到买方后,货物的损毁不解除买方支付价款的义务,除非货物的损毁是由于卖方的原因所造成,划分风险的目的是确定这种损失应当由谁来承担。

1. 国内法有关风险转移的规定

各国国内法中主要有"风险随所有权转移"和"风险因交付转移"的区别。在风险转移问题上没有大陆法系和英美法系之间的明显差异,即使同一法系中也存在明显不同。

(1)风险随所有权转移。

英国和法国等国的买卖法均采取了这一原则,即在货物所有权转移买方之前,货物风险由卖方承担；在货物所有权转为买方时，不论货物是否交付，风险由买方承担。

（2）风险因交付转移。

美国、德国、奥地利等国的买卖法均采取这一原则，其中以《美国统一商法典》为代表。美国许多法学界人士认为，将所有权的概念同与它无直接关系的问题搅在一起，是不符合当代商业发展的要求的。因此，美国在制定《美国统一商法典》时就抛弃了这种陈旧的概念，把所有权的转移问题与风险转移问题以及救济办法分离开来，不再以所有权的转移作为风险与救济办法的关键性因素。《美国统一商法典》通过以下规则来确定货物风险的转移。

①买卖双方当事人可以通过协议来确定双方承担风险的界限，也可采用国际贸易术语来确定各方承担的风险。

②合同中没有规定风险转移的内容，且合同中也没有违约的情形，则要根据以下情形来确定货物风险的转移。

一是装运合同和到货合同的风险转移。如果货物要经过移动才能完成交付，则风险转移就要看合同的规定。如是装运合同，卖方不需将货物送至指定的地点，那么货物的风险在货物被适当交给承运人时转移给买方，在货交承运人后，运输中的风险由买方承担；如是到货合同，即合同规定卖方把货物交到指定的目的地，那么卖方要负担到达指定目的地前货物的风险，即货物的风险于卖方在目的地向买方提交货物并让买方能受领货物时，才转移于买方。

二是货物已存放于受托人处，不需移动即可交货。风险的转移根据受托人是否出具可转让的物权凭证而定，如受托人已出具可转让的物权凭证，则货物风险从卖方把这项可以转让的物权凭证交给买方的时候转移于买方；如受托人没有出具可转让的物权凭证，则应经过一段合理的时间，在该受托人承认买方有权占有货物时，货物的风险转移于买方。

③违约情况下的风险转移。如有违约的情形，则根据以下情形确定风险的转移。

一是卖方违约。当卖方交付的货物不符合合同，致使买方有权拒收时，在卖方做出补救或在买方接受货物前，风险仍由卖方承担。

二是买方违约。如果卖方已把符合合同约定的货物确定在合同项下，而买方在货物的风险转移给他以前撤销合同或有其他违约行为，卖方可就自己有效保险之不足部分，在商业合理的期间内，要求买方承担货物的风险。

（3）中国法律的有关规定。

我国原则上以货物的交付划分风险责任，但也有例外。我国《民法典》第604条至611条对货物风险做出了规定。

①风险自货物交付时转移。我国《民法典》第604条规定，标的物毁损、灭失的风险，在标的物交付之前由出卖人承担，交付之后由买受人承担，但是法律另有规定或者当事人另有约定的除外。第605条规定，因买受人的原因致使标的物未按照约定的期限交付的，买受人应当自违反约定时起承担标的物毁损、灭失的风险。

②风险自合同成立时转移。我国《民法典》第606条规定，出卖人出卖交由承运人运输的在途标的物，除当事人另有约定外，毁损、灭失的风险自合同成立时起由买受人承担。

③风险自货物交付给第一承运人时转移。我国《民法典》第607条规定，出卖人按照约定将标的物运送至买受人指定地点并交付给承运人后，标的物毁损、灭失的风险由买受人承担。当事人没有约定交付地点或者约定不明确时，依据《民法典》第603条的相应规定，标的物需要运输的，出卖人将标的物交付给第一承运人后，标的物毁损、灭失的风险由买受人

④风险自货物置于交付地点时转移。我国《民法典》第608条规定,出卖人按照约定或者依据本法第六百零三条第二款第二项的规定将标的物置于交付地点,买受人违反约定没有收取的,标的物毁损、灭失的风险自违反约定时起由买受人承担。

此外,我国《民法典》第609条至第611条还规定,出卖人按照约定未交付有关标的物的单证和资料的,不影响标的物毁损、灭失风险的转移。因标的物不符合质量要求,致使不能实现合同目的的,买受人可以拒绝接受标的物或者解除合同。买受人拒绝接受标的物或者解除合同的,标的物毁损、灭失的风险由出卖人承担。标的物毁损、灭失的风险由买受人承担的,不影响因出卖人履行义务不符合约定,买受人请求其承担违约责任的权利。

2. CISG 公约的有关规定

关于货物的风险从何时由卖方转移于买方,CISG 公约所采取的某些原则与美国法的规定有相似之处。该公约抛弃了以所有权转移决定风险转移的陈旧观念,以交货时间确定风险转移的时间。应当注意的是,该公约的规定只是原则性的,具体国际货物买卖合同中货物风险的转移和交货方式与贸易术语密切相关。

CISG 公约第66条至第70条对风险转移问题规定了以下七项原则。

(1)采用当事人约定优先原则。

CISG 公约允许双方当事人在合同中约定有关风险转移的规则。CISG 公约规定,双方当事人以在合同中使用某种国际贸易术语(如 FOB、CIF 等),或者以其他办法规定货物损失的风险从卖方转移于买方的时间及条件。如果双方当事人在合同中对此做出了具体的规定,其效力将高于 CISG 公约的规定。也就是说,如果双方当事人在合同中已经对风险转移做出约定,则应按合同的约定办理;如果当事人买卖合同对此没有做出具体约定时,才适用 CISG 公约的规定。

(2)划拨是风险转移的前提。

根据 CISG 公约的规定,货物在划拨合同项下前风险不发生转移。所谓"划拨"又称为"特定化",是指对货物进行计量、包装,加上标记,或已提交装运单据,或向买方发通知等方式表明货物已归于合同项下。经过划拨的货物,卖方不得再随意进行提取、调换或挪作他用。当交货涉及运输时,CISG 公约第67条规定:风险于货物交付给第一承运人时起转移到买方,但在货物未划拨合同项下前不发生转移。当交货不涉及运输时,CISG 公约第69条规定:风险是在货物交由买方处置时发生转移,但当货物未划拨合同项下以前不得视为已交给买方处置。

(3)风险转移的后果。

CISG 公约第66条规定,如果货物在风险转移于买方后发生灭失或损坏,则买方支付货款的义务并不因此解除,除非这种灭失或损坏是由于卖方的行为或不行为所造成的。根据这项规定,一旦风险转移于买方之后,买方就要对货物的损失承担责任,即使货物发生灭失或损坏,买方仍然必须支付货款,而不得以此为理由拒付货款。但是,如果这种损失是由于卖方的行为或不行为所造成的,则不受此限。

(4)买卖合同涉及运输时风险转移的时间。

根据 CISG 公约第67条规定,如果买卖合同规定涉及货物的运输,风险从何时起由卖方转移于买方，主要有两种情况：一种情况是合同没有约定卖方有义务在某个指定的地点交付货物。在这种情况下，货物的风险在卖方根据合同的约定将货物交付给第一承运人以运交买方时起就转移给买方承担。另一种情况是卖方有义务在某一特定地点将货物交付给承运人，货物在该特定地点交付给承运人以前，风险仍由卖方承担。但是，无论在何种情况下，在货物特定化以前，风险不能转移于买方。

CISG 公约同时规定，卖方有权保留控制货物处置权的单据并不影响风险的转移，因为，卖方保留控制货物处置权的单据，只是作为买方支付货款的一种担保权益，不影响风险的转移。这表明该公约采用了《美国统一商法典》的相关规定。

（5）货物在运输途中出售时风险转移的时间。

在国际货物买卖中，卖方先将货物装上开往某个目的地的船舶，然后再寻找适当的买主订立买卖合同，这种在运输途中进行的货物买卖，也被称为"海上路货"（Floating Cargo）。

在运输途中出售货物的风险划分非常困难。因为在订立买卖合同时，货物已经装在运输工具上，买卖双方都可能难以了解货物是否有损坏或灭失等情况。如果货物在运到目的地后发现损坏或灭失，往往很难判断这种损失究竟是发生在运输过程的哪一个阶段。因此，很难确定这种损失的风险究竟应当由卖方承担还是由买方承担。

CISG 公约第 68 条对此规定了以下三种解决办法。

①对于在运输途中出售的货物，原则上从订立买卖合同时起，风险就转移给买方承担。

②如果情况表明有需要时，则从货物交付给签发了载有运输合同单据的承运人时起，风险就由买方承担。这项规定的目的是把风险转移的时间提前到订立合同之前，即提前到将货物交付给承运人的时候转移。至于何谓"情况表明有需要"，必须根据具体的案情确定。

③如果订立买卖合同时卖方已知道或理应知道货物已经发生灭失或损坏，而他又隐瞒这一事实不告知买方，则这种损失应由卖方负责。

（6）不涉及货物的运输时风险转移的时间。

当买卖合同不涉及货物的运输问题时，关于货物风险从何时起由卖方转移于买方，CISG 公约第 69 条规定如下。

第一，在不属于该公约第 67 条至第 68 条规定的其他情况下，从买方收受货物时起，或者如果买方不在适当的时间内收受货物，则从货物已交由他处置而他违反合同不受领货物时起，风险即转移给买方。这一条主要适用于卖方在其营业地点把货物交由买方处置的场合，即由买方自备运输工具到卖方的营业地提货的场合。

第二，如果买方有义务在卖方的营业地点以外的某一地点（如某个公共仓库）收取货物，则当交货时间已到而买方知道货物已经在该地点交由他处置时起，风险才转移于买方。但是，如果合同出售的货物在上述时间尚未确定在该合同项下，即尚未特定化，则在这些货物清楚地确定在该合同项下以前，不得视为货物已经交由买方处置，风险也不转移于买方。

（7）根本违反合同对风险转移的影响。

根据 CISG 公约第 70 条的规定，如果卖方已经根本违反合同，则上述第 67 条至第 69 条的规定，都不损害买方对这种根本违反合同可以采取的各种补救办法。应当注意的是，此项规定仅适用于卖方根本违反合同的场合。

根据这项规定，即使卖方已经根本违反合同却不影响货物的风险根据 CISG 公约的规定转移于买方。但是，在这种情况下，买方对卖方根本违反合同所应享有的采取各种补救方法的权利不应受到损坏。例如，如果因为卖方根本违反合同，使货物发生灭失或损坏，即使货物的风险已经根据 CISG 公约第 67 条至第 69 条的规定转移于买方，但是买方仍然有权要求撤销合同，采取要求卖方交付替代货物或请求损害赔偿等救济方法。

3. 国际贸易惯例优先

如果双方当事人在国际货物买卖合同中采用了贸易术语，则应按贸易术语关于风险转移的规定来确定风险转移的时间，而不按 CISG 公约的规定来确定风险转移的时间。

国际商会制定的《国际贸易术语解释通则》对风险转移的时间有明确的规定。例如，在 EXW 合同中，货物的风险是从卖方在工厂把货物交给买方支配时起转移给买方；在 FOB、CFR 和 CIF 合同中，货物的风险是从货物在装运港装船越过船舷时起转移于买方；在目的港交货合同中，货物的风险是在货物运到目的港交由买方支配时起转移于买方。

国际法协会制定的《华沙-牛津规则》等，对风险转移的时间也有明确的规定。

本章小结

国际货物买卖，是指营业地位于不同国家的当事人之间的货物买卖。国际货物买卖法，是指调整营业地位于不同国家的当事人之间的货物买卖的法律关系的法律规范的总称。国际货物买卖法的渊源包括以《联合国国际货物销售合同公约》（CISG 公约）为代表的国际公约、以《国际贸易术语解释通则》（Incoterms 2020）和 1932 年《华沙-牛津规则》等为代表的国际商事惯例以及各国的国内立法。

国际货物买卖法的核心内容是合同的成立、双方当事人的权利与义务、违约责任以及货物所有权和货物风险的转移问题。国际货物买卖合同经过要约与承诺有效成立后，便进入履行阶段。为确保合同的正常履行，当事人需在合同中明确约定双方的权利与义务以及违约的救济、货物所有权和货物风险的转移等相关事项。根据国际货物买卖法律制度，卖方在合同中主要承担交付货物及有关单据、货物品质担保和权利担保的义务；买方则承担支付价款和接收货物的义务。当国际货物买卖的当事人出现违约时，买卖双方可根据具体的违约情形采取损害赔偿、中止履行、解除合同等一系列救济措施进行补救。此外，各国立法还对货物所有权及风险的转移做了不同规定。

案例讨论

上海迅维机电设备有限公司（以下简称"迅维公司"）自 2006 年 8 月至 2007 年 12 月，委托案外人上海对外经济贸易实业浦东有限公司（以下简称"浦东公司"）与意大利科玛克股份公司（以下简称"科玛克公司"）在上海签订合同，进口科玛克公司产品，迅维公司进口最后一批货物的时间为 2008 年 2 月 4 日。2006 年 8 月 14 日、2007 年 2 月 14 日，科玛克公司分别向迅维公司出具了内容相同的授权书，载明："科玛克公司在此证明，迅维公司已被指定为科玛克公司产品授权经销商/代理商，负责洗地吸干机、扫地机、磨光机及真空吸尘器的销售与服务。科玛克公司保证，按照授权经销商/代理商的要求，向其提供全面的技术支持和零部件等，以确保顾客充分满意。科玛克公司将尽己所能，在未来与迅维公司扩大合作并建立强有力的长期商业合作"。

2008年1月8日，科玛克公司向其产品的中国用户出具说明函，载明："科玛克公司在此证明其指定位于北京凯堡清洁设备有限公司（以下简称'凯堡公司'）为中国唯一被授权销售地面清洗机、地面清扫机、单擦机和真空吸尘器的经销商。科玛克公司保证对经销商的各项要求提供全面的技术协助及配件供应等"。2008年1月21日，科玛克公司向其客户上海易初莲花超市有限公司出具说明函，载明："从2008年1月1日起，凯堡公司……将成为科玛克公司在中国的独家进口商……迅维公司将不再是科玛克公司产品的指定进口商。迅维公司仍然可以向凯堡公司购买产品设备和配件……凯堡公司曾经努力将迅维公司纳入销售网络，遗憾的是迅维公司对此不感兴趣，这意味着迅维公司可能随即开始销售其他品牌的产品"。

科玛克公司发出上述说明函时，迅维公司仍有部分进口产品未销售。此外，从2008年3月至2009年9月，3家公司以迅维公司与科玛克公司终止了产品代理关系为由，将向迅维公司购买的部分产品退回。迅维公司遂提起诉讼，请求法院判令其向科玛克公司退货，并主张科玛克公司返还货款、赔偿利润损失及仓储费用。

问题：
1. 迅维公司与科玛克公司之间存在何种商事法律关系？
2. 分析本案纠纷可以适用的准据法。
3. 根据CISG公约，科玛克公司应当承担的法律责任有哪些？

知识拓展

《国际贸易术语解释通则》

《国际贸易术语解释通则》是一套由国际商会（ICC）制定的用于规范国际贸易术语使用的国际规则，旨在便利全球贸易活动，避免世界各地贸易商之间的不同做法和不同的法律解释对国际贸易的阻碍，目前在全球范围被广泛使用。该规则于1936年制定，此后历经多次更新以适应国际贸易实践领域发生的新变化。2019年9月，国际商会官方正式对外发布了新版《国际贸易术语解释通则》（以下简称"Incoterms 2020"）。以下简要介绍四种常用的国际贸易术语。

FOB（Free On Board），即"装运港船上交货（……指定装运港）"，是国际贸易中常用的贸易术语之一。它是指卖方必须在合同规定的日期或期限内，将货物运到合同约定的装运港口，并交到买方指派的船只上，即完成其交货义务。由买方负责按通常条件租船订舱，支付货物运至指定目的港所需的费用和运费，负担货物在装运港交到自己所派船只上之后的一切费用和风险。根据Incoterms 2020的规定，FOB术语只适用于海运和内河运输，如果货物装载于集装箱里并在集装箱码头交货，则应采用FCA贸易术语。

CIF（Cost, Insurance and Freight），即"成本加保险费加运费（……指定目的港）"。采用CIF术语成交时，卖方也是在装运港将货物装上船完成其交货义务。卖方负责按通常条件租船订舱，支付货物运至指定目的港所需的费用和运费，但是货物交付后的灭失或损坏的风险，以及因货物交付后发生的事件所引起的任何额外费用自交付时起由卖方转移给买方承担。卖方在规定的装运港和规定的期限内将货物装上船后，要及时通知买方。与FOB相同，CIF仅适用于海运和内河运输。

FCA（Free Carrier），即"货交承运人（指定地点）"，是指卖方在指定地点将已经出口清关的货物交付给买方指定的承运人，完成交货，可适用于任何运输方式或多式联运。由卖方承担将货物交给承运人之前的一切费用和风险，买方承担受领货物之后所发生的一切费用和风险。FCA 术语下买卖双方的权利义务与 FOB 术语类似，不同的是卖方可提前将风险转移给买方（FOB 术语下风险至装船才转移），且买方购买的货物运输保险可以提早覆盖（FOB 术语下买方购买运输保险，实际责任起讫范围是装船后到进入收货人仓库；FCA 术语下同样是买方购买运输保险，实际责任起讫范围是货交承运人后到进入收货人仓库）。但风险提前转嫁也带来卖方无法顺利取得已装船提单的风险，为了解决这个矛盾，Incoterms 2020 规定，买卖双方可以约定"买方有义务指示其承运人在货物装船后向卖方签发已装船提单"，卖方随后才有义务向买方（通过银行）提交已装船提单。这个新增规定有效地保障了卖方的义务，一定程度上也增强了 FCA 术语的适用性。

CIP（Carriage and Insurance Paid to），即"运费、保险费付至（指定目的地）"，是指卖方将货物交给其指定的承运人，支付将货物运至指定目的地的运费，为买方办理货物在运输途中的货运保险，买方则承担交货后的一切风险和其他费用。书写形式是"CIP 指定目的地"。CIP 术语适用于各种运输方式，包括多式联运。为了满足 CIP（运费、保险费付至）作为多式联运术语更多地用于制成品的需要，Incoterms 2020 调整了 CIP 的不同保险范围，即若双方无约定，卖方应投保"一切险"（不包括除外责任）。

跨境电子商务的各国立法

商业交易的电子化发展，消弭了物理距离的桎梏，为合同当事人之间的交流提供了便利。在"一带一路"倡议和经济全球化的大环境下，跨境电子商务作为传统国际贸易的一种创新模式迅猛发展起来，在国际贸易中发挥的作用也日趋显著。尤其在国际货物买卖合同的订立和履行中，电子邮件、网上聊天记录、手机短信、微信、电子签名、域名等电子数据交换方式越来越被广泛使用。

跨境电子商务的发展和自身的规范要求导致了电子商务法的产生。

1. 美国的电子商务立法

在各国的跨境电子商务立法中，美国的立法较早，也较为成熟。早在 1997 年 7 月 1 日，美国克林顿政府就公布了《全球电子商务纲要》（A Framework For Global Electronic Commerce），向世界各国宣示美国政府积极致力于发展电子商务的大政方针，也充分体现了美国政府对发展电子商务的高度重视。1999 年 7 月 30 日，美国统一州法委员会又通过了《统一计算机信息交易法》（UCITA）。作为示范法，该法规范了以电子形式传播的软件与信息，而不适用于以传统书面形式传播信息的情况。《统一计算机信息交易法》还对电子交易的合同成立问题进行了规范。2000 年 10 月，美国国会通过了《全球和国内商业法中的电子签名法案》。作为电子商务的重要立法，该法案采纳了"最低限度"模式来推动电子签名的使用，不规定使用某一特定技术。

2. 欧盟的电子商务立法

欧盟也有关于电子商务方面的立法。1998 年 12 月 23 日，欧盟颁布了《内部市场电子商务法律架构指令》，旨在通过清除欧盟境内阻碍电子商务发展的现行法律，促进欧盟单一市场内部电子商务的发展。2000 年 1 月 19 日，欧盟委员会公布了《关于电子签名共同法律框架的指令》，以推动电子签名的使用，促进法律承认，协调各成员国之间关于电子签名的使用规范，创设一个具有弹性的、与国际行动规则相容的、具有竞争性的跨境电子交易环境。2000年5月4日，欧盟正式通过了《内部市场电子商务信息社会服务法律观点指令》，旨在规范包括B2B、B2C等形式在内的所有信息社会服务。

3. 中国的电子商务立法

我国电子商务立法也是伴随着电子商务、跨境电商的开展和发展逐渐完善的。2004年8月28日，《中华人民共和国电子签名法》得以通过，并于2005年4月1日起正式实施，2015年4月24日得以修正。作为我国首部"真正意义上的信息化法律"，该法针对数据电文的法律效力和适用范围、数据电文的等同采用和收发规则、电子签名的使用要求和法律效力、电子认证服务提供者的设立条件和业务规则、电子签名人和电子认证服务提供者的权利、义务及相应的法律责任做出规定。

2013年，中国撤销了对于CISG公约第11条所进行的保留，即不再要求双方当事人在订立国际货物买卖合同中必须使用书面形式。

随着我国电子商务迅猛发展，对推进供给侧结构性改革、激发社会创新创业活力、满足人民日益增长的美好生活需要发挥了重要作用。2018年8月31日，第十三届全国人民代表大会常务委员会第五次会议表决通过我国电子商务领域的首部综合性法律——《中华人民共和国电子商务法》。该法对电子商务经营主体、经营行为、合同、快递物流、电子支付以及电子商务发展中存在的典型问题，均做了较为明确具体的原则性规定，不仅为国内电子商务健康发展提供了政策支持，同时也为跨境电商平台的政府监管与合规化发展奠定了基础。

此外，在贸易仲裁实践中，中国国际经济贸易仲裁委员会仲裁庭也注意到当事人对于电子邮件、网上聊天记录、手机短信、微信、电子签名、域名等电子数据交换方式的广泛使用，并普遍尊重了以上述方式磋商订立合同的商业习惯。对以电子数据形式保存的证据，由于电子数据的独特性质，电子证据的真实性相对于传统证据而言在采信上存在难点。

2020年以来，习近平总书记在不同场合多次就发展电子商务做出重要指示，对发展农村电商、跨境电商、丝路电商等提出要求，明确指出电子商务是大有可为的。2021年10月9日，商务部、中央网信办、发展改革委印发了《"十四五"电子商务发展规划》，创新推进"十四五"时期我国电子商务持续高质量发展。此外，我国还通过制定政策改善跨境电商发展环境，满足跨境电商发展过程中对相关法律规范的要求。

4. 联合国的电子商务立法

1996年12月，联合国国际贸易法委员会通过了《电子商务示范法》。该法经过众多的国际法律专家多次集体讨论后制定，旨在向各国政府的执行部门和议会提供电子商务立法的原则和框架，尤其是对以数据电文为基础的电子合同的订立和效力等事项做出了开创性的规定。

随着电子信息和计算机网络技术的发展和成熟，商事买卖活动与计算机网络的结合也越发紧密，货物的跨境电子商务买卖行为遍布世界。可见，跨境电子商务未来将成为国际货物买卖的新形式和长期的发展趋势，在这样的背景下，电子商务特别是跨境电子商务的国内、国际立法及法律制度的完善将成为国际货物买卖法领域和国际商事合同法领域探讨的重要问题。

《联合国国际货物销售合同公约》在中国国际经济贸易仲裁委员会仲裁中的适用原则

1986年，中国向联合国秘书长递交了正式参加《联合国国际货物销售合同公约》（CISG

公约）的核准书。CISG 公约自 1988 年 1 月 1 日在中国生效。中国在改革开放初期便加入 CISG 公约，反映了中国对外开放、与世界接轨的决心。CISG 公约对于中国市场经济和合同法律的发展起到了深远的影响。

中华人民共和国的商事仲裁始于 1956 年中国国际经济贸易仲裁委员会（以下简称贸仲）的设立。作为中国最早设立、享有盛誉的国际常设仲裁机构，贸仲在涉外仲裁领域具有独特的优势和丰富经验，其仲裁员和裁决的国际性、专业性和独立性在国内外也广受认可。可以说，贸仲既是 CISG 公约在全球发展的见证者，也是推进 CISG 公约在中国适用的践行者。

关于 CISG 公约的适用原则，具体包括以下四类。

1. 自动适用原则

根据 CISG 公约第 1 条第（1）款（a）项所列的营业地标准，如果当事人的相关营业地所在国是不同的缔约国，CISG 公约将直接地或者自动地适用。根据这一规定，CISG 公约应优先于对国际私法的援用，裁判者无须根据国际私法规则两步走的方法就能确定 CISG 公约的适用。

根据自动适用原则，如果当事人的营业地处在不同的 CISG 公约的缔约国，且当事人没有排除适用 CISG 公约，贸仲仲裁庭会自动地适用 CISG 公约，仅对 CISG 公约没有规定或者规定不明的事项，通过国际私法规则来确定相关准据法。

2. 约定适用原则

贸仲的规则设计与裁判实践充分体现了对当事人意思自治的尊重，在 CISG 公约适用上亦不例外。如当事人明确选择 CISG 公约为准据法，只要满足我国《涉外民事关系法律适用法》第 3 条和第 4 条推导出的涉外合同前提，同时结合贸仲仲裁规则第 47 条第 2 款的规定，无论双方当事人营业地是否均在缔约国，贸仲仲裁庭即严格遵守当事人约定来适用 CISG 公约。当事人的约定形式既可以事先在买卖合同中明确约定，也可以在仲裁过程中明确表明适用 CISG 公约，或通过直接援引 CISG 公约的条文提出法律主张。

同时，对于当事人适用、部分排除适用或排除适用 CISG 公约的约定，贸仲仲裁庭也都在裁决中进行了恰当的体现与处理。这与 CISG 公约充分尊重当事人意思自治的精神不谋而合。

3. 优先适用原则

在实践中，常见部分营业地在不同缔约国的当事人在合同中约定 CISG 公约和中国法同时适用或适用中国法。

在 CISG 公约和中国法同时适用的情形下，贸仲绝大多数仲裁庭基本秉持 CISG 公约的效力应优于中国国内法的观点，优先适用 CISG 公约；CISG 公约没有规定的，则适用中华人民共和国法律。在特殊情况下，由于 CISG 对于某些事项并未约定，而双方当事人确有同时适用 CISG 公约与中国法的意图，仲裁庭可能考虑同时适用中国法和 CISG 公约。在这种情况下，如两者的规定一致，可以起到相互印证和解释的作用。

对于当事人只约定适用中国法的情况，仲裁庭一般认为当事人对于中国法的选择是对于整体法律的选择，但从法律适用上来说，争议仍应优先适用 CISG 公约。与此同时，鉴于双方当事人约定了适用中国法，则 CISG 公约没有规定的事宜（如合同效力等），应适用中国法。

上述思路均体现了中国尊重国际条约的立法和裁判精神，事实上也实现了 CISG 公约在更广范围内的适用。同时，这也与 CISG 公约咨询委员会以及国际上主流意见保持一致，即除非当事人特别明确地指示了某国国内的买卖法，否则，仅笼统指示缔约国的法律，则认为其中包括 CISG 公约。

4. 参照适用原则

在 CISG 公约并非争议的可适用法时,贸仲仲裁庭也会根据个案需要,参照引用 CISG 公约的条文来处理问题。贸仲仲裁规则(2015 年版)第 49 条明确给予这种做法以依据,仲裁庭应当根据事实和合同约定,依照法律规定,参考国际惯例,公平合理、独立公正地做出裁决。

经典案例

中化国际(新加坡)有限公司诉蒂森克虏伯冶金产品有限责任公司国际货物买卖合同纠纷案

中华人民共和国最高人民法院(2013)民四终字第 35 号民事判决书

最高法院指导案例 107 号

裁判要点

1. 国际货物买卖合同的当事各方所在国为《联合国国际货物销售合同公约》的缔约国,应优先适用该公约的规定,该公约没有规定的内容,适用合同中约定适用的法律。国际货物买卖合同中当事人明确排除适用《联合国国际货物销售合同公约》的,则不应适用该公约。

2. 在国际货物买卖合同中,卖方交付的货物虽然存在缺陷,但只要买方经过合理努力就能使用货物或转售货物,不应视为构成《联合国国际货物销售合同公约》规定的根本违约的情形。

相关法条

《中华人民共和国民法通则》第 145 条(已废止)。

《联合国国际货物销售合同公约》第 1 条、第 25 条。

基本案情

2008 年 4 月 11 日,中化国际(新加坡)有限公司(以下简称"中化新加坡公司")与蒂森克虏伯冶金产品有限责任公司(以下简称"德国克虏伯公司")签订了购买石油焦的《采购合同》,约定本合同应当根据美国纽约州当时有效的法律订立、管辖和解释。中化新加坡公司按约支付了全部货款,但德国克虏伯公司交付的石油焦 HGI 指数仅为 32,与合同中约定的 HGI 指数典型值为 36 ~ 46 不符。中化新加坡公司认为德国克虏伯公司构成根本违约,请求判令解除合同,要求德国克虏伯公司返还货款并赔偿损失。

裁判结果

江苏省高级人民法院一审认为,根据《联合国国际货物销售合同公约》的有关规定,德国克虏伯公司提供的石油焦 HGI 指数远低于合同约定标准,导致石油焦难以在国内市场销售,签订买卖合同时的预期目的无法实现,故德国克虏伯公司的行为构成根本违约。江苏省高级人民法院于 2012 年 12 月 19 日做出(2009)苏民三初字第 0004 号民事判决:①宣告德国克虏伯公司与中化新加坡公司于 2008 年 4 月 11 日签订的《采购合同》无效。②德国克虏伯公司于本判决生效之日起 30 日内返还中化新加坡公司货款 2 684 302.9 美元并支付自 2008 年 9 月 25 日至本判决确定的给付之日的利息。③德国克虏伯公司于本判决生效之日起 30 日内赔偿中化新加坡公司损失 520 339.77 美元。

宣判后，德国克虏伯公司不服一审判决，向最高人民法院提起上诉，认为一审判决对本案适用法律认定错误。最高人民法院认为一审判决认定事实基本清楚，但部分法律适用错误，责任认定不当，应当予以纠正。最高人民法院于 2014 年 6 月 30 日做出（2013）民四终字第 35 号民事判决：①撤销江苏省高级人民法院（2009）苏民三初字第 0004 号民事判决第一项。②变更江苏省高级人民法院（2009）苏民三初字第 0004 号民事判决第二项为德国克虏伯公司于本判决生效之日起 30 日内赔偿中化新加坡公司货款损失 161 0581.74 美元并支付自 2008 年 9 月 25 日至本判决确定的给付之日的利息。③变更江苏省高级人民法院（2009）苏民三初字第 0004 号民事判决第三项为德国克虏伯公司于本判决生效之日起 30 日内赔偿中化新加坡公司堆存费损失 98 442.79 美元。④驳回中化新加坡公司的其他诉讼请求。

裁判理由

最高人民法院认为，本案为国际货物买卖合同纠纷，双方当事人均为外国公司，案件具有涉外因素。《最高人民法院关于适用〈中华人民共和国涉外民事关系法律适用法〉若干问题的解释（一）》第 2 条规定："涉外民事关系法律适用法实施以前发生的涉外民事关系，人民法院应当根据该涉外民事关系发生时的有关法律规定确定应当适用的法律；当时法律没有规定的，可以参照涉外民事关系法律适用法的规定确定。"案涉《采购合同》签订于 2008 年 4 月 11 日，在《中华人民共和国涉外民事关系法律适用法》实施之前。当事人签订《采购合同》时的《中华人民共和国民法通则》（已废止）第 145 条规定："涉外合同的当事人可以选择处理合同争议所适用的法律，法律另有规定的除外。涉外合同的当事人没有选择的，适用与合同有最密切联系的国家的法律。"本案双方当事人在合同中约定应当根据美国纽约州当时有效的法律订立、管辖和解释，该约定不违反法律规定，应认定有效。由于本案当事人营业地所在国新加坡和德国均为《联合国国际货物销售合同公约》的缔约国，美国亦为《联合国国际货物销售合同公约》的缔约国，且在一审审理期间双方当事人一致选择适用《联合国国际货物销售合同公约》作为确定其权利义务的依据，并未排除《联合国国际货物销售合同公约》的适用，江苏省高级人民法院适用《联合国国际货物销售合同公约》审理本案是正确的。而对于审理案件中涉及的问题《联合国国际货物销售合同公约》没有规定的，应当适用当事人选择的美国纽约州法律。《〈联合国国际货物销售合同公约〉判例法摘要汇编》并非《联合国国际货物销售合同公约》的组成部分，其不能作为审理本案的法律依据。但在如何准确理解《联合国国际货物销售合同公约》相关条款的含义方面，其可以作为适当的参考资料。

双方当事人在《采购合同》中约定的石油焦 HGI 指数典型值在 36～46，而德国克虏伯公司实际交付的石油焦 HGI 指数为 32，低于双方约定的 HGI 指数典型值的最低值，不符合合同约定。江苏省高级人民法院认定德国克虏伯公司构成违约是正确的。

关于德国克虏伯公司的上述违约行为是否构成根本违约的问题。首先，从双方当事人在合同中对石油焦需符合的化学和物理特性规格约定的内容看，合同对石油焦的受潮率、硫含量、灰含量、挥发物含量、尺寸、热值、硬度（HGI 值）等七个方面做出了约定。而从目前事实看，对于德国克虏伯公司交付的石油焦，中化新加坡公司仅认为 HGI 指数一项不符合合同约定，而对于其他六项指标，中化新加坡公司并未提出异议。结合当事人提交的证人证言以及证人出庭的陈述，HGI 指数表示石油焦的研磨指数，指数越低，石油焦的硬度越大，研磨难度越大。但中化新加坡公司一方提交的上海大学材料科学与工程学院出具的说明亦不否认 HGI 指数为 32 的石油焦可以使用,只是认为其用途有限。故可以认定虽然案涉石油焦 HGI 指数与合同约定不符,但该批石油焦仍然具有使用价值。其次,本案一审审理期间,中化新加坡公司为减少损失,经过积极的努力将案涉石油焦予以转售,且其在就将相关问题致德国克虏伯公司的函件中明确表示该批石油焦转售的价格"未低于市场合理价格"。这一事实说明案涉石油焦是可以以合理价格予以销售的。再次,综合考量其他国家裁判对《联合国国际货物销售合同公约》中关于根本违约条款的理解,只要买方经过合理努力就能使用货物或转售货物,甚至打些折扣,质量不符依然不是根本违约。故应当认为德国克虏伯公司交付 HGI 指数为 32 的石油焦的行为,并不构成根本违约。江苏省高级人民法院认定德国克虏伯公司构成根本违约并判决宣告《采购合同》无效,适用法律错误,应予以纠正。

关键术语

国际货物买卖　　国际货物买卖合同　　Incoterms 2020　　货物品质担保
货物权利担保　　担保责任　　　　　　货物特定化　　　货物所有权转移
货物风险转移

思考题

1. 简述国际货物买卖和国际货物买卖法的概念。
2. 简述国际货物买卖法的渊源。
3. 简述《联合国国际货物销售合同公约》的适用范围。
4. 简述国际货物买卖合同成立的条件。
5. 根据《国际销售示范合同》,合同的正文应包括哪些条款?
6. 根据《联合国国际货物销售合同公约》,卖方和买方各有哪些义务?
7. 当合同一方当事人违反国际货物买卖合同约定时,受损害一方可采取哪些救济措施?
8. 试述《联合国国际货物销售合同公约》中关于货物风险转移的有关规定。

第 6 章 产品责任法

本章导读

本章在明确产品、产品责任以及产品责任法等基本概念的基础上,介绍了美国、英国、法国、德国、日本、中国等国家的产品责任法律制度,明确各国关于产品、产品责任、归责原则、责任主体、赔偿范围等方面的规定和差异。此外,本章还介绍了在区域或世界范围内影响较大的斯特拉斯堡公约、欧洲产品责任指令和海牙公约。

6.1 产品责任法概述

6.1.1 产品与产品责任概述

1. 产品概述

20世纪中叶以来,西方发达国家的制造业在工业革命的影响下不断生产种类繁多的新产品,生产规模也随之扩大。生产商为了及时推出新产品并提高生产效率,通常不会花更多的时间进行产品试验和检验,以发现并消除产品缺陷。此外,由于生产力的发展进步以及社会化分工的日趋精细化,产品的生产制造往往由多个制造商乃至多国协作完成,这也给产品的质量检查造成了困难。西方国家也因此出现了因使用缺陷产品而造成消费者损害的事故。可见,随着商品经济的高度发展、产品的生产和销售的国际化,产品责任问题也日趋普遍和复杂,这也引发了各国对产品责任问题的关注。

"产品"是产品责任法中的关键词。然而,关于"产品"的定义,世界各国的界定又存在明显差别。

美国的"产品"含义十分广泛,几乎任何经过工业处理的东西,包括所有有形物,可移动的、不可移动的,工业的、农业的,加工过的、未加工过的,凡涉及任何可销售、可移动或可使用的制成品,只要由于使用它或通过它引起了伤害,都可视为发生责任的"产品"。欧洲理事会制定的斯特拉斯堡公约,把产品限于"一切可移动的产品",不论是未加工的还是加工过的,天然的或者工业的,甚至组合到另一个可移动或不可移动的东西中去的物品。欧洲经济共同体的《产品责任指令》则把"产品"限于除初级农产品、狩猎产品以外的所有移动的产品。我国《产品质量法》认为"产品"是指经过加工、制作，用于销售的产品。

综合各国观点，"产品"主要是指由生产者生产并已投入流通领域而可供使用的有形物品。作为产品责任法中的"产品"，必须同时具备三个要件：①"产品"必须是由生产者生产的物品，即经过人类劳动而获得的加工过的"人工物品"和加工过的"天然物品"。②必须是已投入流通领域的物品，如果还处于"生产"过程中则不能视作"产品"。③必须是可供使用的有形物品，不管是可移动的物品，还是不可移动的物品。

2. 产品责任概述

（1）产品责任的概念。

产品责任（Product Liability），是指由于生产、制造、销售缺陷产品，造成了产品的消费者、使用者或其他第三者的人身伤害或财产损失，依法应由生产者和销售者分别或共同承担赔偿的一种法律责任。

随着产品责任法的发展，产品责任被大多数国家认为是一种侵权责任，这种侵权责任不以受损害者是否是产品的购买者为前提，只要其受到某种产品带来的伤害，就可以向法院提起产品责任之诉。

（2）产品责任的构成要件。

产品责任的构成要件包括以下三点。

第一，产品缺陷。关于产品缺陷，各国的产品责任法理论和相关立法的规定不尽相同，例如美国《侵权行为法重述》（第二版）中规定，缺陷是指商品具有不合理的危险。斯特拉斯堡公约第2条规定，考虑到包括产品说明在内的所有情况，如果一项产品没有向有权期待安全的人提供安全，则该产品为有"缺陷"。综合各国观点，产品缺陷通常是指产品不能给使用者提供其有权期待的安全，或产品具有不合理的危险性。缺陷必须是产品离开生产者或销售者的控制之前，即产品投入流通之前就已经存在。根据各国的法律及判例，依据产品的生产及制造过程，产品缺陷可以被分为以下五种。

①设计上的缺陷。

设计上的缺陷是由不适当的设计形成的，具体是指产品设计对可靠性、安全性考虑不周全导致产品责任事故，例如没有设计安全保护装置。设计缺陷的责任主体通常是产品生产者。

②原材料的缺陷。

原材料的缺陷是指由于制造产品使用的原材料不符合质量、卫生、安全等标准而形成的缺陷。例如，制药工业中采用不纯原料使药物中含有伤害人体的物质，食品中加入防腐剂、人工色素等，电器产品因材料绝缘性能差而漏电。

③制造、装配上的缺陷。

制造、装配上的缺陷是指因产品生产、装配的不当，致使产品质量未达到设计或预期的要求。例如：由于装配不当，产品部分零部件松动、脱落而造成伤害事故；产品制造粗糙，边缘有锐角、毛刺，导致使用者受伤。

④指示或警示上的缺陷。

这类缺陷是指产品本身并无任何缺陷，但如果使用不当会存在危险，因此生产者或销售者的责任不仅局限于保证产品没有实际缺陷，还应当包括对消费者或使用者适当告诫以防止不适当的使用。如果生产者、销售者对可能出现的危险没提出警告或警告没有说明全部危险，可视为产品有缺陷。

⑤科学上尚不能发现的缺陷。

由于现有科技水平的局限，产品在投入市场时，其缺陷不能被发现。对此类产品缺陷，生产者是否需要承担责任，各国法律规定存在差异。

第二，损害事实。损害事实包括人身伤害和除缺陷产品以外的财产损失。如果产品有缺陷但没有造成人身或财产损害，或者仅造成缺陷产品本身的损害，均不构成产品责任。受损害者既包括从生产者或销售者那里购买产品并使用该产品的人，又包括虽不购买产品但使用了该产品的人，同时还包括虽非上述购买人或使用人但遭受了产品损害的第三人。

第三，产品缺陷与损害事实之间存在因果关系。通常，损害的结果应当是由产品缺陷直接导致的。在产品责任事故中，损害后果的发生往往由多种原因造成，因此，必须确定产品缺陷是引起损害事实的唯一原因或直接原因，产品责任才能成立。如果损害是由于消费者或第三方过错造成的，则不存在产品责任问题。例如，微波炉的说明书中声明金属制品不能放入微波炉使用，但使用者未加注意引起爆炸、造成损害，此种情况不得要求产品生产者或销售者承担产品责任。

6.1.2　产品责任法的概念和特征

产品责任法是调整产品的生产者、销售者，因生产、销售有缺陷的产品，致使对消费者、使用者或其他人产生人身伤害或财产损失所引起的赔偿关系的法律规范的总称。产品责任法的特征包括以下几点。

（1）产品责任法的调整范围是缺陷产品造成的人身伤害和缺陷产品以外的其他财产损害所引起的赔偿关系。缺陷产品本身的损害赔偿应由合同法调整。

（2）产品责任法的调整内容是以消费者为主体的使用者与生产者、销售者之间因缺陷产品导致损害所产生的民事侵权关系。

（3）产品责任法的归责原则主要是严格责任原则，但不排斥过错责任原则的适用。

（4）产品责任法的法律性质以私法为主，兼有公法性质。产品责任法规定的生产者对产品质量的责任和义务具有公法性质，生产者、销售者不能以任何方式排除这种强制性属性。但因缺陷产品而遭受损害的消费者或使用者提起损害赔偿之诉则属于私法范畴，是否要求产品生产者、销售者赔偿，要求赔偿的具体数额以及是否同意与生产者、销售者和解等都由其自行决定，故而具有私法性质。

6.2　各国的产品责任法

6.2.1　美国的产品责任法

美国的产品责任法是世界上发展最迅速、最完备、最具有代表性的产品责任法律制度。美国的产品责任法早期主要是以州法为主的判例法。20世纪60年代以来，美国联邦政府颁布了多项有关产品责任的单行法，如消费者安全法、消费者担保法等，1979年美国商务部公布了《统一产品责任示范法》，但至今尚未被各州采用。美国法学会根据美国司法实践和法学理论编著的《侵权法重述》较为系统地阐述了产品责任的法律问题，1998年发布的《侵权行为法重述》(第三版)总结了美国产品责任法近年的发展成果。

1. 美国产品责任的相关概念

（1）产品。

美国《统一产品责任示范法》指出：产品是具有真正价值的，为进入市场而生产的，能够作为组装整件或者作为部件、零件交付的物品，但人体组织、器官、血液组成成分除外。本法所称的"相关产品"是指引起产品责任索赔的产品及其部件和零件。在司法实践中，法官出于对消费者的保护和公共利益的考虑，常常会做出比法律条文更为宽松、灵活的解释。

（2）产品缺陷。

《侵权行为法重述》(第二版)第 402 条第 A 款规定：凡销售有不合理的危险的缺陷产品者，应对最终使用者或消费者因此而遭受的人身或财产损失承担赔偿责任。可见，"不合理的危险"是美国产品缺陷概念的核心。

关于产品缺陷的种类，美国《统一产品责任示范法》第 104 条有明确的规定：产品制造、设计上存在不合理的不安全性，未给予适当警示或不符合产品销售者的品质担保致使产品存在不合理的不安全性。

① 产品制造缺陷。

产品制造缺陷（Manufacturing Defect），是指产品在制造过程中，因质量管理不善、技术水平差等原因使个别产品中存在不合理的危险性。一般可分为原材料、零部件及装配方面的缺陷。

② 产品设计缺陷。

产品设计缺陷（Defect in Design），是指产品的设计中存在不合理的危险性，它往往是导致整批产品存在潜在危险的根本原因。设计缺陷一般由配方、处方的错误、原理的错误、结构设计的错误等方面造成。

③ 产品警示缺陷。

产品警示缺陷（Inadequate Instructions or Warning），是指产品提供者对产品的危险性没有做出必要的警告或安全、使用方面的指导，从而对使用者构成不合理的危险。产品警示缺陷一般是产品的生产者或销售者违反法律规定的告知义务而产生的。通常认为产品的制造者或销售者必须在产品投入流通领域时，针对可合理预见的产品使用者，对产品可能产生的危险及其预防方法以具体规范的用语尽可能详尽地予以警告和说明，否则他就必须对因违反其警示义务而造成的损害承担责任。但是，如果产品的危险是明显的或众所周知的，产品提供者得因此免责，即所谓"已知危险不得追究或完全排除的规则"。但是，如果危险的性质和程度大大超出使用者的期望时，仍应承担警示义务。

④ 违反品质担保的缺陷。

美国将货物提供者的品质担保责任区分为明示担保和默示担保。美国法认为如果产品的提供者违反品质担保（Breach of Warranty），则根据美国《统一商法典》第 2-318 条规定："卖方的明示或默示担保延及买方家庭中的任何自然人或买方家中的客人，只要可以合理设想上述任何人将使用或消费此种物或受其影响，并且上述任何人因卖方违反担保而受到人身伤害。卖方不得排除或限制本条的适用。"卖方除了应对货物的买方承担违约责任外，还应对因其产品存在违反品质担保的缺陷所造成的损失依产品责任法上的严格责任原则进行损害赔偿。

（3）责任主体。

根据美国 1979 年《统一产品责任示范法》第 102 条、第 104 条、第 105 条规定，产品的制造者及销售者为承担产品责任的主体。

产品制造者，是指在产品出售给使用者或消费者之前，设计、生产、制作、组装、建造或者加工相关产品或产品组件的自然人或实体；还包括不是但自称是制造者的产品销售者或实体；此外，制造者还包括主要经营产品批发、分销或者零售业务的产品销售者，但这些销售者局限于在销售前设计、生产、制作、组装、建造或者加工该产品的情形。

产品销售者，是指从事产品销售业务的任何自然人或者实体，而不论交易是为了使用、消费或者再消费。销售者包括产品制造者、批发商、分销商和零售商，也包括产品的出租人和行纪人。

美国法倾向于将产品责任的承担主体做扩大解释，以便于保护消费者的利益。但并不是所有的责任主体都无例外地承担严格责任，而是针对具体的情况分别依据侵权行为法的过失责任和严格责任两个领域确定责任主体所应承担的责任。

（4）求偿主体。

按照美国法律的规定，凡是人身或财产遭受缺陷产品损害的当事人，无论其是否与产品提供者订立产品买卖合同，都有权要求产品的制造者或销售者向其承担责任。也就是说，请求赔偿的主体并不局限于合同关系的对方当事人，任何遭到缺陷产品侵害的产品的使用者、消费者或第三人，都构成产品责任法的请求赔偿主体。

2. 美国产品责任的归责原则

在美国产品责任归责原则的发展过程中，主要有三种原则即疏忽责任原则、担保责任原则和严格责任原则。

（1）疏忽责任原则。

疏忽责任原则（Doctrine of Negligence），即疏忽说，是指生产者或销售者没有尽到合理注意义务，造成产品缺陷，致使消费者人身损害或财产损失时，应承担赔偿责任。

疏忽引起的产品责任首先适用于产品的制造方面，即产品在制造过程中未得到合理注意，从而产生不合理危险。后来其范围逐渐扩大，包括了设计上的疏忽、警示上的疏忽。

疏忽不以合同关系为前提，但是原告仍需证明：①被告存在疏忽；②产品的缺陷由被告疏忽所致；③原告的损失确由产品缺陷引起。

（2）担保责任原则。

担保责任原则（Doctrine of Breaching Warranty），即担保说，是在疏忽责任原则基础上发展出来的一种归责原则。担保是在合同中对产品的质量、性能、规格、用途等所做的许诺、说明或保证。担保责任是指由于产品存在缺陷，生产者或销售者违反了明示或默示担保义务而应承担的责任。原告无须证明被告确有疏忽致使产品有缺陷，但他必须证明：①被告违反了对产品明示或默示的担保；②产品存在缺陷；③原告的损失确由产品缺陷所致。美国《统一商法典》第 2-313 条和第 2-214 条分别规定了明示担保和默示担保的有关内容。

（3）严格责任原则。

严格责任原则（Theory of Strict Liability），即严格责任说，是由疏忽责任原则和担保责任原则在司法实践中逐步发展起来的，目前已被美国绝大多数州采用，成为美国产品责任案件的主要诉讼根据。

只要产品存在缺陷，对使用者或消费者具有不合理危险，而使其受到人身伤害或财产损失，该产品的生产者或销售者就应承担责任。严格责任原则不要求原、被告之间存在合同关系，而且被告也不需要证明原告存在疏忽，这一归责原则对保护消费者最为有利。

严格责任是一种绝对责任，受害者必须证明：①被告是专门从事某产品生产的制造商；②产品存在缺陷；③产品出厂时该缺陷已存在；④产品缺陷是造成受害者损害的直接原因或与损害有因果关系。

3. 美国产品责任的损害赔偿

产品责任的损害赔偿是指补偿缺陷产品造成的可预见的人身伤害损失或财产损失，但在特殊案件中可能包含惩罚性赔偿。

（1）人身伤害损失。该部分包括：医疗费和康复费、因受伤而耽误的收入、谋生能力降低或丧失所产生的损失、肉体伤残痛苦的补偿、伤残带来的自卑感等精神痛苦的补偿。

（2）财产损失。财产损失不限于被损坏财产的直接损失，合理可预见的间接损失也为多数法院支持。

（3）惩罚性赔偿。在产品责任事故性质异常严重的案件中，受害人除了可以要求一般的人身或财产损害赔偿外，还可以提出额外的惩罚性赔偿。根据1979年《统一产品责任示范法》的规定，要获得惩罚性赔偿，原告必须证明自己所受的损害是由于生产者或销售者明知而根本不顾产品使用者、消费者或其他可能受伤害的人的安全，或者粗心大意所致。至于惩罚性赔偿的具体数额则由陪审团决定。如2003年，在埃克森美孚公司（Exxon Mobil Corporation）的版权纠纷中，陪审团裁决被告承担119亿美元的惩罚性赔偿金。

4. 美国产品责任的抗辩

产品责任的抗辩是指产品责任人主张减轻或免除责任的理由。由于美国各州之间的法律差异，因此产品责任的抗辩亦不存在统一的规定，一般由各州的法院根据具体的案件事实、产品的缺陷以及原告的权利主张等因素确定具体适用的抗辩事由。同时在产品责任中，许多抗辩事由的认定亦与产品缺陷的认定有着非常紧密的联系，毕竟对于生产者或销售者而言，"产品没有缺陷"才是最根本的抗辩。在美国立法和司法实践中，常见的抗辩主要有以下七种。

（1）不可预见性。

不可预见性（Unforeseeability），是指产品含有不可预见的危险。在20世纪80年代中期以前，由于《侵权行为法重述》(第二版)第402A条款所确立的严格责任原则，因此美国法院一般不认可不可预见的危险作为产品责任的抗辩。但随着严格责任适用范围的缩小，尤其是《侵权行为法重述》(第三版)的颁布，不可预见的危险成为一项非常重要的抗辩，特别是针对产品的设计缺陷和警告缺陷。因为《侵权行为法重述》(第三版)以及众多法院的司法判决已经在实质上把上述两种产品缺陷所产生的产品责任界定为一种过错责任。

（2）业内技术发展水平。

业内技术发展水平（State of Art），往往是指产品的设计代表了产品投入流通时的业内最高水平。从产品缺陷的角度来说，"业内技术发展水平"意味着，当产品投入流通时，依当时的科学技术水平难以发现产品存在的缺陷。对此抗辩，多数法院持肯定态度。《侵权行为法重述》(第三版)中"合理替代设计"概念的引入，也意味着"业内技术发展水平"可以作为产品责任的抗辩。但《侵权行为法重述》(第三版)亦指出,由于这个概念具有一定的模糊性,因此该项抗辩能否成立,最根本的标准还是在于是否存在更合理的替代设计规避显而易见的危险,或称为众所周知的危险。

(3)显而易见的危险。

对于该类危险,"几乎所有的法院都认为产品的生产者没有义务对此提出警告"。正如前文所述,如果要求对显而易见的危险(Obvious Danger)提出警告,会降低警告总体上的有效性。但需要注意的是,"风险的显而易见性并不必然排除(生产者)提供更安全设计的义务",因为即使危险显而易见,即使警告足够充分,但消费者还是可能因为产品设计的不安全性而不可避免地卷入危险之中。

(4)产品固有的危险。

很多产品含有天生的或固有的危险,该危险不可避免,比如一把刀或含有天然副作用的药品。消除该产品的固有危险(Inherent Product Danger)可能会从根本上改变产品的性质和功能。产品固有的危险能否作为一项成功的抗辩,与产品缺陷的判断标准有密切联系。依产品缺陷的"风险-效用比较标准",该项抗辩能够成立的产品往往是因为产品的实际效用明显高于产品的固有危险;反之,如果危险高于效用,那么该项抗辩不能成立,而且其后果往往是该产品被逐出市场。

(5)产品的误用和改造。

消费者对产品的误用和改造(Product Misuse and Alteration)并非罕见,对于因此而造成的损害,生产者能否免责的关键在于产品的误用和改造是否可以合理预见。一般而言,美国法院认为生产者有义务采取措施防止可以合理预见的误用和改造所造成的危险,比如采用更合理的设计或更充分的警告。但对于不可预见的误用和改造,生产者没有义务采取防护措施,因此而导致的损害往往是因为消费者自身严重的过失。

(6)合同中的免责或限制责任条款。

因为关涉公共利益和消费者权益的保护,美国法院不允许生产者或销售者通过在合同中订立免除责任或限制责任的条款(Disclaimers and Limitations)来减免自身的责任。不过《侵权行为法重述》(第三版)允许一个有限的例外,即当消费者在获取充分信息和具备充分实力的条件下,承认减免责任条款的效力。

(7)原告的过错。

对于原告的过错(Plaintiff's Fault)行为能否成为生产者或销售者的抗辩理由,《侵权行为法重述》(第二版)主要考虑了以下两种情况。

第一,共同过失(Contributory Negligence)。根据《侵权行为法重述》(第二版)第463条的定义,共同过失是指原告遭受的损害是由于原告没有尽到注意义务与被告的过失所共同造成的。由于《侵权行为法重述》(第二版)第402A条确立的是严格责任,因此《侵权行为法重述》(第二版)主张共同过失不能作为严格责任的抗辩,尤其是当消费者没有发现产品缺陷的情况下。也就是说,共同过失不能作为生产者或销售者免除其责任甚至减轻其责任的理由。

第二,自担风险(Assumption of Risk)。自担风险是指原告明知产品存在危险,但仍自愿且不合理地将自己置于产品的危险之中。根据《侵权行为法重述》(第二版)第496A条的规定,原告如自担风险则不能主张赔偿的权利。同时,自担风险亦是严格责任的完全抗辩。

《侵权行为法重述》(第二版)的上述主张在其颁布后的最初十年,基本上被美国各法院接受。但随着大家对严格责任态度的改变，上述两个概念逐渐被"比较过错"（Comparative Fault）代替，原告的过失可以成为产品责任的抗辩理由。《侵权行为法重述》（第三版）第17条亦认为："原告因产品缺陷所导致的损害，如果同时亦缘于原告没有尽到适当的注意义务，那么将减少原告的赔偿请求。"目前美国绝大多数州在产品责任诉讼中采用比较过错原则来确定责任的分担，只是有些州采用的是纯比较过错（Pure Comparative Fault）原则，即责任的划分纯粹按照双方过错所占的比例；还有些州采用的是经过改造的比较过错原则（Modified Comparative Fault），比如多数州规定，如果原告负有超过50%的过错，那么他的赔偿请求将完全被禁止。

6.2.2　欧洲主要国家的产品责任法

1. 英国的产品责任法

英国的产品责任法多年来一直存在于合同法、商品买卖法和侵权法之中。随着英国保护消费者运动的兴起和相关法学理论的发展，其产品责任法律制度也有了新的发展和提升。欧洲经济共同体《产品责任指令》于1985年7月25日通过。英国也于1987年制定了《消费者保护法》，并对不安全产品实行严格责任制度。

长期以来，英国法院对产品责任案件的审理和判决并存着三种归责原则：依据合同法的合同责任原则、依据一般侵权行为法的过失责任原则和依据《消费者保护法》的严格责任原则。

（1）合同责任原则。

①合同责任原则的概念。

合同责任，也称为"契约责任"，是指合同在缔约当事人之间具有相当于法律的效力，但合同的效力仅存在于缔约的当事人之间，非合同当事人不能根据合同取得利益或者负有义务。

②合同责任原则的确立。

合同责任原则的确立，源于1842年英国的"温特博特姆诉怀特"案，此案在审理时所遵循的归责原则是依据契约关系对受害人的权利给予救济，强调"无契约无责任"。该案案情是：被告怀特是邮车制造商和修理商，他和某驿站站长订有契约，约定由其提供合格安全的马车以运送邮件。原告温特博特姆是驿站雇用的马车夫，在驾驶邮车运送邮件时因车辆发生故障而严重受伤。原告向被告提起诉讼、要求赔偿，被告以原告不是契约当事人为由抗辩，法院最终判决原告败诉。法院认为，被告保证马车处于良好状态的责任是向另一签约方驿站长承担的契约责任，被告无须对马车夫温特博特姆负有责任。审理此案的大法官Abinger认为，原告与被告无契约关系，如果被告败诉的话，每个乘客或任何一个经过路旁的人，只要因邮车受到损害，都可以提起同样的诉讼。他在判决理由中特别强调："如果责任要扩展到没有契约关系的人，那就会出现最荒谬和最可悲的后果，而对此后果尚看不到任何限制的可能。"由此"无契约无责任"的合同责任原则确立，即因缺陷产品致害的人不能起诉与其没有契约关系的生产者和销售者，无契约关系的产品提供者不承担契约责任亦不承担侵权责任。此外，合同责任原则的确立还考虑到如果让制造者或销售者承担合同外的责任，会加重制造者或销售者的责任，不利于保护处于初级发展阶段的制造商的利益。

③合同责任原则的发展。

英国早期是严格遵循合同责任原则处理产品质量问题和案件的，一般通过合同的明示或默示条款予以保证。

依据 1893 年《货物买卖法》第 13 条至第 15 条的规定，出卖人必须保证其出售的商品具有"适销性"。适销性是指出卖的产品必须符合买受人购买该商品的一般目的，即买受人依照相关价格和条件可以合理期望它应当具有的正常品质或特质。否则，出卖人应对所售商品不具"适销性"引起的损害负责。

1979 年，《商品买卖法》把出卖人的责任区分为违反条件的责任和违反保证的责任，形成了担保责任原则。依据该原则，在买卖合同中规定，违反条件可以导致合同无效；违反保证可以引起损害赔偿的请求权，而不是拒绝该产品或使该产品无效。买卖合同中的规定是条件还是保证，则要依据案件中的合同具体内容而定。

尽管依照合同的担保理论可以保证买受人在受到商品损害时能够获得补偿，但该补偿的获得却受到严格的限制，即必须遵守只有合同当事人方可取得依合同产生的权利与义务原则。买受人可以起诉销售商却不可起诉制造商，此外本人非购买者（例如受赠人）如遭受损害，在没有直接合同关系时，亦不可获得补偿。可见，担保理论仍未摆脱直接合同关系的限制，不能反映现实的工业社会的产品责任关系，这使得英国不得不对传统的产品责任归责原则进行修改，并求助于侵权行为法。

（2）过失责任原则。

①过失责任原则的概念。

"过失"在英国普通法中是指违反了"注意"的义务。每个公民或企业在行使自己权利时，都有义务注意到不能给他人造成损害或伤害，否则即存在"过失"。过失责任是指由于制造商的疏忽，造成产品缺陷，致使消费者受到损害所应承担的责任。一般而言，法律衡量过失的标准是根据合理的注意、常识和技能，通常不要求有特殊的才能，也就是说法律对过失的要求并非最高标准的注意义务，而是要求具体场合下的合理注意。判断是否违反合理注意义务以及存在过失的标准也仅仅是依据一个理智的正常人的标准。

②过失责任原则的确立。

过失责任原则最初是在著名的 1932 年"多诺霍诉史蒂文森案"中确立起来的。此案之前英国法律尚不承认产品制造商对消费者有"注意"的一般义务。在该案中，原告多诺霍（Donoghue）诉称其在喝一瓶由朋友买来的瓶装姜汁啤酒时，发现一只腐烂的蜗牛，因受惊吓而患上严重的肠胃病，要求制造商承担赔偿责任。英国上议院以三比二的多数宣告原告胜诉，上议院议员阿特金在判决中指出："产品制造者以某种方式出售这些产品时已表示他意图使这些产品到达直接消费者那里时处于离开他时的状况，而消费者没有进行中间检查的适当可能性，他也知道在准备和提供这些产品时如缺乏合理的注意将导致消费者人身或财产的损害，那么该制造商对消费者负有合理注意的义务。"他还指出："你必须合理注意，以避免那种你应当预见到可能伤害你的邻居的作为或不作为。那么从法律上讲，谁是我的邻居呢？答案好像是这样的，如果一些人受我的行为影响非常紧密、直接，以至于我应当考虑在我有意进行某种作为或不作为时，这些人是否受我影响，那么这些人就是邻居。"基于此他提出了著名的"邻人原则"。

③过失责任原则确立的意义。

过失责任原则的确立对英国产品责任法的重要意义在于：第一，承认了制造商对消费者应负的注意义务；第二，该义务并不限于适用合同当事人或使用产品的第三人，而且还适用于因产品的缺陷而受到损害的一切消费者。这使得产品责任制度变得更为灵活，以适应不断发展变化的社会经济生活的需求。依据过失责任原则提起诉讼时，英国采取"事实本身说明问题"的原则，根据该原则，制造商有责任关心所有将使用其产品并受到影响的人，因此原告只要证明产品存在缺陷并对其造成了伤害，就可以从相关证据中推论出制造商存在过失。可见，该项原则明显有利于保护消费者和产品的使用者。

（3）严格责任原则。

①严格责任原则的概念。

严格责任是产品责任领域原告要求被告承担责任和赔偿损失的依据之一。严格责任又称侵权行为上的无过失责任，是指只要产品存在缺陷，对使用者或消费者具有不合理的危险，该产品的制造商和销售者就要承担赔偿责任。

②严格责任原则的确立。

1977年英国法律委员会发表的《关于对缺陷产品责任的报告》和1978年皮尔逊皇家委员会的《对个人伤害的民事责任及其赔偿的报告》最先提出了严格责任原则。《关于对缺陷产品责任的报告》详细讨论了调整缺陷产品引起的人身伤害、财产损害和其他任何损害赔偿的修改方案。《对个人伤害的民事责任及其赔偿的报告》是在上院议员皮尔逊任皇家委员会主席时由皇家委员会实施的。尽管两个报告的内容互不相同，但都承认英国现行法制不利于保护消费者，建议采纳严格责任制。但是，严格责任原则的真正确立则是源于1987年的《消费者保护法》。在严格责任制度下，受损害的消费者只要证明：第一，产品存在缺陷，并引起了损害；第二，该缺陷与所受损害之间有因果关系，就可以从缺陷产品的生产者、进口商或商标个人拥有者那里获得赔偿。

③严格责任原则的确立意义。

《消费者保护法》对产品的范围、责任主体的种类、缺陷的概念、损害的范围、抗辩事由、诉讼时效等均做出了明确规定，为英国产品责任法创建了一个独立的严格责任新体系，标志着英国产品责任法发展到了一个较高的水平。

总体而言，英国产品责任法历经、并存着三种归责原则。1987年之前，在英国司法实践中，大多适用合同责任和一般侵权法中有关过失责任的归责原则，求解决产品责任的赔偿问题。1987年之后，严格责任制度的确立，为消费者因缺陷产品造成的损害而索取赔偿提供了更为有效的法律武器，但这并不意味着严格责任原则已经完全取代了合同责任原则和过失责任原则。严格责任只是给消费者增加了一种为获取补偿而可选择的方式和渠道，过失侵权责任制度和合同责任制度仍然存在并有效。因此，就英国完整的产品责任法律体系而言，仅有严格责任制显然是不够的，还需要过失责任制和合同责任制并存和互补。

2. 法国的产品责任法

法国一直没有独立的产品责任法，其契约和侵权两种形式的产品责任都集中规定在《法国民法典》中。在1985年欧洲经济共同体《产品责任指令》实施之前，法国把契约和侵权行为的各项原则统一化地适用于产品责任，在此过程中法国所取得的成绩远在欧洲其他国家之上。1985年之后，为实施欧共体《产品责任指令》，法国通过修改民法典，将产品责任作为民法典第三编侵权中的内容加以规定，以与指令内容相协调。然而这种实施指令的结果不是十分乐观，从某种程度上讲，它降低了对消费者的保护标准。

有关产品责任的案件的归责原则，体现在《法国民法典》中，通过合同法和侵权法的各项原则来进行调整，具体而言可概括为：瑕疵担保责任原则、侵权责任原则和严格责任原则。

（1）瑕疵担保责任原则。

法国法规定：凡买卖标的物不符合一般用途或双方约定的特殊用途时，均属有瑕疵卖主对此负有担保责任。《法国民法典》第1641条、第1643条规定，出卖的标的物含有隐蔽瑕疵以至于不适于其应有用途或减少其用途，致使买方知此情形不会承受或必须降低价格方愿承受时，出卖人应负担保责任；出卖人即使不知标的物含有隐蔽瑕疵仍应负担保责任。买受人的责任是证明瑕疵在买卖时即存在；反之，卖主对后来出现的瑕疵不负责任，除非买主能辨明瑕疵是货物所固有的，且在短时期内提出其要求。这些规定沿用了大陆法系传统的过失责任原则，对消费者的保护力度较小。法院在司法实践中对法律进行解释，形成了一个原则：无论何时只要制造者或供货者的产品含有"内在缺陷"，他就要承担责任。法院判定了一个职业的卖主应当被推定为知道任何影响其产品的"内在缺陷"。这使得法国的产品责任法由瑕疵担保责任逐渐演变为严格责任。但是这种以合同关系作为基础的产品责任，诉讼的主体仅限于合同双方当事人，当买主起诉要求赔偿损失时，只能向最后的卖主索赔，但这可能导致买主又利用侵权法再一次起诉制造商。为防止重复诉讼，法国法院在判例中把卖主的责任扩大到合同范围之外，允许在连锁买卖关系中任一点上的购买者有权直接对一切在先的制造者或批发商提起诉讼，制造商对最后的购买者如同对其直接购买者一样负有同样的义务。这种诉讼制度称为"直接诉讼"制度。最后的买主享有在直接买主、中间卖主和制造商之间选择其一的权利，以追究被告的瑕疵担保责任。如果买主以外的其他人受到伤害，则无法从担保方面寻求法律帮助，只能根据侵权责任加以调整。

（2）侵权责任原则。

《法国民法典》第1382条、第1383条规定"任何行为使他人受损害时，因自己的过失致使损害发生之人应对他人负赔偿责任""任何人不仅对因其行为所引起的损害，而且对因其过失或疏忽所造成的损害负有赔偿责任"。可见，侵权责任是以过失责任为基础的，但受害者很难证明生产者的过失。法院为了更有力地保护受害者的利益，对这两条规定做了灵活解释，认为只要有生产者将致人损害的有缺陷的产品投入流通的事实，即可认定其有过失，使他承担责任。《法国民法典》第1384条第1款规定："任何人不仅对由其行为所造成的损害，而且对应由其负责的他人的行为或在其管理下的物件所造成的损害，均应负赔偿责任。"法国最高法院扩大了对该条的适用范围，使"管理下的物件所造成的损害"扩大到火车、汽车、电气、瓦斯等产品缺陷所致的损害，这导致法国传统的侵权的过失责任逐渐向严格责任发展。

（3）严格责任原则。

为实施欧共体指令，法国提出了民法典的修改意见，建议在民法典中增添新的有关产品责任的规定，而主要修正之处在于对隐蔽瑕疵的规定上。修改意见对产品责任建立起无过失责任原则，即严格责任原则。所有制造商、销售商、供应商、出租商等都要受到新法的制约，而且新法是受害方唯一可获得救济的规则，但新法尚未实施。

3.德国的产品责任法

德国产品责任立法是大陆法系最早的，在处理产品责任案件时，主要是以《德国民法典》和《德国商法典》为依据，其归责原则也包含了合同责任原则、侵权责任原则和严格责任原则。德国法在传统上采用过失责任原则，并通过侵权行为法的交易安全及注意义务，合理地运用证据法原则，规范产品生产者的责任。可见，德国主要通过侵权行为法来追究责任，即运用举证倒置，来达到保护消费者利益的目的。

（1）合同责任原则。

《德国民法典》规定，卖方应向买方保证他所出售的物品在风险责任移转于买方的时候不存在失去或减少其价值，或降低其通常的用途或合同规定的使用价值的瑕疵。该法典还规定，卖方应担保货物在风险责任移转买方时具有他所担保的品质。如果违反这种担保，买方享有要求退货、减价或解除合同的权利。但是，如果买方在订立买卖合同时，已经知道出售的货物有瑕疵，卖方可不负瑕疵担保的责任。德国法院认为，无论卖主是不是专业的卖主，都不能推定其有过失或知情，并认为对不履行合同义务的当事人不推定其有过失，买方利用合同关系要求卖方承担产品责任，原告要承担举证的责任，此种归责原则对消费者的保护并不全面。

（2）侵权责任原则。

《德国民法典》第 823 条、第 826 条规定：一个人如果违反法律，故意或粗心大意地损害他人的生命、身体、健康、自由、财产或其他权利时，应当赔偿受害人由此蒙受的任何损害。这是德国法关于侵权责任的一般规定，当时并没有作为产品责任的主要归责原则。1968 年 11 月 16 日，联邦最高法院在著名的鸡瘟案中才确立了侵权责任原则。鸡瘟案的原告为一养鸡场场主，在给鸡注射了制造商提供的疫苗后，未起到有效的免疫效果，致使他的 4 000 多只鸡病死，损失达 10 万马克。联邦法院认为，既然疫苗没有起到防止鸡瘟的效果，则足以证明该产品存在缺陷，判令被告承担赔偿责任。

德国通过鸡瘟案确立了产品缺陷引起损害的侵权行为责任，只要受害人能证明损害是由产品的缺陷造成的，则产品制造者即被推定为有过失。除非制造者能推翻这一推定，否则缺陷的风险责任即落在制造者身上，制造者需就其无过失负举证责任，从而使举证责任倒置。这种侵权责任有些接近严格责任，成为德国产品责任中保护消费者利益的归责原则。

（3）严格责任原则。

德国为了实施欧共体《产品责任指令》，于 1989 年 12 月 15 日通过了《产品责任法》，该法已于 1990 年 1 月 1 日生效。《产品责任法》明确规定了严格责任适用于所有因缺陷产品产生的人身伤害、健康损害和财产损害，同时适用《德国民法典》关于产品的侵权责任，由法官根据对消费者最有利的原则进行选择。

6.2.3 日本的产品责任法

日本产品责任法与欧美国家不同。在 20 世纪 60 年代初，日本法律界才从美国法律制度中引入了产品责任的概念。日本的产品责任法以 1995 年 7 月 1 日生效的《日本产品责任法》（Japanese Products Liability Law）为标志划分为两个发展阶段，在此之前的产品责任案件由民法典中的"疏忽"理论进行调整，该法生效后则由无过错责任理论进行调整。

1. 产品

《日本民法典》第 85 条规定，产品是指有体物，是物质上占据一定空间而有形的存在。所有固体、气体、液体均为有体物，均可构成产品。此外，日本在近年的判例中，也倾向于将电、热、声、光等自然力称为物，这样的思想在"电气盗窃事件"的审判中有所体现，因此这些无形物也可归入产品的范畴。

2. 产品缺陷

《日本产品责任法》规定，缺陷是指"考虑到影响该产品的诸多因素，如产品特性、可预见的通常使用方式及生产者或其他人交货时间等，该产品缺乏一般的安全水平"。产品缺陷主要包括设计缺陷、制造缺陷、指示缺陷和发展缺陷等。

3. 归责原则

（1）合同责任原则。

日本法对于产品责任的归责原则也建立在合同关系的基础上。合同关系的产品责任主要依据《日本民法典》第570条的规定，即购买了具有隐蔽瑕疵产品的买方可以向直接卖方提出损害赔偿的请求，将这种产品责任仅局限在具有直接合同关系的相对人之间，除非卖方纯粹为生产者的代理人，否则任何人不得向没有合同关系的生产者提出损害赔偿的要求。但如果合同关系的卖方是中间商，并且无力承担买方的索赔请求，买方可请求该卖方的直接卖方直至产品生产者承担产品责任。

（2）过失责任原则。

日本对于产品责任的另一个归责原则建立在侵权关系基础上。《日本民法典》第709条确定了产品责任的过失责任原则，规定产品的生产者和销售者所应承担的产品责任必须以其对产品缺陷的存在具有过失为前提，由受害者对于缺陷、缺陷造成的损害、缺陷与损害之间的因果关系以及生产者或销售者对于缺陷的存在具有过失承担举证责任。但新的产品责任法放弃了过失责任的理论，要求产品生产者或销售者承担严格责任，除非他们能够证明原告赖以胜诉的三个构成要件不成立，否则就应承担责任。三个构成要件是指产品存在缺陷、原告有损害、缺陷与损害之间有因果关系。

（3）严格责任原则。

随着日本现代工业生产的发展和科技进步，各类产品大量投放市场，消费者的安全和利益日益受到关注。同时，出口产品以及内销产品都存在越来越多的矛盾。产品责任中严格责任原则的确立，已成为日本社会经济发展的必然要求。日本的生产者、消费者都很关注产品质量，因而提出了种种新的过失理论，如无过失侵权责任、违反附随义务责任等。将主观过失概念改造成为客观过失责任概念，极大程度地提高了产品生产者对产品的注意义务。1972年，日本制造物责任研究会成立，并于1975年提出了《制造物责任法要纲试案》，促进了严格责任的形成。1994年7月，日本正式颁布《制造物责任法》，并于1995年7月生效。至此，日本产品责任法律终于与欧美各国一样采用严格产品责任原则，以适应世界产品责任立法的大趋势。

4. 责任主体

日本法对于产品责任主体的规定与美国及欧洲一些国家的观点较为一致，认为产品的制造者、中间商以及其他在产品流转过程中从事过商业行为的人都应对消费者有关产品责任的请求承担责任。其中：产品的制造者包括零部件的制造者、原材料的提供者以及将自己标识为制造者的人；中间商包括进口商、批发商、运转商、零售商；其他在产品流转过程中从事过商业行为的人包括修理商、出租人、委托者等。

5. 产品责任的免除

日本法认为，在产品责任的承担过程中，产品制造者可以免除产品责任的情况有两种：一是证明原告赖以胜诉的证据不成立；二是证明在交货时，以现有科技知识水平不足以使产品制造者了解缺陷的存在。与其他国家不同的是，日本法并不认为基于国家法令而产生的缺陷给消费者造成损害可以成为产品制造者免责的事由，因为国家法令仅是原则性的规定而已，至于是否达到安全性的确保，仍有赖于设计者和制造者的注意。

6.2.4 我国的产品质量法

1. 我国产品责任立法概述

截至目前，我国尚不存在统一的"产品责任法"，产品责任的相关规定分散于多部部门法中，具体包括《民法典》《产品质量法》《食品卫生法》《药品管理法》《消费者权益保护法》《计量法》《工业产品生产许可证管理条例》《工业产品质量责任条例》等法律、法规和规章。其中，对我国产品责任制度的确立影响较大的有《工业产品质量责任条例》《产品质量法》《消费者权益保护法》和《民法典》。

国务院于1986年4月5日发布了《工业产品质量责任条例》（以下简称《条例》），以保护消费者合法权益为目的，标志我国已经产生了消费者权益保护的法律思想。《条例》规定产品的生产者、销售者对产品质量负责。产品不合格或不符合约定的，生产者、销售者"应当负责修理、更换、退货和赔偿实际经济损失"，这也是"三包"规定的雏形。《条例》还对产品质量的监督管理进行了规定。

我国《产品质量法》于1993年制定，根据2018年12月29日第十三届全国人民代表大会常务委员会第七次会议第三次修正。我国《产品质量法》是一部关于产品质量的纲领性和原则性的法律，包括6章共74条。与国外传统做法不同，我国《产品质量法》采取的是综合性的立法体例，在内容上包括了广义的产品质量法所涉及的所有主要问题：既有产品行政管理和监督方面的规定，又有生产者、销售者产品质量义务的规定，还有产品质量责任的规定。在产品质量责任的规定中，分别规定了行政责任、民事责任以及刑事责任。

我国《消费者权益保护法》于1993年制定，根据2013年10月25日第十二届全国人民代表大会常务委员会第五次会议第二次修正，是我国产品责任法律制度的重要组成部分。《消费者权益保护法》的内容主要包括：消费者的权利，经营者的义务，国家对消费者合法权益的保护，消费者组织的名称、性质及其职责，消费者与经营者之间争议的解决，法律责任等。

我国《民法典》于2020年5月28日由第十三届全国人民代表大会第三次会议表决通过，并于2021年1月1日起施行。《民法典》第七编第四章设专章集中规定产品责任制度，将《产品质量法》中规定的部分产品责任制度纳入《民法典》之中，并对现有的产品责任制度予以完善。

2. 产品

关于产品的概念和范畴，我国《产品质量法》第2条规定："本法所称产品是指经过加工、制作，用于销售的产品。建设工程不适用本法规定；但是，建设工程使用的建筑材料、建筑构配件和设备，属于前款规定的产品范围的，适用本法规定。"根据上述规定，我国对产品的范畴界定仍比较狭窄，产品主要是指加工过的、用于销售的动产，不动产和原始农产品并不包含在内。此外,我国《产品质量法》对于一些特殊的产品如电、输入人体的血液等并未做出明确规定。

3. 产品缺陷

关于产品缺陷,我国《产品质量法》第46条规定:"本法所称缺陷,是指产品存在危及人身、他人财产安全的不合理的危险;产品有保障人体健康和人身、财产安全的国家标准、行业标准的,是指不符合该标准。"根据此条规定,我国对产品缺陷的定义采用了不合理的危险和国家、行业标准相结合的判断。根据法条的前一标准,产品缺陷是指产品含有不合理的危险;根据法条的后一标准,在有国家标准或行业标准的前提下,产品缺陷是指产品不符合该标准。前一标准的规定基本与欧美国家的产品缺陷定义相似,但欧美国家基本不存在后一标准的产品缺陷界定。在欧盟的《产品责任指令》中,产品执行国家强行性法律规定是产品责任的免责理由之一。

4. 责任主体

根据我国相关法律规定,承担产品责任的主体包括生产者和销售者。

我国《产品质量法》第41条规定:"因产品存在缺陷造成人身、缺陷产品以外的其他财产(以下简称他人财产)损害的,生产者应当承担赔偿责任。"第42条规定:"由于销售者的过错使产品存在缺陷,造成人身、他人财产损害的,销售者应当承担赔偿责任。"

2021年实施的《民法典》第1202条、第1203条也做出了类似规定:"因产品存在缺陷造成他人损害的,生产者应当承担侵权责任""因产品存在缺陷造成他人损害的,被侵权人可以向产品的生产者请求赔偿,也可以向产品的销售者请求赔偿。产品缺陷由生产者造成的,销售者赔偿后,有权向生产者追偿。因销售者的过错使产品存在缺陷的,生产者赔偿后,有权向销售者追偿"。

5. 归责原则

在产品责任的认定上,我国《产品质量法》和《民法典》都对生产者和销售者采用了不同的归责原则:产品生产者对于缺陷产品所造成的损害承担严格责任;产品销售者则承担过错责任,即如果产品的缺陷是因为销售者的过错所致,销售者应承担赔偿责任。但是,如果销售者不能指明缺陷产品的生产者,也不能指明缺陷产品的提供者,即使销售者对产品缺陷没有过错,也应当承担赔偿责任。虽然生产者和销售者的归责原则不同,但两者对消费者因缺陷产品所遭受的损失须承担连带责任,也就是说销售者即使对产品缺陷没有过错,消费者亦可以要求销售者赔偿,只不过销售者可以就支付的赔偿向生产者进行追偿。我国产品责任区分的不同归责原则,对消费者而言更为有利,有利于充分保护消费者的合法利益。

6. 损害赔偿的范围

根据我国《产品质量法》第40~44条的规定,损害赔偿的范围包括财产损失和人身伤害。对于因产品存在缺陷造成受害人财产损失的,侵害人应当恢复原状或者折价赔偿。受害人因此遭受其他重大损失的,侵害人应当赔偿损失。其他重大损失主要是指受害人因财物毁损所导致的经济损失,应该包括"可得利益"的损失。对于人身伤害赔偿,应当包括医疗费、治疗期间的护理费、因误工减少的收入等费用的赔偿;如果造成受害人残疾的,还应当支付残疾者生活自助具费、生活补助费、残疾赔偿金以及由其扶养的人所必需的生活费等费用;

如果造成受害人死亡的，并应当支付丧葬费、死亡赔偿金以及由死者生前扶养的人所必需的生活费等费用。上述赔偿费用中，残疾赔偿金和死亡赔偿金在我国属于精神损害赔偿的范畴，但对于缺陷产品给受害人造成的其他精神损害是否给予赔偿，《产品质量法》没有做明确的规定。

在损害赔偿的原则上，《产品质量法》采用的是补偿原则，没有设定惩罚性赔偿。但是，《消费者权益保护法》第 55 条规定：经营者提供商品或者服务有欺诈行为的，应当按照消费者的要求增加赔偿其受到的损失，增加赔偿的金额为消费者购买商品的价款或者接受服务的费用的三倍；增加赔偿的金额不足五百元的，为五百元。法律另有规定的，依照其规定。经营者明知商品或者服务存在缺陷，仍然向消费者提供，造成消费者或者其他受害人死亡或者健康严重损害的，受害人有权要求经营者依照本法第 49 条、第 51 条等法律规定赔偿损失，并有权要求所受损失二倍以下的惩罚性赔偿。此外，2021 年实施的《民法典》第 1207 条规定：明知产品存在缺陷仍然生产、销售，或者没有依据前条规定采取有效补救措施，造成他人死亡或者健康严重损害的，被侵权人有权请求相应的惩罚性赔偿。自此，我国的产品责任法律制度中也确立了惩罚性赔偿制度。

7. 产品责任的免除

《产品质量法》第 41 条规定："生产者能够证明有下列情形之一的，不承担赔偿责任：（一）未将产品投入流通的；（二）产品投入流通时，引起损害的缺陷尚不存在的；（三）将产品投入流通时的科学技术水平尚不能发现缺陷的存在的。"我国的产品责任免责事由与欧盟《产品责任指令》的规定基本相同。

8. 诉讼时效

产品责任损害赔偿请求权的诉讼时效期间与我国民法规定的普通诉讼时效期间相同，即 2 年，自当事人知道或者应当知道其权益受到损害时起算。

对此，我国《产品质量法》第 45 条规定：因产品存在缺陷造成损害要求赔偿的诉讼时效期间为二年，自当事人知道或者应当知道其权益受到损害时起计算。因产品存在缺陷造成损害要求赔偿的请求权，在造成损害的缺陷产品交付最初消费者满十年丧失；但是，尚未超过明示的安全使用期的除外。

《产品质量法》第 46 条规定：本法所称缺陷，是指产品存在危及人身、他人财产安全的不合理的危险；产品有保障人体健康和人身、财产安全的国家标准、行业标准的，是指不符合该标准。

6.3 关于产品责任的国际公约

6.3.1 斯特拉斯堡公约

斯特拉斯堡公约，亦称《关于造成人身伤害与死亡的产品责任的欧洲公约》（Convention on Product Liability in Regard to Personal Injury and Death）。该公约由欧洲理事会在法国斯特拉斯堡拟定，1977 年 1 月 27 日起交由欧洲理事会成员国签字，自第三份批准书、接受书或认可书交存之日起 6 个月后生效（已生效），共 19 条及 1 个附件。主要内容包括：关于产品责任原则,关于生产者的范围,关于生产者的责任及其确认,关于受害人或有权索赔的人的本身过失,关于损害赔偿及赔偿限额。

1. 适用范围

斯特拉斯堡公约调整由于缺陷产品造成人身伤害和死亡所引起的赔偿责任问题,即其适用范围仅限于人身伤害和死亡,不包括对财产造成的损失。

2. 产品

斯特拉斯堡公约第 2 条规定,"产品"是指所有动产,包括天然动产或工业动产,无论是未加工的还是加工过的,即使是组装在另外的动产内或不动产内。例如,桥梁是不动产,但建筑桥梁用的钢筋水泥仍可作为动产对待,如果桥梁内钢筋水泥等建筑材料有缺陷致使桥梁断裂造成人员伤亡,那么该钢筋、水泥的生产厂商应承担产品责任。

3. 产品缺陷

斯特拉斯堡公约第 2 条第 C 款规定,考虑包括产品说明在内的所有情形,如果一件产品没有向有权期待安全的人提供安全,则该产品即有缺陷。

4. 责任主体

斯特拉斯堡公约将生产者确定为产品责任的承担主体,并进一步解释了生产者的范畴,包括:①成品或零配件的生产者;②任何以将产品投入流通为目的的按商业惯例进口产品的人;③任何使自己名字、商标或其他标志特征出现在产品上,将其作为自己产品的出示者;④在产品没有标明任何生产者的身份时,每个供应者都应被视为生产者,除非根据索赔人的要求,供应者将生产者或前供应者的身份在合理时间内告知索赔人。

5. 归责原则

斯特拉斯堡公约采纳的是严格责任原则,并且如果多数人对同一损害都负有责任,他们之间承担连带责任。

6. 赔偿和免责

关于赔偿数额,斯特拉斯堡公约没有进行最高限制,但它确立了最低限制:对每一死者或遭受人身伤害之人的赔偿额不得少于相当于 7 万特别提款权的国内货币,对同类产品的相同缺陷造成的一切损害的赔偿额不得少于相当于 1 000 万特别提款权的国内货币。

关于免责,斯特拉斯堡公约规定:如果存在以下情形,生产者可以不承担责任:①生产者未将商品置于市场销售;②依据情况判断,在产品投入流通时,造成损害的缺陷尚不存在或缺陷是投入流通后由第三人造成的;③造成损害之缺陷产品是用于销售、出租或以经济目的的分销,而不是在商业过程中制造或分销;④受害人本身的过失。在最后这种情况下,应考虑所有情况后决定减少或免除生产者的责任。如果损害既是由产品的缺陷,又由第三方的行为或疏忽造成,则不应该减轻生产者的责任。此外,斯特拉斯堡公约第 8 条还规定,本公约规定的生产者责任,不得以任何免责或解除义务的条款加以排除或限制。

7. 诉讼时效

根据斯特拉斯堡公约的规定,诉讼时效期限是 3 年,从受损害者发现或应当发现损害、缺陷及生产者的身份之日起计算。如果诉讼未在自生产者将造成损害的单个产品投入流通之日起 10 年内提出，则受损害者丧失对生产者要求赔偿的权利。

6.3.2 欧洲产品责任指令

欧洲共同体是欧盟的前身，其中欧洲经济共同体为协调各成员国之间的产品责任法律，于 1973 年组织专家委员会起草制定了欧共体各成员国统一的产品责任法。经过多年努力，欧洲共同体理事会于 1985 年 7 月 25 日通过了共 22 条的《产品责任指令》（以下简称《指令 1985》）。《指令 1985》实施后，为进一步提高产品责任的保护水平，应对部分领域的产品安全危机，欧盟议会和理事会于 1999 年 5 月 10 日通过了《指令 1999》，其内容共 4 条，主要针对《指令 1985》第 2 条进行了修订，扩大了产品责任的适用范围。《指令 1985》的主要内容如下。

1. 产品

按照《指令 1985》第 2 条的规定，产品是指可以移动的物品，包括组装到另一动产或不动产中的动产，此外还包含电。但《指令 1985》强调动产不包括初级农产品和狩猎物。其中初级农产品是指未经过初步加工的种植业产品、畜牧业产品和渔业产品；狩猎物是指捕获的野生动物。20 世纪 90 年代，随着疯牛病危机的爆发，农产品安全成为欧盟各成员国关注的重点，因此《指令 1999》第 1 条规定，产品包含所有的动产，没有任何例外规定。也就是说此次修订将初级农产品和狩猎物纳入"产品"的范围，并且不允许各成员国对此提出保留或排除适用。

2. 产品缺陷

根据《指令 1985》第 6 条的规定，如果一个产品不能提供人们有权期待的安全性，产品即为有缺陷。产品的缺陷不在于产品是否适合使用，而在于产品是否满足一般大众对产品的安全期待。在界定产品是否具有缺陷的问题上，《指令 1985》同时指出，应将所有相关因素考虑在内，包括：①产品的使用说明；②可以合理预见的产品使用状况；③产品投入流通的时间。此外，《指令 1985》前言指出，在缺陷的认定上应排除消费者对产品不合理的误用，这意味着产品的合理误用所产生的危险应作为认定产品缺陷的考虑因素之一。《指令 1985》还强调，不能单纯以产品投入流通后有更好的产品出现作为产品存在缺陷的理由。

3. 责任主体

根据《指令 1985》第 3 条的规定，产品责任的承担者是指产品的生产者。生产者具体又包括：①成品生产者；②原料生产者或零部件生产者；③通过在产品上标明其姓名、商标或其他可辨识的特征，表明其为生产者的任何人；④在不减损产品生产者责任的情况下，任何将产品输入欧共体市场用于销售、租用、出租或任何形态之商业销售者，都将被认为本指令意义上的生产者，并将承担与生产者相同之责任；⑤如果生产者不能被确认，产品的供应商将被视作生产者，除非在合理的时间内，其能够向消费者告知生产者或向其提供产品的供应商的身份。此规定同样适用于上述情况中的进口产品，即使在产品上标有生产者，但如果供应商不能向消费者提供产品进口商或向其提供产品的供应商的身份，其将被视作生产者。

此外，根据《指令 1985》前言所述，对于缺陷产品给消费者造成的损害，如果有两个以上的责任承担者,将承担连带责任。

4. 归责原则

《指令1985》规定产品责任的归责原则为无过错责任。受害者提出赔偿请求,只需证明产品存在缺陷、缺陷产品所造成的损害以及两者之间的因果关系,而无须证明生产者是否存有过错。

5. 责任的免除或减轻

为了合理地分配产品风险的承担,达到生产者与消费者之间的利益均衡,《指令1985》规定了产品生产者相应的减免责任的情形。根据《指令1985》第7条的规定,如果生产者能够证明存有以下情况,则不承担责任。

(1)生产者尚未将产品投入流通。

(2)根据情况表明,造成损害的缺陷很可能是在产品投入流通时并不存在或者是在产品投入流通后形成的。

(3)产品并非用于销售或以经济为目的的任何形式之分销,也并非由生产者在商业经营过程中制造或分销。

(4)产品的缺陷是由于执行政府的强制性法规所致。

(5)依产品投入流通时的科学或技术水平无法发现缺陷的存在。此规定即所谓产品的发展缺陷可以作为生产者免责的抗辩理由,此项抗辩旨在鼓励产品的创新和发展。但鉴于各成员国不同的法律规定,《指令1985》允许各成员国在其国内法中对此做出不同的规定。

(6)对于零部件生产者,零部件产品缺陷因为须符合成品之设计或依照成品生产者的指示所致。此产品缺陷其实并非产品零部件之缺陷,而是成品存在缺陷,因此零部件生产者无须承担产品责任。

《指令1985》同时指出,产品存在缺陷造成损害,产品生产者的责任不能因为损害的造成部分是由于第三人的行为或疏忽所致而受影响或减轻;但是依情况考虑,如果损害的造成亦可归因于受害人自身的过错,生产者的责任可以相应地减轻甚至免除。此外,根据《指令1985》第12条规定,生产者对受害人应承担的责任不能依据任何免除或限制生产者责任的条款而减轻或免除。该条规定主要针对生产者利用不合理的格式条款规避法定的责任从而损害消费者的合法权益。

6. 损害赔偿范围

根据《指令1985》第9条的规定,损害包括人身伤害和财产损害。

对于人身伤害的具体赔偿项目,《指令1985》没有做出规定,只是特别提到本指令不影响各成员国规定受害者可以提出精神损害赔偿。此外,鉴于各成员国不同的法律传统,《指令1985》没有对赔偿的最高限额做出规定,允许各成员国自行决定。但《指令1985》第16条指出,对于同类产品的相同缺陷所导致的损害,各成员国规定的赔偿限额不得低于7 000万欧洲货币单位。

对于财产损害,《指令1985》规定财产损害不包括缺陷产品本身,并对缺陷产品以外的其他财产的损害规定了赔偿的门槛,即该财产损害不得低于500欧洲货币单位。该规定主要在于避免过多的产品责任诉讼。但需要注意的是,上述财产损害,消费者的赔偿请求可以考虑通过其他法律途径解决,如合同责任。《指令 1985》亦指出,损害的财产须是消费者用于私人使用或消费的产品。

7. 诉讼时效

根据《指令 1985》第 10 条的规定,原告提起赔偿请求的诉讼时效为 3 年,从原告知道或应当知道损害、缺陷和生产者的身份之日起计算。但是如果自缺陷产品投入流通后 10 年内,受害者没有提起诉讼请求,那么受害者将不再享有此权利。

6.3.3 海牙公约

海牙公约,亦称《产品责任法律适用公约》(Convention on the Law Applicable to Product Liability),它是由 1964 年第 10 届海牙国际私法会议各成员国签署的,1977 年 10 月 1 日起正式生效。法国、卢森堡、荷兰、挪威、西班牙、芬兰等国批准了该公约。海牙公约是目前国际上唯一一个关于产品责任的冲突法公约,其宗旨是在国际范围内解决产品责任法律适用的问题。

1. 产品

海牙公约所调整的"产品"的范围,包括一切可供使用或消费的天然产品和工业产品,而不论是加工的还是未加工的,也不论是动产还是不动产。海牙公约对产品的定义比欧洲产品责任指令的定义还要宽泛。

2. 损害赔偿的范围

海牙公约认为损害是指对人身的伤害或对财产的损害以及经济损失。但是,除非与其他损害有关,产品本身的损害以及由此而引起的经济损失不应包括在内。

3. 责任主体

海牙公约中所指的承担责任的主体范围包括:产品的制造商,成品或零配件的制造商,天然产品的生产者,产品的供应者,修理人、仓库管理人等在产品准备或销售等商业环节中的其他人,以及上述所有人的代理人或雇员。

4. 法律适用规则

海牙公约第 4~7 条对产品责任纠纷的法律适用问题做出了规定。该公约的突出特点是以两个以上的连结点来确定所适用的准据法,以避免单独连结点不能得到满意的结果。此外,该公约也允许受损害者在一定范围内自己选择准据法。

海牙公约对国际产品责任法律适用采用的原则是,首先适用直接受害者惯常居所地所在国的国内法,其次适用损害发生地所在国的国内法。

(1)适用损害发生地国家的法律。

海牙公约第 4 条规定,如果损害发生地国家同时又是"①直接受害人的惯常居所地。②被请求承担责任人的营业地。③直接受害人取得产品的地点",则应适用损害发生地国家的国内法。

(2)适用直接受害人的惯常居所地国家的法律。

海牙公约第 5 条规定,尽管有上述第 4 条的规定,但是,如果直接受害人的惯常居所地同时又是"①被请求承担责任人的主营业地。②直接受害人取得产品的地点",则仍然应适用直接受害人的惯常居所地国家的国内法。

（3）适用被请求承担责任人的主营业地国家的法律。

海牙公约第6条规定，如上述第4条和第5条指定适用的法律都不适用，则除非原告基于侵害地国家的国内法提出其请求，应适用被请求承担责任人的主营业地国家的国内法。

本章小结

产品责任是随着现代工业生产而发展起来的，具体是指由于生产、制造、销售缺陷产品，造成了产品的消费者、使用者或其他第三者的人身伤害或财产损失，依法应由生产者和销售者分别或共同承担赔偿的一种法律责任。产品责任法是调整产品的生产者、销售者，因生产、销售有缺陷的产品，致使消费者、使用者或其他人人身伤害或财产损失所引起的赔偿关系的法律规范的总称。从美国、英国、法国、德国、日本和中国的产品责任法律制度的形成和发展来看，产品责任法中产品的概念范畴都存在扩大趋势，归责原则也倾向于更有利于保护消费者利益的严格责任原则。此外，关于产品责任的斯特拉斯堡公约、欧洲产品责任指令、海牙公约等公约的出现也在国际贸易日益增多的当下起到了较好的协调作用。

案例讨论

原告A公司是一家注册于日本的食品经销企业。被告B公司是一家注册于中国的外商投资企业，主营业务是加工和销售豆制食品。双方约定，A公司购买B公司生产的豆沙馅，B公司负责出口报关事务，双方没有约定加工豆沙馅适用的质量标准。B公司按照A公司订单，2007年至2008年先后向A公司出口销售了10余批豆沙馅，总计300余吨。2008年，日本国内一些消费者反映，食用A公司销售的豆沙馅后发生恶心、头晕等身体不适症状。

2008年10月7日，日本食品卫生行政管理部门检测了日本国内市场销售的B公司生产的豆沙馅，发现其中含有甲苯0.008～0.010 mg/kg、醋酸乙酯0.11～0.28 mg/kg，日本政府遂决定通过外交途径对该事件进行调查。在做出调查结果之前，暂时停止了B公司向日本出口豆沙馅的资格。2008年10月17日，日本厚生省发布报告称，自B公司豆沙馅中检出的甲苯和醋酸乙酯极微量，不会对人体健康造成危害。依据世界卫生组织关于甲苯每日最大摄入量（TDI）为0.149 mg/kg、醋酸乙酯每日最大摄入量（TDI）为0.25 mg/kg计算，一个体重50kg的人甲苯TDI为7.45mg、醋酸乙酯TDI为1250mg，而检测产品的甲苯含量仅为0.008～0.010 mg/kg、醋酸乙酯含量仅为0.11～0.28 mg/kg，不会对人体健康产生不良影响。2009年1月，日本食品安全行政管理机构经调查认定，B公司生产的豆沙馅检测出的甲苯和醋酸乙酯的含量甚微，对人体健康没有影响，消费者身体不适症状不能断定是该豆沙馅引起的食物中毒。因此，决定解除先前做出的"暂停B公司向日本出口豆沙馅资格"决定。

A公司未与B公司协商，就全部回收和销毁了B公司销售给A公司的豆沙馅。A公司就其回收和销毁涉案豆沙馅损失的230多万元人民币向B公司请求赔偿。

经检测，B公司生产豆沙馅所用的红小豆、白砂糖、水等原材料检出甲苯和醋酸乙酯含量均在中国食品卫生标准值的下限值以下；包装用塑料袋的甲苯残留量也低于中国食品卫生标准允许的下限值。中国和日本均没有制定豆沙馅食品质量的国家标准或者行业标准。日本政府部门检测涉案豆沙馅甲苯含量适用的是世界卫生组织 TDI 标准。中国和日本都允许醋酸乙酯作为食品添加剂使用。中日两国食品业界普遍认为工厂加工的豆沙馅食品中允许有甲苯和醋酸乙酯微量残留。

问题：
1. 本案应适用哪国法？
2. 本案中的产品具体指什么？
3. 什么是产品缺陷？本案中的涉案产品是否存在缺陷？
4. 本案中的 B 公司是否应当对 A 公司的损失承担赔偿责任？

知识拓展

提升产品质量的法律保障：《中华人民共和国消费者权益保护法》

《中华人民共和国消费者权益保护法》（以下简称《消费者权益保护法》）是于 1993 年 10 月 31 日由第八届全国人民代表大会常务委员会第四次会议通过，于 2013 年第二次修正并于 2014 年 3 月 15 日起施行的。

《消费者权益保护法》是我国第一次以立法的形式全面确认消费者的权利，对保护消费者的权益，规范经营者的行为，维护社会经济秩序，促进社会主义市场经济健康发展具有十分重要的意义，同时在客观上也起到了倒逼产品及服务质量提升的作用。

在食品和药品领域，质量问题仍相对突出，其原因是多方面的，其中缺乏对消费者权利强有力的保护、缺乏对损害消费者权利行为的严厉打击和惩罚是重要原因。

《消费者权益保护法》的颁布和实施为打击假冒伪劣、提高产品及服务质量提供了有力的法律保障。《消费者权益保护法》的出现不仅维护了消费者的合法权益，同时严格规范了生产者的生产行为和经营者的交易行为，保护了大多数合法经营企业的利益，从而在全社会形成一种靠正当经营、正当竞争来提高经济效益的良好商业道德风气。这样就有利于促使企业努力加强管理，不断提高产品质量和服务质量，提高经济效益，推动社会进步，促进社会发展。

《中华人民共和国民法典》中的产品责任惩罚性赔偿

惩罚性赔偿（Punitive Damages），也称为示范性赔偿（Exemplary Damages）或报复性赔偿（Vindictive Damages），是指由法庭所做出的赔偿数额超出实际的损害数额的赔偿，它具有补偿受害人遭受的损失、惩罚和遏制不法行为等多重功能。

传统民法认为，损害赔偿的功能在于弥补受害人的损害。赔偿制度的宗旨并不是惩罚行为人。实际上，惩罚性赔偿制度的产生和发展并没有否认传统的补偿性赔偿制度的合理性，只是在一般损害赔偿制度之外发展了一种例外的赔偿制度。一般认为惩罚性赔偿兼具赔偿功能、制裁功能和遏制功能。在《民法典》颁布和实施之前，我国法律在产品责任领域并不存在广泛确认的惩罚性赔偿制度，唯一有法可据的就是《消费者权益保护法》第 55 条规定："经营者提供商品或者服务有欺诈行为的，应当按照消费者的要求增加赔偿其受到的损失，增加赔偿的金额为消费者购买商品的价款或者接受服务的费用的三倍"。这一条款在我国创设了惩罚性赔偿，使其成为责任方式的一种。

2020年5月28日,第十三届全国人民代表大会第三次会议表决通过了《民法典》。《民法典》第1207条确定了我国产品责任领域中的惩罚性赔偿,强调明知产品存在缺陷仍然生产、销售,或者没有依据前条规定采取有效补救措施,造成他人死亡或者健康严重损害的,被侵权人有权请求相应的惩罚性赔偿。《民法典》在产品责任制度中规定的惩罚性赔偿,进一步完善了我国的产品责任法律制度,也进一步保障了人民"舌尖上的安全"以及"产品中的安全"。正如习近平总书记在十九届中央政治局第二十次集体学习的讲话中所指,《民法典》系统整合了新中国70多年来长期实践形成的民事法律规范,汲取了中华民族5 000多年优秀法律文化,借鉴了人类法治文明建设有益成果,是一部体现我国社会主义性质、符合人民利益和愿望、顺应时代发展要求的民法典,是一部体现对生命健康、财产安全、交易便利、生活幸福、人格尊严等各方面权利平等保护的民法典,是一部具有鲜明中国特色、实践特色、时代特色的民法典。

经典案例

广东本草药业集团有限公司诉贝斯迪大药厂产品责任纠纷案
中华人民共和国最高人民法院(2019)最高法商初1号

裁判要点

1.在销售者与生产者没有买卖合同关系的情况下,销售者仍然可以依照产品侵权和产品召回的相关规定向生产者主张权利。根据《中华人民共和国侵权责任法》(已废止)第46条规定,消费者既可以向销售者主张召回,也可以直接向生产者主张召回,相对于消费者而言,销售者与生产者均系承担法定召回义务的主体。

2.销售者或生产者怠于履行法定召回义务,系不作为侵权行为,是为过错,应当承担侵权赔偿责任。关于赔偿范围的确定,涉及救济途径的选择,即依据买卖合同和《中华人民共和国合同法》(已废止)的相关规定主张违约赔偿,或依据产品召回以及《中华人民共和国侵权责任法》(已废止)的相关规定,主张侵权赔偿。

相关法条

1.《中华人民共和国侵权责任法》(已废止)

第6条 行为人因过错侵害他人民事权益,应当承担侵权责任。

2.《中华人民共和国侵权责任法》(已废止)

第15条 承担侵权责任的方式主要有:

(一)停止侵害;

(二)排除妨碍;

(三)消除危险;

(四)返还财产;

(五)恢复原状;

(六)赔偿损失;

(七)赔礼道歉;

(八)消除影响、恢复名誉。

以上承担侵权责任的方式,可以单独适用,也可以合并适用。

3.《中华人民共和国侵权责任法》(已废止)

第46条 产品投入流通后发现存在缺陷的,生产者、销售者应当及时采取警示、召回等补救措施。未及时采取补救措施或者补救措施不力造成损害的,应当承担侵权责任。

4.《中华人民共和国民法典》

第179条 承担民事责任的方式主要有:

(一)停止侵害;

(二)排除妨碍;

(三)消除危险;

(四)返还财产;

(五)恢复原状;

(六)修理、重作、更换;

(七)继续履行;

(八)赔偿损失;

(九)支付违约金;

(十)消除影响、恢复名誉;

(十一)赔礼道歉。

法律规定惩罚性赔偿的,依照其规定。

本条规定的承担民事责任的方式,可以单独适用,也可以合并适用。

5.《中华人民共和国民法典》

第1165条 行为人因过错侵害他人民事权益造成损害的,应当承担侵权责任。

6.《中华人民共和国民法典》

第1206条 产品投入流通后发现存在缺陷的,生产者、销售者应当及时采取停止销售、警示、召回等补救措施;未及时采取补救措施或者补救措施不力造成损害扩大的,对扩大的损害也应当承担侵权责任。

基本案情

2013年贝斯迪大药厂与中国香港Aprontech公司签署《独家经销协议》,由后者在中国内地独家进行销售、分销。2015年广东本草药业集团有限公司(以下简称"本草公司")从香港Aprontech公司处采购599 576瓶"兰菌净",合计支付货款人民币47 966 080元。2016年国家食药监管总局发布《关于停止进口脑蛋白水解物注射液等4个药品的公告》(2016年第13号)明确指出"兰菌净"存在安全隐患,责令召回。2017年国家食药监管总局药品化妆品监管司向贝斯迪大药厂做出《关于责令召回和整改的通知》(食药监药化监便函〔2017〕354号),责令整改,履行召回主体责任。在此期间,贝斯迪大药厂一直拒不履行召回责任,本草公司遂诉至法院请求赔偿其损失,包括货款损失及利息、抽检耗损、检测费、公证费、律师费、货物过期处理费以及召回费用等。

裁判结果

最高人民法院第一国际商事法庭依照《侵权责任法》(已废止)第6条第1款、第15条第1款第6项、第46条之规定,做出一审判决:①贝斯迪大药厂向本草公司赔偿库存"兰菌净"

损失人民币 16 303 581.74 元并支付相应利息。②贝斯迪大药厂向本草公司赔偿上海大陆药业有限公司退回本草公司的"兰菌净"损失人民币 41 241 890.60 元并支付相应利息。③贝斯迪大药厂向本草公司支付库存"兰菌净"的处理费用人民币 160 万元。④贝斯迪大药厂向本草公司赔偿公证费人民币 16 000 元、律师费人民币 80 000 元，合计人民币 96 000 元。⑤驳回本草公司的其他诉讼请求。

裁判理由

最高人民法院认为，结合本草公司的起诉事由和贝斯迪大药厂的答辩意见，本案的争议焦点为：①贝斯迪大药厂是否对"兰菌净"负有召回义务；②贝斯迪大药厂应否向本草公司承担赔偿责任及如何确定赔偿范围。

关于召回义务，最高人民法院认为，本草公司虽与贝斯迪大药厂未成立买卖合同关系，但它请求贝斯迪大药厂履行产品召回义务，理据充分。本草公司与贝斯迪大药厂未成立合同关系，它不能向贝斯迪大药厂主张任何合同权利，但它作为已经履行了"兰菌净"召回义务的销售者，应可根据产品召回的相关规定寻求救济。《侵权责任法》（已废止）第 43 条第 2 款规定，产品缺陷由生产者造成的，销售者赔偿后，有权向生产者追偿。《药品召回管理办法》[一]第 3 条"本办法所称药品召回，是指药品生产企业（包括进口药品的境外制药厂商，下同）按照规定的程序收回已上市销售的存在安全隐患的药品"，明确规定药品召回的主体系药品生产企业，境外制药厂商亦无例外；《药品召回管理办法》[一]第 15 条第 2 款"在境内进行召回的，由进口单位按照本办法的规定负责具体实施"之规定，恰恰体现了为方便境内消费者而设计的进口商（销售者）在产品召回制度中的中间纽带作用，相对于境内的消费者或者下游经销商而言，本草公司作为进口单位负有在境内实施召回"兰菌净"的责任，但此条规定并未否认药品生产企业应承担药品召回的终极责任。实际上，国家食药监管总局药品化妆品监管司已于 2017 年 11 月向贝斯迪大药厂发出《关于责令召回和整改的通知》，要求其"针对现场检查中发现的问题及实际存在的风险进行调查并整改""切实履行召回主体责任"。

综上，本草公司作为"兰菌净"的进口单位，它在境内履行了实施产品召回之责任后，有权选择救济途径挽回损失，它请求生产者贝斯迪大药厂履行召回义务，收回其经行政管理机关认定存在安全隐患的"兰菌净"产品，法律依据充分。贝斯迪大药厂抗辩认为，在现行中国法律下，召回"兰菌净"的责任人是本草公司而非贝斯迪大药厂，此系对中国法律的误读；此外，贝斯迪大药厂还认为，本草公司未能证明"兰菌净"存在《药品召回管理办法》第 4 条规定的"危及人体健康和生命安全"情形，此系对本草公司举证责任的过度要求，在行政管理机关提出明确的产品召回要求之情形下，本草公司对于"兰菌净"应予召回的事实，举证已足。

关于赔偿范围的确定，涉及本草公司对于救济途径的选择。本草公司作为进口单位依法实施了中国境内"兰菌净"产品召回，为补救损失，它有两条路径可以选择：一是依据其与 Aprontech 公司的经销合同，向 Aprontech 公司主张违约赔偿；二是依据产品召回以及侵权责任的相关规定，向生产者贝斯迪大药厂主张侵权赔偿。如本草公司选择第一种路径主张合同权利，根据《合同法》（已废止）第 113 条的规定，它可主张赔偿的范围应相当于因 Aprontech

---

[一] 此处所指《药品召回管理办法》为 2007 年版本。
[二] 2022 年 10 月 26 日，国家药监局发布新修订的《药品召回管理办法》。

公司违约给本草公司造成的损失，包括合同如依约履行本草公司可以获得的利益。亦即，本草公司若以合同之诉向Aprontech公司主张违约赔偿责任，其范围应可包括因合同未能依约履行造成的直接损失和商业利益损失。本草公司选择了第二种路径。本草公司本案起诉主张权利最基本的事实依据是，贝斯迪大药厂负有法定的产品召回义务而怠于履行，根据《侵权责任法》(已废止)第15条第一款第六项的规定，本草公司可以主张赔偿的范围应为贝斯迪大药厂怠于履行法定义务这一不作为侵权行为造成的直接损失。易言之，贝斯迪大药厂应向本草公司支付其库存的及其在中国境内召回的"兰菌净"产品的损失，同时支付本草公司为实施产品召回所支付的费用；考虑到因贝斯迪大药厂未及时取回应予召回的"兰菌净"产品，导致其已过期失效，由此产生的处置费用亦应包括在赔偿范围之内。进而言之，贝斯迪大药厂与本草公司并无合同关系，本草公司以侵权之诉向贝斯迪大药厂主张赔偿，它将"兰菌净"向分销商进行销售的可得利益这一损失系其商业风险，不属于本案赔偿范围。

关键术语

产品　　　　　产品责任　　　　产品缺陷　　　　疏忽责任　　　　担保责任
合同责任　　　过失责任　　　　严格责任

思考题

1. 简述产品、产品责任和产品责任法的概念。
2. 试述美国产品责任法的归责原则。
3. 在美国产品责任诉讼中，原告可以提出的损害赔偿和抗辩有哪些？
4. 试述英国、法国、德国及日本产品责任法的归责原则存在哪些异同？
5. 试述中国产品责任法律制度的立法发展。
6. 中国产品责任法律制度存在哪些缺陷及不足？
7. 简述海牙公约对产品责任法律适用的相关规定。

第 7 章 票 据 法

本章导读

票据是现代市场社会中重要的支付工具,但调整票据的法律规范在全球尚未取得完全统一,日内瓦票据统一法仅为多数大陆法系国家所接受,英美法系国家依旧固守其传统。

本章主要介绍和比较了两大法系国家和我国关于票据要件、转让和流通、持票人基本权利和义务、提示、承兑和付款以及拒付和追索等方面的规则。

7.1 票据法概述

7.1.1 票据的概念和特征

1. 票据的概念

票据的概念有广义和狭义之分。广义的票据泛指商业活动中的一切凭证,如发票、提单、仓单等。狭义的票据是指出票人依照票据法发行,允诺自己无条件支付一定金额或委托他人无条件支付一定金额的有价证券。票据法所规定的票据指的是狭义的票据。

然而,由于各国票据法对票据种类的规定不尽一致,因而关于票据的概念也不尽相同。日内瓦的 1930 年《关于统一汇票和本票法公约》及大陆法系国家的票据法,如《德国票据法》《日本票据法》和《法国商法典》等,将票据仅分为汇票与本票,支票则规定在另外的法律中,因此,在大陆法系国家,票据的概念仅指汇票与本票,支票不包括在内。英美法系国家则没有票据的总概念,如英国的《汇票法》中除规定汇票外,还规定本票和支票;《美国统一商法典》中,将有关票据的第三篇命名为"商业证券",其中包括汇票、本票、支票和存款单。

国际商务支付与结算总是以票据为工具,而不是以货币为工具。小生产社会可以一手交货、一手交钱,当面钱货两讫,而社会化大生产后,虽然国际商务活动中计价都是使用货币,但作为结算和支付的工具,则通常不使用货币。其原因主要在于:一是许多国家对货币进出国境有较多的限制;二是在国际之间长途运送货币风险大、费用多、速度慢。因此,国际商务活动的结算与支付工具通常是以作为货币替代物的票据来承担的。

2. 票据的特征

票据作为一种有价证券，与其他有价证券相比，有其独特的法律特征。

（1）票据是完全有价证券。

表示或代表一定财产权利的证券为有价证券。证券与权利不可分离时，为完全有价证券。票据权利的发生，须制作证券；票据权利的转移，须交付证券；票据权利的行使，须占有、提示、缴回证券；票据丧失，则不能对票据债务人行使票据权利。因此，票据为完全有价证券。

（2）票据是设权证券。

证券有证权证券与设权证券之分。权利、义务产生于证券做成之前，证券的作用仅在于证明一定权利存在的，为证权证券，如提单、股票等。权利、义务产生于证券做成之后，证券的作用在于创设一定权利的，为设权证券。票据上所代表的财产权利，即付款请求权，完全由票据行为也就是出票而设立。没有票据的签发，便没有票据上的权利，因而，票据的签发并非用来证明已存在的权利，而是创设一种新的权利。

（3）票据为债权证券。

所谓债权证券，是指票据债权人依其占有的票据上所记载的金额向票据债务人要求支付的请求权。

（4）票据是金钱证券。

票据所代表的财产权利，是金钱给付请求权，持票人只能请求票据债务人给付票面所记载的金钱。

（5）票据是无因证券。

所谓无因证券，是指证券效力与做成证券的原因完全分离，证券权利的存在和行使，不以做成证券的原因为要件的证券。票据作为无因证券，持票人行使权利只需向票据债务人提示票据即可，无须说明票据取得的原因及票据行为赖以发生的原因。

（6）票据是文义证券。

所谓文义证券是指票据上的一切权利义务均以票据上所记载的文字为准，不受票据上所载文字以外事由的影响。在票据上签名的人，必须依签名时的票据文义对票据负责。例如，票据上的出票日与实际出票日不一致的，以票据上所载的日期为准。

（7）票据是要式证券。

所谓要式证券，是指票据的制作必须按照票据法的要求，其方式、格式、记载事项必须符合票据法的规定。不依法定方式做成票据，则对票据的效力有一定影响。票据的要式性有助于票据的流通。

（8）票据是流通证券。

票据的流通较一般民事财产权利的转让更为方便。票据上的权利可依背书或交付而转让。

7.1.2 票据的功能

票据是商品经济发展到一定历史阶段的产物。商品经济越发达，票据使用的范围就越广泛，社会经济信誉程度越高，商品的流通速度就越快，资金的周转速度和使用效率因此而得以充分提高。随着我国市场经济的发展，票据在经济生活中所起的作用也日益重要。从实践来看，票据的作用主要有以下几个方面。

1. 支付功能

支付是票据的原始功能，也是票据的基本功能。票据作为支付手段，具有代替现金的作用。现实活动中如果全部用现金支付，既不方便，也不安全。使用票据支付，既可以解决手续上的烦琐问题，又有利于达到准确、简便、安全的目的。票据也可以作为异地支付的工具，具有汇兑作用。票据的这种汇兑作用，以汇票最为显著。

2. 信用功能

在市场经济中，利用信用发展经济是各企业通用的手段，而票据就是"信用的证券化"。在现代经济交往中，买卖双方之间的延期付款、个人之间的借贷，都可以利用票据这一信用关系。票据的信用作用，还表现在票据贴现和以票据担保债务上。以票据贴现时，票据持有人如在票据到期前需要现款，可以把未到期的票据提交银行贴现以取得现款，使未来的可用资金变为现实的可用资金。以票据担保债务时，债务人向债权人借款，为使债权人得到保障，债务人签发汇票请求具有信用的人在汇票上承兑，以此使票据的付款得到保障，也就是增加了债务人的信用。

3. 结算功能

票据的结算功能是指当事人之间互相持有对方的票据，双方加以互相抵销清算，其实质是支付功能的延伸。票据的结算功能在贸易中使用非常广泛，于是各种票据交换所、票据交换中心纷纷出现，这就起到了简化手续、提高效率、节约流通货币、保障交易安全的作用。如北京 A 公司购买了上海 B 公司的 10 万元商品，上海 B 公司又购买了天津 C 公司的 10 万元商品，在实际结算中，利用票据制度，A 公司开出一张向 B 公司付款的汇票，B 公司背书后将该汇票寄给 C 公司即可，一张票据就清偿和抵销了两笔债务，提高了资金的使用效率。

4. 融资功能

票据的融资功能，主要是通过票据贴现来实现的。在现代金融中，票据贴现业务已成为一项重要业务，这一业务出现后，票据的融资功能日益突出。银行经营票据贴现业务，实际上是向需要资金的企业提供资金，当需要资金的人为了调度资金而向银行贴现时，这时的票据实际上已成为单纯的融资手段。

7.1.3 票据的种类

关于票据的种类，各国法律的规定不是完全一致的。德国和法国的法律认为，票据只包括汇票和本票两种，不包括支票。有关支票的法律，另由单行法规予以规定，不包括在票据法之内。但英国、美国及日本等国的法律则与此不同，如：《日本商法典》明确规定，票据包括汇票、本票和支票三种；《英国 1882 年汇票法》(Bills of Exchange Act) 和《美国统一商法典》则把支票纳入汇票的范畴，在汇票法中加以规定。《中华人民共和国票据法》规定的票据包括汇票、本票和支票。现在国际上通常认为票据应包括汇票、本票和支票。

1. 汇票

根据多数国家的定义，汇票（Bill of Exchange）是指由出票人签发指令，受票人在可确定的时间向特定的人或特定的人所指定的人或持票人支付一定金额的书面凭证。

2. 本票

本票（Promissory Note）又称期票，是指出票人承诺在可确定的时间向特定的人或特定的人所指定的人或持票人支付一定金额的书面凭证。本票的显著特征是出票人和受票人是同一人。

美国《票据法》中还有"银行存折"概念，它是指"银行开出的证明收到金钱且有偿还义务的凭证"。可见，这实际上是一种以银行为出票人的本票。

3. 支票

支票（Check）是指以银行为付款人（受票人）的即期汇票。从本质上说，支票也是一种汇票，但与一般汇票相比，它有两个显著特征：受票人为银行；付款期限是即期的，也就是说见票即付。

英国《票据法》中除支票外还有"股息单"（Dividend Warrant）的概念。它是指一家公司签发至一家银行，指令付给其大小股东的即期汇票。可见这种股息单实际上也是一种支票，只是这种支票的出票人是一家公司，而受款人是该公司的股东。在个别条例中，英国法官还对股息单做扩大解释，认为它包括政府债券的息票。

此外，很多国家的票据法中还有划线支票（Crossed Check）的概念。它最早见于 1882 年英国《票据法》，随后各国也相继在本国票据法中做出规定，日内瓦《1930 年统一支票法公约》中也有这一规定。

各国票据法中的划线支票一般有两种：普通划线支票和特别划线支票。

普通划线支票是被划上两条平行线的支票，有时在平行线上加上"某某公司"或"银行业者""不可转让"之类的字样等皆不影响该划线的普通性。普通划线支票的含义是：该票款只能通过银行托收，如果受票银行将某个普通划线支票的票款兑付给非银行以外的持票人，该受票银行即须对该支票的真正所有人因此而遭受的损失负责。

支票上不仅被划线，而且还加注"某某银行"，即写明了具体银行名称，则这种划线被称作特别划线，受票银行只能将该支票款付给支票上注明的银行。应予指出，特别划线支票只能指明一家银行，若指明一家以上银行，则肯定会遭到受票银行的退票。各国规定，普通划线支票可改作特别划线支票，但特别划线支票不得改成普通划线支票。

出票人为了防止支票的遗失、遭窃而被冒领票款所引起的损失，可在出票时对支票进行普通或特别划线，这样，即使票款被冒领，也可根据受票银行的记录追查到。持票人与托收银行基于同样的目的，也可在支票上做普通或特别划线。为了防止已有的划线被涂销，各国规定涂销划线的行为无效，该划线依然视为有效存在。

日内瓦统一法系国家大多还有"转账付款支票"的概念。该种支票是由出票人或持票人在支票的正面横跨票面写明"转账付款"或同义字样而构成。加注这类字样的支票含义是付款人得以转账的方式结算付款（如将票款记在持票人的账户上，用于抵消持票人的债务等），不得向持票人支付现金，否则，付款人须对真正的所有人承担不超过票面额的损害赔偿责任。

值得关注的是，尽管支票直到前不久仍是美国等国最常用的流通票据，签发量和总额都大得惊人，近年来却由于电子支付手段日益发达等，连美国在内的很多国家或地区的支票使用量都有所下降。不过，有专家指出，支票在相当一段时间内仍应作为重要的票据类型。

7.1.4 票据法的概念与特征

1. 票据法的概念

货币和票据是国际商事交易支付和结算的重要手段。在国际贸易实践中，当涉及货款的收取与支付时，一般较少使用现金结算的方式，而是普遍使用票据进行结算。

为了保证票据交易的安全，各国都制定了票据法（Law of Bill）。票据法是指调整票据关系以及与票据关系有关的其他社会关系的法律规范的总称。票据法有广义和狭义之分。广义的票据法是指一切有关票据的法律规范的总称，即除包括狭义的票据法外，还包括民法、刑法、民事诉讼法、破产法等法律中有关票据或可适用于票据的规定。狭义的票据法，是指主要规范票据关系并以"票据法"命名的法律、法规及其实施细则。此外，有关票据交换业务规则和有关支票存款、票据贴现业务规则等法律规范，一般也被视为狭义票据法的组成部分，被称为有关票据的附属性法规。这些法律在本质上虽然相同，但在某些具体方面却存在着较大的分歧。仅从形式上看，美国、法国、日本等大多数国家将票据法作为其商法典的一个组成部分；瑞士将票据法纳入债务法典内，作为债务法的一部分；英国、德国、瑞典等国则制定有专门的票据单行法规；我国《票据法》于1996年1月1日起施行。随着票据统一法活动的开展，各国票据法的差异正在逐步消失。

2. 票据法的特征

西方国家的票据法有公票据法和私票据法之分。公票据法是指在公法上对票据的规定，如刑法、民事诉讼法、公证法、税法中有关票据的法律规定；私票据法是指在私法上关于票据的规定，如民法中有关票据的规定和票据法本身的规定。与民法相比，票据法具有以下特征。

（1）票据法是强行法而非任意法。

票据法是强行法，票据法中的规定几乎都是强行性法规。首先，票据的种类由法律规定，不得由当事人任意创设。其次，票据是严格的要式证券，各种票据行为也是严格的要式行为。这些都与民法不同。在民法中，法律行为的种类是不受限制的，法律行为也不以要式为原则。当事人如果不按照票据法的规定进行相应的票据行为，除法律另有规定的场合以外，一般不承认当事人另行约定的优先效力。票据法的这种强制性，不仅是保障票据当事人合法权利的需要，同时也是维护票据合法流通、促进商品经济正常发展的需要。

（2）票据法主要是技术性规定。

从道德角度区分，法律中的规定可分为具有道德意义的规定和具有技术意义的规定（不具有道德意义的规定）。前者如民法中买卖双方应遵守诚实信用的规定、刑法中不得杀人的规定等。遵守这类规定就是"善"，违反这类规定就是"恶"。后者如交通法规中行人车辆靠右行驶的规定等则不表示道德意义上的"善"与"恶"，而只有技术上的意义。从这点考察，票据法中的许多规定都是技术性规定。票据法的制定主要是从技术角度，从方便交易、繁荣市场出发，而较少地受不同国家、不同民族的思想文化传统和伦理道德纲常的影响，也非仅凭一般法律常识或者道德观念便能理解。因此，票据法与交通法规有相似之处，都属于技术性规定。

（3）票据法具有国际统一性。

票据法是由一个国家根据自己的主权并结合本国的实际商情制定的、在本国领土上生效的法律，属国内法规范。但票据是一种金融支付工具，具有极大的流通性，这种流通不仅限于一国之内，在国际贸易繁荣发达的今天，跨国家间的票据流通是经常发生的事情。基于此，各国的立法者都试图使本国的票据法在尽可能的条件下与国际上的票据规则接轨。随着商品经济和国际贸易的发展，不同地区、不同国家的票据法日趋统一。票据法是国际上统一程度最高的一种法律，这是票据法的一大特点。

7.2 票据法律关系

7.2.1 票据关系与非票据关系

票据是一种债权证券，它在创设、使用过程中形成了各种法律关系，这些法律关系可以分为票据的法律关系与非票据的法律关系。

1. 票据关系

票据关系是指当事人之间基于票据行为而发生的权利义务关系。它与非票据关系不同。票据关系是基于当事人的票据行为而直接发生的，如：基于票据行为而产生的出票人与受款人之间的担保承兑与担保付款的关系；基于背书行为而产生的背书人与被背书人的关系，被背书人与付款人的关系，背书的前手与后手的关系；基于承兑行为而产生的持票人与承兑人之间的关系等。

2. 非票据关系

非票据关系是不基于票据本身而产生，但又与票据有密切联系的一种法律关系。非票据关系又可以分为票据法上的非票据关系和民法上的非票据关系。为保障票据当事人之间的基本权利义务关系，票据法特别做出一些规定，根据这些规定而产生的当事人之间的某些特定权利义务关系就是票据法上的非票据关系。比如：票据权利人对因恶意或重大过失而取得票据的持票人请求返还票据而发生的关系；付款人在付款后请求持票人交出票据的关系；因时效届满或手续欠缺而丧失票据权利的持票人对于出票人或承兑人行使利益偿还请求权而发生的关系等。

7.2.2 票据行为

1. 票据行为的定义

票据行为是指当事人以发生票据权利义务为目的，而依法设立、变更或消灭票据法律关系的行为。

票据行为有狭义和广义之分。狭义的票据行为是指以发生票据上债务为目的的分离行为，包括出票、背书、承兑、参加承兑、保证等。广义的票据行为除包括狭义的票据行为外，还包括付款、改写、涂销、保付、（支票的）划线、参加付款、见票等。票据法上通常采用狭义定义，将其他行为称为"准票据行为"。

2. 票据行为的特征

票据行为具有要式性、文义性、无因性和独立性的特征。其中，票据行为的独立性是指票据上有多个行为时，只要各个票据行为具备法定要式，就各自独立发生法律效力，互不影响，一种行为的无效不影响其他行为的效力。

3. 票据行为的要件

票据行为的要件包括实质要件和形式要件。

（1）实质要件包括票据行为能力和票据行为的意思表示两个方面。票据行为能力是指票据行为人应当具有权利能力和行为能力，一般适用民法的一般规定。票据行为的意思表示，原则上适用民法关于意思表示的一般规定。应当注意的是，不少学者认为，为促进票据的使用和流通，保护善意的持票人，票据较之民法，应更多采取表示主义。从我国《票据法》第4条规定可以看出，我国《票据法》采用的是"表示主义"。

（2）形式要件包括：①应采用书面形式，口头票据行为无效；②表明票据种类的文字，即应表明其为汇票、本票或支票；③一定的票据金额；④无条件支付或无条件委托支付的文字；⑤出票的年、月、日；⑥签名；⑦交付，票据记载完成后，必须由票据行为人将票据交付与持票人，票据行为方为有效。

4. 票据行为的代理

票据行为的代理是指代理人基于本人的授权，在授权范围内，代本人实施票据行为的行为。票据行为的代理的成立应具备形式要件和实质要件。根据我国《票据法》第5条的规定，票据当事人可以委托其代理人在票据上签章，并应当在票据上表明其代理关系。从这一规定可以看出，票据行为的代理的形式要件包括：①必须明示本人的名义，不得采用隐名代理；②必须表明代理的意思；③必须有代理人的签名或盖章。票据行为的代理的实质要件为代理权的存在，即代理权的发生以票据当事人的委托授权为必要条件。

7.2.3 票据权利

票据权利是指持票人向票据债务人请求支付票据金额的权利，包括付款请求权和追索权。

1. 票据权利的特征

票据权利具有以下法律特征：①票据权利是证券性权利和完全的金钱债权。作为证券性权利的票据所体现的权利和作为证券的票据是合二为一的，只有取得证券，才能取得票据权利。所谓票据权利是完全的金钱债权，是指票据的持票人仅得请求票据债务人给付票面金额，不得为其他请求权，同时，持票人实现票据权利不负任何对价义务，票据的债务人单方面负担无对价的给付义务。②票据权利是单一性权利，即就统一票据而言，不可能有两个以上的所有人同时占有同一票据。③票据权利具有确定性，即票据上确定的票据种类、金额、支付日期和收款人一旦由出票人依法确定，就不得更改。④票据权利是二次性权利。票据权利人可首先对主债务人行使付款请求权，如未获付款，则可以向从债务人行使追索权，追索权为票据的第二次权利。⑤票据权利是只能对票据行为关系人行使的权利。

2. 票据权利的取得

票据权利以占有票据为前提，取得票据权利的方式有以下几种：（1）原始取得，依出票行为取得票据和善意受让取得，即出票人从无处分权人那里善意取得票据的，也是原始取得。

（2）继受取得，是指受让人从票据权利人手中以法定方式取得票据，包括：①因票据权利人背书转让或无记名票据的交付票据而继受取得票据权利；②依票据法以外的原因，如公司合并或分立、税收、继承或赠与等行为受让票据取得；③票据债务人因被追索偿还票据金额，取得票据后，继受取得票据权利。

根据我国《票据法》第10～12条的规定，取得票据应遵守以下原则：第一，票据的签发、取得和转让，应当遵循诚实信用的原则，具有真实的交易关系和债权债务关系。第二，票据的取得，必须给付对价。第三，因税收、继承、赠与可以依法无偿取得票据的，不受给付对价的限制。但是，所享有的票据权利不得优于其前手的权利。第四，以欺诈、偷盗或者胁迫等手段取得票据的，或者明知有前述情形，出于恶意取得票据的，不得享有票据权利。持票人因重大过失取得不符合本法规定的票据的，也不得享有票据权利。

3. 票据权利的行使和保全

票据权利的行使是指票据权利人向票据债务人提示票据并请求其履行票据债务的行为。票据权利的保全是指票据权利人为防止票据权利的丧失而实施的一切行为。

票据权利行使和保全的方法有三个：第一，按期提示，是指票据权利人依票据法规定的期限向票据债务人出示票据，请求其履行票据债务。第二，做成拒绝证书，是指为了证明出票人曾依法行使票据权利而遭拒绝或者根本无法行使权利而由法定机关制作成一种公证书。第三，时效中断，如当事人一方起诉，从而导致票据时效的中断。

关于票据权利的行使和保全的时间与地点，根据我国《票据法》第16条的规定，应当在票据当事人的营业场所和营业时间内进行，票据当事人无营业场所的，应当在其住所进行。

4. 票据权利的消灭

票据权利的消灭包括以下事由：①付款；②被追索人清偿票据债务及追索费用；③因票据时效期间届满而消灭；④保全手续欠缺；⑤票据记载事项欠缺。我国《票据法》第18条规定，持票人因超过票据权利时效或者因票据记载事项欠缺而丧失票据权利的，仍享有民事权利，可以请求出票人或者承兑人返还其与未支付的票据金额相当的利益。

7.2.4 票据的瑕疵与票据的抗辩

1. 票据的瑕疵

票据的瑕疵是指影响票据效力的行为，即在票据行为上存在一定的问题，使票据不再是一般意义上的票据，或者不能再作为正常票据流通使用。

票据的瑕疵与票据形式上的欠缺不同。票据形式上的欠缺是指票据形式上不完备，欠缺票据法所规定的必要记载事项。形式欠缺的票据在票据法上属于无效的票据，在任何情况下均属于无效，且对任何人均得主张无效。而有瑕疵的票据是指形式以外存在着一定的问题，并不是在任何情况下均属无效，也并非对任何人均得主张无效。

票据的瑕疵包括票据的伪造、票据的变造和票据的涂销。

（1）票据的伪造。

①票据的伪造的概念。

票据的伪造，是指假冒他人的名义而进行的票据行为，包括假冒出票人名义签发票据的行为，以及假冒他人名义的背书、承兑、保证等其他票据行为。票据的伪造是针对签章而言的。构成票据的伪造必须具有下述三个条件。

第一，必须是伪造者伪造的票据行为。伪造本身虽然不是票据行为，但伪造者所做的行为符合票据行为的形式要件。伪造者所做的行为不以出票行为为限，伪造的背书行为、承兑行为、参加承兑行为或保证行为都属于伪造票据的行为。如果伪造的行为并非票据行为，则不构成票据的伪造。

第二，必须是假冒他人的名义伪造票据的行为。伪造者假冒的票据当事人可以是出票人、背书人、承兑人、参加承兑人或保证人等。伪造的方法，可以是模仿他人的签名，或者伪造他人的印章，也可以是盗用他人真正的印章，或者滥用手中保管的他人的印章等。

第三，必须是以行使票据上的权利义务为目的而伪造票据的行为。票据行为人是负担票据债务的人，伪造者假冒他人名义所做的票据行为，是想让被伪造人负担票据债务，相对人因此而享受票据权利。

②票据伪造的效力。

对被伪造人的效力。被伪造签章的人自己并没有在票据上签章，也没有授权伪造人代表或代理签章，所以不负任何票据责任。因签章是票据行为成立的一个有效条件，当事人只有在票据上签章，才能按票据所载文义负责。

对伪造人的效力。对票据的伪造，因伪造人未在票据上签上自己的真实姓名，不算做成票据行为，所以不负票据上的责任，但要承担其他法律责任，如民事责任、刑事责任。

对票据上真实签章的效力。对于在票据上有真实签名的人而言，因票据行为的独立性，票据的伪造不影响真正签名人的票据行为的效力。因此，凡真正签名于票据者，仍应依票据上所记载的文义负责。

对持票人的效力。持票人不能向伪造人和被伪造人主张票据权利。如果持票人是从真实签章人手中取得该伪造的票据的，可对真实签章人行使追索权；如果持票人是从伪造人手中取得该伪造票据的，只能依民法规定向伪造者请求赔偿。

对付款人的效力。对付款人的效力有两种情形：一是对伪造的票据付款。付款人如对出票人签章的真实性不辨认或辨认错误而对伪造的无效票据付款的，属于付款人有过失，应由付款人自负其责。二是对伪造的背书付款。付款人对票据上的背书仅负形式上是否连续的认定之责，不负识别背书签名真伪的认定之责。所以，伪造的背书签名如果仍然能显示背书的连续性，付款人即可据此付款，免除其责任，但其有重大过失或欺诈行为者除外；伪造的背书签名如果不能保持背书的连续性，付款人付款的，应自负其责。

（2）票据的变造。

①票据变造的概念。

票据的变造是指无权变更票据上记载事项内容的人，对于有效票据上所记载的除签章以外的内容加以变更的行为。

②票据变造的条件。

构成票据的变造，须符合以下条件：第一，变造的票据是合法成立的有效票据。第二，变造的内容是票据上所记载的除签章以外的事项。第三，变造人无权变更票据的内容。

票据变造与票据伪造的不同之处在于，前者是票据债务内容的变更，后者是票据债务人的伪造。例如，A签发一张本票交付B，B以背书转让给C，C取得本票后将票面金额由1万元改为 10 万元，再转让给 D，此本票上所有签名都是真实的，不发生伪造的问题。至于有合法权限的人变更票据上签名以外的记载事项称为票据的更改。但需要注意的是，须由原记载人改写，须经持票人或已在票据上签名者同意，否则就是变造。

③票据变造的效力。

关于票据变造的效力，各国票据法都做了相应的规定。例如，根据《日内瓦统一法公约》的规定，票据变造产生如下效力：签名在变造前的，依原有文义负责；签名在变造后的，依变造文义负责；不能辨别签名在变造前或后时，推定签名在变造前，依原有文义负责；参与或同意变造的，都按变造文义负责。

（3）票据的涂销。

①票据涂销的定义。票据的涂销是指将票据上的签名或其他记载事项加以涂抹或消除的行为。例如，汇票的付款人甲将其在汇票上记载的"承兑"字样涂去，持票人乙将其前手的签名涂去等均属票据的涂销行为。

②票据涂销的效力。如果票据权利人故意涂销票据上记载的事项，那么该权利人便丧失其在该涂销部分的票据上的权利。例如，持票人故意涂销背书人甲的签名，甲因此便可解除对票据所负的担保责任，持票人也不得向甲行使追索权。又如，背书人如故意涂销其前手的签名，该被涂销签名的前手即解除对该涂销人所负的担保责任。如果票据权利人涂销票据并非出于故意，则该涂销行为不影响票据的权利，以确保票据制度的严肃性和票据权利人的利益。

如果是由非权利人所为的票据涂销行为，无论行为人在主观上有无故意，都不影响票据的权利。此外，如果非权利人故意涂销票据上签名或其他记载事项，有时还会发生票据的伪造或变造的问题。

2. 票据的抗辩

（1）票据抗辩的概念。

票据抗辩是指票据债务人根据票据法规定对票据债权人拒绝履行义务的行为。在票据关系中，支付请求权和追索权是票据债权人的权利，而票据抗辩则是票据债务人的权利。票据法规定票据抗辩的意义在于保障票据债权人合法权益的同时，也公平地保障票据债务人的合法权益。

（2）票据抗辩的种类。

根据抗辩的原因不同及抗辩的效力不同，票据抗辩可分为对物抗辩和对人抗辩两种。

①对物抗辩。

对物抗辩又称绝对抗辩或客观抗辩，是指基于票据本身存在的事由发生的抗辩。因其可以对抗任何持票人，所以又称为绝对抗辩；因其与直接当事人无关，所以也称为客观抗辩。

根据行使抗辩权的债务人的不同，对物抗辩又可以分为以下两种。

第一，一切债务人可以主张的对物抗辩。它主要包括：票据上欠缺《票据法》规定的绝对必要记载事项；票据的付款日期尚未届至；票据债务人已依法付款或依法提存而使票据权利归于消灭；票据因法院做出除权判决而被宣告无效。

第二，特定债务人可以主张的对物抗辩。它主要包括：欠缺票据行为能力；无权代理的票据行为；票据伪造或变造；欠缺票据权利保全手续；票据权利因时效届满而消灭。

②对人抗辩。

对人抗辩又称相对抗辩或主观抗辩，是基于人的事由发生的抗辩，是基于票据债务人和特定票据债权人之间的关系而发生的抗辩。它多与票据基础关系有关。因其仅能对抗特定持票人，所以又称为相对抗辩；因其主要产生于特定当事人之间的关系，所以又称为主观抗辩。

根据可以主张抗辩的人的不同，对人抗辩又可以分为以下两种。

第一，一切票据债务人可以对特定票据债权人行使的抗辩。它主要是指票据债权人恶意取得票据而不享有票据权利。

第二，特定票据债务人可以对特定票据债权人行使的抗辩。它是基于直接当事人之间的原因关系或者特别约定而产生的抗辩，主要包括：原因关系无效或不成立；欠缺对价的抗辩；欠缺交付行为的抗辩等。

（3）票据抗辩的限制。

在票据抗辩中，对物的抗辩是客观的、绝对的，不存在抗辩的限制。所谓票据抗辩的限制是指票据抗辩中的对人抗辩，一般限制在直接当事人之间适用，对直接当事人以外的其他人不适用。限制抗辩的事由主要有以下两种。

①票据债务人不得以自己与出票人之间所存在的抗辩事由对抗持票人。如果票据债务人（如承兑人、付款人）与出票人之间存在抗辩事由（如出票人与票据债务人存在合同纠纷；出票人存入票据债务人的资金不够等），该票据债务人不得以此抗辩事由对抗善意持票人。

②票据债务人不得以自己与持票人的前手背书人之间所存在的抗辩事由对抗持票人。如果票据债务人与持票人的前手（如背书人、保证人等）存在抵销关系，而持票人的前手将票据转让给了持票人，票据债务人就不能以其与持票人的前手存在抗辩事由而拒绝向持票人付款。

（4）票据抗辩限制的例外。

票据抗辩限制的例外，是指票据债务人可以自己与出票人或与持票人的前手之间的抗辩事由来对抗持票人。它主要包括：①持票人与票据债务人之间存在直接的债权债务关系，而持票人未履行该约定的义务。②持票人以欺诈、偷盗或者胁迫等非法手段取得票据，或明知有前列情形，出于恶意取得票据。③持票人明知票据债务人与出票人之间或者与自己的前手之间存在抗辩事由而取得票据。④因税收、继承、赠与可以依法无偿取得票据的，享有的票据权利不得优于其前手的权利。即如果其前手的票据权利中存在抗辩原因或事由时，这种抗辩能够用来对抗持票人。

7.2.5 票据时效与票据丧失

1. 票据时效

（1）票据时效的定义。

票据时效是指票据权利的消灭时效。所谓消灭时效，就是权利人在一定时期内不行使其权利，义务人就可以拒绝他的权利请求。该"一定时期内"就是指消灭时效的期间。

（2）票据时效的期间。

按不同情况，票据时效的期间分述如下。

关于持票人对汇票承兑人或本票发票人的付款请求权，多数国家规定，自到期日起算，3年间不行使（我国为2年），因丧失时效而消灭。

关于持票人对支票发票人的追索权，多数国家规定，自提示期间届满之日起算，6个月间不行使，因丧失时效而消灭。

关于汇票和本票的持票人对其前手的追索权，多数国家规定，自在恰当时间内做成拒绝证书之日起算，1年间不行使，因丧失时效而消灭。支票持票人对其前手的追索权，从提示期间届满之日起算，6个月间不行使，因丧失时效而消灭。

关于背书人对其前手的追索权，多数国家规定，自背书人为清偿之日或背书人自己被起诉之日起算，6个月间不行使，因丧失时效而消灭。

2. 票据丧失

（1）票据丧失的定义。

票据丧失是指持票人并非出于自己的本意而丧失对票据占有的情形。例如，票据因焚烧、撕碎以及严重涂抹而毁灭，或因遗失、被盗而失去等。

票据是完全有价证券，票据权利的行使离不开对票据本身的占有。为此，票据丧失对持票人的利益影响很大。为了保护持票人的利益，《票据法》设立了补救措施，即依法履行一定手续后丧失票据的当事人仍可行使票据上的权利。

（2）票据丧失的补救方法。

关于票据丧失的补救方法，世界各国法律的规定存在较大差异。大陆法系国家通常采取公示催告程序，英美法系国家则大多采取诉讼方式。以下将对此进行分别表述。

丧失票据的公示催告。丧失票据的公示催告是失票人向法庭申请，宣告票据无效，从而使票据权利与票据本身相分离的一种制度或程序。

采用公示催告这一补救方法的国家，大多在本国的民事诉讼法中规定公示催告的具体程序。一般情况下，公示催告要经过以下程序。

①由失票人向法院提出申请。失票人既包括最后的持票人，也包括清偿了后手追索权而取得票据的前手。失票人在提出申请时，应提交票据的誊本或讲述票据上的主要记载事项，并讲清票据遗失、被盗以及其他毁灭的事实经过以及证明自己有申请权的事实原因。

②法院对失票人的申请进行裁定。法院接受申请后，便开始调查此申请是否符合法定条件。如果审查合格，准予申请，法院即裁定进行公示催告。

③公示催告。法院应采用通常的公示催告方法，如登报或张贴公示等，明示此公示催告的申请人及申请内容；催促现有的持票人在一定期间内向法院申报权利，并且告知如不在该期间内申报权利，就将丧失其权利。

④权利的申报和对票据的检查。如果有人持票在规定期间内申报权利，法院应通知申请人，约定时间让他检查票据。如失票人与持票人就票据问题无争执，公示催告程序便可终结，如果失票人与持票人就票据权利有争执，应另行以诉讼方式解决后，再进行除权判决或驳回申请。

⑤除权判决。所谓除权判决，就是宣告无效的判决。丧失票据的人可以凭除权判决行使票据权利或拒绝负担票据义务。

丧失票据的诉讼。按照《美国统一商法典》的规定，丧失票据的人可以通过他对票据债务人的诉讼，以解决票据权利的问题。但是失票人在提起这种诉讼时，要对自己的票据所有权、丧失票据的事实经过和票据的主要内容等负举证责任。此外，失票人还得提供相应担保金，以补偿一旦有善意持票人主张票据权利而使票据债务人遭受到的损失。《英国票据法》也规定，失票人在提供担保后，可以向法院通过诉讼的方法解决票据权利的问题。对于支票失票人，《美国商法典》还规定了一种"请求止付"的补救方法。即失票人有权向其存款银行发布停止支付命令（如果银行在接到该命令以前已经支付，则不受该命令的约束），如果银行违反停止支付的命令而对支票持有人付款，由此使失票人遭受的损失，失票人可向该银行要求赔偿。

7.3　票据的国际统一立法与法律冲突

7.3.1　国际票据法的统一运动

在日内瓦统一票据法之前，西方各资本主义国家存在三大票据法系。

1. 票据法系中的法国法系

法国最早于 1673 年法国商事条例中就有关于票据的规定，后经修订编入 1807 年的《拿破仑商法典》中，不过该商法典中的规定仅限于汇票和本票。法国《支票法》是于 1865 年制定的，与商法典中的票据无大关系。法国的票据法对意大利、比利时、荷兰、西班牙、葡萄牙及拉美拉丁语系国家在 19 世纪制定的票据法产生过重大影响，从而形成了所谓的"法国法系"。但随着经济的发展，这些规则已很难适应商业交易的需求，之后各国纷纷转而效仿德国，法国也于 1936 年颁布了根据 1930 年日内瓦统一票据法公约修订的新的票据法。

2. 票据法系中的德国法系

德国于 1871 年公布了《票据法》，又于 1908 年颁布了《支票法》。德国票据法的特点是：注重票据的信用功能和流通功能，因此强调票据关系与基础关系相分离，并对票据形式做出严格规定，票据形式不符则不产生票据法上的效力，从而使票据成为典型的不要因而要式的有价证券。德国《票据法》与英美法系一样，重视票据的流通作用，但在形式和一些具体规定上与英美法系有不少差异。德国的票据法对奥地利、瑞士、丹麦、瑞典、挪威、日本等国产生了较大影响，从而形成了所谓的"德国法系"。

1933 年，德国参照 1930 年日内瓦统一票据法公约修改制定了德国《票据法》和德国《支票法》，并沿用至今，从此消除了与法国票据法系的对立，共同形成了新的日内瓦统一票据法系。

3. 票据法系中的英美法系

英国于 1882 年颁布了《汇票法》，包括汇票、本票和支票。1957 年，英国颁布了《支票法》，不过从内容上看，《支票法》仅是对 1882 年《汇票法》的补充。英国票据法的特点是：将票据关系与票据的基础关系严格地区别开来，凡善意取得票据者，不论其有无支付对价，其所持票据的基础关系有无缺陷，除个别情形（如有伪造背书）外，皆给予保护。英国票据法突出了票据的无因性和要式性，但对于票据形式的要求不像德国票据法那样严格，更注重实际，较为灵活。

英国的票据法对原英属殖民地的国家有很大影响。这些国家主要有美国、加拿大、澳大利亚、新西兰、印度等。它们纷纷效法英国制定了自己的票据法。其中，美国又因为有自己的特色而使这一法系被冠以"英美法系"的称号。

美国于1896年制定了《统一流通证券法》，到1920年该法得到了各州的采纳。1952年该法被《美国统一商法典》的第三篇所取代。《美国统一商法典》的第三篇——"商业证券"，包括汇票、本票、支票及存款单的相关规定。

国际票据立法的统一主要有以下几种。

（1）1930年《关于统一汇票和本票法公约》和1931年《关于统一支票法公约》。

英美法系、法国法系、德国法系同时鼎立，加之同一法系内部各国具体规定的差异性，导致票据在国际经济贸易领域和国际一般交往中的使用和流通严重受阻。为消除这类障碍，票据统一法运动于19世纪末开展。然而，直到1930年和1931年在国际联盟的主持下，才在日内瓦先后签署了六个票据方面的公约，这六个公约是：1930年《关于统一汇票和本票法公约》、1930年《关于解决汇票和本票法律冲突公约》、1930年《关于汇票、本票印花税公约》、1931年《关于统一支票法公约》、1931年《关于解决支票法律冲突公约》、1931年《关于支票印花税公约》。这些公约现已为曾是法国法系和德国法系的大多数国家（包括法国、德国、日本）所接受。这些缔约国随后根据日内瓦的票据法公约对本国的票据法进行了修订。这样，法国法系和德国法系关于票据规定中的分歧之处便基本被消除了，日内瓦统一票据法系就此产生。

英美法系中的英国在汇票、本票印花税公约以及关于支票的三个公约上签了字，但英国的《支票法》仍然保留了英国传统。其他英美法系国家既未派代表（美国仅派观察员列席会议）参加谈判，也未接受其中的任何公约。因此，目前，在国际上形成了关于票据法的两大法系，即日内瓦统一票据法系和英美法系。

（2）《国际汇票与国际本票公约》。

在1972年召开的第4次联合国国际贸易法委员会大会上，即决定开始进行统一国际票据法的工作。在1973年召开的第5次联合国国际贸易法委员会大会上，又设立了"国际流通票据工作小组"，具体负责《国际汇票与国际本票公约（草案）》的拟定工作。在1987年召开的第20次联合国国际贸易法委员会大会上，对上述工作小组所拟就的《国际汇票与国际本票公约（草案）》进行了审议，并通过该公约草案。1988年12月，在联合国第43届大会上，正式通过了《国际汇票与国际本票公约》，并于1990年6月30日前开放各国签字。按《国际汇票与国际本票公约》的有关规定，该公约须经至少10个国家批准或加入后，方能生效。该公约目前尚未生效。

7.3.2 涉外票据的法律适用冲突

《关于统一汇票和本票法公约》虽然朝着国际统一票据法的目标迈出了一大步，但是许多国家并没有参加或批准该公约，有的国家即使参加了也还有保留条款；《国际汇票和本票公约》则尚未生效。我国未参加票据方面的任何一项国际公约。1995年5月10日，经第八届全国人民代表大会常务委员会第十三次会议审议，通过了《中华人民共和国票据法》，该法已于1996年1月1日起施行。2004年8月28日，第十届全国人民代表大会常务委员会第十一次会议通过对其进行的修正，并自公布之日起生效。在处理涉外票据的实务时，各国的法律、公约以及我国的票据法之间均存在着法律冲突的问题，主要表现在以下几个方面。

1. 票据行为能力的问题

票据行为能力是以自己的行为承担票据上义务的资格。对此，各国的规定不尽一致。归纳起来主要有三种：一是本国法主义，即认为外国人承担票据上义务的行为能力，应以其所属国的法律为依据。欧洲大陆的多数国家采取本国法主义。二是行为地法主义，即认为外国人承担票据上义务的行为能力应以其票据行为地所属国的法律为依据。采取行为地法主义的有英国、美国。三是折衷主义，即将本国法主义与行为地法主义加以折衷，认为外国人承担票据义务的行为能力，以本国法为原则，以行为地法为例外。德国等国家采取折衷主义。日内瓦国际统一票据法会议通过的旨在解决冲突的公约，采取了折衷主义的态度，规定票据行为人的票据行为能力依其本国法，但是有两点例外：一是如果其本国法律规定适用他国法律时，则适用他国法律；二是如果依其本国法票据行为人没有票据行为能力，但是依票据行为地法票据行为人有票据行为能力时，则适用票据行为地法。由于这个规定可能使票据行为人规避票据法，所以公约又规定，缔约国有权否认票据行为人依本国票据法无票据行为能力，而在缔约国内所发生的票据行为的效力。我国票据法对票据行为人的行为能力采取折衷主义的立法态度，为确立票据法的国际冲突指出了准据法。我国《票据法》第96条规定："票据债务人的民事行为能力，适用其本国法律。票据债务人的民事行为能力，依照其本国法律为无民事行为能力或者为限制民事行为能力而依照行为地法律为完全民事行为能力的，适用行为地法律。"

2. 票据行为的方式问题

为解决票据行为方式的国际冲突，《关于统一汇票和本票法公约》规定，票据行为方式应以行为地的法律规定为准。但是公约亦规定了两种例外情况：一是票据行为的方式虽然没有按照票据行为地法律做成，为无效的票据行为，但是以后做成的票据行为方式符合该行为地法律规定，不因其当初票据行为方式的无效性，而影响其以后做成的票据行为方式的效力。二是本国人在外国对于本国人所为的票据行为，如果具备本国法律所规定的方式，虽不符合该外国法律的规定，但其票据行为在本国仍然有效。

我国《票据法》对票据行为的法律适用，认为应适用行为地法。我国《票据法》第97条规定：汇票、本票出票时的记载事项，适用出票地法律。支票出票时的记载事项，适用出票地法律，经当事人协议，也可适用付款地法律。《票据法》第98条规定：票据的背书、承兑、付款和保证行为，适用行为地法律。《票据法》第95条规定：依据票据行为独立性的性质，如果发生票据行为方式的国际冲突，可以适用国际惯例。即按《关于统一汇票和本票法公约》的规定适用。

3. 票据行为的效力问题

票据行为的效力是指票据上的权利义务依该国法律决定的标准。对此，各国的立法规定亦不尽相同。概括起来有三种情况：一是行为地主义，即认为应该以实施票据行为时所在地的法律为标准决定，也就是说，出票人的权利义务以出票地法律为标准，付款人的权利义务以付款地法律为标准。二是付款地主义，即认为票据最终以付款为目的，所以票据行为所产生的权利义务，应以付款地的法律为准。换句话说，出票人与付款人的权利义务，都应以付款地的法律为标准。三是折衷主义，依《关于统一汇票和本票法公约》的规定，票据行为所产生的票据权利义务，对于汇票和本票的出票人，应以付款地的法律为标准，其他在票据上签章的人，其权利义务应以行为地的法律为标准。但是对于行使追索权的，在期限内一切签章人的权利义务，都应以出票地的法律为准。只有关于支票的提示期限，及其丧失支票时进行诉讼保全，才以付款地的法律为准，采用折衷主义的国家，以日本最为典型。

我国《票据法》在确定涉外票据的法律效力时，基本上采用了折衷主义。我国《票据法》第 97 条、第 98 条的规定就体现了这种立法态度，汇票承兑人和本票出票人所承担的票据债务的履行，适用付款地法律；除汇票承兑人和本票出票人外，汇票、本票和支票的其他债务人所承担的票据债务的履行，适用签章地法律。

4. 我国涉外票据的其他法律适用

关于追索行使的期限。我国《票据法》第 97 条规定：票据追索权的行使期限，适用出票地法律。这条规定与日本票据法的规定类似。

我国《票据法》第 100 条规定：票据的提示期限、有关拒绝证明的方式，出具拒绝证明的期限，适用付款地法律。《票据法》第 101 条规定：票据丧失时，失票人请求保全票据权利的程序，适用付款地法律。

为妥善解决国际票据法的法律冲突，各国都应遵循"国内法优于国际法"的原则。我国《票据法》在这一问题上特别规定：中华人民共和国缔结或参加的国际条约同本法有不同规定的，适用国际条约的规定，但是中华人民共和国声明保留的条款除外。本法和中华人民共和国缔结或者参加的国际条约没有规定，可以适用国际惯例。这已成为我国涉外票据法律适用冲突的一项基本准则。

本章小结

票据法是规范票据制度及各种票据关系的法律。票据法的主要内容包括：票据及其特征、票据行为、票据权利、票据基础关系与票据关系、票据抗辩、票据的伪造和变造、票据的丧失与补救、票据时效、利益补偿请求权，以及票据法规定的三大票据即汇票、本票和支票的规则等。

票据法是民事特别法，因而除遵循民法的一般原则外，票据法还有其自身的特性。如票据权利具有二重性，付款请求权和追索权，当行使第一次权利即付款请求权受阻后，票据权利人可以行使第二次权利即追索权以实现票据权利；有别于民法上的抗辩制度，票据抗辩着力保护票据权利人的利益；票据行为的无因性、独立性、文义性等特征使其不同于一般的民事行为等。这些特殊的规则可以确保票据的流通性，使票据的流通日益频繁和广泛，进而扩大贸易往来和经济发展。

票据法具有较强的国际性。随着国际经济一体化不断地向纵深发展，国际贸易增多，不同国家的票据法律制度的冲突，必然会对国际贸易产生影响。因此，统一各国票据法就成为各国普遍具有的客观需求。

案例讨论

2016 年 1 月 16 日，甲公司与乙公司签订了一份空调购销合同，双方约定：由乙公司向甲公司供应空调 100 台，价款为 25 万元，交货期为 2016 年 1 月 25 日，货款结算后即付 3 个月的商业承兑汇票。1 月 24 日，甲公司向乙公司签发并承兑商业汇票一张，金额为 25 万元，到期日为 2016 年 4 月 24 日。2 月 10 日，乙公司持该汇票向 S 银行申请贴现，S 银行审核后同意贴现,向乙公司实付贴现金额23.6万元,乙公司将汇票背书转让给S银行。该商业汇票到期后,S银行持甲公司承兑的汇票提示付款,因该公司银行存款不足而遭退票。S银行遂直接向该公司交涉票款。甲公司以乙公司未履行合同为由不予付款。2016年11月2日,S银行又向其前手乙公司追索要款,亦未果。为此,S银行诉至法院,要求汇票的承兑人甲公司偿付票款25万元及利息;要求乙公司承担连带赔偿责任。甲公司辩称,该商业承兑汇票确系由其签发并经承兑,但乙公司未履行合同,有骗取票据之嫌,故拒绝支付票款。乙公司辩称,原合同约定的履行期太短,无法按期交货,可以延期交货,但汇票追索时效已过6个月,S银行不能要求其承担连带责任。

问题:
1. 甲公司是否应履行付款责任,为什么?
2. 乙公司应否承担连带责任,为什么?

知识拓展

提高诚信意识,规范票据行为,拒开空头支票

我国《票据法》第10条规定:"票据的签发、取得和转让,应当遵循诚实信用原则,具有真实的交易关系和债权债务关系。"

空头支票,是指支票持有人请求付款时,出票人在付款人处实有的可供合法支配的存款不足以支付票据金额的支票。

《票据法》规定支票出票人所签发的支票金额不得超过其在付款人处实有的存款金额,即不得签发空头支票,这就要求出票人自出票日起至支付完毕止,保证其在付款人处的存款账户中有足以支付支票金额的资金。

《票据管理实施办法》第31条规定,签发空头支票或者签发与其预留的签章不符的支票,不以骗取财物为目的的,由中国人民银行处以票面金额5%但不低于1 000元的罚款。中国人民银行及其分支机构依据上述规定对空头支票的出票人予以处罚。持票人有权要求出票人赔偿支票2%的赔偿金。

对签发空头支票骗取财物的,要依法追究刑事责任。如果签发空头支票骗取财物的行为情节轻微,不构成犯罪,《票据法》规定要依照国家有关规定给予行政处罚。

经典案例

韩国大邱银行诉威海纺织集团进出口有限责任公司等票据付款请求权纠纷案

裁判要点

票据权利人是指通过出票或背书转让等方式取得票据的持票人,但持票人不当然是票据权利人。在国际托收业务中,银行因办理业务需要而持有汇票,此时银行为托收当事人而非票据当事人,其无权主张票据权利。

相关法条

《国际托收统一规则》第2条、第3条、第14条a项

《中华人民共和国票据法》第 2 条、第 4 条第 2 款、第 3 款、第 15 条第 3 款、第 42 条第 1 款、第 99 条

《中华人民共和国民事诉讼法》第 108 条（注：对应 2017 年第三次修订的《中华人民共和国民事诉讼法》第 119 条）

基本案情

原告：韩国大邱银行（以下简称"大邱银行"）。

被告：威海纺织集团进出口有限责任公司（以下简称"纺织集团"）。

被告：交通银行股份有限公司威海分行（以下简称"交通银行"）。

2007 年 3 月 6 日，被告纺织集团与韩国 CDP PLAS 公司（以下简称"CDP 公司"）签订一份买卖合同，约定由纺织集团购买 CDP 公司纺织原料，价值 489 000 美元。CDP 公司将货物装船后于 2007 年 3 月 15 日签发一张商业汇票，并向原告大邱银行递交了出口汇票议付（托收）申请书，委托原告大邱银行收取该汇票款项，该汇票载明付款人为被告纺织集团，金额 489 000 美元，付款日期为承兑交单后 120 天付款。

原告接受 CDP 公司的委托后又委托被告交通银行代收该笔款项，其向交通银行寄送了托收面函、涉案商业汇票及相关发票、提单、装箱单等单据，在托收面函中汇票一栏记载了出票人为 CDP 公司，付款人为被告纺织集团，金额 489 000 美元，付款日期为承兑交单后 120 天付款；付款指示一栏记载："将款项通过纽约美联银行贷记我行账户，引用我行业务编号 226XP0074447"，并特别批注"凭承兑交付单据并通知我行承兑日及到期日"。交通银行收到上述托收面函、商业汇票及单据后，于 2007 年 3 月 19 日向纺织集团提示单据和承兑，纺织集团在交通银行制作的对外付款／承兑通知书中"付款人"一栏加盖了财务专用章及法定代表人的私人印章，表示同意承兑并到期付款。2007 年 8 月 1 日，交通银行通过 SWIFT 系统向原告发出承兑电文，称付款人纺织集团已承兑汇票金额 489 000 美元，到期日为 2007 年 7 月 6 日。后纺织集团实际未支付汇票款项，在原告的要求下，交通银行于 2007 年 10 月 16 日将涉案汇票通过快递公司寄送原告，2007 年 10 月 19 日，交通银行又发电通知原告，称其所寄送的信件包括涉案汇票在邮寄过程中丢失。原告遂诉至法院，认为原告系涉案汇票出票时记载的收款人，被告纺织集团对汇票已承兑，应当承担付款责任；被告交通银行将已承兑的汇票丢失，应对该汇票金额承担连带清偿责任。在诉讼中，原告又称其已向出票人 CDP 公司支付对价买入该汇票，取得了票据权利，请求判令二被告支付汇票款项 489 000 美元，并自汇票到期日起至履行之日止按中国人民银行规定的同期贷款利率计付利息。

被告纺织集团认为原告大邱银行并非涉案汇票记载的收款人，不是票据当事人，原告系接受 CDP 公司的委托办理涉案汇票的委托收款业务，其作为托收行无权主张票据权利，且被告纺织集团并未对涉案汇票进行签章承兑，不应承担票据上的付款责任；被告交通银行则认为其在本案汇票托收业务中处于代收行的地位，接受托收行原告的指示，代其向付款人提示单据和承兑，依据《国际托收统一规则》（UCR522）的相关规定，其对汇票及单据在传送中的遗失应当免责。二被告均拒绝原告的诉讼请求。

裁判结果

威海市中级人民法院裁定驳回原告大邱银行的起诉。对上述处理结果，原告、被告均表示接受，在法定期限内均未提起上诉。

裁判理由

本案的争议焦点有三：一是原告大邱银行是否享有诉权，即其是否具有主张涉案票据付款请求权的诉讼主体资格；二是被告纺织集团应否承担票据上的付款责任；三是被告交通银行对汇票丢失的结果应否承担赔偿责任。

山东省威海市中级人民法院一审认为：关于准据法的确定，因涉案汇票为出口托收交单项下的用于国际流通的商业汇票，涉及国际银行间的委托收款业务，中华人民共和国法律和中华人民共和国缔结或者参加的国际条约对此均没有规定，故应当适用《国际托收统一规则》（UCR522）；同时，依据《中华人民共和国票据法》第98条关于"票据的背书、承兑、付款和保证行为，适用行为地法律"的规定，涉案汇票的付款人纺织集团的住所地和主要营业场所均在威海市，因此有关本案汇票的承兑、付款行为则应当适用行为地中华人民共和国法律。

要判断原告是否享有诉权，就要确认原告是否为票据权利人，即涉案汇票的合法持票人。根据查明的事实和相关证据，认定原告对涉案汇票不享有票据权利。首先，不能确认原告为涉案汇票出票时记载的收款人，即初始权利人。虽然原告提交的汇票复印件及托收面函中均有"付款给大邱银行或其指定的人"的内容，在托收面函"付款指示"一栏中也有要求将款项付至原告账户的内容，但托收面函中有关"付款指示"的内容表明的仅是付款人的汇款路径及金额，并非原告为收款人的记载，且在原告提交的交通银行制作的承兑通知书中记载的收款人为CDP公司，而非原告，因此，该汇票复印件与托收面函并不能相互印证，且与承兑通知书中的内容相互矛盾。在涉案汇票复印件不能与原件核对，同时亦无其他证据佐证的情况下，其真实性无法确定，因而不能据此来认定原告为涉案汇票记载的收款人。另外，按交易习惯，汇票中记载的收款人应当是特定的而不应是不确定的，从该汇票复印件记载的内容"付款给大邱银行或其指定的人"来看，该汇票的收款人是不确定的，一旦发生背书，谁是大邱银行指定的人、背书的效力如何等将难以确定，将会给票据的流通带来障碍，因此该汇票复印件中关于付款人的内容亦与惯例不符。其次，不能确认原告是涉案汇票的最后持票人。因涉案汇票丢失，原告以失票人的身份提起本案诉讼，而失票人应为票据的最后合法持票人。本案中，涉案汇票为出口托收交单项下的商业汇票，出票人CDP公司向原告递交了出口汇票议付（托）申请书，原告亦向交通银行寄送托收面函，表明原告实际为托收行，并非票据权利人，但如果原告支付对价买受该汇票，权利人将汇票背书后交由原告，原告即由托收当事人转化为票据权利人。但本案中，原告提交的涉案汇票复印件并没有背书的内容，原告在庭审中亦表示未发生背书行为，且不能提交证明其支付对价购买涉案汇票的相关证据，因此可以认定涉案汇票并未背书转让给原告，原告最后持有涉案汇票是基于接受CDP公司的委托，为办理该汇票的托收业务而占有该汇票，并非票据流通中的最后持票人，其作为托收行的地位并没有发生改变，因此其对涉案汇票不享有票据权利。

被告纺织集团应否承担涉案汇票的付款责任，主要确定其是否对涉案汇票予以承兑。承兑是要式法律行为，我国《票据法》第42条明确规定，付款人承兑汇票的，应当在汇票正面记载"承兑"字样和承兑日期并签章。因此只有付款人在汇票上加盖相关印章后才构成承兑，之前其做出的任何承诺与保证均不能令其成为汇票的承兑人。本案中，原告提交的对外付款/承兑通知书及承兑电文，均不能证明纺织集团在涉案汇票上实施了签章承兑的行为，因而不能认定纺织集团对汇票进行了承兑，因而其无须承担票据上的付款责任。

被告交通银行对失票结果应否承担赔偿责任。交通银行在本案商业汇票的国际结算业务中处于代收行的地位，是接受托收行原告的委托，向付款人提示单据和承兑。依据《国际托收统一规则》第14条a项"银行对任何信息、信件或单据在传送中所发生的延误或丢失，或对任何电讯在传递中所发生的延误、残损或其他错误，或对技术条款的翻译及/或解释的错误，概不承担责任或对其负责"的规定，交通银行在本案中对单据和汇票在传送中丢失的后果应当免除责任。

综上，在本案中不能认定原告大邱银行是票据权利人，亦不能认定被告纺织集团对汇票进行了承兑，被告交通银行对汇票丢失的后果亦应免除责任。根据票据的无因性和流通性特征，只有票据权利人才享有票据付款请求权，原告不是票据权利人，当然不具备主张涉案汇票付款请求权的诉讼主体资格，其无权提起本案诉讼，因而应当依法驳回原告的起诉。依照《国际托收统一规则》第2条、第3条、第14条a项，《中华人民共和国票据法》第2条、第4条第2款、第3款、第15条第3款、第42条第1款、第99条，《中华人民共和国民事诉讼法》第108条，以及最高人民法院相关司法解释的规定，裁定驳回原告大邱银行的起诉。

关键术语

票据　票据关系　票据行为　票据抗辩　票据权利　追索权　汇票　本票　支票

思考题

1. 简述票据的种类有哪些。
2. 简述票据法的特征有哪些。
3. 简述票据行为的成立要件。
4. 简述票据权利的取得方式。
5. 简述票据丧失的补救方式。

第 8 章
信 托 法

> **本章导读**

本章主要介绍信托的概念、信托的法律特征及信托的分类;明确信托的设立形式、设立条件以及生效要件,致使信托变更、终止的具体情形;委托人、受托人、受益人的权利和义务;中国信托行业中的法律规制以及信托机构的发展趋势。

8.1 信托法概述

8.1.1 信托的概念

信托是人类历史文明中的一颗璀璨明珠,经过历史变迁和不同法系国家的本土化,集融资、融物、融技术、投资于一身,具有独特的经济活化作用,至今仍彰显出经久不衰的生命力与创造力。迄今为止,由于信托还在不断发展中、信托种类繁多、信托功能多样化、不同法系国家关于信托财产的所有权是具双重性还是"一物一权"存在分歧,因此人们对信托仍没有一个统一的、权威的、标准的界定。

1. 英美法系中的信托

英美法系国家在界定信托的含义时通常遵循判例原则。在英美法系下,信托通常被界定为一种法律关系,其中一方当事人为了另一方当事人的利益而享有某一财产在制定法上的权利,由后者享有在衡平法上的权利。具体来说,受托人享有名义上和法律上的信托财产所有权,对信托财产进行管领和处分,以所有权人身份与第三人进行交易。受益人享有实质上和最终的信托财产所有权,依据信托文件享受信托收益。美国信托法权威学者乔治·勃格特(George T. Bogert)提出:"信托是指信托当事人之间的一种信任关系,一方享有信托财产的所有权,并附有衡平法上为另一方的利益管理和处分信托财产的义务。"在英国最具权威性的信托法经典教科书 *Equity and the Law of Trusts* 中,信托被认为是一项衡平法义务,"约束受托人,为了一些人(受益人)的利益处理受托人所控制的信托财产,任意受益人都可以强制实施这项义务;或者为了一个慈善目的,司法机关可以强制实施这个目的,或者为了法律已经承认的其他目的,尽管这些目的不可以强制实施"。

2. 大陆法系中的信托

大陆法系国家一般以成文的法律法规对信托做出界定。相较于英美法系描述性的定义，大陆法系更倾向于用概括的方式来定义信托。日本《信托法》对信托的定义为："本法所称信托，系指实行财产权转让和其他处理行为，使别人遵照一定的目的进行财产管理或处理。"韩国《信托法》对信托有如下描述："以信托委托人与信托受托人之间的特别信任关系为基础，委托人将特定财产转移或经其他处分交给受托人，使受托人为信托受益人的利益或特定目的，管理或处分该财产的法律关系。"

两大法系对信托所采用的不同的立法方式，对信托种类和信托功能产生了很大的影响。英美法系下"效果取向"的信托定义，赋予信托更大的弹性功能，在大陆法系的"要件导向"模式下，信托成立必须先符合法定要件，在一定程度上限制了信托的种类和功能。

3. 国际规定中的信托

20世纪下半叶以来，随着国际交往的愈加频繁，各国因法律制度不同而导致的法律冲突日益严重。为了解决不同国家在信托事务交往中发生的信托法律冲突问题，给各国提供有关信托的普适性规定，1985年7月1日在荷兰海牙市召开了国际私法会议，32个国家的代表正式审议通过了《关于信托的承认及其法律适用的国际公约》（以下简称《海牙信托公约》）。《海牙信托公约》第2条对信托的定义为："信托一词是指一个人即委托人在生前或死亡时创设的一种法律关系，委托人为受益人的利益或者为某个特定目的，将其财产置于受托人的控制之下。信托具有下列特点：一是信托财产为独立的资金，而不是受托人自有财产的一部分；二是信托财产的所有权属于受托人或者代表受托人的其他人；三是受托人有根据信托的条件和法律所加于他的特殊职责，管理、使用或处分财产的权力和应尽的义务。委托人对于一些权利和权力的保留，以及受托人可能自己享有受益人的一些权利的事实，并不与信托本身相矛盾。"该公约对于信托的定义既包含了大陆法系信托概念的主要内涵，也反映了英美法系信托制度的基本构造。

4. 中国法中的信托

关于信托的定义，《中华人民共和国信托法》第2条规定："本法所称信托，是指委托人基于对受托人的信任，将其财产权委托给受托人，由受托人按委托人的意愿以自己的名义，为受益人的利益或者特定目的，进行管理或者处分的行为。"可以看出，我国在定义信托时与日本、韩国等大陆法系国家的定义方法基本一致，但并未采用大陆法系中"委托人将特定财产转移或经其他处分交给受托人"这一说法，而是用了"委托人将其财产权委托给受托人"，可以看到我国不支持英美法系中"财产所有权双重性"的说法，与此同时，也不支持大陆法系中"财产所有权变动"的说法，而是在这个问题上选择了回避。

8.1.2 信托的法律特征

一般而言，信托的法律特征如下。

1. 信托财产的权利主体与利益主体互相分离

无论是在英美法系还是在大陆法系中，信托最重要的法律特征就是信托财产的权利主体与利益主体互相分离，这也是信托与其他财产管理制度的根本区别。

委托人在设立信托之初，已经将信托财产转移于受托人，受托人取得名义上的所有权，他可以像真正的所有权人那样管理、处分信托财产，并且可以与第三人从事交易活动。但是，受托人行使处分权也受到诸多限制，受托人须妥善管理、处分信托财产，不能为了自己的利益而任意处分信托财产，信托财产所获得的收益也不归受托人所有，而是归受益人所享有。此外，受益人作为实际的所有权人，其享有信托财产的全部收益，但是受益人没有管理、处分信托财产的权能。

在英美法系中，该法律特征的表现为受托人享有普通法上的所有权，受益人享有衡平法上的所有权。在大陆法系继受信托制度的过程中，因英美法系中的"双重所有权"与大陆法系中的"一物一权"的理念相抵触，所以大陆法系认为受托人享有信托财产的所有权，受益人享有信托财产的用益权。虽然两大法系因不同的法律传统产生了不同的称谓，但是信托财产的权利主体和利益主体相分离的这一法律特征却是共同的，这一特征也奠定了信托制度的基石。

2. 信托财产的独立性

为了确保信托目的的实行，保证信托财产的安全，各国信托法均赋予了信托财产独立性的法律效力。具体而言，信托财产的独立性的内涵为信托财产独立于受托人、委托人和受益人的自有财产。基于此，信托财产具有不同于一般财产的独特法律属性。

（1）继承和清算的禁止。

委托人设立有效的信托后，该信托财产即与委托人的其他财产相区别，独立于委托人的固有财产，因此，即使委托人死亡或终止、被宣告破产，信托财产因其独立性也不能被继承或者清算。但值得注意的是，若委托人是唯一的受益人，当出现委托人死亡或者使得信托财产终止的特殊情形时，信托财产重新归于委托人，可以被作为遗产进行继承和清算。

对于受托人也是如此，受托人虽享有信托财产的所有权，但受托人所占有和管理的信托财产在受托人死亡、终止时，信托财产并不能作为受托人的遗产进行继承和清算。在受托人死亡或终止的情形下，受托人基于信托法律关系所产生的信托职责终止，此时需要根据信托文件的约定重新选任受托人以保证信托的连续性。

（2）强制执行的限制。

由于信托财产独立于委托人、受托人和受益人的自有财产的本质属性，通常情况下，不管委托人、受托人还是受益人的债权人都不得主张强制执行信托财产，否则信托当事人有权向人民法院提出异议。但是为了兼顾债权人的利益，强制执行并不是绝对禁止的。我国《信托法》第17条对强制执行规定了例外情形：①设立信托前债权人已对该信托财产享有优先受偿的权利，并依法行使该权利的；②受托人处理信托事务所产生债务，债权人要求清偿该债务的；③信托财产本身应担负的税款；④法律规定的其他情形。

（3）抵销的禁止。

抵销的禁止主要是指两个方面：一方面是受托人管理运用、处分信托财产所产生的债权，不得与其固有财产产生的债务相抵销，否则会损害到受益人的利益；另一方面是受托人管理运用、处分不同委托人的信托财产所产生的债权债务，不得相互抵销，在受托人管理多项信托项目时，只有分别管理，相互之间不混淆才能够更好地实现多个信托的目的，从而维护委托人和受益人的利益。

3. 受托人的责任

（1）信托内部的有限责任。

就信托内部给付关系而言，受托人向受益人交付的财产是以信托财产为限承担有限责任，即只要受托人按照信托文件规定行使受托权、遵守信托义务，那么按时将信托利益交付给受益人就算是完成了自己的责任。不管信托财产本身有多少损耗都只以信托财产承担有限责任，而不以自己的自有财产承担无限责任。

（2）信托外部的无限责任。

受托人在管理和处分信托财产的过程中，必然会发生与信托法律关系之外的第三人之间的权利义务关系，此时，受托人对第三人责任的承担问题就显得尤为重要。

根据一般性的规定，相对于信托内部的有限责任而言，受托人对第三人通常承担无限责任，即不仅要以信托财产来承担责任，还可能涉及受托人的自有财产。因为在受托人为了管理信托事务而与第三人交易的过程中，不可避免地会发生彼此间的债权债务关系，而第三人往往并不知道受托人处分的财产的性质。因此受托人须以自己的名义处理信托事务，受托人必须像普通财产所有权人那样以其全部财产对第三人承担责任。第三人也只能针对受托人，不能直接针对信托财产提出请求。

但是受托人作为名义上的财产所有人，其本身并不享有信托财产所带来的收益，从这个层面上看，让受托人就管理信托事务承担无限责任有失公平，而且也不利于信托这一财产管理制度的发展。因此，在后来的发展中，各国对受托人向第三人承担的责任做了限制性的规定。美国《统一信托法》规定，受托人可以以约定的形式明确仅承担以信托财产为限的有限责任，或者在合同中向第三人明示自己是作为受托人行为且在信托权限内缔结合同，亦可不承担无限责任。《日本信托法》第216条也做出了类似规定，明确了限定责任信托，即在设立信托时，当事人可以选择设立限定责任信托，仅承担有限责任。

在我国《信托法》中没有明确表明受托人承担的责任机制，但是《信托公司管理办法》第38条规定，信托公司因处理信托事务而支出的费用、负担的债务，以信托财产承担，但应在信托合同中列明或明确告知受益人。这表明了受托人并不是无条件地以信托财产为限承担有限责任，仅可以通过约定排除无限责任。因此，我国所采取的立场仍旧是受托人承担无限责任。

4. 信托管理的连续性

设立有效的信托后，信托并不会因为受托人的更迭影响信托的存续，在原受托人职责终止以后，由新的受托人承继，直至信托终止。信托管理的连续性还体现在公益信托中的"类似原则"，即在公益信托中特定目的已经实现或者不能实现时，若信托财产没有权利归属人或者其权利归属人为不特定的社会大众时，受托人应当将信托财产用于与原公益目的相近似的目的，或者将信托财产转移给具有近似目的的公益组织或者其他公益信托。

8.1.3 信托的分类

信托具有非常广泛的适用性，可以帮助人们实现各种有益目的，因此，信托的分类比较复杂，常见的分类有以下几种。

1. 私益信托、公益信托、目的信托

根据设立信托的目的，可以将信托分为三类：私益信托、公益信托及目的信托。

私益信托指的是完全为委托人自己或者其指定的特定第三人的利益而设立的信托。私益信托所遵循的是"受益人原则"，即收益人应当特定或可特定，我国《信托法》对此也做了规定，若受益人或者受益人范围不明确，则信托无效。

公益信托指的是为使社会公众或者一定范围内的社会公众而设立的信托，具体来说，就是为了救济贫困，救助灾民，扶助残疾人，发展教育、科技、文化、艺术、体育、医疗卫生事业，发展环境保护事业，维持生态平衡以及发展其他社会公益事业而设立的信托。相较于私益信托，公益信托在设立、运作过程中都要受到主管部门的监管，但也因其具有促进公益事业发展的功效，公益信托在税制上享有一定的优惠税收措施，如减免赠与税、遗产税、所得税等。

此外，比较法上还存在既不是以特定人的私人利益为目的而设立的，也不是以公共利益为目的而设立的特殊的信托形态，即目的信托。具体来说，目的信托指的是不存在受益人或者受益人不明确的信托，从这一定义来看，公益信托也属于目的信托，不过我们通常仅将其称为公益信托，而在说目的信托时是特指非公益目的的信托，即狭义的目的信托——没有受益人、为了某种非公益目的而设立的信托。

起初，目的信托是不被承认的，因为在目的信托中，受益人不存在，这也就意味着没有人可以去强制执行信托。但是在后来的发展中，英美法通过一些判例确认了目的信托。例如，在美国《统一信托法》中明确规定了信托可以以照顾委托人生前存活的动物为目的而设立。在《泽西信托法》中规定，"如果有能监督和强制受托人履行信托文件的'履行监督人'，不存在受益人的非公益的目的信托也是有效的。"

在日本信托法中，其法律规定亦明确承认了目的信托，如为了饲养自己宠物而设立的信托、为了奖励为企业做出特殊贡献的人而设立的信托。我国《信托法》第2条规定："本法所称信托，是指委托人基于对受托人的信任，将其财产权委托给受托人，由受托人按委托人的意愿以自己的名义，为受益人的利益或者特定目的，进行管理或者处分的行为。"在这一表达中将"特定目的"与"受益人的利益"（私益目的）并列，似乎为狭义的目的信托留有发展的空间。但是，由于法律对目的信托并无进一步规范，这样的制度仍旧无法运作。

2. 民事信托和商事信托

我国信托法中有提到民事信托和商事信托的概念，但并没有明确的区别标准。目前学界的区分标准为受托人是否以营业为目的。具体来说，受托人不以营业为目的承办的信托属于民事信托，受托人以从事商业行为为目的承办的信托属于商事信托。

就信托管理而言，二者之间的区别较大。民事信托的监管主要受到法院的监管，法院可以对受托人处理民事信托事务进行日常检查、选任信托监管人来代替法院进行信托事务的日常检查以及在必要时候行使监督职权，但是法院的此种监督权是被动的，必须以委托人或者受益人的请求为前提。部分国家赋予了法院对于民事信托主动监督的职权，如韩国《信托法》第64条规定，法院可以根据有关利害关系人的请求或者依照职权，命令检查信托业务的处理情况，选任检查员和进行必要的处理。

商事信托则与民事信托有很大的不同。商事信托从属于金融体系，除了受到法院的被动监管，也受到政府的行政权力监管，具有浓厚的行政管制的经济法因素和保护金融消费者的社会法理念。如在英国，商事信托受到英格兰银行和金融服务局的监管，通过制定各种法规来规范信托行业的发展。各国均有类似的规定。在我国，由银保监会[①]对信托行业进行监督管理。

3. 自益信托和他益信托

自益信托和他益信托是以受益人来划分的。自益信托是指委托人是以自己为唯一的受益人而设立的信托，即委托人和受益人为同一人。他益信托是指委托人不以自己为唯一的受益人，而是以其他人或者与其他人一起作为受益人而设立的信托，即委托人和受益人不是同一人。相较于他益信托，自益信托因其委托人与受益人为同一人，就同时拥有委托人和受益人的权利和义务，使得委托人能够更加灵活地控制信托财产，也因此更受委托人的青睐。

4. 意定信托和非意定信托

根据信托的设立是否需要委托人的意思表示，信托可以分为两类：意定信托和非意定信托。

意定信托，在英美法中又称为明示信托，是指根据委托人明示的意思表示而设立的信托。在意定信托中，又可进一步划分出合同信托、遗嘱信托以及宣言信托。将意定信托做出上述区分的法律意义在于，不同类型的意定信托不仅要共同遵守信托法中关于设立信托的普遍要求，还要遵守相关法律对不同意思表示方法的特别规定。如合同信托、遗嘱信托在遵守信托法之外，还应遵守我国《民法典》中关于合同及继承的相关规定。在我国《信托法》中，主要以意定信托为主。

非意定信托是指非基于委托人意思表示而设立的信托。在非意定信托中可进一步区分出默示信托和法定信托。

默示信托中又包含归复信托和拟制信托。归复信托是指，委托人的意思表示是由法院推定出来的信托，当委托人设立信托的意思表示不明确时，法院即可推定信托财产为委托人的利益而存在，受托人应将信托财产"回归"给委托人或者归属委托人的遗产。如委托人在信托中并未规定信托财产在委托人死后怎样处置，则当委托人死后，信托财产归属于委托人的遗产。拟制信托是指，法院将某些根本不存在任何信托目的的关系认定为信托。这种信托制度诞生于英国，其本质是法院为了实现公平、公正，援用信托法法理所创设的一种纠正不公正财产关系的救济手段。如一个贪官私自转移国家的财产进行投资，若投资所获得的收益远远超过须返还的财产，那么从法感情的角度来看是极为不公平的，英美法中利用信托理念，将贪官转移国家的财产视为信托财产，则国家享有受益权，此时，就可将贪官投资所获收益全部追回，较大程度地实现公平正义。

法定信托是指根据法律规定而成立的信托，各国均在不同程度上规定了法定信托。在英美法系国家，当事人出现破产或未留遗嘱而死亡的情形时，可以成立信托，为债权人或继承人的利益管理或处分财产。我国《信托法》第55条和第72条亦有相关规定。我国《信托法》第55条规定："依照前条规定，信托财产的归属确定后，在该信托财产转移给权利归属人的过程中，信托视为存续，权利归属人视为受益人。"第72条规定："公益信托终止，没有信托财产权利归属人或者信托财产权利归属人是不特定的社会公众的，经公益事业管理机构批准，受托人应当将信托财产用于与原公益目的相近似的目的，或者将信托财产转移给具有近似目的的公益组织或者其他公益信托。"即在信托终止后，以法律拟制的方式使得已终止的信托继续存续，而不需要当事人的意思表示。

[①] 2018年，银监会、保监会合并为银保监会。2023年3月7日，根据国务院关于提请审议国务院机构改革方案的议案，组建国家金融监督管理总局；同时不再保留中国银行保险监督管理委员会。

5. 固定信托和裁量权信托

根据受托人是否享有裁量权可将信托划分为固定信托和裁量权信托两类。在固定信托中，受益人的受益范围在信托文件中是十分明确的。而在裁量权信托中，受托人对信托事务有裁量权，如受托人可以决定任何一个受益人受益权的数额，甚至能决定某一受益人是否能够取得受益权。但是这并不意味着受托人可以随心所欲地管理信托事务，受托人仍须履行信托文件中的义务，在信托目的的范围内行使裁量权。裁量权信托是一种特殊形态的信托设计，其经常被一些跨国集团用来实现减少纳税的目的，跨国集团通过这种特殊形态的信托可以达到在集团内部各子公司之间进行收入分割、转移所得的目的，从而使得集团整体的税收负担下降。

8.2 信托的设立、变更和终止

8.2.1 信托的设立

1. 信托的设立形式

在英美法系国家中，对于信托的设立基本上采取非要式原则，当事人可以通过合同、遗嘱、契约、行为、口头等方式设立信托。信托在英美国家是受衡平法调整的，然而衡平法相较于形式更加注重实质，只需委托人明确地表明其设立信托的意图即可。

大陆法系国家通常采用要式原则，即设立信托，应当要采用书面形式。在日本信托法中规定，信托可以以合同、遗嘱及契约等方式设立，否定了行为、口头设立信托的方式。

我国《信托法》规定，设立信托可采用的形式有合同、遗嘱或者法律法规规定的其他书面文件。相较于英美法系国家的非要式原则，信托设立的要式原则更符合中国的实际需要，将信托设立意图以书面形式确定下来，保证其真实性。

2. 信托的设立条件

信托的设立需要具备一定的条件，英美法系的学者一般把设立条件概括为"三个确定性"：委托人设立信托意图的确定性、信托财产的确定性以及受益人的确定性。

（1）委托人设立信托意图的确定性。

对于非意定信托，无须委托人有明确的信托意图。而对于意定信托而言，确定的信托意图是其设立的必备条件，但是各国在确定委托人意图方面的做法有所不同。

在英美国家，确定一个人设立信托的意图的标准相对来说较为宽松，即使一个人没有使用"信托"的字眼，法院也会通过行为等其他标准来确立他设立信托的意图。如在 Paul 诉 Constance（1977）案中，Constance 先生以其个人名义持有一个银行存款账户，但是他对 Paul 说这笔钱也是属于 Paul 的，这句话被法院认定为他用这笔钱为自己和 Paul 设立信托，据此 Paul 作为信托中的受益人享有一定的受益权。

美国信托法中也采用类似的立场。美国《信托法重述》(第2版) 第23条规定，只有委托人适当地明示了设立信托的意图，才能设立信托。第24条规定，除非议会制定法另有规定，设立信托的意图可以通过书面形式、言辞或行为表示，并且无须采取任何特定形式的言辞或行为。

在我国，对于确定设立信托意图的标准比较严格。我国《信托法》不仅规定了信托要采用书面形式,还规定了设立信托的书面文件应当载明的事项,包括信托目的,即前文所说的设立信托的意图。

(2)信托财产的确定性。

所谓信托财产的确定性,是信托财产的范围、种类、数量在设立信托时必须明确。美国《信托法重述》第76条规定,除非标的物是确定的或者可以确定的,否则不能有效设立信托。

委托人如果使用了模糊的表达,则会导致信托财产的范围难以确定。如在Palmer诉Simmons(1854)一案中,当事人在其遗嘱中写明将其财产中的"很多"授予自己的雇员,这种表述就被认定为不确定的。此外,如果对于信托财产的描述是清晰明确的,但是因缺乏可执行性,如将自己掉落在海里的价值连城的戒指作为信托财产,此种信托财产仍旧被视为不确定的。

我国《信托法》第7条做了与英美国家相同的规定,"设立信托,必须有确定的信托财产,并且该信托财产必须是委托人合法所有的财产"。

(3)受益人的确定性。

在设立信托时,应有明确的受益人或者可以明确的受益人,这是信托可以被执行的前提。在美国《统一信托法》中规定,信托具有确定的受益人才可被设立,除非信托属于公益信托、照顾动物的信托或者目的信托。我国《信托法》第9条和第11条有相应的规定,设立信托的书面文件应当载明受益人或者受益人范围,若受益人或者受益人的范围不能确定,则信托无效。但是也存在例外,如在目的信托中,受益人的确定性并不是必要因素。

3. 信托的生效要件

在满足了以上三个确定性要求后,只能说明信托具备了成立条件,但是信托是否发生法律效力,还需看其是否具备了信托的生效条件。

(1)有合法的信托目的。

有学者指出,信托的产生有一定的"脱法"嫌疑,如在现代信托的发源地英国,信托的产生就是为了规避国王为了维护自身利益所制定的法律法规。笔者认为正是由于当时的历史条件使得信托这一制度不可避免地产生了,这也正是当时法律法规不完善的体现。而信托制度发展至今,它已成为现代金融体系中的一部分,作为一种理财工具被普遍应用,就应当服务于社会正当目的的经济活动,不应该成为实现非法目的的工具。

关于信托目的合法这一生效条件,各国均有相应的规定。美国《统一信托法》规定:"信托只有在信托目的具有合法性、不违背公共政策的范围内才能被设立。"我国《信托法》第6条也对此进行了专门的规定,设立信托,必须有合法的信托目的。

(2)信托当事人有相应的行为能力。

信托当事人包含三方,即委托人、受托人和受益人,其中因为三方在信托关系中存在地位上的差异,所以在认定是否具有行为能力方面有不同的要求。在确定信托当事人是否有相应的行为能力上,各国有不同的规定。

在日本《信托法》中,对受托人的行为能力有特别规定,未成年人、因心神丧失或精神耗弱不能处理自己事务经申请由法院宣告为无民事行为能力或者限制民事行为能力人、破产者不得作为受托人。

在我国《信托法》中:委托人应当是具有完全民事行为能力的自然人、法人或者依法成立的其他组织；受托人应当是具有完全民事行为能力的自然人、法人；受益人可以是自然人、法人或者依法成立的其他组织。因为受益人享有的主要权利是受益权，所以对受益人的行为能力要求相对较低。

（3）信托公示。

信托公示，指的是通过一定的方式将有关财产已设立信托的事实向公众公布，从而使交易第三人能够识别交易对象是信托财产还是受托人的自有财产，从而在一定程度上保证交易的安全及交易第三人的利益。

对于信托公示的效力，有三种立法体例：以瑞士为代表的国家规定，设立信托后无须进行信托公示即可生效；以日本、韩国为代表的国家规定，应以登记或者注册的财产权设立信托，否则不能对抗第三人；中国规定登记生效制度，即不登记不产生效力。

8.2.2 信托的变更

1. 委托人地位的变更

所谓委托人地位的变更，主要指的是两种情形：委托人地位的继承与委托人地位的转让。通常来讲，委托人的地位具有专属性，是不能被继承或者转让的，但是在实务中，这种权利有继承或者转让的实际需要。

关于委托人地位的继承，日本《信托法》做了较为详细的规定：在遗嘱信托中，委托人的继承人通常不能继承委托人的地位；在合同信托中，委托人的继承人可因为继承而取得委托人的地位，从而被赋予一定的权利和义务。我国《信托法》中仅规定了几种继承人可以继承委托人一定权益的情形，如：第46条规定，信托受益人放弃受益权的，该受益权可以由委托人或者其继承人取得；第50条规定，委托人是唯一受益人的，委托人或者其继承人可以解除信托；第54条规定，信托终止后，信托文件未规定信托财产归属的，委托人或其继承人可以取得该信托财产。关于委托人地位的转让，日本《信托法》规定，委托人在取得受益人和受托人同意的情况下或者通过信托文件规定的方式对委托人的地位进行转让。

2. 受托人的变更

这里所说的受托人的变更，是对其做了广义理解，即受托人不主要享有权利以及履行受托人的义务。受托人的变更主要有两种情形：一种是受托人委托第三人管理信托事务，另一种是受托人的撤换。

关于受托人委托第三人管理信托事务，同上，受托人的地位也被认为具有专属性，不允许进行转委托，但是在实务中，如果不允许受托人进行转委托，可能很难实现信托目的。基于此，各国都做了相应的转委托规定，以促进信托行业的良好发展。美国《统一信托法》中规定，受托人可以将信托中的管理事务委托给他人，但是应尽到在选择被委托人、监管被委托人管理工作等方面的谨慎义务。日本《信托法》规定，若信托文件中有明确可转委托的规定，受托人即可将信托管理事务委托给第三人，若信托文件没有对应规定，而为了实现信托目的的转委托是合理的或不可避免的，在法律上也承认其效力。我国《信托法》第30条规定，受托人在信托文件另有规定或者有不得已事由的情形下，可以委托他人代为处理，但应当对他人处理信托事务的行为承担责任。

关于受托人的撤换，主要是法律在特定情形下赋予委托人或者受益人的一种权利。具体有以下几种情形：①经受益人和委托人同意，受托人可以辞任，但在新的受托人选出之前，仍应履行一定职责。②受托人违反信托目的处分信托财产或者管理运用、处分信托财产有重大过失的，委托人和受益人可以解任受托人。③在出现了受托人无法继续履行信托事务的情况下，如受托人死亡、受托机构破产或丧失法定资格等情形，受托人的职责终止。但值得注意的是，受托人的职责终止并不意味着信托的终止。

3. 受益人的变更

关于受益人的变更，我国《信托法》对此做了较为完全的规定，其变更的原因是受益人的受益权被强制执行及受益人自愿处分。具体来说，受益人的变更有以下 5 种情形：①受益人对委托人有重大侵权行为；②受益人对其他共同受益人有重大侵权行为；③经受益人同意；④信托文件中规定的其他情形，基于此，委托人可以变更受益人或者处分受益人的信托受益权；⑤除此之外，受益权作为一项具有债权及物权性质的财产权，是可以依法转让和继承的。

4. 信托内容的变更

一般而言，信托财产的管理方式一经信托文件确定，信托当事人不得擅自变更，但是由于社会经济环境的不断变化，为了更好地实现信托目的，各国法律均允许信托内容的变更，但对信托内容变更的情形有不同的规定。

美国《统一信托法》规定，信托的变更可以通过以下几种方式实现。①经全体受益人的一致同意，不可撤销的信托可以变更，但是信托的变更不得与信托的实质性目的相抵触。②经委托人和全体受益人同意，不可撤销的信托可以变更，与第一种方式不同的是，这种方式不要求信托的变更一定要与信托的实质性目的一致。③在部分受益人同意时，若法院认为满足以下条件，则法院可以批准变更信托的建议：全体受益人此前曾同意变更；持有异议的受益人的利益将获得充分保障。④法院在特殊情况下对信托内容的变更：因不可预见的情形或不能有效管理信托；慈善信托条款中的规定可能导致信托财产分配给非慈善受益人的，慈善目的变得不合法、不切实际或造成浪费的；信托财产的价值不足以支付管理成本的；纠正错误的条款改动；为了实现委托人的税收目的，法院可采取与委托人意图相一致的方式变更信托条款。

日本《信托法》规定，经委托人、受托人和受益人的同意，可以对信托的内容进行变更。此外，当出现不可预见的特殊情况时，信托文件对信托管理方式的规定不再符合受益人利益时，经委托人、受托人或者受益人的请求，法院可以命令变更信托。我国《信托法》对信托的变更仅规定了一种法定情形，即因设立信托时未能预见的特别事由，致使信托财产的管理方法不利于实现信托目的或者不符合受益人的利益时，委托人和受益人有权要求受托人调整该信托财产的管理方法。另在我国《信托法》第 69 条中，有关于公益信托的特别规定，即"公益信托成立后，发生设立信托时不能预见的情形，公益事业管理机构可以根据信托目的，变更信托文件中的有关条款"。相较于美国，我国和日本的《信托法》更加强调委托人可作为行使信托变更权利的法定主体地位。

8.2.3 信托的终止

信托的终止指的是信托关系的消灭。根据我国《信托法》的相关规定，有以下几种信托终止的情形。

一是约定终止。信托根据信托文件规定中的终止事由的发生而终止,如当事人在信托文件中附终止期限、条件。此外,根据"意思自治"原则,若信托当事人在事后达成合意,同意终止信托,则信托应当终止。

二是信托的存续违反信托目的。信托目的指的是委托人设立信托所欲达成的意愿,若信托的存续违反了设立信托时的目的,则应当终止。

三是信托目的已经实现,或者由于客观环境的变化,信托目的已经不能实现。

四是信托被撤销。如我国《信托法》第12条规定:"委托人设立信托损害其债权人利益的,债权人有权申请人民法院撤销该信托。"债权人提出申请,人民法院依法解除信托的,已经成立的信托关系即行终止。

五是信托被解除,当事人解除已经依法成立的信托关系,使信托关系归于终止。关于委托人解除信托,我国的规定区分了自益信托和他益信托。在自益信托中,因委托人和受益人为同一人,解除信托一般来讲仅对委托人自身产生影响,所以委托人或者其继承人可以解除信托,从而使信托关系终止。在他益信托中,因委托人不是唯一的受益人,若赋予委托人解除权,则可能会侵害其他受益人的合法权益。如美国法律就明确规定,委托人不享有解除权,除非在信托文件中明确保留。关于这一规定,因两国的文化差异,我国在继受过程中并未完全采纳,我国《信托法》做了如下规定:受益人对委托人有重大侵权行为时,委托人可解除信托;若委托人取得了受益人的同意,则委托人可解除信托;委托人在信托文件中保留了解除权,则委托人可解除信托。关于受益人解除信托,我国《信托法》并未明确规定。一般而言,若赋予受益人任意解除权,则委托人设立信托的目的可能就无法实现,所以即使受益人享有信托财产的受益权,也不应赋予其单独解除信托的权利。英国法所采取的立场有所不同,它主张在一定的条件下允许委托人单独解除信托,如委托人需要用到信托财产进行偿债或者出现困境需要解除信托。

8.3 信托当事人

信托当事人包括委托人、受托人和受益人。在信托关系中,委托人是信托财产的提供者,是信托目的的设定者,也是信托结构的发起者。委托人可以是自然人,也可以是法人或者其他依法成立的组织。受托人是信托关系中依信托意图管理被授与的信托财产并承担受托义务的当事人,除了事先约定好的报酬之外,不享有信托财产所带来的其他任何收益。受托人必须具有完全民事行为能力,可以是自然人,也可以是法人,一般为信托投资机构。受益人是享受信托收益权的人,任何自然人、法人或者依法成立的其他组织,都可以是信托的受益人。

8.3.1 委托人的权利和义务

1. 委托人的权利

在英美信托法理论中,信托财产交予受托人之后,就成为受托人的财产,委托人也就没有了法律上承认的任何权利,除非委托人在信托文件中对其权利有明确的保留。相比之下,大陆法系的信托法则直接赋予了委托人一定的权利。根据我国《信托法》,委托人享有的主要权利如下。

（1）知情权。委托人作为信托的设定者，是信托合同的当事人，虽然不享有信托收益，但作为信托的利害关系人为保护受益人的利益，有权了解受托人处理信托事务的情况以及信托财产的收支情况。如委托人有权直接要求受托人对信托财产处理情况进行说明、查阅相关账目和文件、复制相关账目和文件等。

（2）管理方法的变更权。我国《信托法》第 21 条规定："因设立信托时未能预见的特别事由，致使信托财产的管理方法不利于实现信托目的或者不符合受益人的利益时，委托人有权要求受托人调整该信托财产的管理方法。"

（3）违反信托目的的撤销权。当受托人违反信托目的处分财产时，委托人可以申请人民法院撤销该处分行为，或者当受托人违背管理义务不当处理信托事务致使信托财产遭受损失时，委托人可以要求受托人就信托财产恢复原状或者赔偿损失。

（4）解任权。当受托人违反信托目的处分信托财产或者管理运用、处分信托财产有重大过失的，委托人有权依照信托文件的规定解任受托人，或者申请人民法院解任受托人。但是解任权并不是法定的权利，属于约定权利，除非委托人在信托文件中明确保留，否则委托人不能直接行使。

（5）变更受益人的权利。在他益信托中，若出现"受益人对委托人有重大侵权行为的""受益人对其他共同受益人有重大侵权行为的""经受益人同意的"或者法律规定的其他情形，委托人享有变更受益人的权利。

（6）解除和终止信托的权利。若为他益信托，原则上，在信托存续期间不可擅自解除信托。受益人如果对委托人有重大权利侵害或经受益人同意，或者信托文件中保留了解除信托的权利，委托人有权解除信托。另外，信托也可通过当事人协商同意进行终止。若为自益信托，委托人享有当然的解除权。

（7）许可受托人辞任权。由于客观原因使受托人不能再履行受托人的责任时，经委托人和受益人同意，受托人可以辞任。

（8）信任受托人的选任权。当受托人在职责中止的情形下，则要根据信托文件的规定选任新的受托人，而不是请求人民法院选任。

（9）撤销权。撤销权是指受托人违反信托目的处分信托财产或者因违背管理职责、处理信托事务不当致使信托财产受到损失的，委托人有权申请人民法院撤销该处分行为，并有权要求受托人恢复信托财产的原状或者予以赔偿。

2. 委托人的义务

委托人的义务是根据信托文件所产生的给付义务，包括基于信托文件转移或者处分财产权的义务，给付信托报酬的义务以及赔偿受托人因信托终止所受损害的义务。

8.3.2　受托人的权利和义务

1. 受托人的权利

（1）信托财产的法定所有权。信托成立后，受托人根据法律或者信托文件的规定，对信托财产享有占有、使用以及处分的权利。

（2）获得报酬权。受托人处理信托事务可以依据信托文件的约定取得报酬。一般而言，如委托人未做规定,处理信托义务是无偿的。在商事信托中,商业受托人往往是有偿提供服务的。

(3)费用补偿请求权。受托人因处理信托事务所支出的费用、对第三人所负债务,以信托财产承担。受托人以其固有财产先行支付的,对信托财产享有优先受偿的权利。

(4)管理变更权。为了更好地实现信托目的,信托机构享有请求法院变更信托财产管理方法的权利。

2. 受托人的义务

为了更好地保护受益人的利益,法律对受托人的义务做出了明确规定。具体而言,受托人的义务如下。

(1)忠实义务。受托人在执行信托事务的过程中,必须全部为了受益人的利益,不得从事利益冲突行为。

(2)谨慎管理义务。受托人管理信托财产,必须恪尽职守,履行诚实、信用、谨慎、有效管理的义务。具体而言,受托人在管理信托过程中必须具有一般人的注意义务,如果是专门的信托机构,则需要尽到专家的注意义务。

(3)分别管理义务。受托人必须将信托财产与其固有的财产分别管理、分别记账,并将不同委托人的信托财产分别管理、分别记账。从广义上来看,分别管理义务从属于谨慎管理义务。我国《信托法》并未规定分别管理义务的除外条款,所以一般认为我国分别管理义务为强制性条款,不允许当事人约定排除。

(4)受托人对受益人的给付义务。受托人以信托财产为限向受益人承担支付信托利益的义务。

(5)信息披露义务。受托人应该主动定期向委托人和受益人报告管理情况,或者在委托人和受益人的要求下就信托事务的管理情况予以披露。

8.3.3 受益人的权利和义务

1. 受益人的权利

根据我国《信托法》的相关规定,受益人主要享有受益权、信托利益的请求权、信托权益的处分权以及撤销权。

(1)受益权。受益权是受益人最主要的权利,是指受益人根据法律或者信托文件的规定,享有对信托财产的收益权。

(2)信托利益的请求权。它指的是受益人可以依照法律或者信托文件的规定主张并取得信托收益的权利。

(3)信托权益的处分权。它指的是受益人可以自由处分受益权,包括享有、放弃或者转让。其中,放弃必须以明示的方式做出,受益人放弃信托权利的,信托终止。

2. 受益人的义务

因受益人并非信托行为的当事人,因此原则上受益人只享有权利而不应负有义务。不过,由于信托法是任意法,信托当事人(委托人和受托人)也可以在信托文件中规定受益人有费用补偿义务或者支付报酬义务,此时,受益人接受受益权即意味着接受该条款和相关义务。

8.4 我国的信托法律制度

8.4.1 我国的信托法律规制

我国信托的出现最早可追溯至20世纪初，但因经济体制的影响，信托业一直未实现真正的发展，直至1979年，中国国际信托投资公司（现更名为"中国中信集团有限公司"）成立，我国信托业才正式步入探索发展的轨迹。与此同时，为规范信托行业的发展，调整前一阶段存在的问题，相关法律法规也相继出台。

1981年至1982年，出于区域经济发展的需要，信托公司这一资金融通平台逐渐被利用起来，金融信托机构在短时间内迅速发展，迎来了第一个蓬勃发展期，当时，全国的信托机构已达600多家。信托行业的过快发展使得信贷收支平衡受到影响，基于此，国务院于1982年4月10日发布了《关于整顿国内信托投资业务和加强更新改造资金管理的通知》，旨在控制信托行业的盲目发展，加强银行的宏观调控。该文件规定：除国务院批准和国务院授权单位批准的投资信托公司以外，各地区、各部门都不得办理信托投资业务。

1984年，国家提出"搞活经济"的方针政策，引发了信托行业的又一次发展高潮。但此时，信托业务与银行的信贷业务仍未能真正区分开，出现大量采用信托方式进行信贷活动的情况，而信托资金的来源不明很容易造成金融信贷过快增长甚至失控。因此，1986年，《金融信托投资机构管理暂行规定》出台，进一步限定了信托的资金来源。此外，该法规还对信托机构的机构设置、经营范围、业务管理等做了具体的规定，使得我国的信托行业步入法制化的道路。

1984年至1999年年间，国民经济的发展使得信托机构的数量和规模进一步扩张，但与此同时，很多问题也接踵而至，信托公司乱集资、乱拆解、乱贷款现象严重。1988年，人民银行根据《中共中央、国务院关于清理整顿公司的决定》对信托行业进行整改，加强了信托机构的运营管理和制度建设，为信托行业的规范化发展奠定了基础。1993年，人民银行再一次对信托行业进行整顿，重点核查信托机构的从业资格，并确立了银信分立、证信分立的原则。

由于信托业务的定位始终未能明确，加之发展过程中不断积累的不良资产，许多信托公司的风险问题开始逐渐暴露，大批信托公司的经营出现困难。基于此，1999年，国务院办公厅转发《中国人民银行整顿信托投资公司方案的通知》，本着"信托为本、分业经营、规模经营、分类设置"的原则，保留了规模较大、管理严格、真正从事受托理财业务的信托投资公司，使得信托制度的运作进一步得到规范。

2001年，《信托投资公司管理办法》《信托法》出台。2002年，中国人民银行发布了《信托投资公司资金信托管理暂行办法》。这一系列法律法规搭建起了我国信托行业基本的法律法规制度框架，引导我国信托行业规范、健康发展。2007年1月23日，银监会颁布了《信托公司管理办法》和《信托公司集合资金信托计划管理办法》，同时废止原《信托投资公司管理办法》和《信托投资公司资金信托管理暂行办法》，形成信托行业新的"一法两规"的法制基本架构。2010年，《信托公司净资本管理办法》公布施行，形成"一法三规"。法律法规的进一步完善也赋予了信托新的生命力，使其逐渐发展成为现阶段重要的财产管理制度。

8.4.2 我国的信托机构

得益于 2001 年至 2002 年"一法两规"的出台，我国信托机构数量从整体上是逐年增加的，但是由于目前我国信托行业实行牌照制度，能够拿到牌照的机构相对而言比较有限，所以每年信托机构的数量增加较少。目前，我国共有 72 家信托机构，密集分布在宏观经济环境较好、相关制度较优的东部地区。

根据我国《信托公司管理办法》的相关规定，我国信托机构的业务范围包括：资金信托；动产信托；不动产信托；有价证券信托；其他财产或财产权信托；作为投资基金或者基金管理公司的发起人从事投资基金业务；经营企业资产的重组、购并及项目融资、公司理财、财务顾问等业务；受托经营国务院有关部门批准的证券承销业务；办理居间、咨询、资信调查等业务；代保管及保管箱业务；法律法规规定或监管部门批准的其他业务。

从信托机构的资金投向来看，主要有基础产业、房地产、证券市场、金融机构以及工商企业五类。目前来说，信托行业着重引导资金进入工商和基础设施领域，以积极支持国家重大战略的实施。

本章小结

关于信托的概念，不同法系国家暂不统一。我国将信托定义为：信托是指委托人基于对受托人的信任，将其财产权委托给受托人，由受托人按委托人的意愿以自己的名义，为受益人的利益或者特定目的，进行管理或者处分的行为。信托的法律特征可以概括为信托财产的权利主体与利益主体互相分离、信托财产的独立性、信托内部的有限责任、信托外部的无限责任以及信托管理的连续性。

信托的设立是指特定当事人之间确立信托关系的法律行为。在设立形式上，英美法系采用非要式原则，大陆法系采用要式原则，故以书面形式设立信托并非统一的设立条件。信托的生效要件包括：合法的信托目的、信托当事人有相应的行为能力、信托公示。信托的终止是指信托关系的消灭，在出现下列情形时，信托关系会因此消灭：出现了信托文件规定的中止事由，信托的存续违反了信托目的，信托目的已经实现或者不能实现，信托被撤销以及信托被解除。

信托的当事人包括委托人、受托人和受益人。委托人作为信托的发起者，享有知情权、变更权、撤销权、解释权等权利以及根据信托文件所产生的给付义务。受托人的权利主要有信托财产的法定所有权、获取报酬权、费用补偿请求权以及管理变更权。为了更好地保护受益人的利益，法律明确规定了受托人有忠实义务、谨慎管理义务等义务。信托是为受益人的利益而设立的法律关系，故受益人通常情况下只享有受益权、信托利益的请求权等权利，而不存在义务，但当事人可以通过协议约定。

我国信托行业起步较晚，为了规范引导信托行业的健康发展，我国陆续出台了一系列法律法规。目前我国已搭建起了信托行业基本的法律法规制度框架，这也使得信托逐渐发展成为现阶段重要的财产管理制度。

案例讨论

张兰离岸家族信托击穿案

该离案家族信托击穿案，根源起始于张兰与欧洲私募股权公司 CVC Capital Partners（以下简称"CVC"）的对赌协议诉讼纠纷。张兰因无法偿还俏江南与鼎晖对赌失败而需支付的股份回购款，CVC 成立甜蜜生活公司，于 2014 年收购了俏江南 82.7% 的股权，将约 2.5 亿美金（约 16 亿人民币）支付到了张兰在香港开立的 SS 银行账户中。但随着 2014 年下半年俏江南上市失败、张兰对俏江南失去控制权等多方面原因导致其与 CVC 矛盾升级，CVC 对张兰提起贸易仲裁，仲裁中张兰败诉，新加坡仲裁院裁决张兰需支付 CVC 1.42 亿美元及其利息，CVC 为了追讨 1.42 亿美元的欠款，瞄准了张兰在海外的家族信托，于是在新加坡高等法院提起诉讼。

2014 年 1 月 2 日，张兰在英属维尔京群岛设立了公司 Success Elegant Trading Limited（以下简称"SETL"），并持有 SETL 100% 股份。SETL 在新加坡两家银行 Credit Suisse AG 和 Deutsche Bank 开立了公司账户（以下分别简称"SETL-CS"和"SETL-DB"）。2014 年间，张兰多次将个人账户 ZL-SS 中的资金转入 SETL-CS 账户和 SETL-DB 账户。

2014 年 6 月 3 日，张兰通过 SETL 为其子女设立了家族信托 Success Elegant Trust（以下简称"SE"），设立目的是张兰为实现个人财产保全和继承，其中 Asia Trust Limited 是 SE 的信托管理人。2014 年 6 月 4 日，张兰将 SETL 100% 股份转让给了 Asian Trust，此时张兰仍是 SETL 的董事，以及公司账户 SETL-CS 和 SETL-DB 的唯一账户执行人/签字人。

2022 年 11 月，新加坡高等法院披露的 [2022]SGHC 278 号裁判文书公布了该案的判决结果。根据新加坡高等法院的判决书内容，法院查明：（1）张兰设立家族信托后，仍可自由使用家族信托项下银行账户内的资金，用于自身购房等大额款项支出事宜；（2）在 CVC 获得有关法院做出的对张兰名下的财产冻结令后，张兰急于转移该家族信托项下的资金；（3）在收到法院的财产冻结令后，张兰曾通过其代理人向家族信托项下资金所在银行发送邮件，其中提到家族信托项下有关银行账户为张兰所有，张兰正在采取法律措施撤销有关财产冻结令。

据此，新加坡高等法院认为，虽然有关资金在家族信托名下，但张兰保留了过多的控制权，张兰设立该家族信托的目的在于规避债权人对其名下财产的执行或索赔，该等资金作为张兰个人财产可以用于清偿张兰所负债务。鉴于此，法院同意 CVC 提出的向该家族信托项下银行账户任命接管人的请求，以便后续执行该银行账户内资金以清偿张兰所负债务。

2023 年 3 月 3 日，美国联邦地区法院公布了甜蜜生活公司与张兰的民事诉讼裁决书，判决张兰及其公司名下所有的纽约公寓出售所得归甜蜜生活公司所有，以偿还张兰对 CVC 的欠款。

问题：
1. 设立该家族信托的目的是否合法？为什么？
2. 你是怎样理解信托财产的独立性的？为什么？

知识拓展

"一法三规"，为我国信托行业发展保驾护航

信托行业在中国的起步晚于西方发达国家。

1921年中国通商信托公司在上海成立，标志着我国信托行业的初步确立。改革开放后随着市场经济的确立，信托业务于1979年快速恢复并发展起来。回顾过去，信托行业的发展几经波折，也曾经历过一段发展混乱、行业整体急需整顿的时期，随着信托行业法律规范及政策的不断制定、颁布和完善，信托行业的法律规范化程度也在不断提升，为我国信托行业的发展提供了法律保障。

我国信托行业的主要法律规范被称为"一法三规"。其中，"一法"是指《信托法》，"三规"是指《信托公司管理办法》《信托公司集合资金信托计划管理办法》和《信托公司净资本管理办法》。

《信托法》是为了调整信托关系，规范信托行为，保护信托当事人的合法权益，促进信托事业健康发展而制定的一部法律。该法于2001年4月28日通过并公布，于2001年10月1日起施行。

《信托公司管理办法》于2006年12月28日经中国银行业监督管理委员会第55次主席会议通过，自2007年3月1日起施行。

《信托公司集合资金信托计划管理办法》于2007年3月1日起施行，2009年修订。

《信托公司管理办法》明确规定信托公司应实施净资本管理。为落实该规定，建立以净资本为核心的风险控制指标体系，加强信托公司风险监管，2010年中国银行业监督管理委员会结合信托公司监管实践并借鉴境外成熟市场的做法，经过多次征求意见和修改完善，制定了《信托公司净资本管理办法》。

尽管我国信托行业起步晚，也曾一度缺少法律规范的保驾护航，但随着法律法规的不断完善，信托行业自身也在不断创新，在丰富金融市场、弥补银行信用不足等方面，信托行业依然发挥了重要、积极的作用。

2020年以来，信托行业内部的文化建设以"服务、民事、责任、底线、品质"为要点，同时，伴随着监管方面法律制度和政策的调整完善，信托行业将以忠诚守信、灵活创新的方式不断服务于实体经济，行业行稳致远。

经典案例

杜内公司诉蒙德案 ⊖

原案名：Dooneen Ltd (t/a McGinness Associates) and another (Respondents) v Mond (Appellant) (Scotland)

案件号：〔2018〕UKSC 54

裁判要点

破产债务人为其破产财产分配而设立的信托，其受托人在履行信义义务（Fiduciary Duty）的情况下所做出的最后一次信托利益分配乃为终局，受托人义务也随之解除，对于其后发现的遗漏财产没有请求权。

基本案情

2006年9月29日，资不抵债的戴维森（Davidson）为其债权人设立了一个"受保护信

⊖ 《英国最高法院信托判例精选（2）：在破产中活用信托》，道可特律师事务所国际业务部主任张婷律师译述。

托"，该信托适用《1985年破产法（苏格兰）》以及《1993年破产法（苏格兰）》的相关规定。上述法律的相关规定限制未申报的债权人，并保护信托与债务人被查封的资产相隔离。该信托已发送给所有已知债权人，在《爱丁堡宪报》上公布，并在《破产登记簿》上登记。

信托的主要内容如下。

戴维森将其资产交付给指定的破产管理人，作为该债权人的受托人，信托资产首先用于支付信托费用及受托人报酬，其次用于偿还债权人债务，如有剩余将分配给戴维森。

信托就偿还债务人债务部分做了如下规定：由受托人来决定分配时间和分配方式；戴维森同意设立该笔信托的前提是加入此信托的债权人应该在信托终止时免除戴维森对债权人的所有债务。

信托合同的第11条对终止事项做出规定，若出现如下事项时，信托终止：①戴维森的资产被裁定冻结；②戴维森的资产由受托人根据信托的约定完成最后一次信托利益分配；③债权人接受戴维森提供的其他赔偿。

2010年7月，蒙德被指定为信托的受托人，随后通知债权人申报债务。2010年11月5日，蒙德就每镑债务向债权人支付了22.41便士。2010年11月19日，蒙德辞任受托人职务，并于2011年4月5日向破产登记处提交了信托清算分配说明以及其辞任职务的情况。然而蒙德不知道，在戴维森设立信托之前，他曾误售了支付保护保险（PPI）以抵充欠苏格兰银行的多笔贷款。

2015年1月，戴维森委任杜内公司（Dooneen Ltd.）作为其代理，处理其与苏格兰银行误售PPI事项，并将其收到的赔偿的30%转让给杜内公司；2015年4月，银行同意支付56 000英镑赔偿。蒙德认为其有权取得上述款项，因为根据信托，该笔赔偿应当为信托资产的一部分。

至此，案件的争议焦点在于，蒙德作为信托受托人是否有权利取得苏格兰银行的该笔赔偿款。杜内公司和戴维森认为，蒙德应当就其为了债权人利益将资产转让给受益人部分获得补偿；但是根据信托第11条规定，当"最终"的分配完成之时信托终止，蒙德的权利也随之消失。

蒙德则认为，在没有全额偿还债务的情况下，只有当根据信托转让给受托人的所有资产均已分配完毕（无论受托人是否意识到），才能发生"最终分配"。在Whyte v Northern Heritable Securities Investment Co Ltd (1891) 18 R (HL) 37;〔1891〕AC 608案中，法院认为，应当遵循自愿信托契约，防止债务人以牺牲债权人的利益而获得一笔意外之财。

初审法院做出了有利于被告的判决，高等民事法院复审部认同了该判决，认为在妥善构造信托的基础上，信托中约定了"最终红利（Final Dividend）"以及"最终分配（Final Distribution）"，是指受托人宣布的红利和分配。2010年11月5日所做出的分配，是受托人认为应当做出的最后一次信托利益分配。尽管存在受托人未知的资产，此次分配符合信托中所约定的最终分配。因此，信托应当就此终止。

蒙德以法院对于"最终分配"的解释错误，向最高法院提起上诉。最高法院认为高等民事法院复审部根据这一信托的架构做出了正确的判决，驳回了蒙德的上诉，杜内公司和戴维森有权获得这笔赔偿。

最终分配是信托赋予受托人的权利，受托人根据其对于债权人受信义务决定什么时候进行最终分配。

（1）信托整体安排的一致性要求。

若永远无法确定哪次分配为"最终分配"，那么永远不能确定信托何时终止，信托存续期间将不确定；随之而来的信托是否终止的不确定性难以与信托第1条（已授予受托人的后得资产）和第2条（要求债务人在信托存续期间将其部分收入交付给受托人）的约定相一致。

（2）保护后续交易运营。

如果信托是否已终止无法确定，那么债务人就不能根据第10条的规定确认其债务已被清理完结。这将不仅给债务人带来严重的后果，对于在债务人已然清理完毕债务并终止信托之后，与债务人开展业务的任何交易方来说，也将会为其带来严重的后果；债务人仍然存在被证明是一个未清算完毕的破产者的风险。

（3）保护公众对政府信息的信赖利益。

即使信托已根据1985法附录五第9款的规定完成了相应的注销登记注册，如果仅因发现了之前未知的财产，就表示信托最终清算分配还未完成，随之而来将会导致公众不能依赖公共《破产登记簿》的准确性。这并非信托本质上想造成的结果。

拓展说明

当一个主体面临破产时，可以通过与债权人自愿安排来代替资产冻结查封。在苏格兰法律体系下，通常由债务人设立一个信托，为了其债权人的利益将其资产交付给一个受托人。受托人有权根据债权人的权利以及优先权，对资产进行追查、评级、分配。这样的信托通常会有解除债务人的债务、归还剩余资产以及解除受托人义务的条款。在普通法系中，这样的信托对于参与的债权人有约束力，同样也影响未参与的债权人的权利。

我国的《破产法》虽然确立了破产管理人制度，但是其中类似信托的法律关系根据我国《信托法》，却不属于信托法律关系。苏格兰的做法值得我们考虑。

关键术语

信托的概念　信托财产的独立性　委托人　受托人　受益人　私益信托
商事信托　信托的变更　信托的解除　金融信托机构

思考题

1. 试述信托的法律特征。
2. 信托的设立条件有哪些？
3. 如何理解信托财产所有权与收益权相分离？
4. 简述商事信托与普通信托的主要区别。
5. 试述信托终止的情形。
6. 简述信托当事人的权利和义务。

第 9 章
国际商事仲裁

本章导读

国际商事仲裁法是调整国际商事仲裁关系的法律规范。本章主要介绍国际商事仲裁法渊源、世界上著名的国际商事仲裁机构及其仲裁规则、国际商事仲裁协议的内容及其法律效力、关于国际商事仲裁员和仲裁庭的法律规则、国际商事仲裁程序及国际商事仲裁裁决的承认和执行规则。

9.1 国际商事仲裁概述

9.1.1 仲裁的概念与特点

仲裁，又被称为"公断"，是指争议各方当事人自愿同意将争议提交各方指定的第三人予以裁决的一种争端解决方式。

仲裁具有悠久的历史，是解决国际商事争端的重要方法，在商事活动的实践中发挥了重要的作用。随着国际商事活动的发展，国际商事仲裁已经更加复杂化、法律化和制度化。仲裁具有以下特点：第一，仲裁是双方合意选择的结果，这种选择方式可以是合同中的仲裁条款，也可以是专门订立的仲裁协议，无论是哪一种形式，都是对双方当事人"意思自治"的尊重。第二，仲裁机构也是由当事人选择的，不论是常设的仲裁机构，还是临时性的仲裁机构，仲裁机构和仲裁员的选择也体现了当事人的意志。第三，仲裁是具有强制性效果的争议解决方式。按照各国仲裁法的规定以及国际实践，仲裁的裁决具有终局效力，对各方当事人都具有拘束力。

9.1.2 仲裁与诉讼

仲裁与诉讼都是解决双方当事人经济纠纷的手段，都有着保护当事人合法权益和促进国际经济贸易发展的作用，并且已生效的仲裁裁决和法院判决都具有法律效力，当事人必须全面履行。但仲裁与诉讼因各具特色，存在着下述明显的区别。

1. 受理案件的依据

法院诉讼是强制管辖，而仲裁则是协议管辖。法院诉讼无须一方当事人事先得到另一方的同意或双方达成诉讼协议，只要一方当事人向有管辖权的法院起诉，法院就可依法受理所争议的案件，另一方就应当应诉；而仲裁机构必须依据当事人之间达成的仲裁协议和一方当事人的申请受理案件，仲裁机构的管辖权来自双方当事人的自愿和授权。这是法院诉讼与仲裁的根本区别。

2. 审理案件的组成人员

在法院诉讼的当事人不能选定审判员，而是由法院依法指定法官或组成合议庭审理案件；而仲裁的双方当事人有权各自指定一名仲裁员，再共同指定或根据双方同意的仲裁规则产生一名首席仲裁员组成仲裁庭审理案件。

3. 审理案件的方式

法院审理案件一般是公开的；而仲裁庭审理案件一般不公开进行，案情不公开，裁决也不公开，开庭时没有旁听，审理中仲裁庭或仲裁机构的秘书处不接受任何人采访。

4. 审理结果

我国法院是两审终审制，一方当事人对法院判决不服的可以上诉；而仲裁裁决是终局的，不能上诉，也不允许再向任何机构提出变更裁决的要求，败诉方如不自动执行裁决，胜诉方可以向法院申请强制执行。有些仲裁机构的仲裁规则，如英国伦敦的专业性仲裁机构——谷物和饲料贸易协会（the Grain and Feed Trade Association，GAFTA）的规则就规定，凡不满意裁决的当事人可以上诉到高一级的仲裁庭，如还不满意，还可以上诉到英国伦敦高等法院，法院的判决才是最终的。

5. 受理案件的机构性质

受理诉讼案件的机构是法院，是国家机器的一部分，具有鲜明的强制性；受理仲裁案件的机构一般是民间性质的社会团体。

6. 判决和裁决在境外的执行程序

法院做出的判决要到境外执行时，需根据做出判决的所在地国与申请执行的所在地国之间所签订的司法协助条约或者互惠原则去处理。仲裁机构所做出的仲裁裁决要到境外执行时，如果做出裁决的所在地国与申请执行的所在地国均为1958年联合国《承认及执行外国仲裁裁决公约》的成员国，则当事人可以向执行地国的主管法院提出承认及执行的申请；如果不是公约成员国的，则需根据司法协助条约或者互惠原则处理。

此外，仲裁与诉讼相比较，仲裁还有专业性、保密性与和谐性等特点。在阐述诉讼与仲裁区别时还特别需要提到各国仲裁法或民商法的一条共同规定，即如果双方当事人间达成了一个有效的仲裁协议，则排除了法院的管辖权。如《中华人民共和国仲裁法》第5条规定，当事人达成仲裁协议，一方向人民法院起诉的，人民法院不予受理。又如美国《统一仲裁法》（The Uniform Arbitration Act）第2条第1款规定，如果当事人之间存在着有效的仲裁协议，而被申请人拒绝进行仲裁，在此情况下，法院应该指令当事人进行仲裁程序。其他国家的仲裁法也有类似的规定。

9.1.3 国际商事仲裁的概念与特征

国际商事仲裁最早出现在十三四世纪商品交换比较频繁的意大利各城邦，到19世纪末20世纪初便作为国际社会普遍承认的解决国际商事争议的一种常用方法。随着国际经济贸易的飞速发展，世界各国逐渐把仲裁作为解决国际商事争议的一种有效方式。

国际商事仲裁是指解决跨国性商事争议的一种仲裁方法，具体是指在国际经济贸易活动中，当事人通过协议自愿将他们之间的有关争议提交某一临时仲裁庭或某一常设仲裁机构进行审理，并做出具有约束力的仲裁裁决的制度。

国际商事仲裁具有以下特征。

1. 管辖权的非强制性

与诉讼所采取的强制管辖不同，仲裁的管辖是一种非强制性的管辖，受理国际商事争议的仲裁机构一般都属于民间性的机构，其对案件的管辖权不是来自法律的直接规定，而是争议双方当事人通过签订仲裁协议自愿授予的，只有当事人在争议发生前或发生后达成了仲裁协议，有关的仲裁机构才有权对该争议进行审理和裁决，否则，任何一方当事人都无权强迫另一方当事人接受仲裁，任何仲裁机构无权受理该争议。

2. 当事人享有充分的自主权

双方当事人可以在有关国家法律所允许的范围内，自主地决定将他们之间的有关争议提交仲裁解决；双方当事人可以通过仲裁协议自行选择仲裁地点和仲裁机构；双方当事人可以自主地选择仲裁员；双方当事人可以自主选择仲裁适用的程序法和实体法。

3. 灵活性与快速性

仲裁审理争议的方式比较灵活，不像司法诉讼程序那样严格。

仲裁庭可以基于双方当事人的协议，按双方当事人所期望的形式由他们自主选定的仲裁员组成；仲裁庭可以按双方当事人所约定的程序进行审理，并依据双方当事人合意选择的法律，甚至基于当事人双方的授权依公平和善意原则做出裁决。加之可以选择某一领域具有专业知识的专家作为仲裁员，可以加速审理案件的速度。

区别国际仲裁和国内仲裁在理论上是很重要的，尤其对于目前阶段的中国来说。这主要是因为：首先，只有属于国际商事仲裁，当事人才能够选择境外的仲裁机构以及适用国际仲裁机构的仲裁规则。其次，如果仲裁属于国际商事仲裁，且当事人申请证据保全，那么相关仲裁机构就应该将证据提交给当事人申请提交证据所在地的中级人民法院；如果为国内仲裁，当事人申请证据保全，那么相关仲裁机构就应该将该申请提交证据所在地的基层人民法院。最后，有关仲裁裁决的承认和执行问题的规定，国际仲裁都与国内仲裁裁决的相关规定不同，如最高人民法院规定，如果中级人民法院对国际仲裁裁决不予承认和执行，必须报告相关的高级人民法院及最高人民法院。

9.1.4 世界常设仲裁机构简介

当今世界有100多个国家和地区有常设的国际商事仲裁机构。依常设仲裁机构本身影响力的范围，我们将常设仲裁机构分为以下三种：国际性、地区性、国别及地区性常设仲裁机构。

1. 国际性常设仲裁机构

（1）国际商会仲裁院。

国际商会仲裁院（The International Chamber of Commerce，ICC）成立于1923年，隶属于国际商会。国际商会是国际民间组织，总部设在巴黎。其仲裁院具有很强的独立性，既可以受理国际性的商事争议案件，也可以受理非国际性的商事争议案件。其主要职责是：确保《国际商会仲裁规则》的正确适用；指定仲裁员或确认当事人所指定的仲裁员；决定对仲裁员的异议是否正确；批准仲裁裁决的形式。国际商会仲裁院由来自40个国家的成员组成，该院设主席1人，副主席若干人，秘书长1人，技术顾问若干人。其决议由多数通过，在赞同与反对票数相同时，主席拥有决定性投票权。国际商会仲裁院现行的规则是1998年1月1日生效的《国际商会仲裁规则》。国际商会仲裁院是当今世界上提供国际经济贸易仲裁服务较多的和具有广泛影响的国际仲裁机构，是国际商事仲裁的一大中心。

（2）解决投资争议国际中心。

解决投资争议国际中心（The International Centre for the Settlement of Investment Disputes，ICSID），是根据1955年《解决国家与他国国民投资争端公约》而成立的，该中心是世界银行下设的独立性机构，总部设在美国华盛顿。目前该中心已有近百个成员国。解决投资争议国际中心设在美国华盛顿，专门处理国际投资争议。该中心由行政理事会和秘书处组成。行政理事会委员由各成员国派代表担任，主席由世界银行行长担任，秘书长和秘书处负责中心的事务工作。行政理事会的成员由各缔约国及行政理事会主席指派。该中心有自己的仲裁规则，并备有仲裁员名册。当事人可以指定仲裁员名册中的人做仲裁员，也可指定仲裁员名册以外的人做仲裁员。

2. 地区性常设仲裁机构

（1）美洲国家商事仲裁委员会。

美洲国家商事仲裁委员会是拉丁美洲国家成立的一个区域性国际仲裁组织。美洲国家商事仲裁委员会于1934年成立，是美洲国家解决国际经济争端的重要机构。它是非政府机构，由美洲国家会议的决议授权，并接受美洲国家组织和美洲国家的国家发展银行的财政补助。该委员会的现址在美洲国家组织大厦。根据1975年《美洲国家国际商事仲裁公约》规定，它已成为美洲国家间进行商事仲裁的重要机构。《美洲国家商事仲裁委员会仲裁规则》于1978年1月1日修订，修订时采纳了联合国国际贸易法委员会仲裁规则的一些规定。1975年拉美12个国家签订了《美洲国家国际商事仲裁公约》。

（2）亚洲及远东经济委员会商事仲裁中心。

它是由联合国亚洲及远东经济委员会组织设立并制定仲裁规则的。亚洲及远东经济委员会商事仲裁中心设在曼谷，由联合国亚洲及远东经济委员会设置，其商事仲裁规则也是由该委员会制定的，专门用以处理该地区的国际贸易争议案件。亚洲及远东经济委员会商事仲裁中心有一个特别委员会，其成员为七人，由亚洲及远东经济委员会的执行秘书从该委员会的代表中推选。该仲裁中心备有仲裁员名单和"指定仲裁员机构"的名单，供当事人选用。

3. 国别及地区性常设仲裁机构

（1）瑞典斯德哥尔摩商会仲裁院。

瑞典斯德哥尔摩商会仲裁院（The Arbitration Institute of Stockholm Chamber of Commerce，

AISCC）成立于 1917 年，是瑞典全国性的仲裁机构。瑞典在政治上是中立国，国际上认为该仲裁院在解决东西方经贸争议问题方面是较理想的机构。中国国际贸易仲裁委员会已同该仲裁院建立了业务上的联系，并且建议我国的涉外经济合同双方当事人在选择第三国仲裁时，对该仲裁院以优先考虑。

（2）伦敦国际仲裁院。

伦敦国际仲裁院（The London Court of International Arbitration，LCIA）成立于 1892 年，原名为伦敦仲裁会，1903 年改为伦敦仲裁院，1981 年改为伦敦国际仲裁院。它是国际上成立最早的常设仲裁机构。该院的日常工作由女王特许仲裁员协会负责。该院制定有仲裁规则，但当事人也可以约定适用《联合国国际贸易法委员会仲裁规则》。仲裁院备有仲裁员名册，名册由来自 30 多个国家的仲裁员组成。该院制定、使用了新的《伦敦国际仲裁规则》，自 1985 年 1 月 1 日起开始适用。它可以受理提交给它的任何性质的国际争议，在国际社会享有很高的威望，特别是在海事案件方面。

（3）瑞士苏黎世商会仲裁院。

瑞士苏黎世商会仲裁院（Court of Arbitration of the Zurich Chamber of Commerce，ZCC）成立于 1911 年，设在瑞士的苏黎世，是苏黎世商会下设的常设仲裁机构，制定有《瑞士联邦苏黎世商会调解与仲裁规则》。该仲裁院既受理国内商业和工业企业之间的争议案件，又受理涉外经济贸易争议案件。由于瑞士是中立国，所以，瑞士苏黎世商会仲裁院的裁决比较容易为其他国家相关当事人接受，因此，许多国家的经济贸易纠纷的当事人愿意选择该仲裁院解决纠纷。目前，瑞士苏黎世商会仲裁院适用的是 1977 年 1 月 1 日起实行的新的调解与仲裁规则。

（4）美国仲裁协会。

美国仲裁协会（American Arbitration Association，AAA）成立于 1926 年，总部设在纽约市，由 1922 年成立的美国仲裁会和 1925 年成立的美国仲裁基金会合并成立，是独立的非营利性民间组织，在全美 24 个主要城市设有分支机构，是全国最大的综合性常设仲裁机构。美国仲裁协会是民间常设仲裁机构，制定有《商事仲裁规则》。它受理美国各地以及外国当事人提交的除法律和公共政策禁止仲裁的事项以外的任何法律争议，其受理范围非常广泛，是世界上较大的民间仲裁机构之一。该协会的宗旨是：进行有关仲裁的研究，完善仲裁技术和程序，进一步发展仲裁科学，为当事人提供仲裁便利。

（5）日本商事仲裁协会。

日本商事仲裁协会（Japan Commercial Arbitration Association，JCAA）成立于 1950 年，是由日本工商联合会和其他一些全国性的工商组织共同组建的仲裁机构。其总营业所设在东京，在神户、名古屋、大阪和横滨也设有营业所。日本商事仲裁协会现行的仲裁规则是 1989 年 5 月 24 日生效的《商事仲裁规则》。日本商事仲裁协会受理提交给它的在经济贸易中发生的各种纠纷。该协会的宗旨是：通过仲裁解决国际商事争议，促进国际贸易和日本国内工商业的发展。

（6）香港国际仲裁中心。

香港国际仲裁中心（The Hong Kong International Arbitration Centre，HKIAC）成立于 1985 年 9 月，总部设在中国香港地区，制定有《香港国际仲裁中心仲裁规则》。它由理事会领导，理事会由来自不同国家的商人和其他具备不同专长和经验的专业人士组成，它的业务活动由理事会管理委员会通过秘书长进行管理,而秘书长则是其行政首长和登记官。

(7)中国国际经济贸易仲裁委员会。

中国国际经济贸易仲裁委员会(China International Economic and Trade Arbitration Commission, CIETAC)正式成立于1956年4月2日,设在北京,先后在深圳特区和上海市设立了深圳分会和上海分会。中国国际经济贸易仲裁委员会及其分会/仲裁中心是一个统一的仲裁委员会,适用相同的《仲裁规则》和《仲裁员名册》,仲裁员由仲裁委员会从在法律、经济贸易、科学技术等方面具有专门知识和实际经验的中外人士中聘任。该仲裁委员会设主任1名,副主任若干名,秘书长1人,副秘书长若干人;设秘书局,负责其日常事务。它是民间性仲裁机构,隶属于中国国际商会。中国国际经济贸易仲裁委员会已经发展成为世界上最重要的常设仲裁机构之一。从1998年至今,它受理的国际商事争议案件一直都是世界上最多的。

9.2 国际商事仲裁协议

9.2.1 仲裁协议的概念

仲裁协议是指合同当事人通过在合同中订明仲裁条款、签订独立仲裁协议或采用其他方式达成的就有关争议提交仲裁的书面协议,表明当事人承认仲裁裁决的拘束力,将自觉履行其义务。它是涉外仲裁得以进行的法定前提。一方面,没有仲裁协议,当事人就无权提起仲裁,因而,涉外仲裁协议赋予当事人提起仲裁的程序权利;另一方面,它赋予涉外仲裁机构仲裁管辖权,是仲裁机构受理案件并做出合法有效裁决的前提条件。

根据仲裁协议形成的具体方式,仲裁协议可以分为三种类型:第一种是当事人在争议发生之前订立的,表示愿意将他们之间今后可能发生的争议提交仲裁解决的协议。这种协议通常在合同中写明,是合同的一个组成部分,被称作仲裁条款。第二种是当事人在争议发生之前或之后达成的同意将争议提交仲裁解决的独立协议,即狭义的仲裁协议。第三种是当事人通过往来函电及其他有记录的通信方式达成的一致同意进行仲裁的协议,也属于书面仲裁协议的范畴,是一种有效的仲裁协议。我国《仲裁法》第16条规定,仲裁协议包括合同中订立的仲裁条款和以其他书面方式在纠纷发生前或纠纷发生后达成的请求仲裁的协议。

9.2.2 涉外仲裁协议的法律效力

仲裁协议是仲裁的基础,它的效力具体表现为仲裁协议对于仲裁当事人、仲裁机构以及仲裁裁决本身的作用和影响。涉外仲裁协议的法律效力主要包含以下几个方面。

1. 赋予并限制当事人的程序权利,排除法院的管辖权

一方面,当事人签订有仲裁协议的,当争议发生时,任何一方都有权提请仲裁,通过仲裁解决当事人之间的争议,这是仲裁协议赋予当事人的权利。另一方面,如果没有仲裁协议,当事人则无权请求仲裁;若一方当事人在无仲裁协议情况下提请仲裁的,仲裁机构不予受理。同时,仲裁协议也限制了当事人选择诉讼的手段解决纠纷。订有仲裁协议的,当事人只能进行仲裁,并且向仲裁协议约定的仲裁机构提请仲裁,而不能在法院提起诉讼。《中华人民共和国民事诉讼法》规定:涉外经济贸易、运输和海事中发生的纠纷,当事人在合同中订有仲裁条款或者事后达成书面仲裁协议，提交中华人民共和国涉外仲裁机构或者在其他仲裁机构仲裁的，当事人不得向人民法院起诉。各国仲裁法也都有类似规定。

2. 赋予仲裁机构及仲裁庭对争议案件的仲裁管辖权

仲裁属于协议管辖，当事人选择仲裁是自治行为。通过仲裁协议，当事人赋予特定的仲裁机构或仲裁庭对特定的争议具有管辖权，仲裁庭进行审理并做出裁决必须以仲裁协议为依据。只有存在有效的仲裁协议，并且在仲裁协议规定的争议范围内，仲裁庭才有权进行审理并做出裁决。

3. 强制执行仲裁裁决的依据

当事人在仲裁协议中一般都会规定双方承认仲裁裁决的效力，承诺主动履行仲裁裁决。对于一方当事人不履行仲裁裁决的，另一方当事人可以向有关法院申请强制执行。申请强制执行时，除提交裁决书外，通常还必须提供仲裁协议的正本或经正式证明的副本。1958年联合国《承认及关于执行外国仲裁裁决公约》第4条规定，为了使裁决能在另一缔约国获得承认和执行，申请人应该在申请时提供：正式认证的裁决正本或经正式证明的副本；仲裁协议正本或经正式证明的副本。只有有效的仲裁协议才具有上述作用。我国仲裁法律也有相应规定。

9.2.3　涉外仲裁协议的内容

一般而言，一项仲裁协议应包括仲裁地点、仲裁机构、仲裁程序和规则以及仲裁裁决的效力等内容。

1. 仲裁地点

仲裁地点是指执行仲裁程序和做出裁决的所在地，是仲裁条款的关键内容。在国际经济贸易活动中，双方当事人分属于不同国家，在不同的国家进行仲裁可能会对当事人的利益产生重大的影响。仲裁地点与仲裁所适用的程序法和实体法有密切的关系，例如有些国家的法律规定，凡是属于程序方面的问题，原则上应适用审判地法。这就是说，仲裁要适用仲裁地的仲裁法。至于确定双方当事人的权利与义务的实体法，除双方当事人在合同中已经做出明确的选择外，仲裁员一般也要根据仲裁地所在国家的法律冲突规则确定合同的准据法。不同国家的法律对双方当事人的权利与义务的解释不同，对案件的处理也会得出不同的结果。因此，在订立仲裁条款时，仲裁地点往往成为双方当事人争论的焦点。一般而言，当事人都会力争在自己的国家进行仲裁，因为当事人对自己国家的法律与仲裁制度比较熟悉和信任，而对外国的法律与仲裁制度往往不太了解，难免心存顾虑。在实际业务中，究竟应当在哪个国家或地点进行仲裁，这要取决于各种因素，不能一概而论，但主要取决于双方当事人的谈判地位、每项合同的具体情况以及法律有无强制性规定等。

中国企业在订立涉外经济合同时，对仲裁地点主要采取以下三种约定办法：①中国大多数涉外经济合同明确约定在中国仲裁，由中国国际经济贸易仲裁委员会或海事仲裁委员会进行仲裁。②明确约定在被告所在国家的仲裁机构仲裁。这往往是双方都力争在本国进行仲裁而又无法达成一致的意见时所采取的一种折中做法，一般比较容易为双方当事人接受。③明确约定在双方当事人同意的第三国的仲裁机构仲裁。在采取这种做法时，应选择对中国友好的国家作为仲裁地点。

2. 仲裁机构

仲裁机构是主持仲裁工作的常设组织。国际经济贸易仲裁机构通常有常设仲裁机构和临时性仲裁机构两种。常设仲裁机构可以帮助双方当事人做好仲裁的行政管理与组织工作，如果当一方当事人拒不指定仲裁员时，仲裁机构就有权代为指定仲裁员，为仲裁员提供工作上的方便，为双方传递文件与证据，安排开庭与记录，负责收取保证金与仲裁费用等。临时性仲裁机构则直接由双方当事人指定的仲裁员自行组成仲裁庭进行仲裁，这种仲裁庭是临时仲裁庭，案件处理完毕即自动解散。在国际贸易中，大约有95%的仲裁案件都是在常设仲裁机构的主持下进行仲裁的。目前，世界各国都设有常设仲裁机构，有些国家还设有行业性的仲裁机构。中国的常设仲裁机构是中国国际经济贸易仲裁委员会与海事仲裁委员会。在仲裁协议中，对于在哪个仲裁机构进行仲裁，双方必须做出明确的约定。

3. 仲裁程序和规则

仲裁程序和规则是指双方当事人和仲裁庭在整个仲裁过程中所能遵循的程序和规则。仲裁程序包括仲裁申请的提出、答辩的方式、仲裁员的指定、仲裁庭的组成、仲裁的审理、仲裁裁决的做出以及裁决的效力等内容。仲裁规则的作用主要是为当事人与仲裁员规定一套进行仲裁的行为准则，以便他们在仲裁中有所依循。

仲裁规则是由各国的仲裁机构自行制定的。在国际上，除了各国仲裁机构制定的仲裁规则外，还有一些国际性与地区性的仲裁规则，例如《联合国国际贸易法委员会仲裁规则》与《国际商会商事仲裁规则》等。在国际商事仲裁中，通常采用仲裁地仲裁委员会的仲裁规则。例如，如果双方同意在中国国际经济贸易仲裁委员会仲裁，就应该根据该会的仲裁规则进行仲裁。但是，有些国家也允许双方当事人任意选择使用他们认为合适的仲裁规则。例如，仲裁条款虽然规定在某个国家的仲裁机构仲裁，却不采用该仲裁机构制定的仲裁规则，而采用其他国家或国际机构制定的仲裁规则。但是，这种选择不得违反仲裁地国家仲裁法中的强制性规定。

4. 仲裁裁决的效力

仲裁裁决的效力是指仲裁机构就有关争议所做出的实质性裁决是否具有终局性，对双方当事人是否有约束力，当事人是否有权向法院起诉请求变更或撤销该项裁决的问题。仲裁裁决的效力直接影响整个仲裁程序的效力，决定着当事人之间的争议能否得到解决，受害人的合法权益能否得到保护。各国法律一般都规定，仲裁裁决是终局性的，对双方都有约束力。

各国法律对仲裁裁决的上诉均有一定的限制。多数国家原则上不允许对仲裁裁决提起上诉；有些国家虽然允许当事人上诉，但是法院只审理程序问题，不审理实体问题；也有些国家允许法院在特定的情况下撤销仲裁裁决。从理论上说，仲裁裁决一旦做出，就对有关当事人具有法律上的约束力，如果一方当事人不能自动履行仲裁裁决，另外一方当事人可以请求法院强制执行。但是，根据有关国家的仲裁立法与实践，如果仲裁裁决存在法律规定的可以撤销的理由，当事人就可以在法律规定的时间内，向对此有管辖权的法院申请撤销该仲裁裁决。根据联合国国际贸易法委员会制定的《国际商事仲裁示范法》第34条的规定：当事人申请撤销仲裁裁决应当在收到裁决书之日起的3个月内提出；申请人申请撤销仲裁裁决应当有法律规定的理由，并应提供证据证明这些理由。归纳起来，该示范法规定的可以撤销仲裁裁决的理由，主要有以下四种情况。

（1）仲裁裁决所依据的仲裁协议无效。这种情况包括根据应当适用于他们的法律，订立仲裁协议的任何一方当事人为无行为能力者，或者根据当事人同意适用的法律，仲裁协议本身为无效协议。

（2）仲裁程序不当。这是指没有就指定仲裁员或进行仲裁程序的事项向当事人发出适当的通知，或者由于其他原因没有能够给当事人表达自己对争议事项意见的机会。

（3）仲裁庭越权。这是指仲裁庭裁决的事项超出了当事人在仲裁协议中约定的事项。在这种情况下，当事人可以请求法院撤销裁决。

（4）仲裁庭的组成与当事人的约定或应当适用的法律不相符。这是指如果当事人在仲裁协议中约定了某一事项，例如规定仲裁员应当由不是专职律师的技术人员担任，而实际上仲裁庭的组成人员都是专职律师，那么，仲裁庭的组成显然违反了当事人之间的约定。

如果申请撤销裁决的当事人能够提供充分的证据，证明有上述情况之一的，法院就可以裁定撤销仲裁庭已经做出的裁决。

仲裁条款的独立性，即在国际贸易实践中，当仲裁条款是货物买卖主合同中的一项条款时，其仲裁条款的效力与主合同的效力是否相对独立，是一个受到各国政府重视的问题。英国和美国法院的判决案例确立了仲裁条款可以独立于其所依据的合同而不受影响的原则。英国法院早在20世纪60年代以前就首先在"赫曼诉达文斯"（Herman V. Darwins）一案中确立了这项原则。在这起案件中，被告达文斯是英国某钢铁制造商，它与营业地在纽约的赫曼订立了一项独家代理合同。该合同中包含以下仲裁条款："由本合同产生的争议应通过仲裁解决。"后来，由于达文斯违约，双方发生争议。在这种情况下，原告赫曼将此事告到法院，指控达文斯违约。达文斯则请求法院终止对该案的审理。法院的初审法官麦克米兰却驳回了原告赫曼的起诉请求，提出了一种"皮之不存，毛将焉附"的道理。麦克米兰法官指出："如果合同从来就不存在，那么作为合同一部分的仲裁协议也不存在。因为大合同中包含小协议。"这个意思是明确的，如果主合同无效，那么，作为该合同一部分的仲裁条款也就随之无效了。原告赫曼不服，上告英国上议院，即类似于美国的最高法院。上议院推翻了原判，认为该合同中的仲裁条款可以不依赖于其依据的合同而独立存在，并且裁定将此争议根据该合同中的规定提交仲裁解决。此后，美国最高法院在1963年的"普里曼·平脱诉法拉特与考克林制造公司"（Prima Paint v. Flood &Cnklin Manufacturing Co.）一案的判决中，也确立了仲裁条款可以独立于其所依据的合同而单独存在的原则，即使一方当事人声称合同是通过欺诈的手段订立的或合同无效，这种情况下也应当根据此原则办理。

仲裁条款独立原则已经在许多国家的法律规定中得到体现。我国《仲裁法》第19条明确地规定："仲裁协议独立存在，合同的变更、解除、终止或者无效，不影响仲裁协议的效力。"《民法典》合同编第507条对这项原则也有类似的规定："合同不生效、无效、被撤销或者终止的，不影响合同中有关解决争议方法的条款的效力。"

9.3 国际商事仲裁程序

9.3.1 我国的国际商事仲裁程序

根据《中国国际经济贸易仲裁委员会仲裁规则》（以下简称《仲裁规则》），有关仲裁程序的主要内容介绍如下。

1. 仲裁申请、答辩和反诉仲裁申请是提起仲裁的必要法律程序

根据《仲裁规则》的规定，仲裁委员会只受理当事人根据仲裁协议以书面方式提出仲裁申请的案件。申诉人在仲裁申请书中应写明下列内容：①申诉人和被诉人的名称和地址；②申诉人所依据的仲裁协议；③申诉人的要求及所依据的事实和证据。在提出仲裁申请时，申诉人应在仲裁委员会的仲裁员手册中指定一名仲裁员，或者委托仲裁委员会主席代为指定。同时，申请人还应按仲裁费用表的规定，预缴仲裁费。《仲裁规则》规定，被诉人应当在收到仲裁委员会送达的仲裁申请书之日起 20 日内在仲裁员名册中指定一名仲裁员，或者委托仲裁委员会主席代为指定。同时，应在收到仲裁申请书之日起 45 日内向仲裁委员会提交答辩书及有关证明文件。被诉人对仲裁委员会已经受理的案件，如要提出反诉，应在上述提交答辩书的期限内提出，在反诉书中应写明反诉的要求及所依据的事实和证据，并提交有关的证明文件。被诉人在提出反诉时，还应按仲裁费用表的规定预缴仲裁费。双方当事人都可以委托代理人向仲裁委员会办理有关仲裁事项。代理人可以由中国公民或外国公民担任。

2. 仲裁庭的组成

仲裁庭通常由 3 人组成。由双方当事人各自在仲裁委员会仲裁员名册中指定 1 名仲裁员，然后由仲裁委员会主席在仲裁员名册中指定第 3 名仲裁员作为首席仲裁员，组成仲裁庭，共同审理案件。如果双方当事人同意，也可以仅由一名独任仲裁员审理案件。其具体做法是：由双方当事人在仲裁员名册中共同指定或者委托仲裁委员会主席指定一名仲裁员为独任仲裁员，成立仲裁庭，单独审理案件。在双方约定由一名独任仲裁员审理案件的情况下，如果被诉人在收到仲裁申请书之日起 20 日内，未能就独任仲裁员的人选达成一致意见，则由仲裁委员会主席指定一名独任仲裁员。双方当事人必须在仲裁委员会的仲裁员名册中指定他们认为合适的仲裁员。列入仲裁员名册的仲裁员是由中国国际贸易促进委员会（中国国际商会）从对国际经济、科学技术和法律等方面具有专门知识和实际经验的中外人士中聘任的。他们当中既有中国公民，也有一些外籍人士。这是《仲裁规则》的一个重大的变化。按照原来的《仲裁程序暂行规则》的规定，仲裁委员会的仲裁员只能由中国公民担任。这次修改《仲裁规则》时，吸取了国际商事仲裁的习惯做法，聘任了一些外籍人士为仲裁员，这就给当事人特别是外国当事人在选定仲裁员时更大的选择自由，从而增强其在中国进行仲裁的信心。《仲裁规则》的另一个重大的变化，是在规则中增加了有关要求仲裁员回避的内容，这也是原来的《仲裁程序暂行规则》所没有的。按照《仲裁规则》的规定，被指定的仲裁员，如果与案件有利害关系，应当自行向仲裁委员会申请回避，当事人也有权向仲裁委员会提出书面申请，要求该仲裁员回避。有关仲裁员回避的决定，由仲裁委员会主席做出。这些规定的目的，是为了确保仲裁的公正性，避免由于有利害关系的仲裁员参与仲裁而可能发生的偏差。

3. 应当开庭审理案件

按照《仲裁规则》的规定，仲裁庭应当开庭审理案件。但是，如果双方当事人同意或提出申请，仲裁庭也可以不开庭审理，只依据书面文件进行审理，并做出裁决。仲裁庭开庭审理的日期，由仲裁庭与仲裁委员会秘书处商定，并于开庭前 30 日通知双方当事人。当事人如有正当理由，可以请求延期开庭，但必须在开庭前 12 日向仲裁委员会秘书处提出要求，由仲裁庭与仲裁委员会秘书处商议后做出决定，并通知双方当事人。仲裁地点一般应在仲裁委员会所在地——北京进行审理。但经仲裁委员会主席批准，也可以在其他地点进行审理。仲裁

庭在开庭审理案件时，不公开进行，如果双方当事人要求公开审理，则由仲裁庭做出决定。《仲裁规则》还规定，在仲裁庭开庭时，如果一方当事人或其代理人不出席，仲裁庭可以进行缺席审理和做出缺席裁决。仲裁庭应当在案件审理终结之日起45日内做出仲裁裁决书。凡是由3名仲裁员组成仲裁庭审理的案件，裁决应依多数仲裁员的意见决定，少数仲裁员的意见可以作为记录附卷。仲裁庭对其做出的仲裁裁决，应当说明裁决所依据的理由，并由仲裁庭全体或多数仲裁员署名。仲裁裁决是终局的，任何一方当事人都不得向法院起诉，也不得向其他机构提出变更仲裁裁决的请求。

9.3.2　外国全国性仲裁机构的仲裁程序

1. 伦敦仲裁院的仲裁程序

伦敦仲裁院成立于1892年，是英国最重要的常设仲裁机构。该仲裁院由伦敦商会和伦敦市指定的委员组成，其行政管理权由伦敦商会负责。它既可以受理双方当事人自愿提交仲裁的案件，又可以对法院转交的商事仲裁案件进行仲裁。该仲裁院备有仲裁员手册，除当事人有不同的规定外，一般是由一名仲裁员进行仲裁。其特点之一是设有"应急委员会"，在遇到紧急案件时，该委员会有义务立即指定一名仲裁员或公断人对有关案件进行审理。根据其仲裁规则，仲裁员的权力比较广泛，例如当案件涉及外地市场价格时，仲裁员有权要求该地的商会、行业公会或政府有关部门提供物价证明书，并以此作为仲裁的依据。对于纯属商品品质方面的争议，例如关于卖方所交付的货物是否符合货样或者是否符合合同约定标准的争议，仲裁员可进行非正式和简易的审理，即仲裁员可把货物同货样或合同规定的标准进行比较，并在审阅有关单证后，无须听取双方当事人口头提出的证据或理由，即可做出裁决。

2. 美国仲裁协会的仲裁程序

美国仲裁协会成立于1926年，它是由1922年成立的美国仲裁协会和1925年成立的美国仲裁基金会合并组成的。总部设在纽约，在美国其他城市设有分会。该仲裁协会备有仲裁员名册，其中载有居住在全国1 500多个城市的10 000名以上的各界人士的名单。按照该协会的仲裁规则，对仲裁员的国籍没有任何限制，而且还规定如在争议的双方当事人中有一方是美国以外国家的公民，则中立仲裁员（首席仲裁员）或独任仲裁员应由不同于双方当事人国籍的人员担任。如果双方当事人对指定仲裁员的方式没有达成协议，则由仲裁协会把仲裁员名单写成一式两份，分别送交双方当事人，双方当事人须于7日之内把不同意的人员从名单中划去，并在余下的名单中编列号码标明先后次序，退回仲裁协会，由仲裁协会参照双方当事人所标示的先后顺序代为指定仲裁员。如果当事人不按规定的时间退回名单，就认为是对名单全部同意没有异议。

3. 瑞典斯德哥尔摩商会仲裁院的仲裁程序

斯德哥尔摩商会仲裁院成立于1917年，是瑞典全国性的仲裁机构。由于瑞典在政治上是中立国，近年来该仲裁院已逐渐发展成为所谓东西方国际贸易仲裁的中心。我国从西欧、北美进口的成套设备合同，有相当一部分是约定在瑞典进行仲裁的。斯德哥尔摩商会仲裁院没有统一的仲裁员名单，对仲裁员的国籍没有任何限制，双方当事人可以指定任何国家的公民为仲裁员。按照该院仲裁规则的规定，双方当事人可以在仲裁协议中自行确定仲裁员的人数，如果双方当事人对此没有做出约定，则由 3 名仲裁员组成仲裁庭，由双方当事人各指定 1 名，另 1 名须由仲裁院指定，并担任仲裁庭的主席。如果双方当事人事先约定由 1 名独任仲裁员进行审理，则该独任仲裁员亦必须由仲裁院指定。这是瑞典仲裁的一个特点，其目的是使仲裁院牢牢掌握决定仲裁庭主席和独任仲裁员人选的权力。仲裁庭必须在指定仲裁员之日起 1 年内做出裁决。仲裁裁决必须说明理由，否则法院有权以裁决的形式不符合法律的要求为理由予以撤销。当事人如对裁决有异议，可在收到裁决后 60 日内向法院提出，如果超过了上述法定期限，就不能再对裁决提出异议。

9.3.3　联合国国际贸易法委员会仲裁规则的仲裁程序

根据联合国国际贸易法委员会仲裁规则的规定，仲裁员的人数得由双方当事人事先约定。如双方未约定选任 1 名独任仲裁员，则应指定 3 名仲裁员。如双方同意指定 1 名独任仲裁员，该仲裁员的国籍应不同于双方当事人的国籍。如需指定 3 名仲裁员，则由双方当事人各指定 1 名仲裁员，然后由被指定的 2 名仲裁员指定第 3 名仲裁员，并由其担任首席仲裁员。首席仲裁员的国籍应当不同于双方当事人的国籍。这是国际仲裁的习惯做法，其目的是保证独任仲裁员和首席仲裁员的中立性，防止他们因与当事人的国籍相同而在仲裁员袒护本国当事人。

联合国国际贸易法委员会仲裁规则的特点之一是，它在任何情况下都不会由于双方当事人不能就仲裁人员人选达成协议而影响仲裁的进行。其办法是由双方当事人在仲裁协议中指定机构，即名为"指定仲裁员的机构"，也可以由双方当事人在争议发生之后指定，如果双方当事人不能就"指定仲裁员的机构"达成协议，则任何一方当事人可请求海牙常设仲裁法庭秘书长任命"指定仲裁员的机构"。它可以是一个现存的仲裁组织或商业团体，也可以是某个个人。

仲裁地点得由双方当事人在仲裁协议中约定，如双方当事人未能就仲裁地点达成协议，则应由仲裁员根据具体情况决定仲裁地点。仲裁员应适用双方当事人约定适用于其合同的法律，如双方当事人对此未做约定，仲裁员可按其认为适用的法律冲突规则来确定应当适用的法律。但在任何情况下，仲裁员都应当考虑合同条款的约定和贸易惯例。在做出仲裁裁决以前，如双方当事人同意和解，仲裁员可以发出停止仲裁程序的命令，也可以以仲裁裁决的方式记下调解的内容。

9.3.4　国际商会仲裁院的仲裁程序

国际商会仲裁院的仲裁程序主要包括：无论是国际商会的会员国还是非会员国都可以采用该规则进行仲裁。当事人如申请仲裁，可根据仲裁协议或仲裁条款直接向设在巴黎的国际商会仲裁院秘书处提出，也可以通过申诉人所在国的国际商会国别委员会转交该院秘书处。秘书处在收到申诉人的仲裁申请书后，应将申诉书的副本及有关文件送交被诉人。被诉人在收到上述文件后，应于 30 日内做出答复。按照国际商会仲裁规则的规定，如果双方当事人已商定由 1 名独任仲裁员来处理他们之间的争议案件，但双方当事人不能就独任仲裁员的人选达成协议，则由仲裁院代为指定 1 名仲裁员。如应指定 3 名仲裁员，则双方当事人应各指定 1 名仲裁员并提请仲裁院予以确认，第 3 名仲裁员由仲裁院指定，并担任仲裁庭的主席。如双方当事人未能就仲裁员的人数达成协议，仲裁院可指定 1 名独任仲裁员进行仲裁。如一方当事人要求采用 3 名仲裁员，仲裁院将根据案情的重要性或复杂性对是否应当指定 3 名仲裁员进行决定。为了保证仲裁员的中立性，独任仲裁员或仲裁庭主席的国籍必须不同于双方当事人的国籍。

如果一方当事人拒绝仲裁，仲裁仍应按仲裁规则的规定进行。如有人就仲裁条款是否存在及其有效性的问题提出抗辩，仲裁院只要认为有存在仲裁条款的初步证据，就可以下令进行仲裁。但这对于该项抗辩是否成立并无影响，关于这个问题应由仲裁员做出决定。仲裁规则还规定，仲裁员不因有人主张该合同无效或不存在而中止其对争议的管辖权，只要仲裁员认为仲裁条款是有效的。即使合同无效，但仲裁员仍可继续行使其管辖权，对双方当事人的权利、义务做出决定，并对他们的请求权和抗辩做出说明。在开始审理案件以前，仲裁员必须就其职责范围提出一份报告，送交仲裁院批准。除非双方当事人同意，仲裁院不能授予仲裁员作为友好调解人处理案件的权限。裁决须以书面做成，除经双方当事人明示排除外，还应附具理由。裁决书的草案须经仲裁院批准，然后才由仲裁员签名，原则上仲裁院只审查形式，虽然它也有权就实体问题提出意见，但最后取舍的权利仍属仲裁员。仲裁裁决是终局性的，当事人应当自动执行裁决，并放弃任何形式的上诉权。

9.4 国际商事仲裁的承认和执行

9.4.1 仲裁裁决承认和执行的概念

国际商事仲裁裁决的承认和执行，是解决商事争议的最终结果。仲裁是解决争议的方式之一，但是仲裁解决争议的关键在于做出的裁决是否能够在有关国家得到承认和执行。从程序上来说，仲裁裁决的承认（Recognition）和执行（Enforcement）只是仲裁程序的最后一道环节，但它不是一个孤立的程序，它涉及仲裁过程的各个环节。从仲裁程序一开始到做出裁决，仲裁庭和仲裁员都应考虑到裁决的可承认与执行的效力，否则，仲裁便显得毫无意义。当事人也就不会选择仲裁方式解决争议。因此，仲裁裁决能否得到最终执行，是整个仲裁的关键点。

仲裁裁决的承认和执行往往是作为一个概念出现的，它主要出现在某些公约中，如 1958 年《纽约公约》的名称就是《承认与执行外国仲裁裁决公约》，1985 年由联合国国际贸易法委员会通过的《国际商事仲裁示范法》第八章的标题就是"裁决的承认和执行"。

事实上，裁决的承认和执行只解决一个问题，即裁决的法律拘束力。该拘束力表现在两个方面：一是当事人应主动地予以承认并加以执行；二是有关国家的法院应该予以承认和执行。其中，承认裁决是执行裁决的前提，执行是承认的结果，二者相辅相成、互为条件。因此，仲裁裁决的关键是执行，或者由当事人主动执行，或者由有管辖权的法院强制执行。

1958 年《纽约公约》是于 1958 年 5 月 10 日在联合国总部纽约召开的国际商事仲裁大会上讨论通过的，于 1959 年 6 月 7 日起生效。截至 1998 年 8 月，已有 145 个国家和地区加入该公约，它是国际商事仲裁领域内迄今为止最为成功的一个公约。基于仲裁裁决承认和执行的重要性，可以说没有《纽约公约》，就没有国际商事仲裁。我国全国人民代表大会常务委员会在 1986 年 12 月 2 日通过了我国加入《纽约公约》的决定。

《纽约公约》第 1 条第 1 款所规定的前后顺序表明，在外国裁决的承认和执行程序中，法院在决定是否承认和执行一项裁决时，首先应当以地域标准确定该裁决是否为外国裁决，而只有在该裁决不是外国裁决，且执行地国与裁决做出地国为同一国家而执行地国又认为该裁决不是其本国裁决的情况下，才适用非内国裁决标准。

9.4.2 国际仲裁裁决在裁决做出国的强制执行

裁决由本国仲裁机构做出，位于境内的一方当事人不自动执行裁决，另一方当事人向本国有关法院申请强制执行时，法院应依照国内法律的规定，像执行国内法院判决一样，给予强制执行。如果某一国际仲裁裁决是在该裁决做出国（地区）申请执行，则该国际商事仲裁裁决的执行程序原则上与该国国内仲裁裁决的强制执行程序是一致的。但在某些国家，如法国和我国，都给予外国裁决以及在该国做出的涉外裁决的强制执行以特殊的地位。

涉外仲裁裁决在我国国内的强制执行规定：当裁决生效后，一方当事人不履行的，另一方当事人可以根据中国法律的规定，向败诉方住所地或财产所在地的中级人民法院申请强制执行。由于仲裁机构是民间性组织，本身没有强制执行的权力，当事人应当向法院申请强制执行。提出申请的前提是被申请人住所地或财产所在地在中国境内，方可由相关的中级人民法院执行。但是，当被申请人提出证据证明涉外仲裁裁决有下列情形之一的，人民法院组成合议庭审查核实后裁定不予执行：被申请人没有得到指定仲裁员或者进行仲裁程序的通知，或者由于其他不属于被申请人负责的原因未能陈述意见的；仲裁庭的组成或仲裁程序与仲裁规则不符的；裁决的事项不属于仲裁协议范围或者仲裁机构无权仲裁的。另外，人民法院认定执行该裁决违背社会公共利益的，也得裁定不予执行。

9.4.3 国际商事仲裁裁决在外国的强制执行

《纽约公约》规定：各缔约国应该承认仲裁裁决具有约束力，并且依照裁决地的程序规则予以执行。对承认或执行本公约所适用的仲裁裁决，不应该比对承认和执行本国的仲裁裁决规定有更苛刻的条件或更高的费用。目前，根据各国的立法，承认和执行外国仲裁裁决的程序规则主要有以下三种。

第一种是将外国仲裁裁决作为合同之债。适用这一规则的主要是英美法系国家。这些国家把外国仲裁裁决看作是在"普通仲裁"中做出的裁决，执行外国仲裁裁决要由当事人基于外国裁决提起一个普通民事诉讼。这一做法的理论根据是十九世纪中期在英美等国盛行的债务学说。

第二种是将外国裁决作为司法判决。采取这一原则的国家对待外国仲裁裁决的态度和方式与对待外国判决的态度与方式一样。在承认和执行外国仲裁裁决前，这些国家一般要求该裁决在其做出地国是可执行的，并要求裁决地国对该裁决予以确认。经确认的裁决由执行地国法院审查后发给执行令，再予以执行。如欧洲的意大利等国家以及埃及、伊朗、菲律宾、泰国和印度等国家。

第三种是将外国裁决视同本国裁决。这一规则将适用于内国仲裁裁决的执行规则扩大到对外国仲裁裁决的执行上。采用这一规则的国家有法国、德国、比利时和日本等。

关于在我国境内承认和执行外国仲裁裁决，我国有如下规定。

（1）1958年《纽约公约》的缔约国所做出的仲裁裁决在我国的承认和执行。申请人可依照该公约规定直接向我国下列地点的中级人民法院提出：被执行人为自然人的，为其户籍所在地或居住地；被执行人为法人的，为其主要办事机构所在地；被执行人在我国无住所、居所或主要办事机构，但有财产在我国境内的，为其财产所在地。但应当注意的是，我国在加入1958年《纽约公约》时做了两项保留，即"互惠保留"和"商事保留"。所谓"互惠保留"，即我国只对在另一缔约国领土内做出的裁决适用该公约，我国《民事诉讼法》与该公约有不同规定的，按照公约的规定办理。

（2）在其他国家做出的仲裁裁决在我国的承认和执行。对于在上述两类国家以外的其他国家做出的仲裁裁决需要在我国承认与执行的，应当由当事人向我国法院提出申请，我国法院按照互惠原则办理。如果做出仲裁裁决的国家与我国有相互承认与执行仲裁裁决的互惠关系，并且裁决在形式上符合我国法律规定，裁决的执行不违反我国法律的基本原则及国家主权、安全和社会公共利益的，法院裁定承认其效力，依照我国《民事诉讼法》规定执行。

我国《民事诉讼法》第281条的具体规定是：对中华人民共和国涉外仲裁机构做出的裁决，被申请人提出证据证明仲裁有下列情形之一的，经人民法院组成合议庭审查核实，裁决不予执行：

（1）当事人在合同中没有订有仲裁条款或者事后没有达成书面仲裁协议的；

（2）被申请人没有得到指定仲裁员或者进行仲裁程序的通知，或者由于其他不属于被申请人负责的原因未能陈述意见的；

（3）仲裁庭的组成或者仲裁的程序与仲裁规则不符的；

（4）裁决的事项不属于仲裁协议的范围或者仲裁机构无权仲裁的。

在具体执行上，最高人民法院还要求凡要裁定不予执行的涉外裁决，必须向高级人民法院及最高人民法院事前报告。

9.4.4 我国涉外仲裁裁决的强制执行

我国涉外仲裁机构做出的仲裁裁决在外国的承认和执行情况分以下三类。

（1）我国涉外仲裁机构做出的仲裁裁决在与我国有双边条约协定的国家的承认和执行，依照双边条约的规定办理。

（2）我国涉外仲裁机构做出的仲裁裁决，在《纽约公约》缔约国内的承认和执行，按该公约的规定执行。

（3）我国涉外仲裁机构做出的仲裁裁决在与非《纽约公约》缔约国，并且与我国也没有订立双边条约和协定的国家内的承认和执行，根据我国《仲裁法》和《民事诉讼法》的规定，我国涉外仲裁机构做出的发生法律效力的仲裁裁决，当事人请求执行的，如果被执行人或其财产不在中国境内，应当由当事人直接向有管辖权的外国法院申请承认和执行。

本章小结

国际商事仲裁是解决国际商事争议的重要方式。国际商事仲裁的前提与基础是当事人之间拟定的仲裁协议。一份完整的仲裁协议应包括仲裁地点、仲裁机构、仲裁程序和规则以及仲裁裁决的效力4个方面的内容。国际商事仲裁的条件与保证是合理的仲裁程序。仲裁程序主要包括仲裁申请的提出、仲裁员的指定、仲裁庭的组成、仲裁审理以及仲裁裁决的做出等。国际商事仲裁主要分为临时仲裁和机构仲裁两种，当前世界知名的仲裁机构包括一些国外商事仲裁机构和主要国际仲裁机构，《纽约公约》是国际通行的仲裁裁决与执行的准则。涉外民事诉讼主要包括国际商事纠纷案件管辖权的规定、外国人诉讼地位、国际司法协助以及外国法院判决的承认与执行等。

案例讨论

中国甲公司与美国A公司于2018年6月签订了一份货物买卖合同，约定由A公司售给甲公司一套化工生产设备，2018年10月交货，60%价款在A公司交付货物的货运单据时支付，另40%凭银行承兑汇票在2019年1月26日到期付清，并约定"因本合同的履行所发生的一切争议，均提交中国C仲裁委员会仲裁"。2018年7月，甲公司与A公司又达成了一个补充协议，约定合同发生纠纷后根据原告的选择也可以向被告所在地有管辖权的法院起诉。A公司按期交货后，甲公司拒绝开出汇票承诺付清余款，并以货物不符合约定目的为由反索赔。A公司诉至甲公司所在的H市第一中级人民法院，甲公司则以存在仲裁协议为由，对该法院的管辖权提出了抗辩。

问题：
1. 本案当事人发生纠纷后依法应当通过什么方式解决纠纷？为什么？
2. 本案当事人可以通过何种途径解决仲裁协议效力的争议？为什么？
3. 如果本案通过C仲裁委员会处理，A公司申请该仲裁委员会对甲公司的财产采取保全措施，C仲裁委员会应当如何处理？

知识拓展

广州仲裁委员会推出首个跨境电商商事争议在线解决平台

2021年1月12日，由广州仲裁委员会与北明软件有限公司共同推出的北明（跨境）商事争议在线解决平台（B. Ming Casettle ODR，以下简称"平台"）正式上线。这是全球首个APEC成员中小微企业商事争议在线解决平台。

平台严格依照《APEC跨境电商（B2B）在线争端解决合作框架》及《示范程序规则》设置平台解纷流程，同时引入专业解纷资源，对接优质翻译机构，推出简体、繁体和英文多语种版本实现多渠道融合和全场景覆盖。

谈判阶段，平台创新研发谈判助手，通过智能化手段辅助争议双方协商，最大程度避免谈判陷入僵局。调解阶段，平台实现异步调解、背靠背调解，并提供视频调解、文书智能生成、在线签署等多项功能，运用信息化技术赋能，为调解提速加码。若调解不成，企业还能在线一键申请仲裁，平台支持仲裁文书的智能生成、裁决书的在线送达，以进一步推动争议的实质性化解。

平台有机衔接了谈判、调解和仲裁，建立了完备的替代性纠纷解决机制，极大缩减了解纷成本。同时，作为国内率先根据APEC文件开发的中小微企业商事争议在线解决平台，能够在跨境商事争议领域中发挥积极作用，也有助于在与APEC其他成员合作中加强推广，为其纳入APEC官网作为ODR服务提供方奠定良好基础，为亚太区域乃至全球的在线纠纷多元化解机制建设提供智慧方案。

全国人大代表、广东省律师协会会长肖胜方律师评价道，"现在司法资源普遍紧张，如何充分调动当事人谈判自救的积极性、主动性，走出一条有中国特色的多元化解决纠纷新路子意义重大。广州仲裁委创新意识强，创新措施多，持续为现代化、国际化营商环境建设贡献力量，应该给予点赞"。

目前，广州仲裁委员会已促成近百家内地仲裁机构和20多家境外机构签约，认可并共同推广"广州标准"。2019年8月至2020年12月31日，广州仲裁委员会共受理涉港澳台和涉外案件404件，同比增长54.3%，受理案件的当事人国籍已经遍布除南极洲以外的六大洲，参与案件审理的境外仲裁员也达到了以往同期的4倍。现代化技术的保障、一流的仲裁员队伍以及在经办涉外案件中积累的有益经验，让广州仲裁委员会的国际化水平迈上新的台阶。

广州仲裁委员会负责人表示，未来，广州仲裁委员会将坚持以"云仲裁"为依托的商事仲裁"广州模式"，让互联网技术与争议解决机制实现更好融合，为亚太地区乃至全球的法律框架建设提供中国经验，为促进亚太区域经济稳定、健康发展贡献中国仲裁力量。

经典案例

上海金纬机械制造有限公司与瑞士瑞泰克公司仲裁裁决执行复议案

上海市高级人民法院（2009）沪高执复议字第2号

最高人民法院指导案例37号

裁判要点

当事人向我国法院申请执行发生法律效力的涉外仲裁裁决，发现被申请执行人或者其财产在我国领域内的，我国法院即对该案具有执行管辖权。当事人申请法院强制执行的时效期间，应当自发现被申请执行人或者其财产在我国领域内之日起算。

相关法条

《中华人民共和国民事诉讼法》(2007年修正）第239条、第273条

基本案情

上海金纬机械制造有限公司（以下简称"金纬公司"）与瑞士瑞泰克公司（RETECH Aktiengesellschaft，以下简称"瑞泰克公司"）买卖合同纠纷一案，由中国国际经济贸易仲裁委员会于2006年9月18日做出仲裁裁决。2007年8月27日，金纬公司向瑞士联邦兰茨堡（Lenzburg）法院（以下简称"兰茨堡法院"）申请承认和执行该仲裁裁决，并提交了由中国中央翻译社翻译、经上海市外事办公室及瑞士驻上海总领事认证的仲裁裁决书翻译件。2007年10月25日，兰茨堡法院以金纬公司所提交的仲裁裁决书翻译件不能满足《承认及执行外国仲裁裁决公约》（以下简称《纽约公约》）第4条第2点关于"译文由公设或宣誓之翻译员或外交或领事人员认证"的规定为由，驳回金纬公司申请。其后，金纬公司又先后两次向兰茨堡法院递交了分别由瑞士当地翻译机构翻译的仲裁裁决书译件和由上海上外翻译公司翻译、

上海市外事办公室、瑞士驻上海总领事认证的仲裁裁决书翻译件以申请执行，仍被该法院分别于 2009 年 3 月 17 日和 2010 年 8 月 31 日，以仲裁裁决书翻译文件没有在严格意义上符合《纽约公约》第 4 条第 2 点的规定为由，驳回申请。

2008 年 7 月 30 日，金纬公司发现瑞泰克公司有一批机器设备正在上海市浦东新区展览，遂于当日向上海市第一中级人民法院（以下简称"上海一中院"）申请执行。上海一中院于同日立案执行并查封、扣押了瑞泰克公司参展机器设备。瑞泰克公司遂以金纬公司申请执行已超过《中华人民共和国民事诉讼法》（以下简称《民事诉讼法》）规定的期限为由提出异议，要求上海一中院不受理该案，并解除查封，停止执行。

裁判结果

上海市第一中级人民法院于 2008 年 11 月 17 日做出（2008）沪一中执字第 640-1 民事裁定，驳回瑞泰克公司的异议。裁定送达后，瑞泰克公司向上海市高级人民法院申请执行复议。2011 年 12 月 20 日，上海市高级人民法院做出（2009）沪高执复议字第 2 号执行裁定，驳回复议申请。

裁判理由

法院生效裁判认为：本案争议焦点是我国法院对该案是否具有管辖权以及申请执行期间应当从何时开始起算。

（1）关于我国法院的执行管辖权问题。

根据我国《民事诉讼法》的规定，我国涉外仲裁机构做出的仲裁裁决，如果被执行人或者其财产不在中华人民共和国领域内的，应当由当事人直接向有管辖权的外国法院申请承认和执行。鉴于本案所涉仲裁裁决生效时，被执行人瑞泰克公司及其财产均不在我国领域内，因此，人民法院在该仲裁裁决生效当时，对裁决的执行没有管辖权。

2008 年 7 月 30 日，金纬公司发现被执行人瑞泰克公司有财产正在上海市参展。此时，被申请执行人瑞泰克公司有财产在中华人民共和国领域内的事实，使我国法院产生了对本案的执行管辖权。申请执行人依据《民事诉讼法》"一方当事人不履行仲裁裁决的，对方当事人可以向被申请人住所地或者财产所在地的中级人民法院申请执行"的规定，基于被执行人不履行仲裁裁决义务的事实，行使民事强制执行请求权，向上海一中院申请执行。这符合我国《民事诉讼法》有关人民法院管辖涉外仲裁裁决执行案件所应当具备的要求，上海一中院对该执行申请有管辖权。

考虑到《纽约公约》规定的原则是，只要仲裁裁决符合公约规定的基本条件，就允许在任何缔约国得到承认和执行。《纽约公约》的目的在于便利仲裁裁决在各缔约国得到顺利执行，因此并不禁止当事人向多个公约成员国申请相关仲裁裁决的承认与执行。被执行人一方可以通过举证已经履行了仲裁裁决义务进行抗辩，向执行地法院提交已经清偿债务数额的证据，这样即可防止被执行人被强制重复履行或者超标履行的问题。因此，人民法院对该案行使执行管辖权，符合《纽约公约》规定的精神，也不会造成被执行人重复履行生效仲裁裁决义务的问题。

（2）关于本案申请执行期间起算问题。

依照《民事诉讼法》（2007 年修正）第 215 条的规定，"申请执行的期间为二年""前款规定的期间，从法律文书规定履行期间的最后一日起计算；法律文书规定分期履行的，从规定的每次履行期间的最后一日起计算;法律文书未规定履行期间的,从法律文书生效之日起计算"。鉴于我国法律有关申请执行期间起算,是针对生效法律文书做出时,被执行人或者其财产在我国领域内的一般情况做出的规定;而本案的具体情况是,仲裁裁决生效当时,我国法院对该案并没有执行管辖权,当事人依法向外国法院申请承认和执行该裁决而未能得到执行,不存在怠于行使申请执行权的问题;被执行人一直拒绝履行裁决所确定的法律义务;申请执行人在发现被执行人有财产在我国领域内之后,即向人民法院申请执行。考虑到这类情况下,外国被执行人或者其财产何时会再次进入我国领域内,具有较大的不确定性,因此,应当合理确定申请执行期间起算点,才能公平保护申请执行人的合法权益。

鉴于债权人取得有给付内容的生效法律文书后,如债务人未履行生效文书所确定的义务,债权人即可申请法院行使强制执行权,实现其实体法上的请求权,此项权利即为民事强制执行请求权。民事强制执行请求权的存在依赖于实体权利,取得依赖于执行根据,行使依赖于执行管辖权。执行管辖权是民事强制执行请求权的基础和前提。在司法实践中,人民法院的执行管辖权与当事人的民事强制执行请求权不能是抽象或不确定的,而应是具体且可操作的。义务人瑞泰克公司未履行裁决所确定的义务时,权利人金纬公司即拥有了民事强制执行请求权,但是,根据《民事诉讼法》的规定,对于涉外仲裁机构做出的仲裁申请执行,如果被执行人或者其财产不在中华人民共和国领域内,应当由当事人直接向有管辖权的外国法院申请承认和执行。此时,因被执行人或者其财产不在我国领域内,我国法院对该案没有执行管辖权,申请执行人金纬公司并非其主观上不愿或怠于行使权利,而是由于客观上纠纷本身没有产生人民法院执行管辖连接点,导致其无法向人民法院申请执行。人民法院在受理强制执行申请后,应当审查申请是否在法律规定的时效期间内提出。具有执行管辖权是人民法院审查申请执行人相关申请的必要前提,因此应当自执行管辖确定之日,即发现被执行人可供执行财产之日,开始计算申请执行人的申请执行期限。

关键术语

仲裁　　国际商事仲裁　　仲裁协议　　仲裁庭

思考题

1. 国际商事仲裁有哪些特点?
2. 仲裁协议的主要内容包括哪些?
3. 我国涉外仲裁裁决的强制执行有哪几类?
4. 国际常设仲裁机构有哪些?
5. 我国的国际商事仲裁程序是什么?

参考文献

[1] 沈四宝，王军.国际商法[M].3版.北京：对外经济贸易大学出版社，2016.
[2] 秦立崴.国际商法[M].北京：北京理工大学出版社，2016.
[3] 谢海霞，金晓晨，宋成斌.国际商法[M].北京：对外经济贸易大学出版社，2017.
[4] 谢弗，阿格斯蒂，杜格，等.国际商法：第8版[M].韩永红，译.北京：中国人民大学出版社，2018.
[5] 奥古斯特，迈耶，比克斯比.国际商法：原书第6版[M].高瑛玮，译.北京：机械工业出版社，2018.
[6] 张圣翠，张振安，赵维加.国际商法[M].8版.上海：上海财经大学出版社，2020.
[7] 张学森.国际商法[M].4版.上海：上海财经大学出版社，2019.
[8] 宁烨，杜晓君.国际商法[M].3版.北京：机械工业出版社，2019.
[9] 曹祖平.新编国际商法[M].6版.北京：中国人民大学出版社，2020.
[10] 韩玉军.国际商法[M].3版.北京：中国人民大学出版社，2020.
[11] 刘惠荣，马炎秋.国际商法学[M].4版.北京：北京大学出版社，2020.
[12] 沈四宝，刘刚仿.国际商法[M].5版.北京：中国人民大学出版社，2021.
[13] 王利明.合同法研究：第一卷[M].3版.北京：中国人民大学出版社，2015.
[14] 张玉卿.国际货物买卖统一法：联合国国际货物销售合同公约释义[M].北京：中国商务出版社，2009.
[15] 杨大明.国际货物买卖[M].北京：法律出版社，2011.
[16] 刘瑛.国际货物买卖中的损害赔偿制度实证研究：以《联合国国际货物销售合同公约》的规则与实践为核心[M].北京：中国人民大学出版社，2013.
[17] 王丹.电子商务法律实务[M].上海：上海交通大学出版社，2013.
[18] 高旭军.《联合国国际货物销售合同公约》适用评释[M].北京：中国人民大学出版社，2017.
[19] 中国国际商会，国际商会中国国家委员会.国际销售示范合同（制成品）：2013修订版[M].北京：对外经济贸易大学出版社，2017.
[20] 周凌轲.国际商品贸易合同法：以商务角度详解《联合国国际货物销售合同公约》[M].北京：中国财富出版社，2019.
[21] 中国国际经济贸易仲裁委员会.《联合国国际货物销售合同公约》在中国仲裁的适用[M].北京：法律出版社，2021.
[22] 潮见佳男，中田邦博，松冈久和.《联合国国际货物销售合同公约》精解[M].小林正弘，林世远，译.北京：人民法院出版社，2021.

[23] 中国国际商会,国际商会中国国家委员会.经销示范合同[M].北京:对外经济贸易大学出版社,2021.
[24] 美国法律研究院.侵权法重述第三版:产品责任[M].肖永平,龚乐凡,汪雪飞,译.北京:法律出版社,2006.
[25] 李响.美国产品责任法精义[M].长沙:湖南人民出版社,2009.
[26] 顾百忠.国际商法(代理法与产品责任法篇)[M].北京:北京大学出版社,2010.
[27] 欧文.产品责任法[M].董春华,译.北京:中国政法大学出版社,2012.
[28] 冉克平.产品责任理论与判例研究[M].北京:北京大学出版社,2014.
[29] 丁利明.国际产品责任法律适用研究[M].北京:民族出版社,2014.
[30] 约翰逊.美国侵权法(第五版)[M].赵秀文,等译.北京:中国人民大学出版社,2017.
[31] BOGERT G T. Trusts[M]. 6th ed.[S.l.]: West Publishing, 1987.
[32] 何宝玉.英国信托法原理与判例[M].北京:法律出版社,2001.
[33] 海顿.信托法[M].周翼,王昊,译.北京:法律出版社,2004.
[34] 赵廉慧.信托法解释论[M].北京:中国法制出版社,2015.
[35] 河北省律师协会.河北律师典型案例选编:非诉讼与涉外专辑[M].石家庄:河北教育出版社,2013.
[36] 王利明.论合同法的新发展[J].江海学刊,2003(2):117-126;207.
[37] 梅伟.民法中意思表示错误的构造[J].环球法律评论,2015,37(3):61-78.
[38] 王文宇.合同解释三部曲:比较法观点[J].中国法律评论,2016(1):60-89.
[39] 李俊青.论民法上的"法律错误":兼论我国《民法总则》"重大误解"规定的实施[J].政治与法律,2017(6):132-143.
[40] 蔡高强,唐熳婷.国际货物买卖合同根本违约的认定:蒂森克虏伯冶金产品有限责任公司与中化国际(新加坡)公司国际货物买卖合同纠纷案评述[J].法律适用,2019(14):41-48.
[41] 赵合意.《联合国国际货物销售合同公约》在我国的优先适用性[J].中阿科技论坛(中英文),2020(12):200-202.
[42] 胡荻.欧洲产品责任的立法趋势及对我国的启示[J].江西社会科学,2013,33(2):158-162.
[43] 奥立芬特,王竹,王毅纯.产品责任:欧洲视角的比较法评论[J].北方法学,2014,8(4):5-10.
[44] 格林,王竹,邵省.产品责任:北美视角的比较法评论[J].北方法学,2014,8(4):11-17.
[45] 田鸽.欧美产品责任法的比较[J].科技与企业,2014(10):265;267.
[46] 韩沽.数字票据与传统票据的比较分析[J].财会通讯,2018(28):85-88.
[47] 周文婷.票据市场的评价体系、现状分析与改革路径[J].金融理论与实践,2019(8):34-40.
[48] 曾大鹏.为我国票据利益返还请求权制度辩护:基于《票据法》第18条的法教义学分析[J].华东政法大学学报,2020,23(5):102-114.
[49] 董惠江.中国票据法理念与立法技术的反思[J].环球法律评论,2020,42(5):52-66.
[50] 郑孟状,郭站红.《民法典》视野下的票据参加制度构建[J].浙江学刊,2021(5):73-82.
[51] 赵慈拉.电子商业汇票规制在司法裁判中的适用与解析[J].上海金融,2021(9):24-33.
[52] 刘江伟.票据期后背书的法教义学分析[J].西南政法大学学报,2021,23(4):59-68.
[53] 肖小和,李紫薇.中国共产党建党百年的中国票据市场回顾与启示[J].征信,2021,39(9):7-17.
[54] 张淳.信托财产独立性的法理[J].社会科学,2011(3):102-111.
[55] 朱圆.论信托的性质与我国信托法的属性定位[J].中外法学,2015,27(5):1215-1232.

[56] 赵姿昂. 论推定信托在中国的引入[J]. 海南大学学报（人文社会科学版），2019，37（5）：144-151.
[57] 涂广建. 论国际民商事仲裁与诉讼的平行程序[J]. 南大法学，2021（4）：15-33.
[58] 徐伟功. 论我国商事仲裁临时措施制度之立法完善：以《国际商事仲裁示范法》为视角[J]. 政法论丛，2021（5）：139-150.
[59] 高升，李珂珂. 国际商事法院判决转化为仲裁裁决的实现路径[J]. 河南财经政法大学学报，2021，36（1）：68-76.
[60] 薛源，程雁群. 以国际商事法庭为核心的我国"一站式"国际商事纠纷解决机制建设[J]. 政法论丛，2020（1）：149-160.
[61] 漆彤，张生，黄丽萍. 调解在国际争端解决中的发展与应用[J]. 武大国际法评论，2020，4（2）：80-100.
[62] 肖军. 仲裁地法院对国际投资仲裁裁决的司法审查：以加拿大司法实践为例[J]. 武大国际法评论，2020，4（4）：94-108.
[63] 宋阳. "一带一路"商事仲裁中国际商事惯例适用研究[J]. 法商研究，2020，37（2）：183-196.
[64] 杜焕芳，李贤森. 国际商事仲裁当事人程序自治边界冲突与平衡[J]. 法学评论，2020，38（2）：167-174.
[65] 陈林. 推定信托研究：以作为司法裁判技术的视角[D]. 长春：吉林大学，2010.
[66] 于朝印. 特定目的信托法律规制研究[D]. 重庆：西南政法大学，2012.
[67] 高福波. 我国信托业效率评价及发展战略研究[D]. 长春：吉林大学，2013.
[68] 李晋娴. 信托受益人保护对中国信托机构发展的影响研究[D]. 长沙：湖南大学，2017.
[69] 周方圆. 英国最高法院判例（〔2021〕UKSC40）关于"经济胁迫"的认定[EB/OL].（2021-10-08）[2023-02-06]. https://www.sohu.com/a/493984652-121123817.